U0644803

父子两代与一个家族王朝

陈冠任 ◎ 著

蒋氏父子

父子官场秘诀和私生活记录

人民东方出版传媒

东方出版社

图书在版编目（CIP）数据

蒋氏父子／陈冠任著.—北京:东方出版社,2004.3
（东方文化书系·群体人物·20世纪著名人物群体传记／黄书元主编）
ISBN 978-7-5060-1826-5
Ⅰ.①蒋…Ⅱ.①陈…Ⅲ.①蒋介石 (1887～1975)- 生平事迹②蒋经国
(1910～1988)- 生平事迹Ⅳ.K827=7

中国版本图书馆 CIP 数据核字 (2004) 第 002001 号

蒋氏父子

（JIANGSHI FUZI）

陈冠任 著

责任编辑：辛岐波
出　　版：东方出版社
发　　行：人民东方出版传媒有限公司
地　　址：北京市东城区东四十条 113 号
邮政编码：100007
印　　刷：北京市通州运河印刷厂印刷
版　　次：2004 年 3 月第 1 版
印　　次：2004 年 3 月北京第 1 次印刷　　2016 年 11 月北京第 2 次印刷
开　　本：710 毫米×1000 毫米　1/16
印　　张：28
字　　数：416千字
书　　号：ISBN 978-7-5060-1826-5
定　　价：58.00 元
发行电话：(010) 85924663　85924644　85924641

内容简介

　　蒋介石父子无疑是一对十分重要的历史人物。他们的父子关系与中国的时代浪潮紧紧相连过，其中不乏曲折和说不清的是非。然而，虽有政治上的分歧，更多的却是因蒋氏家庭关系纠葛而起。几番分分合合，父子俩各自经历一番生死劫后，终于走到一起，同心铸造蒋家王朝的铁垒。恩怨弥散后，子是如此的"孝"，父是如此的"慈"，父子如此的心如一人，劲往一处，为人世间所罕见！一对铿锵父子兵，用尽权术，耍尽机关，与天斗，与地斗，与人斗，还是阻挡不住滚滚的失败车轮，挽救不了蒋家王朝在大陆最终灭亡的命运。

　　在台湾，蒋氏父子重新振作，大陆时期的恩怨情仇完全被巩固台湾和传子接班两件大事取代，蒋介石费尽心思，蒋经国快速崛起，父子关系左右着台湾政坛的风云。存亡的奋斗中不时泛起一些情感的浪花，小小的闹剧把父子俩在大陆的风流韵事延续……

　　尽管如此，作为蒋家王朝的两个主角，蒋氏父子的恩怨离合，昭示了时代风云之变幻的波诡云谲，蒋家王朝的兴衰，又成为20世纪中国某些家庭关系的缩影。蒋介石、蒋经国，一对骨肉父子，两个时代浪尖上的人物，在大陆和台湾都写下了他们相同又相异的历史，留下了他们的印记。

目 录

蒋氏父子

第一章 与父亲生怨

1.蒋母逼儿子与媳妇同房

蒋介石和蒋经国父子是浙江奉化溪口人。蒋氏父子的祖先虽然有追溯到周代的说法,但是,蒋介石和蒋经国的祖先定居奉化溪口却大约是在元朝末年。绵延千年之后,蒋家在溪口成为了一个大户望族。

蒋介石的祖父叫蒋斯千。

蒋斯千承继父业,在溪口镇上开设了一家以经营盐、酒、米、石灰等货的商店,名号为"玉泰盐铺"。因为盐的买卖受官府控制,蒋斯千的盐铺是溪口镇上唯一的官盐专卖店,店堂内挂有"官盐"招牌,盐是从宁波府批发来的。1861年至1862年,太平军曾一度攻占宁波府及附近各县,溪口的生意曾一蹶不振,"玉泰盐铺"也暂时停业。但是,一年后,"玉泰盐铺"随太平军撤退又继续复业了。

但是,这时蒋斯千已进入知天命的年龄,自己力不从心,加上做好生意不容易,于是,就把盐铺交给年富力强的儿子蒋肇聪经营。蒋斯千把店交给儿子后,一方面诵经念佛,颐养天年;另一方面,凭着自己懂点草药医术,有空入山采点草药,给乡亲们治治病,念佛之家又做善事,在乡里颇有好名声。蒋斯千享年81岁,直到1894年才溘然去世。

蒋介石的父亲蒋肇聪,生于1842年,字肃庵,小名明火。由于父亲经营盐铺,家境富裕,他小时候念过书,后来又在国学当过学生,知书识字,能说会道。在父亲的影响下,又精通生意经。自从父亲把"玉泰盐铺"交给他后,蒋肇聪苦心经营,把店务搞得很有生气,店面扩大成了三间,店后又建起了作坊，资本达到两三千银元，不仅店内请有经理、账房，又招收五六个伙计和学徒。有时，作坊工人视生产情况，招收一些临时工，从事砻米、做酒、搬运等事情。

蒋肇聪因为读过书，能说善辩，在乡里管理庙社、公堂之事。他也经常为乡里发生的纠纷充当讼师，为乡亲们跑脚打官司。因此，在溪口，蒋肇聪不仅生意兴隆，而且在乡亲中有一定的地位和威望。

蒋肇聪曾相继娶过三个妻

蒋介石在日本留学时留影

子。发妻为徐氏，生有一男一女。儿子叫瑞生，也叫介卿；女儿名叫瑞春。徐氏病故后，他续娶肖皇庙孙氏为继室，但是，孙氏不到三年就病故，没有生育子女。之后，蒋肇聪又娶葛竹王采玉为继室，生有二子二女，长子名瑞元，即蒋介石；次子名瑞青；长女名瑞莲；次女名瑞菊。1895年7月5日，蒋肇聪在溪口去世，享年54岁。蒋肇聪死后，与亡妻徐氏、孙氏合葬于溪口镇北的姚坑山。这时，蒋介石年仅8岁。

蒋介石出生后，由于蒋肇聪生意繁忙，很少有时间顾及孩子，主要靠母亲管教，蒋介石经常跟念佛的祖父在一起。蒋肇聪去世时，蒋介石还是个孩子，因此蒋介石与蒋肇聪虽有父子关系，但父子之情并不很深。蒋介石成年后，每逢清明或过年还乡，都要上坟扫墓和祭祖，只是从父子缘分上没忘记父亲，但在公开言论中却很少提起他。

蒋经国是蒋介石与发妻毛福梅生育的蒋家嫡传之子，也是蒋介石娶妻四房中唯一的亲生骨肉。

蒋经国降生于1910年3月18日,时年蒋介石正好23岁。

蒋经国的降世颇具戏剧性,传言很多。因为蒋介石与毛福梅婚后感情一直不融洽,加上蒋介石长期离家在外,夫妻相聚的时日为数寥寥,所以蒋经国的身世在野史中被演绎得颇为零乱不堪。

事实上,夫妻感情已经失和了的蒋介石和妻子毛福梅最后能够得子蒋经国,主要应"归功"于蒋介石的母亲、毛福梅的婆婆——王采玉。

蒋母王采玉

毛福梅是蒋母王采玉亲自选中的媳妇,而蒋介石对苦命的母亲很孝顺,对母亲的话几乎没有不听从的。不然,决然没有蒋经国这个儿子的。

蒋母王采玉早年历尽其难,一生含辛茹苦。

王采玉是奉化葛竹人,生于1864年,聪明伶俐,幼承父教,稍识一些文字,尤精于女红。但是生不逢时,她的父亲王有则不事生产,家中吃饭的人众多,家道中落,祖上遗下的田产也不多;从6岁起,王采玉就帮母亲纺纱织布,贴补家用,生活过得十分艰难。王采玉18岁时嫁于曹家田俞某为妻。俞某性情暴躁,往往因一点小事发脾气,夫妻常常争吵,俞某有时甚至打骂妻子。结婚的第二年春天,王采玉生了一个儿子。不幸的是,几个月后,孩子突患急症,施救不及而夭折。祸不单行,到了这年秋天,俞某身染瘟疫而亡,随后父亲王有则亦病故。夭子丧夫亡父,这一连串的打击,使王采玉对生活心灰意冷。她于是回娘家与已孀居的母亲姚氏住在了一起。这一段时间,王家光景颇为凄惨:前母所生的三个哥哥，一个早死，两个已成家分居；同胞的两个弟弟都不争气，一个十几岁了，成天赌博；一个有先天性神经病，还在读书，全家入不敷出。不久，葛竹附近金竹庵管理香火的老尼去世，王采玉决意带发修行遁入空门。王采玉的母亲姚氏一贯信佛，王家这样的惨景，她以为什么地方得罪了菩萨老爷，于是很支持女儿的决定。这样王采玉入庵做了佛门弟子。

王采玉从小勤俭能干，进庵以后，把庵内外整理得非常整洁，田产管理也十分得法。她自己掘笋养竹，种菜植瓜，生活有余，还可以不时去照顾娘家。母亲姚氏也常来庵中和女儿作伴住宿，一同拜佛念经，一同操劳。素菜淡饭，日子过得很安稳，王采玉大有在此以了一生的想法。不料，几年过后的一天，庵里突然来了一个看相人，一见到王采玉，马上就说："有福相！有福相！日后可生一贵子，晚年将光耀无比。"

已经受够了人生的苦难，哪还有什么福相？然而，终究是过过夫妻生活，看相人之话使王采玉从万念俱寂中泛起了许多不平静的思绪。恰巧，这时溪口的蒋肇聪两年之间连续丧妻，遗下年纪幼小的一儿一女，家中乏人照料，意欲再娶。玉泰盐铺的账房是葛竹人王贤东，为王采玉的堂兄，知道了东家的想法之后，就回葛竹金竹庵找王采玉说合，玉成此媒。这样，1886年6月，23岁的尼姑王采玉还俗再醮嫁到溪口，做了45岁的蒋肇聪的继室，当上了玉泰盐铺的老板娘。

王采玉为人温和朴实，通情达理，做了开盐店、家境好、人口多的蒋家新主妇，持家勤俭，井然不紊，并且对侍奉信佛吃素、年逾古稀的公公很孝敬，对待年纪比自己仅小11岁的前女瑞春和仅小14岁的前子介卿，都很亲睦；全家人与店里上下人等、亲邻之间相处，都十分融洽。蒋肇聪有了这样一年轻的贤内助，再不用为家事分神，专心忙于经营。

第二年的10月31日（农历9月15日）的午后，一个小男孩在玉泰盐铺的后屋楼上出世。祖父蒋斯千为其取名瑞元，这就是后来因为小时"顽梗"异常，溪口街上无人不知、无人不晓的"瑞元无赖"——蒋介石。

天有不测风云。王采玉再嫁到蒋家不过八九年的光景，不幸的遭遇便又接踵而来。1894年，公公以80岁的高龄撒手归西。第二年夏天，丈夫蒋肇聪身染时疫，抛下一堆店务和妻儿子女一命呜呼。这场大祸临头，王采玉才32岁。从此，她的好日子又顿然间烟消云散，治家理店、抚儿育女的重担全都落在了她一个弱女子的肩上。

盐店很快就走下坡路，经营萧条，王采玉依靠田租山花收入维持全家生计，日子颇为拮据。谁知"屋漏偏逢连夜雨"，自丈夫亡后的四年时间里，小女瑞菊、幼子瑞青又相继夭折，一次又一次的打击像连环雷击在了她的头上，王采玉在噩梦中惊醒又陷入噩梦之中，惶惶度日如年……

但是，在迭经不幸的家庭变故之后，久经磨难的王采玉反而变得更加坚强起来了，她决心培育儿子蒋介石成大器，于是把蒋介石送进了私塾读书。

蒋介石到榆林村随塾师毛凤美读书，但是，顽皮的他却常常逃课到离榆林二三里路的岩头村堂姑家去玩。蒋介石的堂姑名蒋赛凤，是蒋肇聪的堂妹，由于中年丧夫，家居冷落，常带着女儿回溪口娘家。王采玉与她同命相怜，常相来往。蒋赛凤的女儿阿春与蒋介石年龄相仿，姿容姣好，两人因相熟而生感情。于是，14岁的蒋介石心生娶阿春为妻之意，高兴时，向一起读书的表侄陈运离吐露了这一心愿，不料话被传了出去，于是"瑞元想讨表妹当老婆"之事闹得满塾风雨。

王采玉知道后，觉得事已至此，便和母亲姚氏商量，不如干脆挑明，于是遣媒人去岩头村向蒋赛凤家正式求婚。

蒋赛凤一向对蒋介石印象不佳，结果，却把这件事视为自己女儿的耻辱，一口回绝媒人："瑞元这个无赖，他娘还当做宝贝似的，我看以后是个不成器的败家子，我的女儿哪肯嫁给他……"

话说得很不中听。王采玉望子成龙心切，遭到堂妹寡妇的讥讽，深受刺激。

她气愤地回复说："你也是蒋家自己人，不愿把女儿嫁给我儿子，倒也罢了，为何还要出言相讥。我倒非要在岩头毛姓中择一门户相当、人品俱佳的闺女为媳妇不可。"

当下，王采玉去榆林拜访表兄陈春泉，请他帮忙物色。

陈春泉在榆林一带颇有声望，与岩头士绅之家多有交谊，几经斟酌，他选定了岩头的毛鼎和的次女毛福梅，并做成此媒。

毛福梅的家是岩头一带的望族，她父亲毛鼎和是族中长辈，素有声望，经商理财也是好手，他开着一爿祥丰米行和一家南货店，家底殷实，在榆林属于小康之家。

毛福梅原名馥梅。后来乡间人叫不惯这文绉绉的名字，就叫她福梅、福美或福妹。毛福梅出生时，算命先生说她是一颗"福星"，因此自幼深得父母宠爱，被视为掌上明珠。毛福梅长大成人后，毛鼎和一心想为她挑一个门当户对的世家子弟论嫁娶，而不使爱女受委屈，但在穷乡僻壤中，哪里有什么如意郎？因此，直到毛福梅年过了19，还待字闺中，几乎成了老姑娘。

蒋介石与母亲以及毛福梅(左)

毛鼎和之所以同意这门亲事,当然有自己的考虑。蒋家早年曾是溪口缙绅首户,如今虽已家道中落,但名望犹在;蒋介石6岁读书,性虽顽劣,但人极聪明,前途不可量;蒋母为人厚道贤德,教子有方,蒋介石事母孝顺,有其母必有其子。而王采玉之所以接受了大蒋介石5岁的儿媳,也是考虑到早娶一个懂事能干的大媳妇,既可为家务分劳,又可帮助自己管束顽劣的儿子,还可早日抱孙子,一举三得。这样,1901年,19岁的毛福梅出嫁到溪口蒋家。

老妻少夫,这时的蒋介石其实还是个孩子,哪知道什么婚姻、成家?结果,毛福梅拜堂成亲那天,小女婿就闹出了一场大笑话。

蒋姓曾是溪口望族,蒋肇聪父子是街上商界的翘楚。蒋肇聪死后,虽然境况已不大如前,但未亡人王采玉还是要撑场面,并且出一口所受蒋赛凤的恶气,结果,把儿子的喜事办得非常大气。

迎娶之日,蒋家老屋挂灯结彩,亲友族人毕集,十分热闹。新郎蒋介石穿长袍马褂,头戴红桔子瓜皮小帽,脚着白底无色绸面的新鞋,兴高采烈,招待宾客。

下午4时许,新娘花轿到达宅前,这时按惯例鸣放爆竹,一群随轿看热闹的孩童和来吃喜酒的小客人,都拥到天井去抢拾爆竹蒂头。顽性未脱的蒋介石,见此情景,顿时忘乎所以,也急忙奔出争抢,引得亲友们哄堂大笑。

在奉化,向有"新郎拾蒂头,夫妻难到头"的俗语,毛福梅嫁到蒋家,虽然新婚之时,小丈夫不拘礼节抢蒂头出了不好的兆头,心里十分难受;但是,婚后为了尽到妇道,她强忍心中的悲伤,对丈夫仍然十分和颜悦色,对婆婆非常孝敬,对小姑也很亲昵。谁知没过多久,叫她更伤心的事又出现了。

按照奉化风俗,男女成亲之后,开春正月初二那天,新女婿必须到岳家拜岁,岳家族里照例请新女婿吃饭。这一礼节男女双方家族都十分重视。

正月初二一大早,母亲和妻子为蒋介石准备了一担礼物,让一个佃户挑着,送蒋介石去岳家拜岁。这一天,岳家毛老夫妇也忙得不亦乐乎,杀鸡宰鹅、做汤圆、炒花生,准备了一大堆好吃的,等待新女婿上门。可是,等呀等呀,老半天不见新女婿的影子。

溪口到岩头的路不是很远,一般两三个小时也就走到了。可是,毛家等到太阳快落山了,却还是不见女婿的身影,亲友陪客只好陆续告辞了。这弄得有头有脸的毛家老夫妇十分尴尬,有苦难言。

当客人全走光了,毛鼎和一个人回房生闷气时,毛福梅的堂弟毛鸿芳气喘吁吁地来报告,说:"新女婿早已来了!"毛鼎和顿时"呼"地站起来:"在哪?"

"在毛家祠堂里跟着别人在串花灯呢!"

老丈人毛鼎和一听简直不敢相信。因为参与农村"串花灯"的人,一般都是经济比较贫困的下九流人。毛家在岩头村也是有头有脸的上等人家,蒋介石又是上了九年学的读书人,怎么与下九流人混在一起"串花灯"呢?正在老丈人气得胸口发闷的时候,只听门外锣声大作,爆竹三响,一条花灯队迎门而来,打头的是一个十五六岁少年,崭新黑缎袍,襟上泥渍斑斑,西瓜皮帽下那条大辫子也快散架了。他走到大门前站住,从怀里取出一枚七寸头大爆竹,呼一下吹旺火线,"嗞"地引线放炮。

"啪——"一个大爆竹在毛鼎和窗前炸响,定睛一看,扔爆竹的不是别人,正是自己的新女婿蒋介石。

这一下可把老丈人气得够呛!毛鼎和怒气冲冲地走到大门外,用白铜长烟管指新女婿大骂一顿:

"你,你这个没出息的东西!还有脸上门来出丑?蒋毛两家的门风都给你败光了!"

蒋介石突然之间挨了老丈人的一顿臭骂,瞪了老丈人一眼,一句话也不说,突然扭转身子,花灯也不要了,头也不回地扬长而去。

老丈母娘为了挽回僵局,赶快派毛鸿芳去追蒋介石回来。毛鸿芳追了5里路才追上蒋介石,然后恳请他回驾岳家。可是,犟脾气的蒋介石一声不吭,忽然,从地上拣起一块断砖,扬手投进路边小溪,发狠地说:"要我回去,除非这块砖头浮起来。"

在毛鸿芳再三跪请下,最后,蒋介石虽然还是回去见了岳父母,但是,自此,翁婿失和。以后,双方虽然面上还一直保持着客套,但蒋介石在心底里对老丈人这顿责骂一直不曾释怀。蒋介石发迹之后,有一次回家乡,在雪窦山妙高台别墅休养,毛鼎和曾坐轿去探视,蒋介石却推故不见,只吩咐侍卫官转告毛福梅送2000块银元作答。

毛福梅嫁给蒋介石,是由双方家长做主包办的旧式婚姻,毛氏又是缠足的旧式家庭妇女,年纪还比他大,长得又不是秀外慧中。因此,结婚以后,夫妻二人的感情极其一般,蒋介石对她很淡漠,可以说是没有什么夫妻感情。

然而,毛福梅心地宽厚,性情柔顺,尽管丈夫似乎对两人的夫妻关系没有什么感觉,仍然像大姐姐般地悉心照顾心无定性的小丈夫,事夫小心谨慎,同时尽心尽力地辅助蒋母,操持家务。这深得王采玉的疼爱,夫妻关系不太好,婆媳关系却很融洽。

1903年以后,蒋介石到县城凤麓、龙津两个新式学堂学习,接受新学知识。王采玉同时把媳妇也送到县城去和儿子伴读,为了让儿媳更好地相夫教子,王采玉并让她进入了作新女校学习文化。这样,21岁的毛福梅开始了她的"蒙童"生涯。1905年,蒋介石到宁波箭金学堂从学于顾清廉,再次携毛福梅同往陪读。这一时期,是蒋介石、毛福梅夫妻生活中最值得回恋的一段"蜜月",两人朝夕相处,感情渐渐变得融洽起来。

可惜,好景不长。1906年,蒋介石19岁时,家中发生了一桩意外的事件。这时的清政府对外屈辱于列强,对内则加重对百姓的盘剥,横征暴敛,各地无主滞纳的田赋则责令甲首(首富)和巾户摊赔。蒋介石家也在被索之列。乡里狡猾的富户与征收田赋的庄书勾结,欺侮蒋家孤儿寡母,特别苛派田赋。王采玉本不该摊赋,摊上了却交不起,在不胜负担的情况下,她据理力争,结果惹怒了差役,差役跑到学堂就把蒋介石捆拘到县里关押,勒令交纳田赋后才释放。为了儿子的性命,王母被迫忍辱四出筹款,把蒋介石赎了出来。

蒋介石回到家中,母子见面抱头痛哭。王采玉认为这是奇耻大辱,勉励儿子要争气:"你要发奋上进,早日出人头地!"蒋介石也深为震动,对母亲所嘱铭记于心。也就在这一年,他剪掉发辫,决意同旧社会抗争。

第二年正月,蒋介石再次回到奉化县城龙津学堂,补习日文,4月东渡日本。

蒋介石凭一时激愤,出国留学。他原打算报考日本陆军军官学校,不料清政府与日本国有约在先:凡进军校学生,均需清政府陆军部保荐。蒋介石来到日本后,只得进入日本专为旅日学生补习日文的清华学校学习。就在这时,蒋介石结识了对其一生影响极深的人物陈其美。陈其美是浙江吴兴人,年长蒋介石9岁,1905年加入中国同盟会,是中部同盟会的领导人,也是青帮大头目。陈、蒋俩人志趣相投,又是同乡,关系很快密切起来。对蒋介石来说,因为与陈其美相交,奠定了他日后政治生涯的基础。

蒋介石留学日本,并不能进入军校,而只是补习日文并不是他所愿。这一年冬天,他接到远在浙江的母亲王采玉的家书。信中蒋母说:"妹瑞莲年下出阁,兄当回来主持其事。"

因为在日本没有合法的途径,不能进正式军校。蒋介石接到信后,也认为长久在补习学校也不是办法,不如先回国通过合法渠道再正式考回来,然后立足。于是,就打点行装,返国回到家乡与母亲团聚。

首次留学生涯结束回国后,蒋介石先主持了妹妹的婚事,与妻子毛福梅相聚没几天,又考取了浙江武备学堂。不久,清政府陆军部的"通国陆军速成学堂"(保定军校前身)在各省招考,他又报考。通国陆军速成学堂在浙江招收14名,报考者千人,蒋介石因为有以前日本补习的基础结果被录取了。第二年,清政府陆军部在保定军校里考选留日陆军学生,蒋介石本来无报考资格,经过一番努力,获准参加考试,结果入选,被破格保送去日本就读"士官预备学堂"。

结果,蒋介石又出洋留学了,其中寒暑假他回家,与妻子相聚的时日

蒋介石与母亲王采玉

也为数不多，他又恢复了以往对毛福梅若即若离的态度。

蒋母为蒋介石娶年龄大一些的媳妇，原有早日抱孙之心，但多年不见毛氏生育，未免有些心焦。突然，一次暑假蒋介石回来后，毛氏终于有孕了，王采玉喜形于色，对儿媳关怀备至。

这年寒假，蒋介石又归乡探亲，夫妻关系仍是不冷不热，夫妻俩又因小事争吵起来了，一时间蒋介石大发脾气，毛氏顶撞几句，他一时性起，竟抓住妻子拳打脚踢。毛氏怀胎已七八个月，被踢之后悲伤已极，倒在床上哭泣，开始不觉十分疼痛，片刻之后加剧了。王采玉闻声赶来，大骂蒋介石，命他赶快请医生诊治。医生赶来后，给毛福梅又是诊脉又是服药安胎，但是一切已无效，当夜就小产了。蒋母伤心至极，痛责蒋介石："不孝有三，无后为大！"

气消了之后，她又对儿子循循讲了一大通的道理。蒋介石素对母亲敬重，怕母亲动怒伤心，马上跪下听训。过后，王采玉又请人替儿子媳妇排流年，算子息。

1909年暑假，蒋介石由日本回国，滞留上海，王采玉亲自送媳妇前往上海让儿媳和儿子同房。但是，这时蒋介石喝了洋墨水对土媳妇更加看不上眼了，整天横眉瞪眼，夫妻俩同床异梦。

为了促使夫妻俩和睦相处，王采玉长哭训子，陈以家庭痛史，但是，蒋介石当面答应母亲，晚上同房并不亲近，第二天王采玉一问儿媳，更是急了，最后以死相胁，闹着儿子夫妻俩不好的话她就要到黄浦江投水。蒋介石吓得跪地求饶，发誓不再与妻子争吵。但是，王采玉这次并不罢休，死去活来还是喊着要："让我去黄浦江，让我去黄浦江！"

蒋介石没有办法只好邀好友张静江、戴季陶同来劝解，最后两人向蒋母担保：蒋介石一定留毛氏在上海居住。王采玉这才罢休，不再说要投江水了。

王采玉回乡前夕，托付在上海乡亲随时探询儿子媳妇相处情形。后来，终于她得悉媳妇再次怀孕了！这可把王采玉乐得比自己当年生子还高兴，马上启程又亲自前往上海，见到儿媳后延医诊脉，说是男胎。结果她高兴得像重生了似的，眉开眼笑。然而，知子莫如母，王氏怕蒋介石故伎重演，使毛福梅再次小产，于是，马上采取措施，领着毛氏回了乡。

相依为命的王采玉、毛福梅婆媳虔诚礼佛，笃信算命先生所言："蒋氏贵子必得元配所出"。回乡后，婆婆视毛氏怀中胎为自己的生命，惟恐出一点点差错。

1910年春，在浙江溪口镇的蒋家，毛福梅在丰镐房生下了一个男孩，乳名建丰，这就是蒋经国。这时，蒋介石仍在日本，无缘亲践舐犊之情，直到第二年夏天，蒋经国1周岁多了，蒋介石托故请假回国顺便回乡探亲，才第一次见到了自己的儿子。

蒋经国的出世，使蒋家的烟火有人承继，令常年孤寂的王采玉、毛福梅婆媳欣喜异常，感到莫大的安慰，蒋母王采玉32岁守寡至今，15年了，总算盼到了孙儿出世，她心里觉得这下总算对得起蒋氏祖宗，以后可以堂堂正正地见蒋氏先人于地下了。而对于毛福梅来说，有了儿子也就有了寄托，她结婚9年了,丈夫像一只风筝若即若离,飘忽不定,如今有了孩子,她的下半辈子也有了依托。她们都在蒋经国身上开始倾注全部的爱心与宠护。

2.溪口毛氏艰辛抚养儿子,丈夫却在上海滩纳妾

然而,蒋介石这次归省,并不是专程来看儿子的,而是在陈其美的授意下托故请假来规划秘密反清起义的。

原来,1910年12月,蒋介石从振武学校毕业后,被分到驻扎在日本北海道新9201县高田镇的日本陆军第13野炮兵第19联队实习。1911年,中国

爆发了辛亥革命,陈其美在上海组织同盟会积极准备起义,准备策应武昌革命。为了成功,他给在日本学军事的蒋介石及其他同盟会会员发了急电,催促他们立即回国参加革命。

蒋介石接到陈其美的急电后,立即向师团长请假,但是,他的请假没有获准;于是,蒋介石又找联队长请假,批假是联队长

蒋介石的恩师陈其美

职权范围之内的事情，他准了蒋介
石的假，但只准48小时。准假后，蒋
介石不管三七二十一，马上脱去军
装，换上日本和服，向设在东京的同
盟会浙江省支部领取了回国的路
费，赶忙回到上海，参加陈其美组织
的革命。

　　事后，由于蒋介石超假不归，违
反了军纪，被日本政府及日本振武
学校开除了学籍。从此，蒋介石结束
了他的求学生涯，走上了投身革命
的道路。

　　在溪口，蒋介石只住上三宿便
急急赴上海。

青年时期的蒋介石

　　蒋介石从老家赶到上海向陈其
美报到。这时，沪、杭两地的同盟会和光复会的同志，在陈其美领导下，已
经确定了两地同时发动起义的行动计划。陈其美命令蒋介石立即奔赴杭
州，发动当地新军起义。

　　蒋介石赶到杭州后，没来得及休息，就与其他起义领导人一起制定了
起义计划，并从上海革命党人中招募了100名"先锋敢死队"。蒋介石自任
敢死队队长。

　　起义发动后，他带领敢死队攻打浙江巡抚衙门。敢死队奋勇战斗，很
快攻下了浙江巡抚衙门，活捉了巡抚曾韫。再经过一天激烈战斗，起义军
占领了杭州全城，起义成功了，接着，革命者推选了汤寿潜为都督，成立
了浙江国民政府，并宣告杭州光复。

　　与此同时，上海起义军在陈其美领导下，也攻下了清军在上海的最重
要据点——江南制造局，并于11月6日成立了沪军都督府，宣告上海光复，

陈其美被推举为沪军都督。杭州光复后,蒋介石回到上海,协助陈其美整编革命军,维持上海治安。接着,陈其美在上海商团的资助下,组建了5个团兵力的沪军,蒋介石被任命为沪军第5团团长。

做了团长后,蒋介石偶尔回上一次溪口看看母亲和儿子,对毛福梅却没什么好声气,只是碍于老娘的脸面,偶尔说上几句话,但是内心里并没有因长久的国外分别和儿子的出生对妻子增添一点情意。

蒋介石对发妻毫无感情,在上海滩这个花花世界里混,自然难耐寂寞,抵不住诱惑。不久,他就结识了风尘女子姚冶诚,随即,瞒住母亲和毛福梅,偷偷把姚冶诚纳为了侍妾,同住在一起。

姚冶诚是江苏吴县南桥镇人,从小随父迁居冶长泾河南的庄滨乡。姚冶诚的父亲名姚阿宝,仅有这么一个独养女儿,从小视若掌上明珠。姚冶诚小名阿巧,眉清目秀,聪明伶俐,但不幸的是,在她刚刚初谙世事不久,父母均离她而去。失怙的阿巧生活无着,为叔叔姚小宝所收养。姚小宝人称姚宝叔,为人豪爽耿直,乐于助人于困厄。他先在南桥镇上开了一家糖果店,转而在去上海的航船上干活,运送旅客和货物,用艰辛的劳动来换取微薄的收入养家糊口,他对阿巧很好,视为己出。

姚冶诚到及笄之年时,姚宝叔膝下并无儿女,于是,就将侄女认作自己女儿,准备赘婿成家,以续香火。漕湖畔上方港村沈天祥、沈奇祥、沈云祥三兄弟子嗣众多,世代以种租田为生,生活拮据。姚宝叔托人介绍撮合,沈天祥同意将次子沈天生入赘姚家,沈天生随即易姓姚天生,与姚冶诚结婚同房。

姚天生与姚冶诚婚后夫妇感情很好,于是双双去上海谋生。

在上海,姚天生在西藏路八仙桥一带跟随叔父奇祥、云祥从事殡葬、脚力等体力劳动。这时的姚天生生活较为宽绰,常到浙江路宁波路口"朝阳楼"吃茶,吸食鸦片烟。渐渐地,他染上这些恶习,结果,没过多久就既花尽了血汗钱,又耗身损志,脾气也变坏了。以后他喝醉了酒,稍不如意就对姚冶诚拳打脚踢,毫无怜惜之情,由此夫妻感情日益恶化。

随着烟瘾越来越大,姚天生入不敷出,终至穷困潦倒。姚冶诚无依无靠,只得到上海马路群玉坊的一家堂子里做了妓女,有两个娘姨服侍她,姚冶诚负责管理"先生"的衣物首饰,为"先生"梳头,并做招待客人等轻巧活,被称作娘姨,但她偶尔也接接客。这时,她的花名叫怡琴。

姚怡琴称不上是绝代佳人,但是皮肤白皙,面目娟美,而且体态丰腴,修长适度,加上她待人随和,心灵手巧,不少居沪之闻人名士争相与之相识相往。

南北和议告成后,蒋介石跟随陈其美居在上海,基本上是天天在一起,陈其美每次去北里,蒋介石也跟着一起去,这样他和怡琴在法租界妓院相识了。

以后,在筵席间,姚怡琴见到蒋介石,就刻意奉迎。蒋介石正是风华正茂,也经常逛妓狎妓,见有人送上门,并且姚怡琴长相不俗,于是乐得美人入怀,这样两人眉来眼去,几下交合,姚怡琴终至以身相托,被蒋介石纳为姜室。

姚冶诚是蒋介石改的名。"冶"取自姚氏出生地吴县冶长泾河;"诚",则取最诚恳真挚的意思。蒋介石与姚冶诚做了露水夫妻之后,居住在上海法租界蒲石路新民里

张静江

13号蒋介石的秘密住所。

然而,此事很快为姚小宝知悉,他为自己招赘续嗣考虑,坚决不同意姚冶诚与蒋介石的结合。为了避免事端,姚冶诚四处避着姚小宝。

姚小宝的堂房哥哥姚云显在上海做西式裁缝,生意兴旺,乡下家属也陆续到了上海,他的大女儿姚月英嫁给了做房地产生意的富商殷能章。一次,姚月英在某戏院包厢里看戏时,恰巧碰到姚冶诚。两人一谈话,姚冶诚尽诉心中苦楚,于是,姚月英等人为她从中调解、劝说,结果,姚小宝承诺了这门亲事,并且在殷家,蒋介石出面补办了喜酒,姚氏遂正式成为蒋介石的侧室。

姚小宝自姚冶诚嫁给蒋介石后,为了后继有人,又把姚云显哥哥的儿子姚春芳立作嗣子,常住在堂侄女姚月英的家里,天天早晨要去"长乐"茶馆吃茶,生活费用则由姚冶诚拿蒋介石的钱补贴。

姚冶诚嫁与蒋介石后,姚天生恢复原姓仍叫沈天生,作为补偿,蒋介石给他一笔巨款叫他重讨一个老婆。沈天生再婚后不久,夫妻即反目,新妇离沪去杭。沈天生沉湎于鸦片之毒不得解,很快死去。

姚冶诚与蒋介石婚后感情甚好。辛亥革命后,蒋介石奔波于各地,筹措反袁事宜,踪迹不定,风月场出身的姚氏不仅安心随蒋,而且把平时省下的积蓄资助他。因此,姚冶诚虽然出身低微,又没文化,但蒋介石对她始终怀有感激之情。

蒋介石花天酒地,挥霍无度,家中雇佣一个厨子,一个当差和一个女佣翠娥,工资常常发不出来。蒋介石友

蒋氏老宅丰镐房

人中，以张静江为最富。张静江是湖州南浔镇四大豪门之一，浙江财界著名人士。蒋介石在上海活动的经费及其个人的生活费用，均靠张静江资助。据说由蒋介石经手向张静江陆续支用的钱，竟达10余万。后来蒋介石暗中指使姚冶诚拜张静江为过房爷，从而使张对这笔钱无法开口，不了了之。

蒋介石在上海滩花天酒地，与姚冶诚厮混在一起，日子过得有滋有味，溪口的母子早就被他抛到九霄云外了。这时，蒋介石娶娘姨出身的姚冶诚为侧室之事，在上海滩几乎是人人知晓，但是，溪口却没有一个人知道，蒋母和儿媳毛福梅一边照看着丰镐房，一边精心抚养着嗷嗷待哺的小经国。

蒋经国的童年得祖母和母亲的双重疼爱与呵护，生活是很幸福的。他的外祖父毛鼎和在岩头开设祥丰南货号，家境殷实，毛福梅因丈夫长年不归，所以时常带着襁褓中的孩子，告别婆婆去娘家小住。毛氏娘家经营南货，食品比较充足，对他们母子生活有利，王采玉也不反对。但是，一个妇人只身一人照顾一个孩子也不容易。

一天晚上，小经国哭得周身发烧，啼哭不休，连续三天不吃不喝，急得毛福梅失魂落魄。原来孩子出天花了。这个时候，天花是险症，处理不好就会导致小儿夭折，不死也要破相。婆媳俩请医买药，谢天谢地，经过七天七夜的精心治疗和护理，孩子脱险，但是，在圆脸上结下几个浅浅的麻点，麻点很浅，不认真看，并不显眼。尽管蒋经国脸上留下了麻点，但是，这并不影响小经国的可爱，他脸孔并不错，脸侧还有两个浅浅的酒窝。

为庆贺孩子逢凶化吉，并祈祷今后永无危难，毛福梅和婆婆商议：做件好事祈福。于是，婆媳俩在溪口去葛竹方向的崎岖山路上，即赤泥岭山脚，捐建了一座青砖青瓦灰色的新凉亭。

亭子正面檐下悬有一块黑漆金字横匾，上书"赤泥岭"三字，落款是"蒋门王氏喜助"。新凉亭是专供行人走路累了在此纳凉歇脚的。

1912年1月1日，由于革命在17个省取得了胜利，南京成立了中华民国临时政府,孙中山被选为中华民国临时政府大总统。这时,同盟会和光复会为了争夺权力发生了矛盾,上海同盟会负责人、沪军督军陈其美,指使蒋介石暗杀即将就任浙江军政府督军的陶成章。

陶成章是光复会的著名领袖,他曾把会党中的宗派情绪带进革命队伍,与孙中山产生过隔阂,但是,他在反对清朝封建统治的斗争中,深入基层,联络各省革命党人,组织并发动武装起义中立下过大功勋,在革命党人中享有较大的威望。

蒋介石刺杀陶成章后,立即引起了国内震惊和革命党人的愤慨。

为了平息民愤,孙中山指示陈其美,一定要缉拿凶手归案。陈其美怕事情败露,立即拿了一笔钱让凶手蒋介石躲起来。于是,蒋介石准备先离开上海,逃往奉化老家。

这一天,蒋介石突然回到了溪口老家。然而,他的身边却还带了个妖艳的女人——姚冶诚。

蒋介石夫妾双双来临,突然之间,丰镐房又多了一位女主人,蒋母王采玉和毛福梅惊愕不已,久久缓不过神来。幸好姚冶诚没有大奶奶的架子,婆媳俩才稍稍松了一口气。

毛福梅明媒正娶,当然不会喜欢上海来的新客。可是,丈夫纳妾在流行多妻制的旧中国,比比皆是,何况蒋介石再非昔日之顽童,早已混出了头脸,沸腾于乡里,毛福梅除了予以容忍,宽宏雅量,哪里还敢存反抗之心?于是,毛福梅为了讨丈夫的欢心,对姚冶诚极为笼络,嘘寒问暖。

蒋介石曾经说过"娶妾为人生最不道德之事",他在决定携姚氏还乡的时候,也准备丰镐房将醋海兴波,甘受责难。没想到妻子竟能如此委曲求全,逆来顺受,率先认同纳妾事实。他一方面心存感激,但同时也愈发轻贱毛氏。而他没想到的是,姚冶诚在奉化溪口家中也是"礼节有加",她与蒋介石的发妻毛氏一同住在丰镐房。毛福梅的宽容大度,她也乖巧,对婆婆王采玉十分孝敬,对毛福梅也极尊重,从不"僭越",没几天一家人相处就融洽了。

因为姚冶诚不识字，蒋介石聘请刚从湖州育婴师范毕业的陈志坚为家庭教师，教姚氏学文化。这时蒋介石虽已开始发迹，但住的仍是两间一弄祖遗的老屋，姚氏随蒋母王采玉住在后半间；陈志坚与毛氏同房。

在溪口住了几天之后，蒋介石害怕查出自己是杀陶成章的凶手被抓，又丢下姚冶诚和溪口的毛福梅母子，东渡日本避难去了。

3.权术路上纵横捭阖，几番不尽如意

这年的冬天，蒋介石从日本回到国内。这时，陶成章被暗杀这件事，大家都还没有忘怀。蒋介石还不敢在政界公开露面，只好又回到奉化溪口的乡下老家闲居起来。

蒋介石在家乡溪口闲居了半年多，1913年6月来到了上海，他找到陈其美，说："我这次来上海是决心启程赴德国学军事。"

这时候，孙中山正命令陈其美在上海组织举兵讨袁，全国的革命党人也正是群情激愤，准备武装讨袁，对追究陶成章被刺事已较淡漠。鉴于这种形势，陈其美对蒋介石说："暂打消去德国的念头，留在上海帮我组织武装讨袁。"

蒋介石答应了。

7月16日陈其美在上海举兵讨袁，陈被推举为讨袁军总司令，18日发表了上海独立宣言，通电全国。蒋介石被陈其美派到袁军第九十三团去做发动工作。第九十三团就是辛亥革命时蒋介石任团长的沪军第五团的后身，但该团团长陈其蔚已被袁世凯收买，躲着不见蒋介石，蒋介石只说服了一个营的士兵参加讨袁军。结果，陈其美起事后，蒋介石带领着这一营人，配合钮永键部，夹攻上海的军事要地——江南制造局。

但是，由于陈其美准备的不充分，反袁军的武器装备不足，敌我兵力又悬殊，虽经过激烈的战斗，终因寡不敌众而败退，蒋介石带领的一营人

的营长张绍良阵亡，讨袁军退到闸北，又被英国军队缴械。8月13日，上海讨袁军彻底失败了。南方各省的讨袁军也相继失败。至此，孙中山为了从袁世凯手中夺回辛亥革命果实所进行的"二次革命"最后失败了。

"二次革命"失败后，袁世凯下通缉令捉拿孙中山、黄兴、陈其美等人，继而又下令解散国民党。革命党人纷纷逃亡海外。8月17日，孙中山也再次亡命日本。

流亡日本后，革命党人大都垂头丧气、缄口不谈革命，并且意见分歧。然而，孙中山却毫不气馁，仍苦劝革命党人振作起来，恢复同盟会时期百折不挠、愈挫愈奋的革命精神，为革命事业继续奋斗。同时，他总结经验教训，认为辛亥革命以后，国民党内混入了许多投机分子，党组织涣散，没有严格的纪律，以致丧失了强大的战斗力。于是，孙中山决定重建新党，再举革命。他召集流亡在东京的革命党人会议，准备把国民党改组为中华革命党。

这时，陈其美和蒋介石隐匿到上海租界内活动。11月间，孙中山电召陈其美前往日本。

孙中山的新党叫中华革命党，在其党章条款中，孙中山把党员分为首义、协助和普通三个等级，各享有不同的政治权利。并规定入党者都要按指印，立誓约，宣誓服从孙中山。孙中山的这些做法，主观上是想改变国民党过去那种涣散、无纪律的状况，从而增强党的战斗力，再举革命。但是，这些规定伤害了许

孙中山

多革命党人的自尊心,首先遭到国民党内第二号领袖人物黄兴的反对。

陈其美一到日本,就首先赞成孙中山改建中华革命党的办法,表示完全服从孙中山的领导,并对不赞成者进行攻击。中华革命党成立后,陈其美被任命为总务部长。

1913年7月29日,蒋介石在上海由陈其美的盟兄弟张静江做监督人,加入了中华革命党,并填写了入党誓约。他是在国内最早为中华革命党的几个人之一。蒋介石加入中华革命党不久,即在12月间,第四次东渡日本。

他这次到日本后,经陈其美介绍,第一次和孙中山见面了。蒋介石后来自己说:"我是21岁入党的,直到27岁,总理才对我单独召见。虽然以后总理即不断地对我加以训诲,亦叫我担任若干重要的工作,但我并不曾向总理要求过任何职位,而总理却亦不曾特别派我任何公开而高超的职位;一直到我40岁的时候,才被推选为中央委员。"

这就是说,蒋介石从参加同盟会到"二次革命"失败,他主要是作为陈其美的部下和亲信进行革命活动。他不但没有能够进入同盟会的领导层,甚至还没有和孙中山单独见过面。直到这时,蒋介石才直接受命于孙中山进行革命活动。

1914年初夏,蒋介石奉陈其美的命令,从日本回国,参与沪宁讨袁的军事行动。蒋介石回到上海后,联络了一些革命党人,制订了一个夺取上海的军事作战计划。准备兵分三路,进攻上海。他自己担任第一路司令官,并在小沙渡设立了司令部;另一路担任进攻上海真如一带;第三路担任破坏铁路、通讯设施及钳制长江上的海军。但是,未等这个计划开始行动,就被淞沪镇守使郑汝成侦破。蒋介石的司令部被搜查,不仅枪械、子弹、旗帜、文件等被没收,而且多名革命党人被捕,4人殉难。

蒋介石这次的未遂军事行动败露后,袁世凯立即向各省发布通缉令,追缉蒋介石等主谋者。蒋介石躲到张静江的家中。这时革命党人中又出了叛徒,这个被袁世凯收买的叛徒,竟是鉴湖女侠秋瑾的战友、光复会的领

蒋介石和少年时期的蒋经国

导人之一、辛亥革命时与蒋介石一起攻打杭州城的著名革命党人王金发。王金发指挥密探,夜间到张静江家中来捉蒋介石,碰巧蒋介石到别的朋友家去小坐。回来时,他发现张宅周围隐藏着许多陌生人,已将张宅包围。在此情景下,蒋介石侥幸逃脱了。这以后蒋介石已无法再在上海藏身,正好陈其美这时给他发来电报,催他前往日本。蒋介石又于这年的6月间第5次前往日本。

陈其美电召蒋介石赴日本,是因为孙中山接到东北一位名叫宁孟的革命党人的报告。报告中说:吉林、黑龙江两省的军队已经运动成熟,倾向革命,请孙中山立即派干部来主持工作。孙中山见到这个报告后很高兴,因为东三省邻近北京,如果能在东北发动军事进攻,可以直捣袁世凯巢穴。于是,陈其美决定派蒋介石和丁景梁前去东北视察情况。

蒋介石和丁景梁接受任务后,又在7月初从日本动身,来到东北。他二人先后到了哈尔滨、齐齐哈尔、满洲里及长春等地进行视察。结果发现,不但没有军队倾向革命,整个东三省没有一点革命气氛,一片死气沉沉。奉系军阀的头子、"东北王"张作霖,一直投靠日本,使东北控制在日本的手中。

原来,革命党人宁孟谎报军情,是企图从孙中山那里骗取经费。

正当蒋介石在东北视察的时候,第一次世界大战爆发了。8月2日,蒋介石从东北写信给孙中山。在信中,他陈述了第一次世界大战以后的发展趋势,并结合当时国际、国内的形势,提出了中华革命党今后的倒袁计划。

在信中,蒋介石认为:"本党今日之进行,以统一各省革命计划,确定全盘整个之方案,集中一点,注全力,聚精锐以赴之,是为今日第一之急务也。"接着,蒋介石在信中分析了各省的革命力量之后,提出"浙江为今日唯一之根据地点"的主张,他认为浙江的军队叫"酉属昔时之革命分子",应该"出全力为之运动"。这时孙中山正在筹划全国性的武装起义,尤其寄希望于陈其美领导的淞沪和江浙一带的军事活动,所以蒋介石的建议深合孙中山之意。虽然蒋介石信中的建议在以后并未得以实施,却给孙中山留下了好印象。

蒋介石在东三省视察2个月之后,于8月末又回到日本。沪、杭革命机关被破获,多名革命党人被杀害。9月3日,蒋介石为此又一度去上海处理善后,但是没停留多久就又回到了日本。此后蒋介石大约有一年多的时间未再进行什么革命活动。

这一段时间,他在做什么呢?

他"遁迹东京,锐志于学,每日朝夕静坐,看书习字"。蒋介石每日专心研读的是明朝的《王阳明全集》和清末曾国藩的《曾文正公家书》。王阳明官为明代赣南巡抚,曾国藩是清末两江总督,两人都是屠杀农民起义的刽子手。两个人的著作又都服膺"程朱理学",宣扬以"三纲五常"为核心的儒家学说。王、曾二人成为蒋介石所崇奉的主要人物,两个人的学说成为蒋介石一生的"检身之法"和"行动指南"。

1915年10月中旬,孙中山任命陈其美为淞沪司令长官,携带作战计划,从日本回到上海。

回国后,陈其美先在法租界霞飞路渔阳里5号安了家,作为反袁军事活动的总机关;然后,又给尚在日本的蒋介石发去"盼即回沪"的电报。蒋介石接电报后,立即动身返回上海,参加筹划上海起义。

蒋介石回到上海,首先与陈其美计划刺杀淞沪镇守使郑汝成。11月10日,日本大正天皇登极举行加冕典礼,郑汝成乘汽车赴日本领事馆致贺。陈其美派党人埋伏在外白渡桥,郑汝成的汽车行至桥上,被革命党人当场击毙。

在蒋介石跟随陈其美闯荡时,在溪口的毛福梅与陈志坚结拜成了姐妹,这时,蒋经国刚刚4岁,朝夕共处,小经国喊陈志坚为姨娘,非常亲热。这时小经国的仪表、性情都像娘,稳重文雅,懂事听话,尊敬长辈,乐得祖母王采玉高兴地说:"他一点没有他父亲小时那样的顽态。"

然而,因婆婆和母亲毛福梅的过分疼爱,戏玩不让远离膝前,小时的经国却娇怯易哭。

1916年，蒋经国5岁，开始在家乡启蒙，启蒙是在溪口本镇的武山学校，老师叫周东。第二年，改业顾清廉。顾清廉，一生靠砚耕为业，过去教过蒋介石，现在又教蒋经国，结果，后被誉为"二世治教"。在顾清廉之后，蒋介石又为蒋经国延聘了塾师王欧声。

蒋经国幼年所受教育的模式，和蒋介石一样，几乎就是其父当年的翻版。

蒋介石这时虽然在外，但是对儿子的成长非常关心，并且他以自己早年走过的道路为模型来铸造蒋经国的童年的。蒋经国曾回忆道："父亲指示我读书，最主要的是四书，尤其是《孟子》，对于《曾文正公家书》，也甚为重视。"

在这一期间，蒋介石很少回家。刺杀郑汝成之后，陈其美开始策划上海军事起义。蒋介石拟订了一个"淞沪起义军事计划书"，计划先发动军舰起义，然后攻取上海军事要地——江南制造局。经过一番运动，停泊在长江上防守上海的肇和、应瑞、通济三艘军舰响应革命，决定在12月15日三舰起义。但是，肇和舰有异动的情况被袁世凯侦察到，于是袁世凯决定将肇和、应瑞两舰调离上海，驶赴广州。陈其美不得不改变起义计划，仓促决定12月5日三舰起义。

然而，由于武器准备不足，炸弹是用铁香烟罐头盒做的。到了起义的一天，肇和舰虽然得手，应瑞、通济两舰却被袁世凯用重金收买，发炮攻击肇和舰，起义遂告失败。起义总机关在当天夜里也被法租界巡捕搜查，陈其美和蒋介石由楼上翻窗，才从屋顶逃跑。

1916年4月，蒋介石又协助杨虎攻打长江要塞的江阴炮台。4月14日，经过激战，终于占领江阴炮台，蒋介石与杨虎联名发表了"江阴独立宣言"。不料，占领江阴炮台没过5天，内部又发生叛变，炮台士兵全部逃离，弄得蒋介石成了光杆司令，只好又孤身逃回上海。

蒋介石和陈其美的频频起事，搅得袁世凯寝食不安，尤其是对陈其美恨不得剐了他的皮。5月18日，袁世凯设下圈套，将陈其美暗杀于上海法租界萨坡赛路的日本侨民山田纯三郎寓所。陈其美生前历任上海都督、二商总长等要职，又是上海青帮的大头目。但死后慑于袁世凯的淫威，竟没有一个亲属、朋友前来收敛遗体。

蒋介石听到陈其美被刺死后，痛哭失声，立即赶到出事地点，将陈的尸体载回自己在上海秘密寓所，用重金买得一棺把陈其美装殓入棺，并撰写祭文悼念。

陈其美被刺死后，孙中山失去了一个重要的助手。这时，孙中山正倾全力组织武装反袁，但由于黄兴一派的军事干部在建党问题上和孙中山发生分歧而分裂出去。孙中山这时很缺少军事人才，可以依靠的只有许崇智、邓铿、朱执信、居正等人。其中，朱执信、居正则是文人从事军事。这样，蒋介石作为陈其美亲信，开始受到孙中山的重视。蒋介石也从这时候起，极力表示对孙中山、对中华革命党的忠心。

1916年，居正与朱霁清在山东招募了一支军队，命名为中华革命军东北军，居正出任司令。6月，该军攻占了山东省潍县。由于这支军队是仓促凑合起来的，招募的士兵素质不齐，甚至有土匪、囚犯；军队毫无训练，不仅纪律涣散，而且还抢劫百姓。7月31日，孙中山命蒋介石到中华革命军东北军任参谋长，目的是叫蒋介石训练这支军队。蒋介石到达以后，发现部队素质太差，训练根本无从下手。正在畏难之时，袁世凯在国人一片唾骂之中毙命，黎元洪继任总统，国内的形势发生变化，于是，孙中山提出"规复约法，尊重国会"的主张，命令各地的中华革命军"收束"工作。这样，蒋介石只任了参谋长13天，也就随之结束了这段短暂的军事活动。

在中华革命党时期，蒋介石虽然还没有做出什么重大的军事政治表现，也没有取得重要的政治地位，然而，他却给孙中山留下了比较深刻的印象，而为以后的发迹打下了基础。

从东北回来后，这时蒋介石在政界和军界没有其他任职，只好回到自己熟悉的上海。由于陈其美已死，蒋介石在上海已没有靠山，只好寻找昔日的好友,在他们的帮助下,暂且混日子,等待时机,东山再起。

袁世凯死后,各地军阀分别割据一方,为了扩张各自势力,连年厮杀。孙中山感到段祺瑞当政,不可能实现民主政治,于是在1917年,依靠滇系、桂系军阀,在广州建立中华民国大元帅府,发表了"攘除奸凶,恢复约法,以竟元年未尽之责,雪数岁无功之耻"的宣言,举起了"护法"运动的旗帜。蒋介石在上海,听到孙中山在广州建立护法军政府、并积极准备北伐的消息后,决心追随孙中山,参加护法北伐革命斗争。1917年9月,蒋介石向孙中山上书,提交了《对北军作战计划》和《滇粤两军对闽浙单独作战之计划》两份意见书。蒋介石的两份上书,得到了孙中山的赞许和重视。

但是,滇、桂军阀并没有真正革命的意向,在军政府中,军阀们极力排挤孙中山。孙中山深感自己手中没有军队,做什么事情都困难,便从桂系军阀手中要来8000人,组成由自己领导的援闽粤军,委任陈炯明为总司令,准备建立自己可靠的嫡系部队。1918年3月,孙中山电召蒋介石到广州,任命蒋介石为援闽粤军总司令部上校作战科主任。

蒋介石任作战科主任后,颇得总司令陈炯明、参谋总长邓仲元的信任,一切作战计划都由蒋介石草拟。结果,粤军按蒋介石所拟作战计划行动,战事进展很快。在各次战役中,蒋介石充分发挥自己曾在日本学过炮兵的专长,在军中留下了能攻善战的印象。

蒋介石在援闽粤军中崭露头角后,争权夺利,结果与陈炯明发生矛盾,1918年7月,他以"工作中阻力很大,难以有所作为"为由,向总司令陈炯明提出了辞呈,虽然陈炯明派人再三挽留,但是,蒋介石还是拂然离队,回到上海。

在上海,蒋介石谒见正在上海总结革命经验、专心著书的孙中山,却在表明自己离队的缘由时,说:"不是我不愿参加革命,而是陈炯明纵容部下诋毁领袖孙中山。"

孙中山劝慰蒋介石,陈炯明碍于孙中山的面子也三次写信要蒋介石回去,但是,蒋介石感到时机没到,于是迟迟不动身。后来,粤军在福建战场取得了优势,孙中山、陈炯明也一再催促他,蒋介石感到再不返回粤军就不好交代了,因此返回了粤军。

在这一期间,蒋介石大部分时间在外,偶尔也回家一两次,过着妻妾共处的生活。

这次返回粤军后,蒋介石被任命为粤军第二军总参谋长。粤军在福建的进军凯歌行进,桂系军阀见大势已去,广州城内大小官员树倒猢狲散。12月28日,桂系军阀的官员、军队逃离广州,广州市由起义的地方派军队魏邦平和李福林部接管。11月2日,陈炯明率粤军回到广州。

在援闽粤军回师广东期间,著名的国民党左派人士、资产阶级民主革命派的政治活动家和理论家朱执信,不避艰险,赴广州虎门要塞联络民军起义时,不幸被桂系军阀杀害。孙中山闻讯极为悲痛:"如失左右手"。

朱执信被害后,孙中山又失去一个重要助手,于是对军事将领蒋介石更加重视了。

收复广州后,蒋介石仍任前敌总指挥,率粤军第二军追剿粤西北一带的残敌。但许崇智因病不在军中,第二军的高级将领中许多人不服蒋介石,不听从其调遣命令。蒋介石气愤地给许崇智写信,也给陈炯明上书,对这些军官表示不满。但由于派系作祟,人事关系错综复杂,蒋介石的要求根本无望解决。这样,他深感到以一个外省人去指挥地方派系的军队,决不可有所作为,必须有"自练可靠者"的基本部队,于是,蒋介石萌生了培植自己的嫡系部队的想法。11月6日,蒋介石在再次给许崇智写信无效后,愤然离开正在前线作战的粤军第二军,返回奉化去了。

4.父亲一而再纳妾娶妻,儿子心中生恨意

1920年11月25日,粤军将桂系军阀驱逐出广东后,1920年11月25日,孙中山离开上海重返了广州。29日,他在广东军民欢迎声中,重新组成军

政府,宣布继续执行大元帅职务。这时经历过在上海痛定思痛的思考,孙中山已进一步认识到光举起护法旗帜,"断断不能解决根本问题",因为护法只不过矫正北洋军阀政府的非法行为,实际还是承认其为中央政府。要达到打倒军阀统治,统一中国,促进国家的繁荣富强,必须建立正式政府。1921年4月7日,国会非常会议在广州召开,参众两院在孙中山的倡导下,联合通过了《中华民国政府组织大纲》,孙中山被选举为非常大总统,军政府撤销了。5月5日,孙中山宣誓就任非常大总统职。这是孙中山第二次在广州建立政权。

孙中山在广州组成革命政府后,颁布、推行了一系列改革吏治与保障人民权利的法令和措施。这时蒋介石在1920年11月离开粤军,回家探望母亲之后,到上海与陈其美之侄陈果夫等人一起,在上海证券交易所大做投机生意。孙中山急风暴雨般地推行革命措施,他在证券交易所里翻云覆雨。

岁月飞逝,转眼间在溪口读书的蒋经国10岁了,蒋介石写信回家要求蒋经国读《说文解字》,他指示儿子说:"此书每日认得十字,则三年内必可读完,一生受用不尽矣。"不久,他又去信叮嘱他读《诗经》、《尔雅》,并且鼓励蒋经国"不愧为蒋氏之子",对着懵懵懂懂的儿子大谈什么"治国始于齐家"的大道理,说:"齐家的标准,汝在家,对亲需要孝顺。"接着,他又以曾文正公对于子弟的训诫作为模范,教育儿子在政治上也要师法曾国藩,做"中国的政治家"。

对于这些,蒋经国后来常说:"父亲对于我们兄弟的教育,是非常严格和认真的,不管在家、在外都是经常来信指示我们写字、读书和做事、做人的道理。"

年少的蒋经国又是读《说文解字》,又是读《诗经》,蒋介石还是不满意。不久,他又强令毛福梅把蒋经国送到奉化县城的锦溪学校读书。

在奉化锦溪学校读书时,蒋经国住在陈志坚家里。经国每天上学之前,一定要叫陈志坚的妈一声"外婆",叫陈志坚本人一声"姨妈"才走,放学回来也叫。他特别喜欢吃芋艿头，陈母就常给他蒸芋艿头吃。但是，毛福梅却舍不得蒋经国长离膝前，没过多久，又偷偷地将蒋经国从县城召回。这惹得蒋介石大发脾气，破口大骂毛氏"妇人短见"，耽误蒋经国的前程。

这时，在溪口丰镐房，蒋经国已有了一个弟弟，叫蒋纬国。

蒋纬国生于1916年10月6日，关于蒋纬国的生身父母，有人说："为蒋与日本女人所生。"但据蒋介石厨师蒋小品说，蒋纬国为戴季陶的私生子，因此，蒋纬国是谁生的一直是个谜团。

蒋介石对蒋纬国一直很亲热，他经文纬武，以及经天纬地，把一"经"一"纬"与"国"字相缀作为长子和次子之名，就是寄望他们是"经文纬武"或"经天纬地"的齐家治国平天下之英杰。

蒋纬国的幼年成长环境相当特殊。从1岁至5岁期间，一直寄养在上海一位朱姓和邱姓的亲戚家中，与戴氏家人常有往来。4岁半那年，随蒋介石回到家乡奉化溪口，由姚冶诚领养，称姚氏为"养母"。

纬国生得天真可爱，深得蒋介石的欢心，姚氏对纬国也极为宠爱。纬国和义母姚冶诚的母子情从幼小的时候就培养起来了。还不到4岁时，姚冶诚曾带他回奉化溪口老家，同住丰镐房里．对他的关怀爱护真是无微不至，每天吃饭睡觉，寸步不离，一切好吃的都尽着他，四季的衣服都由她亲手缝制。纬国去奉化幼稚园后，姚冶诚放心

蒋介石与蒋经国、蒋纬国

不下,特意从溪口老家迁到奉化西门街周家居住,每天由她亲自接送,从不委托别人。

蒋纬国自小性格就与蒋经国截然不同,蒋经国长相随母亲毛福梅,也拙于言辞、内向、老成;而蒋纬国竟貌似蒋介石,不仅面目清秀,而且天真活泼,乖巧伶俐,格外惹人疼爱。相比较而言,蒋介石对蒋纬国的喜欢要甚于一直对他敬而远之的蒋经国。这点颇为发妻毛福梅所不满。蒋介石对此深有所感,为了避免矛盾,同时,因为丰镐房添丁加口后显得特别拥挤,蒋介石把姚冶诚和纬国迁居到奉化城内,以后又相继搬移至宁波、上海等地,陈志坚兼作姚氏母子的家庭教师,也一并随往。

但就在这一时期,蒋介石与姚冶诚的夫妻关系开始出现了矛盾。随着姚冶诚的弱点日益暴露,蒋介石对她的许多品性开始表现出不满。1919年开始,蒋介石不满意姚冶诚的地方大体上有三点:一是恨姚氏嗜赌成性,二是恼姚氏对他不关心体贴,三是蒋介石怒姚氏出言尖利,缺乏教养。按说蒋介石对姚氏本应了解,出身风尘的女子,难免好玩好赌,常与三教九流打交道,没有一点泼妇的脾气如何能应付? 蒋介石性格、脾气暴戾,说一不二,容不得半个不字。姚冶诚自然受不了,结果,两人相对吵骂时有发生。蒋介石对姚氏心生仇恨,恨不能一刀两断,几次想甩掉姚氏。1920年5月16日,他在日记中写道:"在外觅屋又无相当之处,不得已乃迁一品香居住。"

这个时候的蒋介石又像当年与毛福梅反目为仇时一样,处于一种离合两难的境地。对毛福梅,他是"闻步声,见人影,即成刺激",而对姚冶则"痛斥移时犹不足平我怒气也"。厌恨之情不差分毫。当年他想与毛福梅离婚时,有老母作梗,现在蒋介石打算与姚冶诚分手,结果又有张静江、戴季陶诸兄来劝解。蒋介石考虑再三之后,终于没有马上与姚冶诚分道扬镳。他在1920年5月31日的日记中写道:"处置冶诚事,离合两难,乃决定暂留而析居,以观其后。"

蒋介石同意与姚冶诚暂时保持关系的另一个原因,是考虑到蒋纬国。

他在与姚冶诚分手的话，那么纬国就会无人抚养，恐其常起思母之心。

姚冶诚携蒋纬国搬至上海后，住在张静江的别墅里，而蒋介石则天天在交易所打牌、炒股。

在蒋介石滞留上海期间，孙中山多次打电话、发电报催促他前往广州，但是蒋介石还是迟迟不去，一会儿在上海炒股，一会儿到普陀山拜庙求佛，又一会儿带纬国游天童山。

蒋介石这时迟迟不肯去广州帮助孙中山筹划平定广西的事情，一方面，是因为他不愿意再和日趋骄横、以粤军为私产、视广州为领地的陈炯明共事，为陈"做嫁衣裳"；另一方面，他这时已另有打算：一是想赴欧洲考察，看看苏俄是怎样粉碎内外敌人的联合进攻而取得革命胜利的。但是，这个赴欧计划却因张静江和戴季陶两个把兄弟的劝阻而告吹；他另一个打算是想练成一支由他掌握的军队，因为这些年来，蒋介石深感到自己无一兵一卒之苦。因此，他曾向孙中山表示不愿意带着别人的军队去打仗，愿意在后方练兵，"准备于半年之内，练成一支劲旅"，蒋介石还说他"已制有细密计划，不患其事之不能实行"。这个计划孙中山是赞成的，曾打算设立督练公所由蒋介石负责。蒋介石却不同意设立督练公所。他给胡汉民、廖仲恺写信说，设督练公所是"因人设官"，他不图这虚名，而最实际的是练出兵来。在蒋介石认为，只要自己有了部队，就会有一切。练兵时最好"不引起某部注意"、"招他人之疑忌"、"引起他人不安之状"。但终因孙中山初返广州，百事待举，枪械与军饷无法解决，而使练兵计划成为泡影。

蒋介石认为自己没有军队，仗打得再好，也是替他人做嫁衣裳，所以，他迟迟不愿意到粤军中供职。直到5月10日，他才勉强离开奉化的寓所，20日抵达广州。蒋介石离家时，他的母亲正在患病，他来到广州后，既不愿在粤军中供职，又惦念他母亲的病，于是又设法脱身。5月25日，蒋介石说他必须回家乡探望母亲。原因是他昨夜做了一个梦，梦见"雪满山原，一白无际，醒后身犹寒战，默念此必母病凶兆"。这是真是假，旁人无从考证。蒋介石这次在广州只呆了4天就又回家乡去了。

蒋介石于1921年5月末从广州回到奉化溪口家中,发现他母亲病情恶化,6月14日上午,蒋母王采玉因患心脏病致死。时年57岁。蒋母死后,蒋介石悲伤悲绝在家守灵,并自己撰写了《哭母文》和《先妣王太夫人事略》两篇祭文。

蒋介石在《哭母文》中叙述王氏嫁到蒋家36年间,作为家庭主妇,里外操荣,任劳任怨。尤其是蒋介石的父亲死后的26年间,"家难频作"。文中有"内弭阋墙之祸,外御横逆之侮"的字句,其中外侮指的是备受乡里士绅的欺侮,阋墙之祸指的是蒋介石的异母兄蒋锡侯。

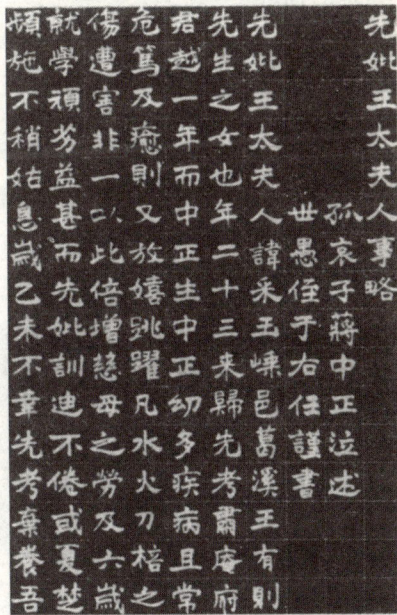

蒋锡侯比蒋介石大10岁,考取过秀才,实际不学无术,性情暴躁,好赌博。他父亲死后,兄弟分家,玉泰商号由蒋锡侯掌管。蒋锡侯不信佛教。王氏自从第一个丈夫死后,寡居娘家时就吃素念佛,第二个丈夫去世后十分苦闷,更加笃信佛教,终日诵经拜佛,并常与寺庙里的僧侣交往。有一次蒋锡侯赌钱输了,回来一看,一个来他家化缘的和尚正站在他身边观看,蒋

蒋介石撰写的《先妣王太夫人事略》

锡侯认为和尚是属"空门"的,所以冲了他的财气,就怒打了和尚一下。王氏便因此和蒋锡侯争吵起来,从此母子间感情失和。

在文中蒋介石承认自己"狂愚"、"暴戾",全家生计又全靠王氏一个女人来谋计,所以王氏感到所有痛苦只她一人承担。他在《哭母文》里,痛悼生母,在《先妣王太夫人事略》祭文里大肆张扬母亲的"美德",同时以悼念亡母为名来标榜自己。

　　蒋母王夫人辞世，蒋介石从广州回来，匆匆办完丧事就又远走高飞，跑回上海了。侍在一侧的姚冶诚只感到丈夫对她的态度比以前更冷淡了，谁知此刻，蒋介石已经另有了新欢！

　　原来，蒋介石这个时候在上海滞留，除了炒股外，正在热切地追求着一位名叫阿凤的上海姑娘——后来蒋介石亲自为她改名叫陈洁如的女孩。

　　陈洁如是江苏苏州人，1906年生于上海，原名叫陈阿凤。她高挑个子，清秀的面孔，虽无过人容貌，但看起来一副精明能干的样子。还在12岁时，她有个邻居好友朱逸民，年轻貌美，被张静江续弦为妻。张的元配夫人姚蕙去世后留有五个女儿，乃聘一位杨老师来家授读，陈阿凤求知欲望很强，也来听杨老师讲课，因而常去张公馆。

　　陈阿凤是在张静江家中结识蒋介石的。

　　蒋介石第一次见到陈阿凤，就为她亭亭玉立的高挑身材和风韵绰约

朱逸民（左）和陈洁如（中）与好友合影

的稚嫩姿色所倾倒。一天，蒋介石在张公馆的大门附近，等候即将下课的陈阿凤，当陈阿凤离开张公馆回家时，蒋介石突然走过去，陈阿凤吓得不知所措。蒋介石上前阻拦陈阿凤，陈竭力回避，绕开蒋介石，快步往家走，蒋则紧跟不舍，一直跟到陈阿凤家中。

结果，陈母见到了蒋介石，她不高兴地说："阿凤年纪很小，今年才13岁，是个小孩子，虽然看上去像个大姑娘，只是因为她个子长得高些，今后请你不要纠缠她了。"

但是，陈母的态度并没有阻止蒋介石的追逐之心，相反以后的日子里，蒋介石对陈阿凤的追求更为强烈，陈阿凤为了躲避蒋介石，很少去张静江家。张静江夫妇对此也有所察觉，一再劝慰陈阿凤不要害怕说："蒋介石是个好人，凭他的才干将来会很有出息的。"

蒋介石对陈阿凤穷追不舍。他经常穿梭于福建、上海、奉化之间。只要一到上海，就去看望陈阿凤。蒋介石为了达到娶陈为妻的目的，煞费苦心，最后无奈只好向张静江夫妇表述自己追陈的内心想法，请求他们出面帮忙。

1921年9月7日，陈阿凤的父亲死于心脏病。这突如其来的打击，几乎摧垮陈母。张静江赶紧把这个"好消息"告诉蒋介石，并说："一个极好的表现机会来了，快去快去。"

蒋介石赶到陈家，十分殷勤地帮助料理陈父的丧事。

因为去年葬母，蒋介石对办丧事十分内行，于是，他把去年葬母的一套全搬了过来，身穿孝服，在陈父灵前下跪下拜，这使得陈母十分感动，她暗暗改变了对这位青年人的印象。

老公一死，靠山就倒了，陈母一边葬夫，一边为自己的将来开始盘忖，想到夫死孤儿寡母的无依无靠，她一下子就变得心虚胆怯了，因此，只想另找靠山使后半辈子有个衣食依靠，于是，她主动找到张静江夫妇，向他们了解蒋介石的身世和有关情况。张静江夫妇把蒋介石详细地做了介绍，当然多是褒扬之词，几乎把蒋介石吹得上了天。

张静江本来就是上海滩上有钱有势的人物，他们夫妇俩的一番赞语使陈母更加同意蒋娶阿凤的要求。陈母当即就向张静江夫妇表态："我同意这门婚事。"但是，她同时也坦诚地告诉张静江夫妇："小女阿凤嫌蒋的年岁比她自己大一倍多。"

因为这时陈洁如16岁，蒋介石已34岁。结果，陈母由开始坚决反对转而促成这门婚事。阿凤的好友朱逸民也劝慰自己闺中好友，说蒋介石为人如何好，如何聪明能干；并且现身说话夫大妻小如何如何地好。结果，幼稚的陈阿凤在母命的压力和好友的连哄带骗之下，终于决定以身相许这位比自己大了18岁的男人。

当张静江把这消息转告蒋介石时，蒋介石欣喜万分，几乎跳了起来。为了赢得陈阿凤的爱，他马上去陈家，携陈阿凤去繁华的南京路、淮海路，买她喜欢的服饰。在一家咖啡馆里，蒋介石亲密地对她说："我给你取了一个新名字'洁如'；以后你就别再叫阿凤了，你看这个名字好不好，如果你要满意就点点头。"

陈阿凤看看蒋介石，满意地点了点头。接着，蒋介石又拿出一张全身戎装照片给她，上面写着"洁如留念"，并签上了自己的名字。陈洁如小心翼翼接了过来，放进自己的小皮包中。

1921年底，蒋介石与陈洁如在上海大东饭店宴会厅举行盛大婚礼。

这一天，三度做新郎的蒋介石并不害羞，穿着一件深蓝色长袍，披着黑色马褂外套，陈洁如穿一身淡桃红色礼服，头上镶有珠宝装饰。当蒋介石手挽陈洁如步入大东饭店宴会厅时，大厅里响起了热烈掌声。蒋介石挥手向来宾们表示谢意。这次婚礼的主婚人是蒋的好友戴季陶，张静江为证婚人，江一千律师代办手续。

为了把这个婚礼办得更体面、阔绰，张静江不顾自己是姚冶诚的过房爷，也不顾姚氏会伤心，拿出一笔钱给蒋办婚事。蒋介石也不客气，把这笔钱的一部分以聘礼的形式交给了陈母，还拿了一部分给陈洁如买了一架柯达照相机做纪念。陈母为表达心意，特为女婿买了一块金链金壳挂表,婚礼上,蒋介石把这块挂表带在身边。

新婚后,蒋介石的新居设在上海法租界迈尔西爱路。由于匆忙结婚,新居还没有准备好,临时新房就设在大东饭店127房间。临时新房陈设讲究,有时髦的欧式家具,红底白花地毯,桃红色丝绸帏帐,双人床上摆着绣有龙凤的两床棉被。陈洁如对临时新房的布置很满意。

溪口是蒋介石的故乡,他的亲朋好友多都居住在那里,每逢大事蒋介石必回家乡。这一次他娶陈洁如,不同于上次偷偷纳姚冶诚为妾,可以说是和娶毛福梅一样明媒正娶的,另外有了上次的经历,蒋介石也不再顾忌什么了,娶了一个小夫人,蒋介石满心欢喜,新婚后的第5天,蒋介石携陈洁如搭乘轮船回老家。

他们从上海到宁波,改乘人力车到奉化,之后又换乘小船,12月10日下午,夫妻双双回到溪口。蒋介石将陈洁如介绍给乡亲父老、兄弟姐妹,还特意带陈洁如见他的发妻毛福梅。几年之间,蒋介石接连娶妻纳妾,弄了三房,溪口乡亲看到他又带了一个稚气未脱的"夫人"回家惊嘘不已。

然而,这时蒋母已经去世,再也没有人能管得住日日高升的蒋介石了。毛福梅是位心地善良的人,对陈洁如这个比自己的儿子仅大4岁的姑娘,很同情也很爱护。这位虔诚的佛教徒,真心地希望陈洁如能幸福,又宽容地接纳了她,又在丰镐房为陈洁如开了一间房。

但是,毛福梅与新夫人见面,却不同与上次见姚氏,她含着眼泪向陈洁如讲述了许多蒋家和蒋介石的事。最后,她伤心地说:"我的生活已经没有幸福和欢乐,他的心目中根本没有我的位置,我把自己的全部希望都寄托在儿子蒋经国的身上,是经国给我以生存的精神力量。"

陈洁如听后也觉得毛氏怪可怜的,心里说不出是什么感受。接着,毛福梅又唠唠叨叨说蒋介石的脾气很坏,有时发起火来吓得经国到处躲藏。她希望陈洁如能够给蒋介石带来幸福,并使蒋介石能够喜欢儿子经国。陈洁如点了点头。

蒋介石这次回家乡,有了年少娇妻,俨然宛如一个风流雅士,携陈洁如游览了家乡的名胜古迹。他们先来到了雪窦山上的妙高台,游览了雪窦寺、千丈岩、三隐潭、相量岗等名胜;然后,又乘竹筏饱览了剡溪风光;最后,沿溪而下,游览了法华庵以及奉化各地的蒋氏宗祠。

在溪口,陈洁如还见到了在读书的蒋经国和从苏州来的蒋纬国。陈洁如十分惊讶,蒋介石还有第二个儿子。蒋向陈介绍了蒋纬国的身世,并向陈讲了姚冶诚及她与蒋纬国的关系。以后经国、纬国兄弟经常与陈洁如来往,蒋经国称陈洁如为"上海妈妈"。

这时蒋经国已渐渐在长大,尽管父亲对儿子们很疼爱,但是,他一而再地纳妾娶妻,对毛氏伤害极大,母亲的苦楚蒋经国暗中看在眼里,父亲的所作所为,使这颗幼小的心灵中频生了许多恨意。

然而,喜新厌旧的蒋介石却顾不上毛氏母子的感受,他抱着年少稚嫩的陈洁如乐不思蜀。

11月9日,孙中山已在广西桂林组织了北伐大本营,再次给蒋介石发来电报请蒋介石:"速来臂助一切。"于是,蒋介石与陈洁如新婚不久,即应孙中山电召,举家南下广州。

从这时起直到1927年北伐胜利前夕,无论是蒋介石在粤军高级将领任上、还是在黄埔军校校长任上、直至最后领衔国民革命军总司令期间,陈洁如始终相陪在侧,独享"夫人"风光。由于陈洁如受过中等教育,中、英文俱佳,各种社交场合,无不应付裕如,蒋介石也深以为傲。夫妻两人的感情此时也比较深,蒋介石几次大的政治风波和磨砺,陈洁如都曾与之携手同履,生死与共。

5.教儿督子,不以政事繁忙而稍懈怠

蒋介石和陈洁如在溪口接到了远在广州的孙中山的来电时,孙中山已亲自在桂林建立了北伐军大本营,准备督师北伐,因此急需蒋介石这样

的军事人才。但是蒋介石接到电报后并没有立即动身。孙中山准备北伐时，军事指挥人才奇缺，于是，廖仲恺、胡汉民、许崇智等人又迭次电催，传达孙中山之命，请他早日返军。这样，蒋才结束了蜜月旅行，携陈洁如前往广州。

　　蒋介石带着新婚的少夫人一路风光，又是游山玩水，又是饱览各地人情，结果，抵达广州已是12月22日了。但是，到广州后，他仍不赴桂林北伐军大本营，还要留在广州度新年。为了应付，他给孙中山往桂林寄去了一份"北伐作战计划书"，附言云："此乃吾于旅途舟车上抓时间草拟的。"

　　孙中山接到蒋介石的作战计划书后，又往广州给蒋介石发电报："请立即动身来桂林。"然而，蒋介石还是和陈洁如在广州过了新年。1922年1月3日，才从广州出发赴桂林。他陪着娇妻一路观光风景，1月6日才姗姗到达阳朔，才见到了吴忠信，听说孙中山还没有发起进攻，北伐仍处于

蒋介石和陈洁如

筹划阶段,蒋介石直拍大腿后悔自己来得太早了。

1月18日,蒋介石来到桂林北伐军大本营,仍任第二军参谋长,并和陈洁如住进了旧时清朝藩台衙门的八桂厅。这里环境清幽,园林亭榭,到眼成趣,这使蒋介石很高兴。在他给蒋纬国的信中说,这八桂厅是桂林市第一个好地方。在桂林,他除了协助孙中山作北伐军事计划外,还游遍了山水甲天下的桂林的所有名胜古迹:象鼻山、七星岩、灵隐洞、铁佛寺、孔明台、叠彩山……无一处不涉足。孙中山同蒋介石等人还照了几张相片,蒋介石在写给溪口儿子的信中说,他过得很快活。

孙中山在桂林设立北伐军大本营,是因为他已和湖南军阀赵恒惕谈妥,北伐军借道湖南,向湖北进攻直系军阀吴佩孚,但这时陈炯明已与赵恒惕及北洋军阀等密切勾结起来,湖南不允许孙中山的北伐军借道。陈炯明指使粤军不参加北伐。他以广东省长把持财政的权力,不给北伐军发一粮一弹。更有甚者,3月21日,陈炯明指派刺客,在广九车站暗杀了给北伐军筹款的粤军参谋长邓铿。孙中山在桂林既没有饷械接济,又不能从湖南进军。3月26日,被迫在桂林召开紧急会议,决定北伐军移回广东,改在韶关建立大本营,由江西出师北伐。

4月16日,孙中山到达梧州,20日回到广东肇庆。在梧州和肇庆,他两次电召陈炯明前来面商一切问题。然而,陈炯明不但不肯见孙中山,还电请辞去本兼各职,向孙中山示威。于是,孙中山于4月21日下令免去陈炯明省长、总司令和内务部长三职,令其专任陆军部长。陈炯明拒不受命,当天就回故乡惠州去了,暗中却指使粤军50个营全部开进广州。

蒋介石到桂林后,眼见陈炯明如此作梗,知道孙中山的北伐不能实现,就想一走了事。3月末,他给留守广州总统府的廖仲恺写信,先是责备廖仲恺在他要求回后方办兵站的事上为什么不答复,然后,要求廖仲恺立即发来调他回广州的电报,以便借此离开北伐军大本营。4月3日,廖仲恺给蒋介石回信说:"此则虽以刀锯加颈,亦不肯为。盖弟自得兄西行,已不啻如天之福,岂能干此破坏大局之举。"

孙中山从桂林转移大本营回广东启程之前，曾派蒋介石先行到广州见陈炯明。但是，当蒋介石姗姗来到广州时，陈早已避往惠州去了。4月22日晚，蒋介石在三水谒见孙中山，在孙中山面前，他极力主张进攻石龙、惠州，消灭陈炯明的粤军，以除北伐后顾之忧。

对于陈炯明，蒋介石早有不满。在粤军这段日子里，"陈家军"在他前面飞扬跋扈，陈炯明部下对他的讽刺、诽谤，尤其是陈炯明对他"挥之使去，招之使来"的做法，早使他不能忍受。蒋介石几次辞职实际上都是因为陈炯明对他的不信任，他感到陈这个人"外宽内忌，难与共事"，故而内心积怨很深。1921年3月5日，蒋介石曾写信提醒孙中山："先生之于竞存（陈炯明），只可望其宗旨相同，不超范围。若望其见危授命，尊党攘敌，则非其人，请先生善诱之而已。"陈炯明暗杀邓铿之后，蒋介石就认为陈炯明必会叛变，在桂林孙中山召开的军事会上，蒋介石就坚决主张先讨伐陈部，然后再北伐。蒋介石揣度陈炯明必叛变革命这一点是正确的，但是，孙中山却仍希望陈炯明能悔过，更不忍自己苦心建立起来的军队未用在打倒军阀上而自相杀戮，于是力图继续争取粤军跟随他参加北伐。

蒋介石在三水再向孙中山建议讨伐陈炯明不被采纳后，就决定离职返里。4月23日，他同孙中山回到广州，当即提出辞去第二军参谋长职务。孙中山闻讯，专门赶到蒋介石的住处挽留他。这件事蒋介石在以后经常对别人讲起，并描述当时孙中山"恳切慰留"。蒋介石听到孙中山挽留他的话，感动得"凄然泪下"。然而，他还是在当晚就登上轮船回上海了。

4月27日，蒋介石回到了上海，28日他又转船回到故乡溪口，随即去他母亲的墓地山上植树，在墓的四周砌石栏杆，并着手计划建墓庄。然后，蒋介石不顾毛福梅的反对，把蒋经国接到了上海读书。

蒋经国跟父亲到上海就学，离开家乡，和多年相依为命的母亲告别，内心不免有些酸楚，可升学是关系前途的大事，有父亲做主，他是没有二话可说的。何况这几年溪口几位塾师教给他的尽是"诗云"、"子曰"那一套，他似懂非懂地学着，确实也有些厌倦了，现在一换环境，又进新式学堂,花花绿绿的上海滩让他大开眼界,见到了世面。于是,他很快忘却了离乡别母的不快。

到上海不久,他进入万竹小学读四年级。他父亲时而宁波,时而溪口,时而吴兴,带着陈洁如各地徜徉,并未长住上海。他由塾师王欧声和姑丈竺芝珊负责招呼,用钱则向陈其美的侄子陈果夫和陈舜耕那儿支取。

虽然,蒋介石长期不能亲自在蒋经国身边施教,但是,他对儿子学习的督促却不曾懈怠。蒋经国在上海读书期间,差不多每隔十天半个月,就可收到蒋介石从别处寄来的家信。在信中,蒋介石从日常生活、为人处世到功课学业,事无巨细一一过问,悉心指导。

上海是个和奉化截然不同的新世界,华洋杂居,事事开风气之先。在上海念高小,课程丰富多了,蒋经国开始接触到外国语文并学习数学和生理卫生,还学习历史和地理。比起原先只读几本《五经》、《四书》来,他学习的兴趣大大地提高了,他的知识面也大大地扩宽了。

蒋介石知道这些情况,就写信给他,反复告诫他要好好学习,特别要学好英语和算学。

蒋介石长年打仗经武,教子却是内行、有方,下信即可见一斑:

经儿:

　　我明日由甬(宁波)起程,要到福建去了,你在上海,须要勤奋读书。你的字迹没有什么进步,每日早起,须要写草字一百个,楷书五十个。既要学像,又要学快。闻你所读的《孟子》,多已忘了,为什么这么不当心呢?《孟子》须熟理重读,《论语》亦要请王先生讲解一遍,你再自省,总要彻底明白书中的意义为止。你于中文如能读懂一部四书的意义,又能熟读一册《左》、《孟》、《庄》、《骚》菁华,则以后作文就能自在了。每篇总要诵读三百遍,那就不会忘记了。余如英文最为重要,必须将每日教过的生字,在自习时默得烂熟,一星期之后,再将上星期所学的生字熟记一遍,总要使其一字不忘为止。算学亦要留心,切不可厌倦懒学,遇有疑难问题,务求彻底了解。须知今日学问,以中文、英文、算学三者为最重要,你只要精通这三者,亦自易渐渐长进了。你上半年没有脱课,是最好的好处,我很喜欢,以后还要这样才好。如果从现在到毕业,不脱一课;则你的学问品行,自然会好了。学生最要紧的是在上课时不顾闲野,教员所说的话,句句听得明明白白,则功课自然容易精专,学业亦自然容易进步了。

寄我奖状附还,望你验收。

父字

这一期间,陈洁如几乎与蒋介石形影不离。

一天,她发现自己身上出现很多小红点,而且非常痒,她十分着急,立即去医院。结果,医生告诉她这是淋病的反映,原来,蒋介石当年混迹上海滩乱嫖乱狎的性病传染了她。陈洁如非常痛苦,医生很同情她,对她说:"用一种叫'606'的药物治疗,或许能恢复生育能力。"

但是,尽管陈洁如买来了一大堆"606",然而这并没有解决问题,失去生育能力使得陈洁如常常羞愧和烦恼①。

风云突起,蒋介石进进退退,耍尽了弄权手腕。

4月29日,直系军阀曹锟、吴佩孚和奉系军阀张作霖在京、津附近打起来的第一次直奉战争,到5月6日以直系胜利而告终。6月13日,北京政府的总统换上了曹锟、吴佩孚的傀儡黎元洪。

陈炯明早与吴佩孚有勾结,吴曾许陈以两广巡阅使的职位诱其叛变孙中山。陈炯明这时看到直系战胜了奉系,取得了操纵北京政府的主子地位,认为是他发动叛变的好时机。于是,陈炯明密令擅自开进广州的50个

①陈洁如著:《我做了七年蒋介石夫人》,团结出版社1996年版,第167页。

营的粤军发动武装叛乱,并悬赏20万元杀死孙中山。6月16日清晨2时,叛军4000人围攻总统府,并用大炮轰击孙中山在观音山的住所粤秀楼。在叛军向粤秀楼包围时,孙中山于深夜冒枪林弹雨穿出叛军包围,逃上停泊在长堤天字码头的宝璧舰避难。17日转登永丰舰,召集舰队官兵,号召讨伐叛逆,决定"由舰队先发炮,攻击叛军",然后电召北伐诸军回师广州,"水陆并进,以歼叛军"。

6月18日,蒋介石正在宁波做逍遥游,突然接到汪精卫从上海发来的电报:"惊悉粤变,尤幸总理无恙。"

同一天,孙中山也给他发来急电:"事紧急,盼速来。"

蒋介石经过几天的考虑和准备,在6月25日从上海启程赶赴广州。

6月29日,蒋介石抵达珠江后,直奔"永丰"舰。这时孙中山在海上漂泊,饱受了亲军反叛之苦,两人相见,孙中山则热泪盈眶,一下子竟说不出话来。这时,根据敌情报告,岸上所有剩余的忠贞孙中山的部队,或被消灭掉,或被陈炯明的部队制服了,各炮台的值勤官也投降了。于是,孙中山授蒋介石以海上指挥全权,以与叛军作战。

蒋介石立即掌管各炮舰的指挥,孙中山在军舰上与叛军艰苦作战55天,蒋介石在孙中山身边"日侍予侧",参与筹划。但由于舰队内部的三大巡洋舰叛变投敌,致使回师救援受阻。孙中山变得孤立无援了,这时,蒋认为应该沿江上移才为谨慎安全,孙中山便按他的计划行事,驶至安全地带,等待救援。

这时,孙中山唯一的希望,是依靠远在赣州北伐军基地的许崇智所属忠贞部队,可是一师官兵变节投降陈炯明,无法迅即移动。直到8月7日,孙中山巴望忠贞部队前来救他的期望宣告完全破碎。蒋介石便以军事顾问身份,冷静分析当前形势,劝孙中山:"先生赶快离开。"

孙中山继续留在军舰上于事无补,8月9日,于是,经由英国总领事的安排,英国军舰"慕尔本"号护送孙中山前往香港。第二天在蒋介石、汪精卫、陈策、陈群等人的陪同下搭"俄国皇后"号邮轮赴上海,14日安全抵达沪上。

　　蒋介石历经了两个月与孙先生同生死共患难的日子。在这患难与共的日子里，孙中山对蒋介石听其言，观其行，经历了这场广州事变后，更加信任蒋介石。自此，蒋介石完全获得了孙中山的信任。后来，孙中山在给蒋介石的一封信中写道："吾兄，你还记得我们在军舰上的那些日子吧？在那漫长的日子里，我们只能睡觉和进食，期待着好消息……不论你遇到什么困难，也不论你经受什么样的考验，只要我还在进行斗争，你就会留在军中。"

　　孙先生的肺腑之言，是蒋介石苦心经营而得来的。

　　七、八月间，蒋介石陪同孙中山经历了广州蒙难后，于8月23日携陈洁如去宁波游普陀山、天福庵，登甫天门，从宁波又回到奉化溪口。此间他写了一篇《孙大总统广州蒙难记》。记载6月15日至8月15日每天要事，然后请孙中山为之作了序言。10月初，秋高气爽，蒋介石又携陈洁如赴无锡，游览太湖，再转苏州，访玄妙观。这时，孙中山任命蒋介石为东路讨伐陈炯明叛军的参谋长，蒋又携陈洁如于10月20日离沪去闽就职。

　　蒋介石兴致勃勃地来到了福建，准备大做他的参谋长。谁知，他又因脾气暴躁，与周围诸将领难以合作共事。结果，尽管孙中山、廖仲恺、许崇智多次开导劝说及挽留，蒋介石只住了一个多月便携陈洁如又回了上海。

　　蒋介石从福州回到上海时，孙中山正与专程来到上海的苏联驻华大使越飞会晤，他们接连举行多次会谈，进一步商讨了改组国民党和建立革命军队，以及苏联与共产国际援助中国革命、反对帝国主义等问题，1月26日，两人联名发表了著名的《孙文越飞宣言》。这是孙中山联俄政策的重要文件，它标志着孙中山联俄政策的最后确立。

　　蒋介石不愿随东路讨贼军去广东作战，回到上海又无事可做，1月20日，他来到孙中山寓所，把他在鼓浪屿撰写的几条联句，求孙中山书写成对联，然后携家眷回家乡溪口闲居去了。

　　1923年2月15日，孙中山从上海启程，22日到达广州，3月1日宣布成立大元帅府,孙中山被推举为海陆军大元帅。这是孙中山第三次在广州建立政权。

在孙中山回广州途中,2月18日于香港曾给蒋介石发急电,告诉蒋已任命他为大元帅府行营参谋长,催促他"万请速来,勿延"。过了10天,孙中山又给蒋介石发急电:"介石兄鉴:各要事须兄相助,万望速来。"这时,孙中山一则急于请蒋介石回广州,因为改组国民党的工作要继续进行,军事方面更需要人;另则通过永丰舰上的患难相处,孙中山已完全把蒋介石视为了自己的心腹。

时任大元帅参谋长的蒋介石

然而,这次帮助孙中山把陈炯明赶出广州的各路军队都是西南几省军阀的旧部,他们只不过是利用孙中山的威望替自己扩充地盘。如桂系军阀沈鸿英部,打进广州后就想把广州占为己有,开始反对孙中山回广州,并在暗中寻机谋叛。孙中山的嫡系部队、许崇智率领的粤军正在潮州、汕头一带与陈炯明的旧部作战。逃到惠州的陈炯明叛军时时有可能进行反扑。因此,孙中山在广州的处境是很不安全的。

但是,蒋介石接到孙中山的两封急电后,并没有立即去广州,只是先后给廖仲恺、汪精卫、许崇智写去三封信,对广东的局势加以分析,提出军事作战方面的意见。3月15日，胡汉民、汪精卫、邹鲁、林业明、林直勉、胡毅生等人，专程跑到宁波来劝蒋介石启程去广州，谁知蒋介石却陪同这六位国民党大员，游览宁波的七塔三寺和天童山诸胜景，众人发觉上当。于是商量，三个人做恶人三个人做好人，软硬兼施进行相劝。这样，4天后蒋介石才带着夫人与他们一同回到上海。蒋介石到上海住了7天后，并没有去广州，于3月27日又回到了宁波，仍继续用信件应付广州方面的催促。

原来，他在用欲擒故纵的沽名钓誉之法以提高自己在孙中山和国民党中的地位。

在这期间，蒋介石所写的信，较过去有了明显的变化，就是直接在信中提出自己的要求，而不像以前那样只是发泄不满，博取同情，从而求得进展。3月21日，他直接打电报给孙中山，提出现任管理财政的人无能，要求并归廖仲恺一人全面负责财政；3月30日与4月7日，他又两次打电报给许崇智，都是以"请令本军"如何的口吻提出作战主张；4月8日，他给大元帅府秘书处长杨庶堪写信，提出在他回广州之前，需发表任命廖仲恺主管财政、许崇智部调回省城两道命令，否则他回广州后无法进行工作。

这样，蒋介石4月15日才从上海动身赴广州，沈鸿英部16日在广州叛变，孙中山的嫡系部队都不在广州，蒋介石又正在来粤途中，孙中山只得亲自出马督战，率领杨希闵的滇军和刘震寰的桂军近战敌人，结果于4月19日将沈鸿英部赶出广州。

4月20日，蒋介石到达广州，以大元帅参谋长的名义入大元帅府办公。

5月9日，陈炯明从东江再次叛乱，大规模向广州反扑。被赶出广州的沈鸿英部，又勾结北洋军阀吴佩孚，从广州北面猖狂反攻。孙中山两面受敌，处境十分险恶。这时期，他一直亲赴前线督师，南征北战，捍卫着广州的革命政府。蒋介石作为孙中山的参谋长跟随出征。

经过两个月来的作战，敌我双方各有胜负，形成拉锯战。孙中山所依靠的滇桂联军都是些为自己争权夺利的野心军阀，他们打着革命旗帜，却根本不热心为孙中山的广东革命政权作战。广州政府仍处在四面受敌的危机中。这时,蒋介石虽然名义上是大元帅的参谋长,经常陪同孙中山视察,制定军事计划,慰劳各部队,但手中仍然没有一兵一卒。要贯彻他制定的军事计划,都要就商于各军的司令部,仰人鼻息,困难重重。不但滇桂这些客军不听指挥,就连许崇智也不接受他攻打陈炯明老巢惠州的计划。最后,许崇智在潮汕打了败仗,又迁怒蒋介石。于是,蒋介石到任还不到三个月便于7月12日愤而辞职,离开苦战中的孙中山,回避到香港。

6. 身在国外,心在教子

广州革命政权重建之后,就遭到各地军阀势力从四面八方包围和进攻,使已经开始了的国民党改组和建立革命统一战线的工作受到很大的影响。但是,孙中山在四面出击,与敌人殊死苦战的情况下,也不曾放松改组国民党与联俄、联共的工作。

早在1923年1月12日,共产国际已通过了关于国共合作的决议,4月1日,孙中山指令正式恢复国民党广东支部,5月,共产国际代表马林带来了共产国际执委会指示,要求中国共产党进一步加强同国民党的合作。6月12日,中国共产党在广州举行了第三次全国代表大会,大会接受了共产国际的建议,通过了在中国实行国共合作的决议,决定全体共产党员以个人名义加入国民党,以建立各民主阶级的统一战线。这时,共产国际的代表马林在广州曾多次会见孙中山,他们谈话的中心是与苏联的联合和国民党的改组。在商谈中,马林建议孙中山派代表团去苏联考察,并就苏联援助中国革命问题进行谈判。孙中山接受了马林的建议,决定派出代表团赴俄国考察。

蒋介石在7月12日离开广州避往香港时,就已经知道孙中山接受了苏联的邀请,决定派出代表团到苏联考察。7月13日,他从香港写信给大元帅府秘书长杨庶堪,表达他对孙中山的要求:"为今之计,舍允我赴欧外,则弟以为无一事是我中正所能办者……如不允我赴俄,则弟只有消极独善,以求自全。"

蒋介石的态度如此坚决,孙中山知道后答应了。

孙中山派代表团去苏联,目的是在考察其政治、党务和军事,学习苏联红军的组织经验,从而组建自己的革命军队,孙中山决定派蒋介石赴苏,固然因为蒋介石懂军事,同时以"孙逸仙博士代表团"的名义,也是对闹个人情绪的蒋介石的一种安抚。

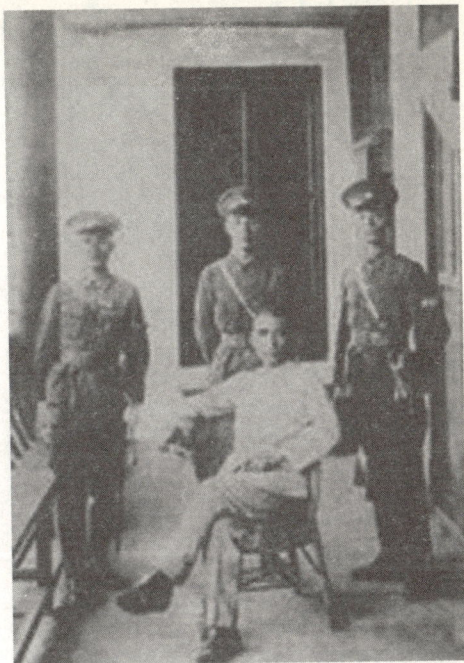

蒋介石(后排中)和孙中山(中)等人合影

7月14日,蒋介石离开香港返回宁波。8月5日,孙中山写信叫蒋介石到上海,与共产国际的代表马林商谈赴俄考察事宜。在上海蒋介石、汪精卫、张继、林业明等人与马林商谈,最后双方决定由国民党人蒋介石、王登云、沈定和共产党人张太雷,组成"孙逸仙博士代表团",于8月16日由上海乘船启程。

三天之后,蒋介石一行人就启程了,他们先行到达大连市改乘火车,25日至满洲里边界,调换车辆后入苏联境内。经由西伯利亚,乘车9日,于9月2日抵达莫斯科,开始了对俄考察。

但是,在这一与各派军阀争权夺利的关键时期,蒋介石仍然没有忘记对儿子的教育,他与蒋经国书信不断,而且写得很详细。例如1923年5月13日写给蒋经国的信中,就连一字之错也指出来了。信中说:

你5月1日的一信已收到，你的信比以前写得好，但有五字写错就抹去，是不可以的。以后遇有写错的字，虽落笔已发觉，亦应写个完全，再为抹去。

蒋介石还要求蒋经国勤于写信，不断联系：

你每星期要写一封信给我，而且要写至二三百个字以上，将近来的思想，平日所做的事，以及日常阅读的心得统共写了出来告诉我，一则可以通信，二则可以练习文字，实在是很有益处的，切记切记。我写给你的信，你要随时储存起来，没有功课的时候拿出来看看，也自然会有进步。

到达了莫斯科后，蒋介石最放心不下的，不是孙中山的国内战争，而是在大上海读书的儿子，他身在万里之外，仍与儿子书信不断，9月14日，蒋介石不顾国外应酬繁多，从莫斯科寄来信：

……我在这里很好，可勿念。你现在的学业，不知道比上半年有多少进步？我很系念。要文章写得好，总须名词记得多。尤其是双个字的名词，如人类、品行、生活、空气等等，平日留心的看，做文章的时候就随笔可以写出来。无论中文、英文都是一理的。如果平时名词记得不多，临时作起文来，就觉得无从下笔。

才过一个月，10月31日，他又从万里之遥的莫斯科写信给儿子：

……你要知道我费了许多功夫许多心思写信给你的意思，就是要你听这信里的话，可以增进你的学问及知识，亦可使你照信里的话学些写信的文字格式。一个人第一要遵守规则，就是要自己"道德高尚"。这个道德并不是拘拘谨谨束缚不动的,只要守着一切规则不去侵犯人家的自由,如其可帮人家忙的时候,自己要尽力去帮,这就叫做互助,亦叫做公德。除了依循道德以外,总要时时活动,使得心里非常舒服。如其用功觉得苦了,就放下书本去游玩一刻,再来读书,那脑筋一定是爽快的……

蒋经国的性情似母,比较温和,对于父亲信中教导,一一尽力去做,在学习、生活上尽遵父言。但是,这些年父母不和,一方面在他幼小的心灵上投下了巨大的阴影,父亲拈花惹草的风流韵事又常常使他内心不满。然而,另一方面,蒋介石又是他心中成功的偶像。因此,他一面对父亲生恨,一面又顺从父亲,在生活、学习上遵从他的教导,父亲怎么说他就怎么做。他在蒋介石规范的模式下和自己内心的矛盾中学习和生活着。

第二章 把父亲骂了个半死

1.儿子开始革命了，父亲却并不支持

蒋经国在万竹高小读了两年，1924年毕业。1925年春，改入浦东中学。

蒋经国在上海读书期间，正值中国社会大变革的动荡年代，新思潮、新观念无时无刻不在冲击着求知欲正旺、可塑性正强的蒋经国，同许多激进的爱国青年一样，蒋经国的思想境界不断发生变化，他开始投身到大革命的洪流中去。

上海自开埠以来，就成为中国东部经济重镇，近代以来外国列强在上海通商设厂。1925年5月，上海日商纱厂工人为抗议日本资本家无理开除工人，于14日举行罢工。次日，日本资本家枪杀工人顾正红，并伤10余人。21日，上海文治大学学生为救济工人举行募捐，被"租界捕房"逮捕数人。次日，上海大学学生在追悼顾正红大会途中又多人被捕。30日，上海工人、学生举行示威游行，高呼"打倒帝国主义"等口号，途经南京路时，遭到英国巡捕开枪屠杀，死伤数十人，造成震惊中外的"五卅惨案"。惨案发生后，全市工人举行总罢工，学生举行总罢课，商人举行总罢市。

在这股反帝运动的怒潮中，蒋经国走出课堂跨出浦东中学校门，和许多热血青年一起高喊口号，参加了反帝示威游行。

五卅运动从上海最后扩展到全国，变成声势浩大的反帝怒潮。然而，正义的行动却引起反动当局的镇压。事后，浦东中学也对参加游行示威的学生进行清理。结果，学校当局竟以"该生行为不轨"为由将蒋经国开除。蒋经国被开除后，气愤难平，离沪北上。

蒋介石、蒋经国和吴稚晖合影

　　到北京后,经蒋介石介绍,他进入了国民党元老吴稚晖所办的子弟学校——"海外补习学校"学习俄文。吴稚晖早年追随孙中山,1916年陈其美死后,张静江将蒋介绍给吴,两人就成为了好友。蒋经国来到补习学校备受吴稚晖的关照。谁知北洋军阀争权夺利,弄得北平乌烟瘴气,随着南方北伐声日起,北平学生运动又开始风起云涌。不久,蒋经国又因参加反对北洋军阀的示威游行,被北京警察局关押两周。

　　在短短的一年里,蒋经国就参加了两次示威游行,一次被开除,一次被监禁,蒋介石不免有些心慌,"经儿可教"就要变成一句空话。无可奈何之中,蒋介石只得急电吴稚晖召儿到广东他自己的身边。这样,获释后,蒋经国便于同年8月南下革命发源地——广州。

　　当蒋经国到达广州时,却并没有见到父亲。这时,南方国共两党合作正处高潮阶段,蒋介石正在东征前线指挥打仗,他只是派了个随从把儿子在广州安顿了下来。

　　原来,在广州商团叛乱时,陈炯明部开始向外部署兵力,占领宝安、东莞、石龙等地。商团被解决后,陈炯明以援助商团为名,于1925年1月7日,自任"救粤军总司令",下达向广州进攻的总动员令。然后,陈部兵分三路,由林虎、洪兆麟分别出任总指挥和副总指挥,叶举担任各路总指挥,率7个军10万之众,气势汹汹地向广州方向扑来。

面对陈炯明张狂一时的进攻态势,广州革命政府在代理元帅胡汉民主持下,决定全面反击。在北京已经病重的孙中山,也来电要求大本营立即行动,消灭陈逆。1月15日,大本营发表东征宣言,向陈炯明宣战。

1月30日,东征军总部兵分三路迎敌而上。杨希闵指挥左路军约3万人迎战林虎部,许崇智指挥右路军约1万余人迎战洪兆麟部,以刘震寰指挥中路军约6000余人直插陈炯明总部所在地惠州城。

东征时的蒋介石

这一次东征的激战区是南部,因此东征军右路军担负着主要作战任务。右路军由许崇智任总司令,蒋介石任参谋长。

15日晨,右路军在风雨交加中开始进攻淡水。教导团组成的"奋勇队"冒着风雨,用竹梯登上城楼,反复争夺,进城后又展开激烈巷战。下午,洪兆麟的增援部队赶到,被挡在淡水城外,经教导第1团和粤军第1、2师一部全力打击后向惠州方向逃窜。经过一整天奋战,东征军完全占领淡水,残敌向东逃去。

蒋介石对这一仗非常重视,战斗打得非常艰苦,教导2团第7连连长孙良因抵挡不住擅自退却,蒋介石下令当场处决孙；担任主攻的第2团第1营营长沈应时作战中负伤，他立即提拔沈为第2团团长，教导第1团团长何应钦因进攻和阻援有功，授予大功一次。

淡水之役，俘虏敌人1000余人，缴枪1000余枝，为东征开战以来最大的一次胜利，对整个战局影响很大，奠定了东征胜利的基础。身为实际指挥官的蒋介石继平定商团之后，又名震一时，正在病中的孙中山也不禁说出："国民党军事靠蒋介石。"

东征右路军在占领淡水后，蒋介石率部队乘胜追击，2月17日进入陈炯明的根据地海陆丰地区，先后占领平山、海丰城、普宁、揭阳等地，3月7日又占领潮州、汕头。蒋介石的胜利进军吓得陈炯明的"副总指挥"洪兆麟率领残部一路向北逃窜。

蒋介石带领右路军一路进军，但是左路杨希闵、中路刘震寰部却早与陈炯明部将林虎勾结，杨部进军博罗、刘部进军飞鹅岭后不再行动。结果，使林虎组织2万大军，穿过东征左、中路军的防线，从兴宁、五华南下直插东征右路军右翼，图谋在潮州一带，围歼在潮州立足未稳的东征右路军。

当蒋介石发觉这一阴谋后，双方已在3月13日棉湖、鲤湖一带交起了火。这时，北上准备与曹锟召开国民会议的中国革命先行者孙中山因患肝病于昨日溘然长逝，消息传来，噩耗震动了蒋介石，他悲愤之余下令何应钦的教导第1团首先向林虎军发动进攻。

然而，由于寡不敌众，何应钦只有12个连的教导团很快陷于10倍敌人的包围之中，何应钦在蒋介石的强令之下苦撑至中午，蒋介石命教导第2团、粤军第7旅以及部分海陆丰农民自卫军赶来增援，结果，教导第2团从鲤湖突袭敌人侧背，两团合力反戈一击，于次日早晨将林虎主力消灭。战斗中，教导两个团3000人加上随军行动的黄埔学生军500人，共阵亡600人；仅教导1团即阵亡300人。

把林虎的主力歼灭后，蒋介石带领东征右路军继续追击，19日占领五华，次日占领兴宁，23日占领梅县，洪兆麟、林虎残部逃向福建边境，陈炯明则躲在惠州城,再也没有了当初开战时的万丈豪情了。

4月13日,按照国民党中央执行委员会的命令,蒋介石出任黄埔军校校军司令官;黄埔校军教导两个团扩编为第1旅,由何应钦任旅长兼第1团团长,后又由刘峙接任;第2团团长沈应时;4月21日又成立第3团,团长钱大钧。这样东征作战成为蒋介石扩大实力的良机,虽说黄埔校军编制不大,至此只有一个旅,但战斗力很强,在当时广州地区的各部军队中有口皆碑。

在实力和声誉大增之时,蒋介石踌躇满志。因此,他又想起了远在上海的陈洁如,赶快派人去接。4月18日清早,蒋介石亲自到码头迎接陈洁如,没有接到,非常懊恼。他在日记中写道:"晨六时起床,往码头接洁如,未到,甚为懊丧。"次日早晨又去接,"晨六时起床,往接洁如,同回长洲司令部。"接到了自己的爱妻,内心十分高兴,丝毫没有责怪陈洁如头一天的失约。

陈洁如为人敦厚,与蒋介石结合后,她对于蒋介石原来的两个儿子,均加以善待,尤其是对于遭遇不幸的毛福梅母子给予了深深的同情,并多方面予以帮助。陈洁如在上海、广州或南昌时,总是尽可能地省下费用,接济远在乡下的毛福梅。蒋经国离开奉化进上海就读期间,一直在陈洁如身边,由她照顾;对于称她为"庶母"的蒋纬国,陈洁如同样视若己出,对他倾其爱心,关怀备至,从而赢得了蒋经国、蒋纬国两兄弟的敬重,也深化了与蒋介石的夫妻感情。夫妻团聚久别胜新婚,但是,广东的形势并没有因为战场上的胜利而好转。

4月28日,杨希闵密令滇军曾万钟师和4个独立旅从东征前线撤回广州,刘震寰也率桂军从东江撤回穗城,双方在城内部署兵力。5月6日,杨希闵赶到香港与北洋政府代表商谈,刘震寰赶到南宁与唐继尧筹划。几天之后,段祺瑞、陈炯明、陈廉伯、刘震寰、杨希闵五方代表又聚集到香港开会准备公开叛乱。

可是,没有不透风的墙,很快,杨、刘叛乱的事情就败露了。代理大元帅胡汉民和汪精卫等主张向杨、刘妥协，汪精卫大喊："东征处于紧要关头，不得内部残杀！"

胡汉民也表态："只要刘、杨悔改，则既往不咎。"然后，他们派出邹鲁作为代表，前往香港劝说杨、刘二人回穗共商大计，谁知邹鲁一去，更是做出让步，表态："如果需要可以改组大本营，以满足两人的政治要求。"

然而，杨、刘二人不仅没有接受，反而狂妄地让邹鲁转告胡汉民："你要打的话，我让你打三天不还手。"

廖仲恺和中共方面闻讯，坚决主张对杨刘进行镇压，决不姑息，廖仲恺说："不镇压反革命否则后患无穷，革命无法深入不说，还有可能随时遭到破坏。"最后，以胡汉民为首的大元帅府同意了廖的这一主张。

5月13日，廖仲恺赶到汕头东征右路军总部，召集蒋介石、周恩来、何应钦、许崇智等人，会商军事讨伐杨希闵、刘震寰。六天之后，蒋介石在梅县东校场举行班师动员会，发出号召："班师回省！去打反革命强盗式的军队，为平定杨、刘军阀叛乱作战！"会后第三天，蒋介石指挥主力向广州挺进，先后于石滩打败杨希闵部的胡思舜，然后接连大败瘦狗岭、龙眼洞等地的杨部，其余滇军逃往广州。23日，杨、刘二人回到广州，得知教导团已经回师的消息，开始集中兵力，在广州东郊地区进行布防。

多行不义必自毙，作恶多端的杨、刘的末日来临。6月3日，革命政府命令杨希闵、刘震寰："服从政府，交出防地，交出所占财政。"但是，杨、刘拒绝接受命令，5日，革命政府免去杨希闵所任职

1925年蒋介石在广州

务,其职务由朱培德接任。讨杨、刘之战一触即发。

免职令一公布,杨希闵还以"建国滇军总司令"的名义发布文告,声称:"为了防止共产党作乱和广东赤化,拒绝接受政府的命令。"杨希闵、刘震寰即公开叛变,指挥叛军攻占省长公署、粤军总部、公安局、电报局和有关机关。

在这一情况下,右路军不得不立即进行戡乱,主力部队向龙眼洞、瘦狗岭一带的叛军发动进攻,同时,驻扎于北江的湘军谭延闿部和朱培德部由粤汉路南下,直取广州,驻扎于西江的粤军李济深部向东运动,进攻广州,珠江南岸的李福林部也就地反击叛军。6月11日晚,各路联军向叛军发起总攻,次日,叛军被全部消灭,杨希闵、刘震寰二人逃往沙面租界,后转往香港。6月13日,蒋介石回到广州,担任卫戍司令,负责整治因杨、刘叛乱引起的社会混乱。

1925年7月1日,随着平定杨希闵、刘震寰叛乱战斗的胜利,按照国民党中央执行委员会的决定,正式成立国民政府。7月3日,国民政府军事委员会成立,汪精卫任主席,胡汉民、蒋介石、伍朝枢、廖仲恺、朱培德、谭延闿、许崇智为委员。

这时,蒋介石虽说没有进入由16名成员组成的国民政府委员会,也没有进入5名成员组成的国府常务委员会,但是,他在军事委员会中却占据十分重要的位置。因为军委会主席由国府主席汪精卫兼任,首席委员由外交部长胡汉民兼任,二人既不懂军事又不管军事;身为国民政府军事部长的谭延闿和曾参与指挥军事的国民政府财政部长廖仲恺又排在蒋后,因此,名列第三的蒋介石成为事实上的首席委员,在军事上的地位已超越长期主管军事的谭延闿、许崇智、廖仲恺、朱培德、程潜、李烈钧等人,成为国民党事实上的最高军事指挥官。

8月26日,各建国军和党军根据国民党中央执行委员会6月15日的决议,改组为"国民革命军"。

8月、9月间,香港殖民当局向陈炯明部送来了大批现款和300万发子弹，北京的段祺瑞政府也向陈炯明部送来了30万元军饷和两艘军舰。南北援助又刺激了陈炯明扩张的野心，国民革命军刚刚挂牌，还没来得及整顿起来，东江的陈炯明就开始了蠢蠢欲动。

9月1日，按捺不住的陈炯明兵分三路，分别由林虎、洪兆麟、叶举指挥，大举发动进攻，先后侵占东江一带。随即，陈炯明从上海到达香港，部署向广州进攻。9月27日，陈炯明的麾下洪兆麟、谢文炳等部占领平山，距广州城只有300里。

在这一危急情况下，国民政府决定进行第二次东征。9月28日，蒋介石出任东征军总指挥，周恩来出任东征军政治部主任。10月1日下午，东征军进行誓师大会。

10月6日，东征行动开始，蒋介石和周恩来率领北伐军直取陈炯明部的老巢惠州，13日，兵临惠州城下。

惠州古城，东面是山，三面是水，地理形势易守难攻，当地人称自宋代以来数百年未被攻破过。防守惠州的是陈炯明的部将杨坤如，手下共有5000人，但只有3000余枝枪。蒋介石决定强攻，他在第1军中组成了由650人参加的敢死队，由第2团第1营营长杜从戎指挥。周恩来命令第3师第7团党代表、中共党员蒋先云组成由共产党员和共青团员组成的另外一支敢死队。两支敢死队在威力有限的炮兵和其他部队掩护下，开始攻城。14日下午4时30分，第1军攻入北门和西门，残余守敌逃向紫金方向，攻下了惠州。

攻克惠州，显示了革命阵营的力量，极大地鼓舞了广大工农群众的信心，看到了国民革命的前途，在广州引起了巨大的轰动。同时，此仗的胜利也提高了蒋介石的威信。国民政府特意电令表扬蒋介石，称："蒋中正受命东征，督率将士，立破坚城……该总指挥忠勇激发，成此伟功，至深嘉尚。"

然而，对于这一胜利，蒋介石却做出另一种态度，他上书请求辞去国民革命军第1军军长之职，说自己不想成为军阀。但是，他此举只是要求辞军长职,并不辞东征军总指挥之职。大敌当前,国民政府当然不会同意他辞职,结果他之辞职,又沽名钓誉,捞足了政治资本。

蒋介石尽管攻下了惠州,但是,陈炯明部的主力还未消灭。10月19日,陈炯明的三艘北洋军舰开到虎门,并调动大军连占西江地区的阳江、罗定、台山等地;熊克武的川军和邓本殷等部也开始行动,配合陈炯明,几支大军一齐向东征军发动更大的反攻。

蒋介石急忙下令第1军第4团防守海面,对付军舰可能发起的攻击,同时开始大规模的清剿行动。然而,陈炯明气势汹汹,大有乌云压城之势。10月19日,蒋介石只好亲率东征军主力,离开惠州,向东江进发。

这一段时间,蒋介石回到广州后虽然和儿子住在一起,但军机重重,千钧一发,他忙于战事甚过了对儿子的关照。蒋经国大多时候是和陈洁如住在一起。

1925年10月7日,苏联和共产国际为了支持中国革命,纪念中国的革命先驱孙中山,苏联顾问鲍罗廷在国民党中央执行委员会第六十六次会议上宣布:"为纪念孙中山先生,莫斯科成立了孙逸仙大学,建议选派学生去苏联留学。"

"孙大"招生的消息一经公布,各地向往革命的青年,纷纷投考,仅广州一地,即达千名以上。但第一次仅录取了340名,其中30名,是由鲍罗廷推荐的。他们都是国民党要员的子弟。

一时间,进步学生都以留学苏联为荣,蒋经国是热血青年,自不甘落人后。他在北京学俄语就是为赴苏留学做准备,于是,他也要求留苏,去孙逸仙大学学习。

当吴稚晖得知蒋经国准备赴苏时极力劝阻。吴稚晖问蒋经国:"你到俄国去干什么?"

他答:"革命去。"

吴又问:"革命就是造反,难道你不怕吗?"

蒋经国回答说:"不怕。"

吴又说:"革命不是那么简单的吧！你再去考虑一下。"

两周后,蒋经国告吴留苏意志坚定,吴稚晖亦无奈。与此同时,蒋经国多次写信给蒋介石,要求父亲支持他赴苏留学。但是,蒋介石并不赞成,因为他不怎么喜欢苏联。于是,蒋经国又找上海姆妈陈洁如商量,陈洁如支持蒋经国的留学大志,经她一再劝说,渐渐地,对于蒋经国赴苏留学的要求,蒋介石虽不鼓励但也不持异议。

蒋介石对儿子的苏联之行不再反对,除了陈洁如的劝说外,还有另一原因。因为这时蒋介石还是中外闻名的国民党"左派",标榜"以俄为师",与苏联的关系正处于最密切的时期,让"可教"的儿子去"世界革命的圣地"锻炼锻炼,未尝不是他"亲俄"的体现。

这样,蒋经国终于加入到了这支留俄学生队伍的行列。

2.儿子在红都革命,老子发动反革命政变

1925年10月19日,蒋经国和第一批22位同学,由广州乘苏联轮船经海参崴转西伯利亚铁路前往莫斯科。

蒋经国搭上一艘苏轮,经过三昼夜的航行,从广州先抵达上海。借候船之际,蒋经国和母亲毛福梅作了短暂的团聚。

毛福梅听到儿子要出国去苏联,心中无法理解,禁不住问儿子:"在本国读书不好吗？"

"本国读书不能革命。"稚气未脱的蒋经国很爽直的回答。

革命已使她丢了丈夫,眼下独生子又要远去异国他乡,她涕泪纵横:"革命何以非到那个远在天边的地方呢？"

"我在国内参加'革命'不是被学校开除就是关押起来,如何能革命？"

毛氏无话可答,蒋经国落泪安慰了母亲,然后毅然登船而去。

这时,去苏联的行程,共有三条路。一为从哈尔滨,转中东铁路,但东

北为奉系军阀张作霖控制，安全有顾虑。二为转道欧洲去莫斯科，路太远，旅费太贵。蒋经国一行选择了第三条路：从上海搭苏联货轮，到海参崴，再改走陆路。

海参崴，历史上曾是大清帝国的疆土，咸丰年间，通过不平等条约，被帝俄割去，改名为符拉迪沃斯托克，西伯利亚铁道终点于此。海参崴距莫斯科7400公里。火车自海参崴出发，因为路线弯曲，地势高低不平，故车行甚缓。第三天到达赤塔，这是西伯利亚的东部重镇，纵贯东三省的中东铁路，即在此接轨。转车之后，蒋经国一行沿赤塔西行，远远望见贝加尔湖。火车接连穿过几十个山洞，山洞都是在湖滨岩石之下开凿而成的。隧道虽多，但都很短，车行其中，一如游龙穿洞，蜿蜒曲折，景致绝佳。几天之后，火车到达西伯利亚的首府——伊尔库茨克，众人下车略做休息，伊尔库茨克其规模之大，工业之盛，在西伯利亚区实首屈一指，这也让年轻的蒋经国大开了眼界。

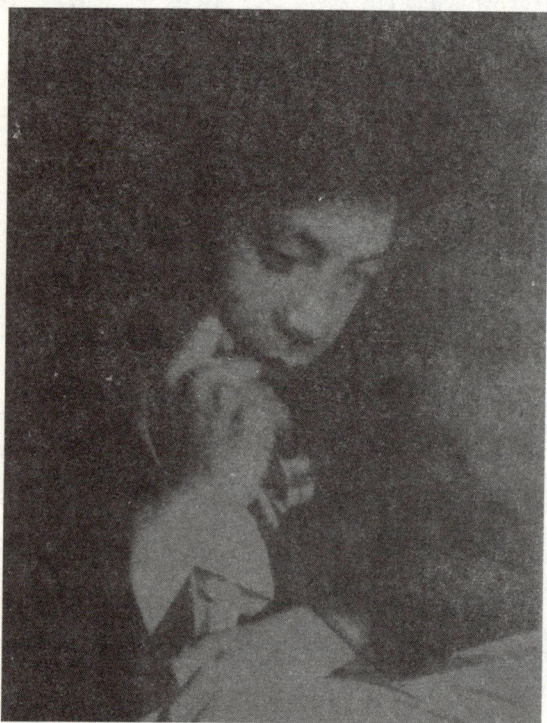

在莫斯科中山大学学习的蒋经国

从海参崴到莫斯科的旅途是漫长的。苏联革命胜利不久，白匪作乱，破坏得很厉害，经济生活正处于艰难时期，因缺原煤，车头引擎的动力，依靠木材，行驶缓慢，逢站必停，车上没有餐车，没有暖气，停站时供应饮水。从海参崴到莫斯科要半个多月，但赴苏留学的青年们周身都洋溢着革命的热情,一会儿唱歌,一会儿讲故事,一会儿又讲家乡的风俗习惯。车厢里的歌声和笑声,驱赶掉了漫长旅途中的寂寞和严寒。经过近20天的旅途,蒋经国一行人终于几经辗转,到达了莫斯科。

　　莫斯科中山大学坐落在莫斯科河西岸的阿罗罕大街上。这是一座规模相当大、四面环抱的四层楼房。从楼上朝下看,中间的院子就像个天井,这既是院子,又是篮球场。楼房的大门前是个大花园,花园中有一林阴小道,花园对面是著名的皇家大教堂和彼得大帝的铜像。铜像和镀金的教堂双顶,在阳光和白雪的映照下,金碧辉煌,蔚为壮观。教堂的西边是莫斯科河,河里结着厚厚的冰,像一条银带镶嵌在教堂边。

　　与蒋经国一批赴莫斯科中山大学留学先后共有300多名中国学生,其中由苏联顾问鲍罗廷推荐的30名国民党要员子弟中著名的,除蒋经国外,还有廖仲恺之子廖承志、叶楚伧之子叶南、邵力子之子邵子纲、于右任之女于芝秀、女婿屈武、冯玉祥之子冯国洪、之女冯弗能等。进入莫斯科中山大学后,蒋经国与另外21名同学编为一班,开始学习俄文、历史、哲学、经济地理、列宁主义、军事科学等课程。学校为每一个中国学生都准备了一个俄文名字,蒋经国改称"尼古拉"。

　　由于蒋经国的身份特殊,学习刻苦、勤奋,各方面表现都非常活跃,来到莫斯科中山大学学习刚刚两个月,他就引起该校苏共党支部的重视,年仅15岁就被吸收加入了共产主义青年团。但是,这时,苏联刚刚经历了十月革命,不久,由于外国武装干涉,国内战争,生产频遭破坏,物质生活非常艰难,有时人民连黑面包都吃不上,陷入重重危机之中。有一次,一大批群众向中央苏维埃政府请愿,每人手里拿着一面小白旗,上面只写"我要面包"四个字,这比写"打倒……"的口号还要厉害十倍。当中央苏维埃主席加里宁站在红场的台子上向请愿群众作解释时,不到10分钟他自己便晕倒了。经医生检查,向群众宣告说是因营养不足、疲劳过度所致时,台下是一片"不信、不信"的喧嚷声。于是,政府当场要台下找医生检查。检查后,宣布同样的结果。话音刚落,只听到台下一片撕旗子的声音。群众异口同声地说:"主席既然这样,我们没话可说,大家勒紧裤带回去干吧!"一场轩然大波,就像自涨自退的海涛一样顷刻平息了。

苏联人民自己虽然艰苦,对中国留学生却异常慷慨。蒋经国他们在中山大学里,刚开始,一日五餐,后来改为三餐。早点一般是面包、奶油或牛奶,有时也有大米稀饭或小米粥,不吃奶油的就给一个煎鸡蛋。中午每人一菜一汤一杯茶,汤里有牛肉、土豆、番茄。晚餐一大碗汤,汤里有土豆、有肉片。主食白面包、黑面包都有,学生可随便吃。学生的饮食是这样,其他生活用品也由公家供给。洗澡、理发、坐车、看戏都不要自己花钱。一个星期洗一次澡,凭学生证领衬衣、毛巾和肥皂。看到苏联人民自己忍饥挨饿却对中国留学生这样热情和慷慨,蒋经国在自己的日记里写道:"我看了非常自愧。我是个外国人,不花一个钱,在他们的国内吃得这样好,而他们自己的大学生,却这样吃苦。"

在莫斯科,蒋经国学习很认真,也很刻苦,他多次被推荐为中山大学的学生代表,出席各种集会,发表演说,备受瞩目。

白驹过隙,岁月流逝。正当蒋经国在苏联奋发向上之际,国内形势却发生了突变。

在蒋经国离开广州不久,1925年11月第二次东征就结束了,随后,南征也结束;1926年3月,广西统一,两广革命根据地连成一片。一连串军事上的胜利,大大增加蒋介石的资本,蒋介石开始酝酿下一步的计划,准备自己走上政治的前台,公开夺取更多的权力,叛变革命。

在东征完成后,国民政府面临的外患结束,内部则开始出现一系列的事件,军事、政治出现严重不稳状态。1925年11月23日,与右派理论戴季陶主义相配合,西山会议派在北京西山碧云寺召开"一届四中全会",议决停止国共合作、清除共产党人,公开反共;此外,右派们又以"任凭鲍罗廷操纵本党中央和国民政府;放逐胡汉民、谢持;重用共产党人士"等罪名,将汪精卫开除出中央执行委员会,停止党籍六个月。右派对汪精卫的批判给予蒋介石以对汪采取行动的难得机遇。1926年1月1日至20日,国民党第二次全国代表大会召开，会议的主要任务是重申国共合作的基本政治主张，强调孙中山三大政策的正确性，警告、处分西山会议派成员。在反击右派进攻的同时，作为假中派真右派的蒋介石的权力得到进一步加强。本来连代表资格都没有的蒋介石，在会议上作了"军事报告"，并以第二高票当选中央执行委员，在随后的一中全会上当选为中央常务委员，名列汪精卫之后。

会议开完，蒋介石宣布辞去第1军军长职，他嫌第1军军长职务太低，不给统率全军的职务宁愿辞职，国民政府总不能让在东征中建立"卓著功勋"的总指挥没有军职。不久，国民政府军事委员会在蒋介石辞职以后又任命他担任国民革命军总监。

此时，革命形势并没有好转，相反广州城内阴云笼罩，山雨欲来风满楼。

在国民党军队和政界，谣言四起："共产党要暴动，推翻国民政府，组织工农政府""汪精卫、王懋功都加入了共产党，共产党准备倒蒋，正在黄埔军校查账，说蒋介石有贪污"、"国民政府准备宣布共产，所有私人财产都要没收"。明眼人一看便知，这是孙文主义学会的人在起作用，为制造反革命事件制造舆论……这一切让人们总觉得国民党上层在酝酿着风波。

正在这时，蒋介石逼汪精卫解除苏联顾问季山嘉的职务，扣押汪精卫任命的广州卫戍司令王懋功，这更加剧了城内的紧张气氛。

3月18日，海军学校副校长、孙文主义学会主要骨干欧

中山舰

阳格,派人来到海军局代理局长、中山舰舰长共产党员李之龙的家中,声称:"奉蒋校长命令,有紧急之事,派战斗舰两艘开赴黄埔,听候蒋校长调遣。"并留下海军局作战科长邹毅的一封信,特意说明宝璧舰已定,请再派一艘。因为李之龙不在,由其夫人接待。

第二天上午,宝璧舰和中山舰开到黄埔停泊在军校前面,升火待命。中山舰就是当年孙中山在陈炯明炮轰总统府后在黄埔江面上指挥与叛军作战的永丰舰。下午,因为苏联顾问要参观中山舰,所以李之龙又打电话请示蒋介石,要求将中山舰调回广州。蒋介石同意后,李之龙命令中山舰开回广州。此时王柏龄、欧阳格等人不仅隐瞒调中山舰到黄埔的真相,还造谣说:"中山舰正在开回黄埔,共产党要暴动,要推翻政府,唆使中山舰开赴黄埔,劫走校长,送往海参崴转送莫斯科,中山舰已于昨日窜泊黄埔水面,事态十分严重。"

在此前几天,蒋介石已经从新右派处听说关于汪精卫和共产党要造反的消息,此时更加信以为真,准备逃往汕头的东征军总司令部,在半路上经秘书陈立夫劝说,返回广州,连夜召集亲信陈肇英、徐桴密谋如何处置。

最后,几个人决定武力镇压,趁机清理内部,赶走共产党人。

1926年3月20日凌晨3时,蒋介石离开在长洲要塞司令部的家赶到造币厂,组织最高指挥部,下令全城戒严。

他命令:虎门要塞司令陈肇英、20师师长王柏龄逮捕李之龙,接替王懋功的新任第2师师长刘峙,扣押第2师各级党代表;蒋鼎文指挥第2师第5团占领海军局,并解除海军局武装;陈策、欧阳格占领中山舰并解除中山舰的武装;新编第1师师长、广州市公安局长吴铁城,负责派员监视汪精卫、季山嘉及苏联顾问、中共机关和中共重要人士的家庭。蒋介石还下令,如果共产党员反抗,则坚决镇压。广州城立即又兵戈作响,戒备森严了。

上午10时,周恩来得到包惠僧的报告,急忙赶到造币厂去见蒋介石。

在门口，周恩来的4个卫士也被缴枪。蒋介石见到周恩来假惺惺地对他说："李之龙及中山舰有兵变嫌疑，幸亏发现得早，李之龙已被捕，中山舰解除了武装，第2师的所有共产党员，为了保障他们的安全，已集中看管。"

身为第1军党代表兼政治部主任的周恩来，有意问蒋介石："既然是为了第2师党代表的安全，何必把他们捆绑起来呢？"

蒋介石十分难堪，忙说："谁叫捆他们的，岂有此理。"

中山舰事件之后，10日，青年军人联合会解散。14日，蒋介石辞退依文诺斯基等十多位苏联顾问。16日，国民党中央、国民政府联席会议，决定由蒋介石接替汪精卫出任国民政府军事委员会主席，国民党的军权终于落入蒋介石之手。

20日，汪精卫没有参加国民政府会议，谭延闿接任国民政府主席和中央政治会议主席。同日，蒋介石假惺惺地为退出第1军的200多位中共党员举行晚宴，宣称如果杀共产党无异于自杀。

两天之后，周恩来和200多位中共党员离开第1军。随即，鲍罗廷和胡汉民回到广州。

5月5日，在蒋介石等人的策划下，国民党二届二中全会召开。以往在会议上十分活跃、满面春风的汪精卫，一改过去，愁容满面，闷闷不乐；在座的共产党籍的中央执行委员们，深思少语。在会上，得意之中更有狡诈的国民党右派们，跟着蒋介石像患有多动症似地活动频繁，对汪精卫冷嘲热讽，对中共时有恶语。总之，会议气氛不正常。

在二中全会上，汪精卫感觉到已经无力回天只有选择出国，5月9日会还没开完他就离开广州，绕道香港去法国。

19日，二中全会选举张静江接替汪精卫为中央常务委员会主席。22日会议闭幕。二届二中全会后，根据整理党务各案，开始改组国民党中央党部。蒋介石接替中共党员谭平山出任组织部长，西山会议派叶楚伧取代中共党员刘伯承出任中央执行委员会秘书长，顾孟余取代中共党员代理宣

出任国民革命军总司令时的蒋介石

传部长毛泽东出任中央宣传部长,甘乃光取代中共党员林伯渠出任农民部长,邵元冲任青年部长,工人部长空缺。此时,随着国民革命军第1军中共产党员的被迫撤出,在国民党中央领导阶层内也已没有共产党员。

6月5日,听到北伐先遣部队——叶挺独立团进攻湖南攸县,胜利消息传来,国民党中央举行临时会议,通过北伐提案。国民政府任命蒋介石担任国民革命军总司令。

6月28日,蒋介石在军校总理纪念周上声称,军校内跨党党员要么退出国民党,要么退出共产党,三天内清理完毕。

6月29日,中央政治会议决定蒋介石担任国民政府委员。

此时,蒋介石以中常委的身份,兼任军事委员会主席、中央组织部长、国民革命军总司令和国民政府委员。

通过中山舰事件和整理党务案,国民党内以蒋介石为首的右派势力迅速膨胀,开始准备与中共分道扬镳。处于幼年时期的中国共产党,缺乏斗争经验,党内以陈独秀为代表的右倾机会主义开始蔓延,右倾投降主义错误逐渐发展,给蒋介石"限共"、"清共"提供了条件。

蒋介石通过一系列的预谋行动终于完成了夺权部署,下一步行动则是挥师北伐,向南方进军,完成北伐大业和实施"清共"。

随着北伐进军的节节胜利,蓬勃发展的反帝运动和方兴未艾的工农运动,革命阵营无不为之叫好,反动势力无不为之担惊受怕,帝国主义则在考虑如何向国民党内的右派势力施加压力,结束在中国各地普遍开展的以工农、反帝运动为核心的革命运动;蒋介石则在考虑如何勾结帝国主义势力,背叛孙中山的三大政策,出卖革命,在帝国主义的支持下实行专制统治。两者很快勾搭成奸。

有了外国列强的强大后台支持,蒋介石加快了镇压工农运动、破坏革命的步伐,准备叛卖革命了。

1927年3月6日,蒋介石指使新编第1军第1师师长吴威、党代表倪弼等人,杀害了江西省总工会副委员长、赣州市总工会委员长、中共党员陈赞贤,当地的工农运动受到严重打击;十天之后,经蒋介石同意,第1军一部强令解散国民党左派领导的南昌市党部和江西省学联。

3月17日,在蒋介石的授意下,总司令部特务处处长杨虎、副处长温健刚指使段锡朋等人,组织青红帮等黑社会组织,冲击江西九江左派领导的市党部、中共领导的市总工会和林伯渠领导的第6军政治部,杀害四人,打伤六人。亲蒋的第6军留守司令唐蟒宣布全城戒严,严禁工人罢工。

3月20日,蒋介石从九江来到安庆,在欢迎大会上,杨虎挑起事端,亲自出手殴打革命者,会后还捣毁了国民党左派控制的省党部、中共领导的省农会、市妇女协会。

3月31日,在蒋介石反共活动的影响下,四川军阀刘湘下令镇压在重庆举行的抗议英美帝国主义炮击南京的群众集会,当场死难达500余人。

蒋介石一系列的公开挑衅激起国民党左派和共产党的强烈愤慨。4月1日,已从广东迁至武汉的国民党中央执行委员会接受中央常务委员、中央政治会议委员、国民政府委员、中共党员吴玉章的提案,认为"蒋介石的行动是反革命,请予严重处置"。中执会决定,免除蒋介石的国民革命军总司令的职务。次日,国民党中央电令蒋介石立即赴武汉商量总司令交接事项。

此时的蒋介石已经尾大不掉，他抗拒国民党中央的决议，发表声明称："革命责任，不容推诿，誓必自责，完成北伐。"表示自己要对抗到底，决不辞职。也在同一日，蛰居法国近一年的汪精卫回到了上海。因此，蒋介石加快了反革命政变的步伐，准备抢在武汉方面采取进一步行动的前面，另立政府，分裂中央。

在此前后，蒋介石和国民党右派们已在具体策划反共计划了。

3月28日，坚决不去武汉履职的国民党中央监察委员吴稚晖、蔡元培、张静江、古应芬、李石曾五人在缺席七名中监委和八名候补中监委的不合法情况下，召开所谓中央监察委员会预备会议。吴稚晖发言最激烈，他出于政治本能，觉察到反共时机已到来，仗着自己元老资格，声称国民党内的共党是谋叛国民党，列出八九十条，最后声嘶力竭地高呼："应该实行清党！"

他的攻击性发言，得到与会其他人的赞同。4月2日，按照不合法的预备会议决定，中央监察委员会召开全体会议。参加者有中央监察委员吴稚晖、蔡元培、张静江、古应芬、李石曾、陈果夫六人和刚到上海不久的桂系头目、候补中央监察委员黄绍竑、李宗仁二人，中央监察委员和候补中央监察委员各缺六人，缺多来少，会议又是不合法的。但是，他们已顾不上这些了，吴稚晖在会上抛出了《致中央监察委员会请查办共产党函》，在其中，吴稚晖把国民党中央执行委员分为"纯为国民党忠实分子""态度可疑分子""共产党分子及其附和分子"三种，强行给中共和国民党左派加上了"有意扰乱后方""已为俄煽动鲍罗廷个人支配而有余""亡党卖国"等名，要求会议查办中共，"将各地共党首要危险分子，就地知照治安机关，分别看管，制止活动"。

会议由右派一统天下，结果，按照吴稚晖所拟的办法，备文送交国民党中央执行委员会。

会议开完后，蒋介石的盟兄黄郛向日本驻上海总领事矢田详细说明了蒋介石的"取代武汉派，夺取中央党部，排除共产党，解除工人武装"的政变计划，马上得到日本和西方其他列强的认同。

4月5日，蒋介石与北伐中央军江左军总指挥李宗仁、东路军前敌总指挥兼国民革命军总参谋长白崇禧、留守广州的李济深等人在上海龙华北伐军前敌总指挥部开会，正式决定在上海清共。会上，几个人密谋商议，第1军刘峙的第2师调到上海工人纠察队的大本营闸北地区，实施全市戒严，禁止一切示威、游行、罢工活动。为麻痹民心，蒋介石还让军乐团敲锣打鼓地向上海总工会送去了"共同奋斗"的锦旗，上演着骗人的闹剧。

黄郭

第2日，蒋介石下令查封国民革命军总政治部驻上海办事处，查禁来自武汉方面的任何消息。又隔一日，由吴稚晖任代理主席的上海临时政治委员会成立，全面取代上海特别市临时政府。至此，进行政变所需的一切准备已经完毕。万事俱备，蒋介石去了南京。在南京车站月台上，南京城内所有先行到达的国民党各级要员，在异常热闹的气氛中，欢迎蒋介石的莅临。

4月9日，已经与蒋介石沟通一气的八名中监委又发表"护党救国"通电，大喊"党死了""国烂了"，全面攻击武汉政府。同日，蒋介石正式任命白崇禧出任上海戒严司令，第26军军长周凤岐任上海戒严副司令，全权指挥反共政变。这一天，南京发生由国民党右派、黑社会控制的伪工会冲击左派和共党领导的省市党部、总工会事件，10万群众前往蒋介石的总部请愿，被暴徒拦截，请愿群众和一批共产党员被打被捕被杀，这成为上海反革命政变的预演。紧接着，吴稚晖等人又鼓动蒋介石以"已被共产党人所把持"为名，将邓演达负责的国民革命军总政治部解散，由吴自己出任总政治部主任。

4月11日，黑云压城城欲摧，蒋介石已经磨刀霍霍，子弹上膛，震惊中外，把中国再度拉向黑暗、惨绝人寰的"四一二反革命大屠杀"拉开了序幕。

当晚，上海滩大流氓、黑社会头目杜月笙以请客吃饭为名，把共产党员、代理上海总工会委员长汪寿华骗至家中，将其打昏后装入麻袋，拖到郊外树林中活埋。

4月12日凌晨，在戒严司令白崇禧、副司令周凤岐、上海警备区特务处长杨虎、东路军政治部主任陈群的指挥下，第26军和第1军第2师，在中华共进会、上海工界联合总会的地痞流氓协作下，经过公共租界，向上海工人纠察队总部、市总工会和14处工人纠察队集结点发动进攻。在短短的几小时内，将2700名武装工人纠察队的武装全部解除，当场打伤打死反抗的纠察队员和工人群众300余人。

4月13日，上海市总工会发动工人举行总罢工，抗议蒋介石的叛变行为。一部分群众赶到位于宝山路天主教堂附近的第26军第2师部门口请愿，当场军队开枪射击，打死100多人，伤者更多，当时正值大雨，一时尸横遍地，血流成河。

"四一二"政变屠杀革命群众

4月14日，上海戒严司令部强令解散一直在坚持的上海特别市临时政府、中国济难会，取消市党部、总工会、妇联、学联等团体，破坏各种革命组织70多个，同时，杨虎和陈群具体指挥，开始在全市进行大搜捕。

对于大搜捕，蒋介石亲自对两人下达指示："凡是可以杀的，一律杀，宁可错杀，不可错放。"

有了此令,杨虎、陈群更加大胆,十分嚣张,下令悬赏捕捉共产党人,"如查获首要者,每名赏洋1000元,附从者每名赏洋500元",成千上万的革命者遭到逮捕、关押、拷打、屠杀,一时间大上海陷于白色恐怖之中。

在腥风血雨中,4月18日,蒋介石在南京成立国民政府,并发出第一号令:"从严拿办共产党的首要、次要危险分子!"鲍罗廷、陈独秀、谭平山、林伯渠、毛泽东、邓演达等190多名中共成员和国民党左派全部列入了蒋介石的捕捉名单。

蒋介石在国内制造震惊中外的"四一二"政变、叛变革命的消息马上传到了莫斯科。中山大学的中国留学生闻此讯息后,群情哗然,一致通过致武汉革命政府的电文,要求严惩"革命的叛徒、帝国主义的帮凶"蒋介石。

在声讨会上,大会主席刚刚宣布大会开始,同学们上台发言。这时候,只见一个小个子,很利索地跳到了台上,振臂用俄语高呼了三声:"打倒蒋介石!""打倒反革命蒋介石!"大家定睛一看,此人不是别人,而是蒋介石的儿子蒋经国!

同学们感动至极,一拥而上,把他举起来,抛到半空中,再抛再接……边抛,边欢呼,"乌拉!""乌拉!"群情激昂,会场一片沸腾。

接着,蒋经国在声讨大会上慷慨陈词:"我今天不是作为蒋介石的儿子,而是作为共产主义青年团的儿子来讲话……"

在中山大学这次反对"四一二"反革命政变中,声讨最为激烈的是蒋经国。

很快,在苏联的各大报刊上,登出了蒋经国的公开声明。其中,蒋经国写道:

> 蒋介石作为一个革命者,他已经死了,他已经走向了反革命。蒋介石是我的父亲,曾经也是我的革命朋友。现在他反革命

了，反革命就是我们的敌人。以后他是他，我是我，我仍跟着革命走①。

1927年4月24日，汉口《人民论坛报》也刊登了蒋经国的公开声明，全文如下：

蒋介石的叛变，并不使人感到意外，当他滔滔不绝地谈论革命时，他已经逐渐开始叛变革命，迫切盼望与张作霖、孙传芳谋求妥协。蒋介石已结束他的革命生涯，作为一个革命者，他死了！他已走向反革命，并且是工人大众的敌人。蒋介石曾经是我的父亲和革命的朋友，他已走向反革命阵营，现在他已经是我的敌人了②。

蒋经国的这一举动并不是违心所为。几年的留学生涯，他不仅顺利地过了语言关，熟练地掌握了俄文，而且思想意识也发生了根本性的变化，成为一名颇为合格的共青团员、准布尔什维克。蒋经国的"反蒋声明"经塔斯社全文播发后，他一时间成为众所瞩目的新闻人物。曾与蒋经国同时留苏的中山大学同学盛岳回忆说："声明公布后，我们不论去哪里，人见人问，'蒋介石的儿子在哪儿？'一夜间，他成了知名人物。"

蒋介石当然也看到了儿子在国外发表的严正声明，但是，他这时已顾不上什么儿子不儿子了，他终于有了自己的政府，虽说他不是国民政府主席，也不是党的主席，但成为了中国实际上的统治者。

1927年7月，汪精卫发动"七一五"反革命政变之后，苏联及共产国际

---

① 齐鹏飞著：《蒋介石家世》，团结出版社1996年版，第181—182页。
② 同上。

决定遣返国民党籍的中国留学生回国。然而,对于蒋经国,却并没有因蒋介石叛变革命而迁怒于他,而是根据他的思想状况和实际表现,保送他进入了列宁格勒培养高级军事指挥员和军队政工干部的红军军政学校深造。

3.英雄美女,神话变成了政治联姻

在成立南京政府时,蒋介石离40岁生日还差半年,不惑之年成为了一代枭雄,可以说是人生的一件幸事。但是,天生好色、风流成性的他是耐不住寂寞的,事业上了层次,夫人必定也要跟着进步。正在这时,他又开始了新的情感历程。

蒋介石与陈洁如情意绵绵的生活持续了五年。随着北伐胜利的步步推进,蒋介石声名鹊起,渐渐对陈洁如也有不满意的地方了。他在1926年11月12日的日记中写道:"得洁如书,知其迁赁月租72元华屋,不胜恚恨,奢靡超俗,招摇败名,年轻妇女不得放纵也。"由于对陈洁如过于宠爱,导致陈洁如追求享受,蒋介石"恚恨"之余似乎有些后悔。不过,尽管如此,这时两人感情还不至于破裂。事实上,蒋介石从来没有把陈洁如视为自己的终身伴侣,陈氏充其量只是他感情生活中的一个较为亮丽的泡沫。而泡沫迟早是要破灭的。

蒋陈感情破裂以至婚变的直接原因,是宋美龄的介入。

蒋介石结识宋美龄是在1922年,是通过宋庆龄与孙中山的关系。是年12月初,蒋介石在上海参加一项由宋子文主持的社区基督教晚会,地点是在莫里哀路的孙中山寓所。这是蒋介石第一次见到宋庆龄,这时宋美龄刚刚从美国韦尔斯科学院留学回家,参加了基督教女青年会。她还是上海市童工委员会委员,年轻漂亮、气度非凡,并且她是孙中山的夫人宋庆龄的亲妹妹。蒋介石一见宋美龄,立刻为之倾倒,当时蒋介石与陈洁如鱼水正

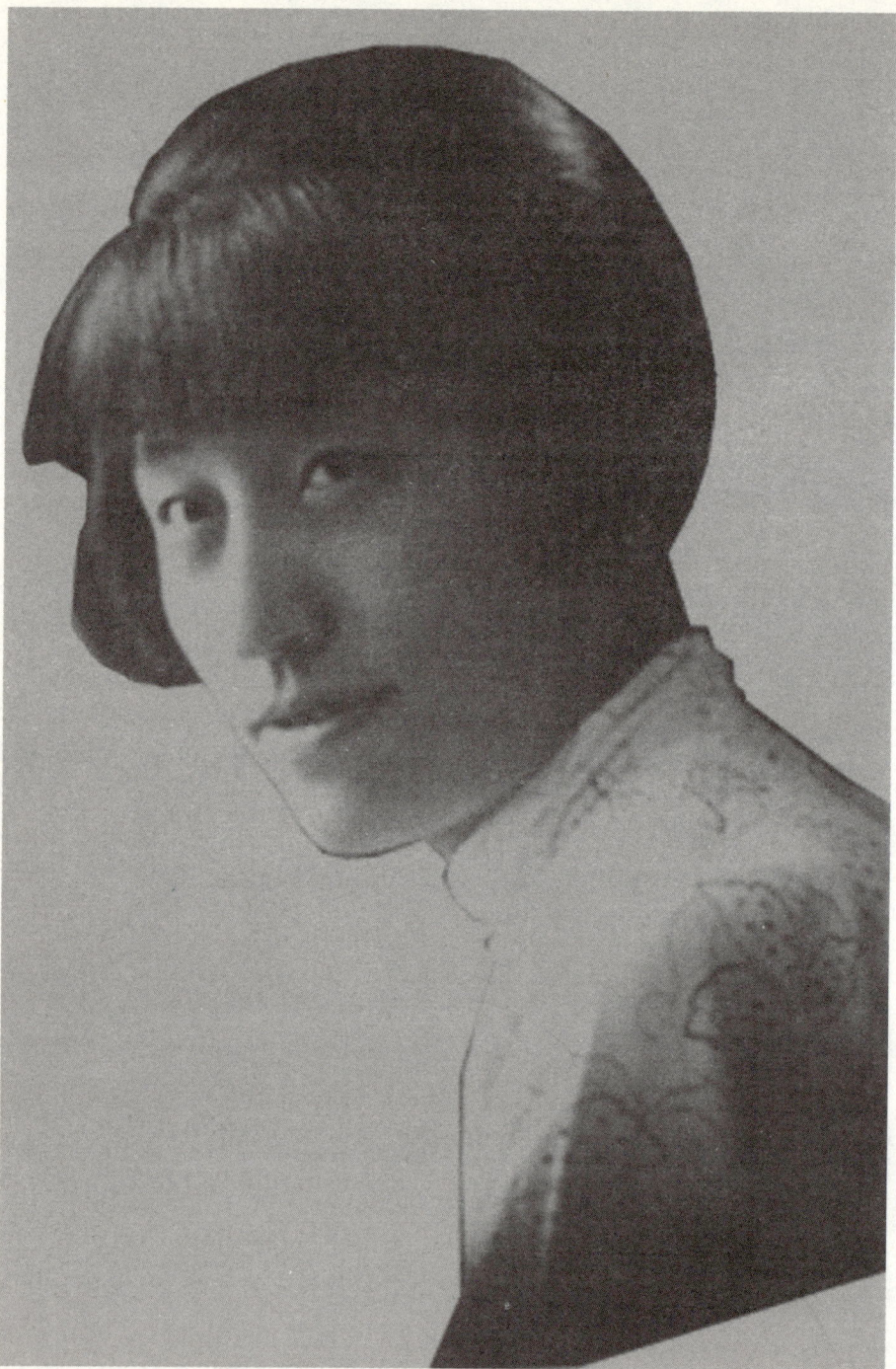

陈洁如

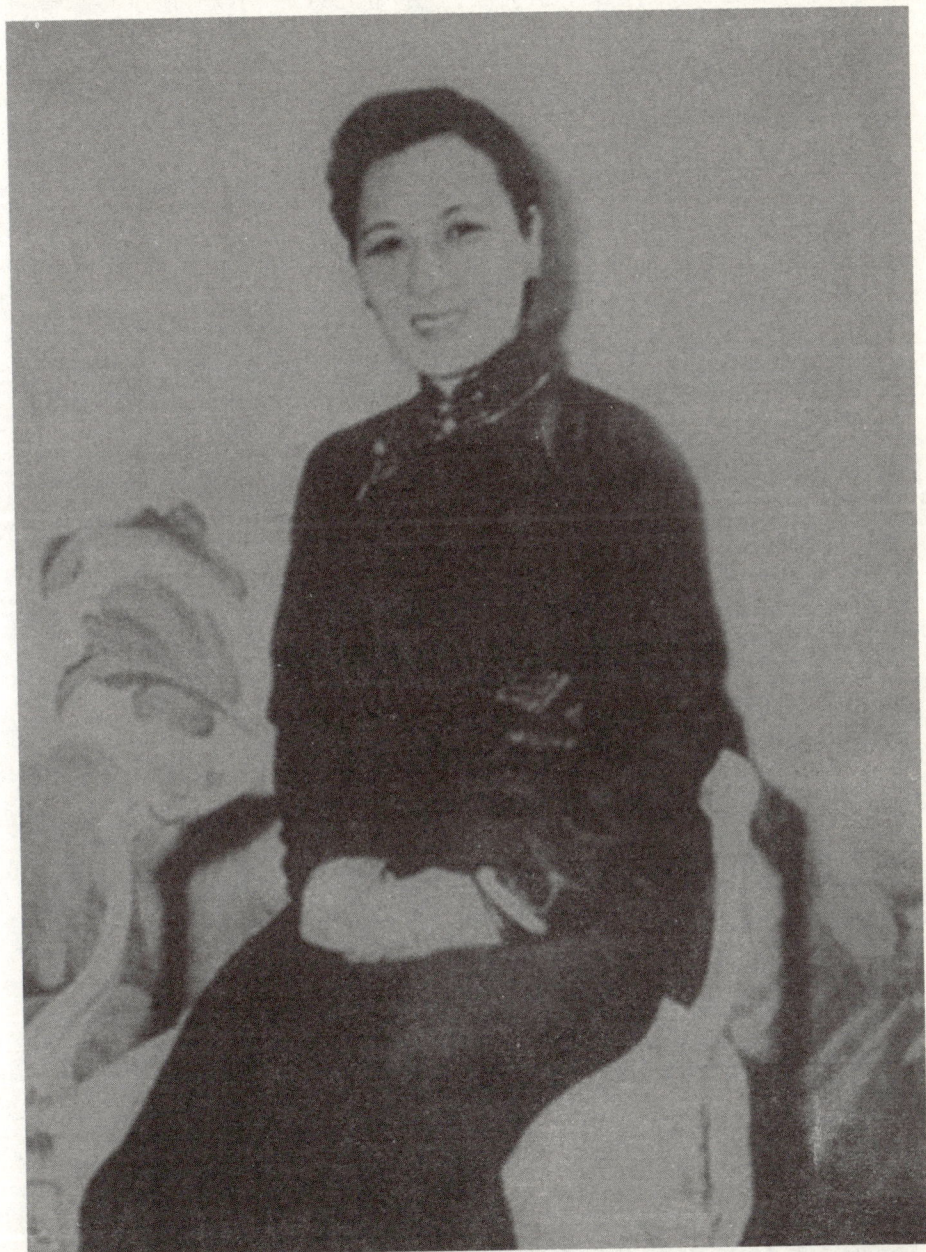

宋美龄

欢。后来,他回忆这次相识时说:"及与宋女士相稔,知其为理想之终身良伴,而向所求之不得者,故不稍犹豫,露求婚之意。"于是,他决心不惜一切代价,娶宋美龄为妻,相伴终生;并由此开始了长达五年的锲而不舍的求婚历程。

这年12月底,蒋介石应孙中山的急召前往广州。见面后,他首先向孙中山求情,向孙中山解释,他已休掉发妻毛福梅,并已与侧室姚冶诚脱离了关系,请孙中山将妻妹宋美龄介绍给他。孙中山听后未置可否,回家后把蒋介石的意思转告给了妻子。宋庆龄听后立即加以拒绝,她态度坚决地说:"宁可看到妹妹死去,也不愿意让她嫁给一个已有妻妾且喜在外拈花惹草的荒唐男人。"

但是,孙中山并没有把宋庆龄的话转达给蒋介石,只是劝蒋:"等一等吧。"蒋介石也自知时机不成熟,答应耐心等待。在孙中山逝世以前,蒋介石又曾两次提起这门亲事,但每次得到的答复都是"再等一等吧"。但蒋介石痴心未改,一有机会总要向宋家表明心迹。但是,宋家是上海的豪门,其父亲宋嘉树不仅是孙中山的好友、岳父,而且富甲一方,非一般人可比拟,哪会理会?在他们眼中,蒋介石是一个穷酸小子,他求婚有点荒唐。

蒋介石求婚进程取得实质性的突破,是在1927年。此时,蒋介石已不复是5年前的那个前途不定的普通青年军官,而是统帅着千军万马,号令天下的北伐军总司令了。

1927年3月,当蒋介石抵达南京、上海时,犹如英雄凯旋,万众瞩目,他在宋美龄心目中的地位发生了急剧的变化。在此以前,他已经追求她整整5个年头了。

3月26日,蒋介石征尘未洗,即至西摩路的宋宅登门拜访,重申求婚之意。

对此,宋家反应不一。虽然宋氏家族大多数人对于蒋介石的求婚仍持异议,其中,态度最激烈者是宋美龄的母亲倪氏和姐姐宋庆龄、哥哥宋子文。

倪氏以传统的目光看待此事,她认为自古军人社会地位低下,且蒋性残嗜血,名声不好;又有妻有妾,有关女人的丑闻不断;最主要的,蒋介石不是基督教徒,信仰有异。

而宋子文则是以现代的观点力持异议。他认为,满脑袋封建帝王思想的守旧人物蒋介石,与完全西方化的宋美龄之间没有任何共同点,蒋向美龄求爱,如同袁世凯之流梦想娶一名美国明星一样滑稽,除了政治上的利用和占有欲外,根本就不存在爱情。并且,这时宋美龄正在与自己的哈佛同窗、现为北伐军总司令部军需处长的刘纪文打得火热。

至于宋庆龄,她与孙中山一起,对蒋介石品性、为人早就了解,所以其反对态度也一直未曾改变。

除了这些因素之外,宋庆龄、宋子文之所以激烈反对这门亲事,也与当时宁、汉对立,宋庆龄、宋子文效力于武汉革命政府,而蒋介石要在南

蒋介石与宋美龄未婚时在一起的照片

京另组反革命政权,双方政见不同有直接关联。

但是,大姐宋霭龄则力排众议,坚决主张接受这门婚事。

"我们可以利用这个人,"她在倪氏和众姊妹前说,"自古美人配英雄,而未来中国的领袖非目前已呈强人之势的蒋介石莫属,与蒋氏的联姻,必能加强宋氏家族在未来中国政治舞台的地位和影响力。"

尽管全家人反对,但是,宋霭龄始终力促蒋宋联姻,并且为之牵线搭桥。

事后她又劝说固执的美龄,让她相信这门亲事对大家有利,特别是对宋氏家族有利。但是,几十天过去,宋家对于蒋介石的求婚,对外没有任何动静。

"四一二"政变后,南京国民政府成立,国民党中央批准给蒋介石10天休假的机会,在宋霭龄的精心安排下,蒋介石邀宋美龄同游镇江焦山。

在此之前,宋子文的态度也已发生了微妙的变化。宋子文本是武汉国民政府的财政部长,3月,在为筹款和谋求江浙财阀的财力支持返回了上海。不期然,刚下飞机,他就被蒋介石软禁,而且,蒋介石在征得宋霭龄的同意后,又下令驻广州的部队没收了宋子文在南方政府银行的所有财产。在宋子文走投无路之时,宋霭龄出面劝说他改变主意,转而向蒋介石输诚,并同意小妹美龄与蒋的婚事。宋子文无奈,只有应允从命。时人公开嘲笑说:"蒋介石与宋美龄求婚,实质上是向宋子文求爱。"

蒋介石与宋美龄这次焦山之游,是宋美龄对他感情从无到有飞跃并突破的关键一着棋。关于这次焦山之游,蒋的卫队长宓熙记录如下:

> 蒋介石亲笔写了一封信,派我到上海去面交孔夫人。上次我在宋宅,还不知道那位宋子文的姐姐,就是孔祥熙的夫人呢。这次到了孔宅见孔夫人,一位大姑娘叫我上楼去见,见面时我才恍然大悟,原来孔夫人就是宋霭龄。于是我交上蒋介石的亲笔信,她含笑看信,看了之后,高兴地对我说:"知道了,总司令约三妹

在15日到焦山去玩,好吧! 你就住在我这里,等到15号走罢!"

这一天正是5月13日。5月14日下午,我到北火车站,打算预购明天的车票,见到站长,说明来意。他问我:"你是来接蒋总司令的朋友去镇江的吗?"

我说:"是的。"

他说:"不用买票了,我已经预备好了一辆蒋总司令上次坐过的花车,挂在明天上午8点钟开往南京特别快车的车头后面。"

并笑容可掬地问:"你看好不好?"

"当然好啦!"我高兴地答道。随后就回来告知孔夫人,她也很高兴,坐在她一旁同时听到我说话的三小姐——宋美龄,也嫣然一笑。

孔夫人接着说:"你辛苦了,这里有一张戏票,你今晚去看戏,明天早晨7点钟上车!"

一觉醒来,已经6点,吃过早点,等候夫人下楼。7点30分,孔夫人、三小姐和另外一位中年妈妈,一同下楼,上了汽车。7点50分到达车站,一进站就望见那辆花车,站长来打招呼,我们一行登上花车。孔夫人宋霭龄一个人回去了。一声汽笛,离开上海北火车站。

下午3时许,火车进入镇江车站,车站上有警察警戒。蒋介石已等候在站上,他不穿军装,换一套华贵笔挺的西装,戴一顶高级草帽,足蹬白皮鞋,精神奕奕,背后有一排卫士和公安局长俞子厚。车站站长站在月台上,指挥火车停下。正好花车停在蒋介石的面前,他即走上花车,同宋美龄见面。握手既毕,他即忙把宋的手提包拎在自己手里。缓步下车,改乘一辆新式轿车开到江边,换乘小汽艇,直驶焦山。

焦山,位于江苏镇江市东北长江中,与南岸象山对峙,山高150米,周围约2000平方米。因东汉陕中焦光隐居山中而得名。山又因满山苍松翠竹,宛如碧玉浮江,又名浮玉山。山东北有二小山雄峙,名松寥山,古人称为海门。焦山如中流砥柱耸立在滚滚白浪之中,气势雄伟,自古以来即为游览胜地。

蒋、宋在焦山,每天早出晚归,在名胜古迹中恣意畅游,放纵自我……

这样两人双栖双飞,一个好色,一个爱权,小小的焦山竟让他们游了十多天。最后,蒋介石带着卫士排回南京,叫卫队长宓熙送宋美龄回上海。

焦山之游,使蒋、宋之间的感情急剧深化,关系得以正式确立。据野史载,两人分别之际,曾有一君子协定:"各自清理历史陈账,以自由之身再论婚嫁。"具体而言,即就是宋美龄需割舍昔日情人刘纪文,蒋介石则必须与以往的妻妾毛福梅、姚冶诚、陈洁如彻底脱离关系。

1927年8月,蒋介石在各派军阀争龙夺利的混战中落入下风,被迫第一次下野。为了以退为进,东山再起,蒋介石把"蒋宋联姻"视为重要资本,加紧筹划,频频向宋美龄发动"攻势"。这时,蒋介石写给宋美龄的一封封求爱信,情挚意切:

> 余今无意政治活动,惟念生平倾慕之人,厥惟女士。前在粤时,曾使人向令兄妹处示意,均未得要领,当时或因政治关系。顾余今退而为山野之人矣,举世所弃,万念灰绝,曩日百对战疆,叱咤自喜,迄今思之,所谓功业宛如幻梦。独如女士才华荣德,恋恋终不能忘,但不知此举世所弃之下野武人,女士视之,谓如何耳?

蒋介石下野后,立即前往上海和奉化,名曰隐居,实际上是按协议"了结旧债",在溪口期间,蒋介石软硬兼施,从发妻毛福梅那里拿到了签了字的离婚协议书。9月返回上海后,他又拿出5万元安置姚冶诚去苏州静养,姚冶诚初到苏州时,先暂居凤凰街蒋介石的留日同学吴忠信宅第里,后来她在南园的蔡贞坊选中了一块地皮，建造新居。1929年，新居落成，迁入，当地人称之为蒋公馆。蒋公馆的人员不多，除姚氏、纬国母子俩外，还有姚冶诚的侄子姚金和为蒋纬国伴读，以及家庭教师陈志坚。

对毛氏和姚氏，蒋介石略施小计就办成了，但是，对于陈洁如却是颇费脑筋的。

早在1926年底到1927年初，围绕着"国民政府"的迁都问题，设在南昌的北伐军总司令部与设在汉口的国民党中央之间发生了激烈的冲突。在此过程中，为了拖垮"汉口政府"，蒋介石开始筹划与宋美龄的政治联姻，以换取宋氏家族的财力支持。在九江，蒋介石首次向陈洁如披露了他的这桩"政治婚姻"的计划。蒋要求陈从他的长远前途考虑，做出自我牺牲，赴美留学，退让五年给宋美龄——等中国统一大业完成，蒋介石执掌国柄，即恢复与陈洁如的夫妻关系。陈洁如深为震惊，愤而离开蒋介石返回上海家中。

这一次明知山有虎，蒋介石还是硬着头皮上了。他亲赴上海陈宅，做陈洁如及其母吴氏的工作，劝说陈氏出国留学，并发出重誓：

> 自今日起5年之内，必定恢复与洁如的婚姻关系。如果违反誓言，没有将她接回，祈求我佛将我殛毙，将我的南京政府打成粉碎。如果10年20年之内，我不对她履行我的责任，祈求我佛推翻我的政府，将我放逐于中国国外，永不许回来。

陈洁如看到蒋介石此事蓄谋已久，势无更改，只得相信并服从蒋介石的安排，同意赴美留学。

1927年8月19日，蒋介石委托杜月笙安排陈洁如出洋考察。临行前，杜月笙给了陈洁如10万元旅行费，并叮嘱陈："要好好学习，回国后可以更好地尽到总司令夫人的职责。"

于是，陈洁如在蒋介石的侍从秘书陈舜耕以及张静江的两个女儿张

宋氏三姐妹和母亲倪氏

荔英、张倩英的陪同下,乘坐美国大来公司杰克逊总统号轮船起程赴美。后来,在浩淼的太平洋航程中,陈洁如听到了无线电播放的上海各报刊所载《蒋中正家事启示》。直到此时,陈洁如才明白了蒋介石的真实企图!她痛不欲生,几次拟跳海自杀,幸为护送人员劝阻未遂。

在这样的情形下,蒋宋联姻的主要筹划者宋霭龄,于9月16日在上海西摩路宋宅召开记者招待会,把蒋介石和宋美龄一起介绍给新闻界,并宣布:"蒋总司令即将与我的三妹结婚。"海内外各大新闻媒介争相报道了这一消息。

17日,宋美龄留学过的美国《纽约时报》以醒目标题刊出:"蒋介石与孙夫人的妹妹结婚",并配发了这一对新人在宋宅花园合影的照片。

这样,蒋介石与宋美龄的婚姻几乎天下人都知晓了。但是,对于蒋宋婚姻却还有一个关键的人物不知道,被蒙在鼓里。那就是对于蒋介石的求婚一直未曾应允的宋家关键人物——宋母倪氏!

这时,倪氏为了避免蒋介石的纠缠不休,远走日本"养病"。蒋介石丝毫不懈,决定亲往日本再度向宋母求婚。

9月26日,蒋介石对《字林西报》记者发表谈话,谈及他这次上海之行时,他坦然告诉记者们是:"为料理个人私事,并规划与宋美龄结婚之事。"

当记者问到宋美龄与其前妻如何处置时,蒋说:"民国十年十月,与余元配正式离婚。……曾向奉化司法当局备案。"

记者问:"是不是早就有预感能与宋小姐结为连理而离婚?"

蒋答曰:"离婚理由,因两人不能和合。"

记者追问:"请问你与宋小姐是何时相识相恋的?"

蒋又说:"五年前,余在广州,寓于孙总理处,以是获见宋女士。以为欲求伴侣,当是人矣。其时宋女士尚漠然。嗣后时与女士通函,力申前请,近来女士已允,惟尚须得其家属许可。倘诸事顺遂,当在上海结婚,然后游历国外一年。"

记者又问："此是否是政治婚姻？"

蒋声明："此种结婚，并非政治结婚。诸人皆从事于政治生涯，乃属偶然巧合，并非同派。且宋姓尚未允许，宋女士之母病在神户。余拟即前往问候，并向乞婚，此外并无其他任务。是否成行，尚待神户消息，视宋夫人病体何如。"

答完记者问，三天之后，蒋介石与宋子文等离开上海去日本。

蒋介石此行日本，有两个目的，一是研究日本国情及对华政策并争取日本政府支持，以助他重新上台的目的外，另外一个重要"使命"，就是为了打通宋母这一最后关节。蒋介石到神户后，即与宋子文一同前往宋母倪氏正在疗养的马温泉，复申前请。倪氏见事已至此，且宋美龄心意已决，一人再反对也无回天之力，于是，提出最后一个条件以为放行的前提，即宗教信仰问题。

于是，倪氏并不抱太大的希望，提出一个认为蒋会十分为难的问题："你是否愿意成为基督教徒？"

这时，蒋介石却出人意料地十分痛快回答："我可以试试，我将努力研究《圣经》，但我不能未经体察就随便允诺接受基督教。"

倪氏对蒋介石的回答很满意，于是将丈夫宋嘉树的遗物——一本宋嘉树临终前嘱咐交与未来三女婿的《圣经》交与了蒋介石。这就表示了她已经同意了蒋介石与宋美龄的婚事，蒋介石欣喜若狂，将近不惑之年的他竟然像个小孩似的拍掌哈哈大笑。第二天，蒋介石便给宋母倪氏送上给宋美龄的订婚戒指。

1927年11月10日，蒋介石从日本返回上海。

回国后，鉴于当时国民党内各派系仍然纷争未已，蒋拒绝了各派请他出山复职的要求，决意静观其变，先全力完成与宋美龄的结婚大事。于是，11月26日，上海的各大报刊同时刊登了蒋介石与宋美龄的《结婚启事》，其中这段妙文成为朝野的谈资：

中正奔走革命,频年戎马驱驰,未遑家室之私。……兹定于12月1日,在上海与宋女士结婚,发拟撙节婚礼费用,宴请朋友筵资,发起废兵院。……欲为中正与宋女士结婚留一纪念。

在一番大肆张扬之后,蒋介石、宋美龄于1927年12月1日在上海举行结婚典礼,婚礼分两次进行。先举行基督教的西式婚礼,后举行中国传统式的婚礼。

基督教婚礼是在西摩路宋宅内小教堂举行(今陕西北路369号)。教堂面积虽不大,布置却非常华丽,正中悬宋父宋嘉树的油画遗像,两旁扎以新鲜竹枝,交叉成半圆形,下陈芭蕉小树,庭柱上绕凤尾草,两侧摆满各色花篮,下铺红色地毯。婚礼原请宋家老友、卫理公会教堂牧师江长川主持,但江牧师认为蒋介石不是自由再婚,拒绝主持,只好请中华基督教青年会全国协会总干事余日章主持,而余并非牧师。①

下午3时,婚礼开始,证婚人余日章,介绍人谭延闿、何香凝、王正廷、李德全,主婚人蒋介石同父异母兄弟蒋介卿夫妇、孔祥熙夫妇先到。

外宾有美国驻上海总领事克银汉夫妇、美国审判长普台及英军总司令邓坎等。蒋介石由宋美龄的初恋情人刘纪文陪同先进入教堂,后宋美龄挽着宋子文的手臂,在女傧相郭宝珠等人前导下步入教堂。蒋先为宋戴戒指,并宣读誓词说:

我蒋中正情愿遵从上帝的意旨,娶你宋美龄为妻。从今以后,无论安乐患难康健疾病,一切与你相共,我必尽心竭力地爱敬你、保护你,终身不渝。上帝实临鉴之,这是我诚诚实实应许你的,如今特将此戒指授予你,以坚此盟。

---

① 宋平著:《蒋介石生平》,吉林人民出版社1987年版,第206页。

接着,宋美龄宣读誓词说:

我宋美龄情愿遵守上帝的意旨,嫁你蒋中正,从你为夫。从今以后,无论安乐患难康健疾病,一切与你相共,我必尽心竭力地爱敬你、保护你,终身不渝。上帝实临鉴之,这是我诚诚实实应许你的,如今特将此戒指授予你,以坚此盟。

宣誓完,她给蒋戴上戒指。仪式过后,两人立即赴戈登路(今江宁路)大华饭店出席中式婚礼。

礼堂设在大华饭店跳舞厅,四周缀以鲜花,中间悬挂孙中山遗像,两旁是国旗党旗。台前陈列花篮甚多,左侧设亲族席、记者席,右侧设女宾席。参加婚礼的有1300多人,凭事先发出的请柬入场,请柬编有号码,并盖有宋子文的私章,以防他人混入。来宾到后,先在门前签名登记,发给结婚纪念章一枚,悬挂胸前,以资识别。出席的有证婚人蔡元培、谭延闿、王正廷、余日章、何香凝、李德全等六人;来宾有汪精卫、吴稚晖、邵力子、陈果夫、杨树庄、张定璠、褚民谊、周佩箴、陈德徵、冷欣、冷隽、王晓籁、沈田莘、缪斌、叶惠钧等;外宾有日本总领事矢田、正领事清水、美国总领事克银汉、比利时总领事汪和德、挪威总领事亚尔等,真可谓极盛一时。宾客都由陈希曾、陈立夫等殷勤招待。

下午4时,蒋介石、宋美龄乘坐7392号花车来到大华饭店,先在花园洋房内休息。

4时15分,乐队奏起了门德尔松的结婚进行曲,蒋介石身穿大礼服,胸悬彩花,由男傧相刘纪文、孔祥熙陪同走出。五分钟后,宋美龄挽宋子文的手臂走出,前有郭、王、孔、倪四位小姐作女傧相。宋美龄身穿银色旗袍,白色乔其纱用一小枝橙黄色的花别着,斜披在身上,头戴一个用花蕾编成的小花冠,手捧一束粉红和雪白相间的玫瑰花(一说是淡红色的麝香

蒋介石与宋美龄婚礼照

石竹花),10岁的孔二小姐珍妮和少爷孔路易随在身后司纱。

　　婚礼开始,由邵力子任司仪,先请证婚人入席,蔡元培居中,何香凝、李德全站在两旁,再右为谭延闿、余日章,左为王正廷,随之主婚人蒋介卿、宋子文入席。全体向孙中山遗像三鞠躬,由蔡元培宣读证婚书,文称:

　　　　盖闻宝树延辉,异彩耀玉台之镜,早梅布馥,华椐迓翟茀之车。两姓联欢,一堂结约。兹者蒋中正先生与宋美龄女士,举行结婚礼于春江大华礼堂,良辰吉日,六礼告成,瑟好琴耽,双心默契。所愿宗熙三径,论协十篇。喜今兹约指铃章,用证鸳鸯之牒。卜他日齐眉益算,覃敷鸾凤之祥。元培等忝作证人,乐观嘉礼,爰缀吉语,藉贡欢忱,是为证。

接着由证婚人、主婚人、结婚人依次用章。再新郎新娘相对一鞠躬,向证婚人、主婚人及来宾各一鞠躬,婚礼在乐曲声中宣告完成。两人到花园摄影后,返回宋宅。

1927年12月2日,《上海时报》详细报道了蒋、宋婚礼,并且,明确点题:"这是近年来的一次辉煌盛举,也是中国人的一个显赫的结婚典礼。这次婚姻使得南京军队过去最强有力的领导人和新娘的哥哥宋子文博士的家庭以及国民党的创始人、已故孙中山博士的家庭联结成一体。"

蒋介石也在当天的《申报》上登了一条《离婚启事》:"毛氏发妻,早经仳离,姚陈二氏,本无契约。"

蒋介石在《启事》中说他与陈洁如"没有正式结婚",显然是谎话,说他与陈"脱离关系",也不符合事实。陈洁如赴美前,蒋从未提过离婚的事。直到与宋美龄结婚几个月后,即1928年春天,才派出江一平律师与陈洁如洽谈离婚条件,经虞洽卿从中劝解,陈洁如看木已成舟,才被迫同意与蒋分手,正式离婚。

同在这一天的报纸上,蒋介石还发表了一篇以《我们的今日》为题的"结婚感言",称:

余今日得与最敬最爱之宋美龄女士结婚,实为余有生以来最光荣之一日,自亦为余有生以来最愉快之一日。余奔走革命以来,常于积极进行之中,忽萌消极退隐之念。昔日前辈领袖问余,汝何日始能专心致力于革命?其他厚爱余之同志,亦常讨论如何能使介石安心尽革命之责任?凡此疑问,本易解答,惟当时不能明言,至今日乃有圆满之答案。余确信余自今日与宋女士结婚以后,余之革命工作必有进步。余能安心尽革命之责任,即自今日始也。

他又说:

余第一次遇见宋女士时，即发生此为余理想之佳偶之感想，而宋女士亦尝矢言，非得蒋某为夫，宁终身不嫁。余二人神圣之结合，实非寻常可比。今日之日，诚足使余二人欣喜莫明，认为毕生最有价值之纪念日。故亲友之祝贺，亦敬受不敢辞也。

余二人今日，不仅自庆个人婚姻之美满，且愿促进中国社会之改造，余必本此志愿，努力不懈，务完成中国之革命而后已；故余二人今日之结婚，实为建筑余二人革命事业之基础。

我们的结婚，可以给中国旧社会以影响，同时又给新社会以贡献。

婚后，蒋介石在上海拉都路311号设置了新居。蒋宋原计划去美国度蜜月，因蒋介石忙于复职活动，未能成行。

12月3日，也就是新婚第三天，在蒋介石的新居召开了国民党中央二届四中全会预备会，拉开了蒋复职再出的序幕。

1928年2月2日，国民党中央二届四中全会在南京召开，蒋介石被各派共同"推举"为中央执委会常委、军事委员会主席、国民革命军总司令。2月23日，又被选为国民党中央组织部长，3月7日，又被委任为中央政治会议主席。从此蒋介石把党政军大权又重新集中到自己手中。宋美龄也就成了名副其实的"第一夫人"。

蒋介石重新上台后，宣布继续进行北伐，指挥四路大军直逼平、津。新婚燕尔的宋美龄首次以蒋夫人的身份随军行动，相伴于蒋介石身边。1928年6月，"东北王"张作霖被日本军国主义分子炸死，张学良于12月"易帜"表示归附国民政府和国民党中央，蒋介石实现了全国形式上的统一。

大业已定，蒋介石携宋美龄回奉化老家省亲、祭祖，正式确定宋美龄在蒋家的名分。

蒋介石首次携新婚夫人宋美龄回溪口老家拜认祖先。为避免毛氏"发难"，令宋美龄尴尬，蒋介石先请哥哥蒋介卿去丰镐房化解，同时宋美龄也示好于毛氏,送上人参、狐裘大衣等物品做见面礼。

结果,毛福梅以不变应万变,泰然处之,将丰镐房收拾一新以待新客。蒋介石、宋美龄来后,住在乐亭别墅。

在新人滞留溪口之时,毛福梅每天都叫丰镐房的厨师蒋小品烧制几道蒋介石平素爱吃的家乡菜送至乐亭。如鸡汁烤芋艿、霉干菜烧肉等,还有"米焙浆"。"米焙浆"制法是把糯米炒熟,磨成细末,然后放上鸡油、麻油、胡椒、笋丝、蛋丝等,用沸水冲调,吃起来香糯爽口,余味无穷。宋美龄平素吃西餐,乍尝到这些乡土美味,不禁胃口大开,赞不绝口。自有人乐颠颠地转告毛氏,毛氏感到一种尽了地主之谊的快慰。当新人离乡回转之际,她特地命人拣了一袋最好的芋艿头送宋美龄做路彩。

据说,宋美龄回到南京公馆,也让厨师烧芋艿吃。可是,烧熟后一放进嘴里便吐了出来,连说"不对,不对"。蒋见了大笑,说:"芋艿是对的,不过烧法不对。鸡汁烤芋艿是我家丰镐房的拿手菜,一般人是烧不出这种滋味的。"

随后,蒋介石曾派飞机到宁波,命丰镐房烧好芋艿以后专车送到宁波,送上飞机,带回南京,以供宋美龄再饱口福。

以后,无论是蒋一人回家乡,还是携宋美龄同来,虽然都住在乐亭或慈庵,但毛氏每次都一如既往,精心准备,将丰镐房整饰一新,并以家乡菜相待。蒋介石似乎与毛氏亦形成默契,每天早晨利用宋美龄一向有睡早觉的习惯,踱回丰镐房看望旧人,用过早点后方回乐亭。

对此,毛福梅并不感恩,冷淡视之,每次见到蒋介石,她只提一个要求,那就是:"你尽快将吾儿经国送回来。"

4.王明陷害蒋经国,提干成蹉跎

1928年秋天,蒋经国由莫斯科中山大学毕业,被保送到列宁格勒托尔马乔夫红军军政学校去学习军事和政治。

保送蒋经国军校学习是有原因的。

1927年蒋介石叛变革命，蒋经国反戈一击，大骂老子虽然成为新闻人物，但他内心仍然忧郁不乐，他一方面为有蒋介石这样的父亲而感到耻辱；另一方面，又担心此后回国无望，再也见不到他日夜思念的母亲，他将滞留在异国他乡。蒋介石叛变革命后，另组南京政府和武汉国民政府对抗，不久，武汉政府也背叛革命疯狂屠杀共产党人，并将苏联顾问鲍罗廷等140多人驱逐回国。苏联政府也采取相应措施，一面解散国民党旅莫支部，一面国共不分大量驱逐中国学生离境。1927年冬，中山大学第一届学生毕业后陆续遣送回国了。这时，鲍罗廷向苏联政府建议：

青年蒋经国

"此时遣送中国学生回国，等于帮助国民党执行其清党工作，如系共产分子，等于送其上刀俎，不如及时控制及软禁这批青年。等待相当时日后，再行遣送，亦不致误事。到那时候，中国的革命情势，或能好转。纵或不能，国民党中央对于由苏回国的学生，即令不加杀害，也会不敢去信任。"

苏联政府接受了鲍罗廷的建议，对于蒋经国不但没有因父亲的事迁怒儿子，而且同意他由共青团员转为共产党员，并且还把他保送到了红军军政学校学习。

这个军校设在列宁格勒涅瓦河畔，对面彼得宫矗立，左面是共和大桥，右面是彼得半岛。在苏联所有城市中，列宁格勒最富欧洲建筑特色，古色古香。蒋经国对这座旧都印象深刻，他在日记中称它"有特别的风味"。这所军校是以十月革命和国内战争的最早参加者尼·古·托尔马乔夫的名字命名的，创办于1919年，为苏维埃政权培养出许多军政人才，如铁木辛可、叶廖缅科等。在这里任教的有好多著名的军事将领和专家，如苏联红军总参谋长图哈切夫斯基就担任战术教官，著名经济学家瓦尔加教经济学，著名史学家塔尔列教法国革命史。

这是一所培养高级军政人才的大学，开设的课程有军事科学和政治科学，还有属于社会科学的科目，如苏共党史、国际共产主义运动史、工人运动和民族解放运动史、马列主义哲学、政治经济学、科学社会主义等等。

蒋经国进这所学校学习时，后来担任中共军队高级指挥员的萧劲光、左权也在这里学习。蒋经国来到这个新环境里，既有新鲜感，更有沉重的责任感，原先郁积心间的思母回国之情，至此已被紧张、热烈的学习气氛压下去了。蒋经国在1928年10月3日的日记里，曾记下自己一天的学习经历："今天第一课是军队中的政治工作。第二课是战术。其他都是自修时间。政治工作一课由教员讲演，题目为《军事时期中的政治工作》。"

在托尔马乔夫军政学校，中国留学生的待遇比莫斯科中山大学还要高，每人每月有四五十卢布的零花钱，这很叫其他留学生羡慕。一天，几个莫斯科中大的江浙籍同学，给蒋经国写了封信，开玩笑说："我们要成立一个浙江同乡会，选你当会长，希望你这个会长以后经常接济我们点儿钱。"

苏联的克格勃组织是谍报机关，它在各重要军事、政治和经济部门都派有自己的情报人员。蒋经国同宿舍有一个苏联红军军官，他就是克格勃的情报员。蒋经国看完江浙籍同学的来信后就扔在抽屉里。结果，这位情报员立刻拾起，并将其信交给莫斯科"中大"支部局书记王明。王明是"中大"第一期第一班学生，俄语很好，能说会道，深受校长米夫的赏识，毕业后留在莫斯科中山大学。米夫曾两次来中国，王明陪同当翻译，成为了米夫的心腹之人。

中山大学原校长叫拉狄克,是德国人,与李卜克内西、卢森堡同为德国工人运动的领袖。德国革命失败后,李卜克内西和卢森堡先后牺牲,他流亡到苏联,后专门研究中国革命问题,成了中国问题专家。中山大学成立后,他出任校长。中山大学开学时,他请托洛茨基来校作报告,曾向学生们系统地阐述过托洛茨基的观点和纲领。托洛茨基被开除出苏共中央后,拉狄克也被撤职,米夫当了校长。米夫一上台后,任命王明当了支部局书记。但王明并无实际工作经验,喜好打小报告,扣帽子,搞宗派主义,多数党员都对他不满。

王明得到了这封信如获至宝,马上与中山大学副校长李声竹开会,说蒋经国等人组织"江浙同乡会小集团",搞第二条路线,与学校支部局联共和共产国际对着干,其头头除蒋经国外,还有俞秀松、董亦湘和周明达等。并且,王明还把不是浙江籍的湖南人与蒋经国关系不错的左权也牵扯了进去,说他是其"重要成员",一时轩然大波骤起,在莫斯科的中国留学生中大有风雨欲来之势。

这时,中共六大正在莫斯科召开,六大闭幕以后,新当选的总书记向忠发是工人出身,水平并不高,他一去中山大学讲话,就大发雷霆,说:"江浙同乡会是反动组织,头头要枪毙,成员要处分。"此事在旅俄同学中引起了极大震动。

蒋经国起初还满不在乎,谁知事情发展到了向忠发发脾气了,于是有关部门要关他的禁闭,这时,他有些害怕了。但是,对于这无中生有的风波,莫斯科中山大学的江浙同学和其他同学都愤愤不平,他们一面写信安慰蒋经国,叫他莫着急;一面写信给苏共中央、中共中央和共产国际,要求派人来校彻底调查,核实事实,弄清真相。共产国际监察委员、苏共中央监察会和中共中央驻共产国际代表团随即联合组成审查委员会来校调查。审查委员会找学生们了解情况,结果,没有一个人承认有一个"江浙同乡会"的组织存在;给蒋经国上课的老师也出来作证。调查结果一公布,真相大白,蒋经国有惊无险逃过了一劫。

1930年初,他在军校的学习快要结束了。于是,申请毕业后,去红军中工作,但遭拒绝。毕业后,苏联政府将蒋经国的安排暂交给驻共产国际的中共代表团处理。结果,中共代表团派他到列宁大学担任中国学生的助理指导。

按理,他是军政学院毕业的,应该分配去部队当军官,或者去机关当干部,因此,做学生的助理指导只是暂时工作。然而,对于蒋经国的工作安排,苏共考虑来考虑去,最后出人意料地派他到了狄纳莫电气厂去当学徒工。

狄纳莫电气厂位于莫斯科郊外,有1800多名工人,担负的任务是制造电车发动机和其他电车机件。蒋经国被分配到第18车间,这个车间有72名工人,分为六组,每组有个组长。他是第4组的工人,工号为865号,组长是个21岁的技师。

蒋经国在乌拉尔重型机器制造厂

由于是学徒工,蒋经国每月工资45个卢布,除去吃饭就没剩余。他的皮鞋破得不能穿了,却没第二双可换,这时苏联物资缺乏,粮食、日用品都凭票供应,一次他因劳动成绩优秀,厂里奖给一张皮鞋票,可因身上没钱,他只好把皮鞋票送给别人,仍旧穿破皮鞋。尽管生活艰苦,但是蒋经国不因分配不好而闹情绪,相反工作更加努力。

这一时期,蒋经国的生活与一般工人无异。但是,因为其特殊的身份，厂里领导对他还是特别地予以了照顾。1931年2月8日，下班之后，厂里召开全体工人大会讨论"第一个五年计划"，听厂长辛可夫讲为什么要搞五年计划。蒋经国在日记中最后记述了散会后的情形：

> 散会之后，我和厂长一同步行出厂，他对我说："今天事情非常忙，连吃饭都忘记了，愈忙愈有趣。"他约我到一个饭堂去吃饭。第一盆是盐汤，第二盆是洋芋羹。面包要吃饭人自己带，我今天没有领到面包，他从他的皮包中拿出一块黑面包来，这是他一天的粮食，他分一半面包给我吃，我觉得滋味特好。

> 吃完饭已经7点50分了。与辛可夫分别后，赶快到工业夜校去，本来可以乘一站电车，但要花一毛钱，所以跑路去，跑到了学校已经8点了。今晚第一堂课是数学，第二堂课是化学。由夜校回到宿舍，已经12点了。以劳工的生活，作自己的锻炼。没有经过劳动生活的人，是很难了解社会的构造、劳动的价值和人民的痛苦。

此时蒋经国干一行，就想精通一行，被安排当学徒工，他就想努力学习，精通机器制造这个行业。因此，他除了天天上班、好好地完成工作外，还利用业余时间学习工业制造。

刻苦的学习，辛劳的工作，使他在厂里赢得了人们的好感和信任。不到一年，生产管理部门就向上级建议：提升蒋经国担任生产管理委员会的副主任。此刻他早已由学徒工转为正式钳工了。然而，厂里虽然把报告送上去了，上级却迟迟没有批文下来。

原来又是王明在作梗。王明认为像蒋经国这样的人绝对不能担任工厂任何一级的领导职务，无产阶级决不能让"反革命"的儿子掌握权力，于是，他又建议工厂撤销推荐，蒋经国继续留在工厂做工人。蒋经国对于当不当副主任并不关心，仍旧天天上班，晚上去夜校学技术。

王 明

但是，王明还是不肯放过他，不久又建议当局把蒋经国送到靠近北极圈的阿尔泰矿区去采矿。

蒋经国听到了这个消息，考虑阿尔泰地区终年积雪，冰天雪地，寒风刺骨，怕自己会吃不消，于是向共产国际提出自己想留在莫斯科。这时候，苏共正准备大搞农业集体化运动，决定派2.5万名布尔什维克到农村去执行党的指示，接到蒋经国的报告后，有关部门改变叫他去阿尔泰开矿的决定，但也没让他留在莫斯科，而是派他到农村去搞农业集体化运动，接受农民的再教育。于是，蒋经国就来到了莫斯科郊区的石可夫农村。

蒋经国被下放到农村改造。这时，苏联发生大饥荒。消费品、食用品，如鱼、肉、糖、肥皂、牙粉、鞋、袜等，不论城市农村，一概奇缺。蒋经国被送到农村体验生活，这对蒋经国来说是一次严峻的考验。这时苏联正进行反托斗争、全面清党，如火如荼。托洛茨基被开除党籍，送去阿拉木图充军；季诺维也夫、拉狄克等党政要人，受到整肃；新的政治风暴，终于来临，蒋经国不寒而栗。但他没有选择自己命运的余地，他在石可夫村参与到了农业集体化运动之中去了。蒋经国在《我在苏联的生活》一书中说：

我初到的时候，因为我是外国人，没有一家肯借床铺给我睡。第一夜我就睡在一个教堂的车房里。第二天，一早就到农场去，农民讲许多话来讥笑我，可是，我很客气地对他们说："早安！"后来有一个老农民对我说："你应该与我们共同耕田！"我说

"好！"他们就给了我一匹马及其他的农具，开始我以为耕田是一件很困难的事，可是后来感觉到并不十分困难，惟须多用体力罢了。

　　耕田耕到晚上，身体已很疲倦。回到教堂的车房中，浑身疼痛，倒头就睡。睡到半夜，一个68岁的老妇人，起了些同情心，把我叫醒："朋友！这不是睡觉的地方，到我的草屋里去睡吧！""十分感谢我慈爱的老朋友！不过我今天很疲倦了，明天我来！"我冷冷地回答。"你用不着怕我，在这儿睡觉是会生病的！我住的虽是茅屋，可是要比这里好得多，一同去吧！"

这个老妇的慈爱使蒋经国感动。她终于成了蒋经国的好朋友，那草屋也成了蒋经国唯一的归宿。经过一番磨炼，蒋经国悟出一番道理，他认为："要有群众的信仰，必须先和他们的领袖接近，要在群众中发生影响，必须先影响他们的领袖。"果然，蒋经国经过一番奋斗，处境大变。

后来，他专职为农民接洽土地贷款，不久又当选为农村苏维埃的主席。苏维埃农民，本质上，和中国农民一样，都有纯朴忠厚的性格，在农民中间，唱高调、喊口号，没有用。只有行动实践，才能赢取信任。蒋经国学到群众运动的真谛，当他离开农村时，当地农民对他流露出了真挚情感。这个离别场面生动感人，更富戏剧性。蒋经国后来记述道：

　　草屋门外面的人，渐渐的多起来了。当我吃早饭的时候，斯客洛平走进来对我说："全村农民都来欢送你了！我们要开一个露天欢送大会。"我就此走出门外，看他们手中有的拿着苹果，有的拿着鸡鸭，斯客洛平宣布开会并致欢送词。

真切的感情、深厚的情意让年轻的蒋经国感动得热泪盈眶。告别石可夫后，因为蒋经国在苏联的出色表现，1931年，他受到苏共领袖斯大林的亲切接见。

第二年,他重返莫斯科,等候派遣。

5.英雄救美引出异国情缘

回到莫斯科呆了几个月,1933年春,蒋经国被派往西伯利亚矿务公司任职。10月,他又被调到斯夫洛斯克的乌拉尔重型机械厂。

在乌拉尔重型机械厂,蒋经国又由于工作勤勉,由一个普通技工逐步升为技师,以后又被任命为工人航空学校招生委员会的主席,在党内还担任了支部书记工作。1934年,他晋升为副厂长,兼工厂报纸的主编。

这时,一个叫芬娜的姑娘,刚从技工学校毕业,被安排在蒋经国的管理下进行工作。

芬娜,金发蓝眼,苏联人,全名为芬娜·伊帕季耶娃·瓦哈列娃,是共青团员,和蒋经国同属党组织里的成员。

俄罗斯姑娘芬娜

蒋经国与芬娜成为异国鸳鸯的起因,台湾曾有一则流传很广的故事:一天晚上,蒋经国在工厂加班后回宿舍,路上忽见一粗壮大汉拦住一年轻女子的去路,图谋不轨,蒋经国就走上前去为她解围。那大汉见蒋经国个头矮小,并不以为意,没想到体格壮硕的蒋经国三拳两脚就把大汉打倒了。女子得救后,万分感激、钦佩蒋经国,一缕芳心飞向他。那被救的女子就是芬娜。

这段典型的"英雄救美人"的传奇故事,真实性究竟如何,外人不得而知。比较可信的说法是,蒋经国与芬娜是在平日的接触中逐渐产生了感情。

芬娜孤身一人在外工作,生活有诸多不便,她的娘家曾是沙俄的旧贵族,十月革命后家道中落,境遇窘迫,芬娜为数不多的工作所得还得交出维持家计。她的内心是孤单的。

而蒋经国是被当做"人质"羁留在异国他乡的,他孤苦伶仃,心情抑郁。两人同病相怜,彼此关心照顾。不久,当蒋经国生病卧床,芬娜侍奉在侧,嘘寒问暖。天长日久,相互萌生恋情。

少女时代的芬娜不仅面目清丽,走路姿态也特别高雅迷人。这对情侣常去海边游泳,尼古拉很听芬娜的话,他对她所做的事也都很满意。经过短暂的热恋之后,他们决定结婚。

异国异族的通婚,苏联方面很开通,结婚申请很快批准。蒋经国毕竟是中国人,古训不敢违背,他得征得父母的同意,于是写信请示蒋介石。蒋介石回信很爽快:

中苏联姻,为外交史上之美事,汝勿再多所顾虑,余为汝得佳妇贺。

蒋介石同意这桩异国婚姻,当然是充分考虑到蒋经国在苏联的特殊处境!

1935年3月,在《国际歌》声中,一对异国情侣,结下白首之盟。证婚人是后来在台湾担任过立法委员的王新衡。蒋经国和芬娜结婚的当年就有了弄璋之喜,生了长子爱伦;次年又有了弄瓦之喜,再添一位千金,小名爱理。

然而,蒋经国和芬娜结婚、生子的安定生活刚刚开始不久,就受到了政治斗争的牵连。这时,蒋介石正在国内大肆"围剿"红军,1936年6月,蒋经国的副厂长职务被解除,党员会议被取消参加,回国申请也屡次被拒,生活再次陷入困顿的境地。

原来,蒋介石南京政府成立后,各派军阀仍然争斗不已,于是蒋介石凭借实力发动中原大战。经过中原大战后,张学良在东北"易帜",军阀混战的中国基本统一在蒋介石之下了,地方实力派的军队要么是臣服,要么是被消灭,蒋介石基本结束各地军阀割据一方、军事倒蒋阶段;更为重要的是,蒋介石的军事指挥机构得到重新调整,何应钦、刘峙、顾祝同、钱大钧、陈诚等"准黄埔系"成员全部走上一线指挥岗位;黄杰、胡宗南、关麟征、杜聿明、李延年等黄埔系成员开始进入高级指挥岗位。蒋介石羽毛丰满,于是,他又开始对付共产党领导的日益强大起来的红军了。

早在1927年,蒋介石和汪精卫公开分共、屠杀共产党人时,共产党举行了南昌武装起义,建立起了自己的独立武装力量,随后各地也爆发了起义。9月9日,毛泽东在湘赣边境发动秋收起义,建立了井冈山革命根据地,星星之火开始燎原。红军的发展逐渐对蒋介石政权形成巨大威胁。

这次"清剿"红军,蒋介石的战略与对付地方实力派相差不多,采取的是集中兵力进行"围剿",企图将毛泽东领导的红军一举消灭,置毛泽东于死地。

1930年10月23日,蒋介石亲赴汉口,召开湘鄂赣三省"剿共"会议。12月,他指示其三军总司令武汉行营主任何应钦,调集8个师又3个旅共10万人,向毛泽东领导的江西红色根据地发动全面进攻。

何应钦实际调动兵力远超过预定数。蒋介石看到何应钦对付毛泽东的农民军竟然要调动如此多的兵力,生气地说:"你就喜欢小题大做!"

何应钦解释说:"调动如此多的兵力并非是因为红军强大,我打算毕其功于一役,一举全歼毛泽东,就绝后患了。"

蒋介石心里虽有不满,但也没有理由驳斥何应钦,只好予以照准。于是,何应钦率领十几万大军在飞机大炮的掩护下荷枪实弹向毛泽东领导的井冈山地区压境而来。

为反击蒋介石第一次大规模"围剿",红军在毛泽东的指挥下,按照既定方案,向深山转移,在广泛的腹地与敌周旋。蒋家大军在大将鲁涤平率领下进入赣南山区后，白天在山沟里乱窜，寻找红军作战；晚上提心吊胆，寝食不安，结果，每到一地闹得一地鸡飞狗跳，老乡坚壁清野避而不见，鲁涤平只能对着农田和大山兴叹。就在大军在山区转了近10天，累得疲惫不堪之际，其主力师之一张辉瓒的第18师进驻东固，另一主力师谭道源的第50师驻源头，公秉藩部占领了富田，许克祥部和毛炳文部占领了头陂，罗霖部占领吉安，刘和鼎部占领建宁。蒋军在基本没有遭到红军正式抵抗的情况下直抵苏区中心地带，深入了苏区腹地。

12月29日，张辉瓒部进入龙冈地区。突然，一直想找而找不到的红军从天而降。上午，毛泽东手下的林彪军长率领红四军，奔袭龙冈，红三军、第12军配合，战斗一打响，瞬息之间，鲁涤平的第18师9000余人被全部消灭，一个人都没跑掉，连前敌总指挥张辉瓒也成为了红军的俘虏，被红军战士一枪崩了。

这时，谭道源的部队驻地源头距龙冈不过30公里，见张部被消灭，赶快向北撤退。当到达源头东北不足30公里的东韶时，又被红军包围，仓皇应战，结果被杀得丢盔弃甲，两个团被全歼。第18师、第50师是蒋军的主力，两个师的失败引起其全线溃败。毛泽东小试牛刀，红军仅用五天，就把蒋介石、何应钦、鲁涤平准备多时、费力甚多的第一次"围剿"粉碎，蒋介石损失一个师又二个团，红军缴枪1.3万余支。

毛泽东高兴之余，兴奋地写下了一首壮丽的诗篇记下了这一军事上的奇迹：

　　万木霜天红烂漫，天兵怒气冲霄汉。雾满龙冈千嶂暗，齐声唤，前头捉了张辉瓒。
　　二十万军重入赣，风烟滚滚来天半。唤起工农千百万，同心干，不周山下红旗乱。

蒋介石原来还怪何应钦小题大做，孰不知其十几万大军的"围剿"却

蒋介石在前线指挥"围剿"红军

遭此惨败！蒋介石大吃一惊，红军的战斗力如此之强悍，毛泽东的军事指挥艺术如此之高超，令他不寒而栗。至此，他才感觉到他从没放在眼中的"秀才"出身的毛泽东如此厉害！并已成为他真正的对手。红军的力量已经不容轻视，他只有加强打击力度，尽快予以消灭才能解释心腹之患。不到4个月，他又开始了第二次"围剿"。

这一次，蒋介石倒真是下了毕其功于一役的大决心。与第一次"围剿"相比，第二次"围剿"无论是在使用兵力还是在作战企图上都要高出一个层次。为了便于指挥，他把陆海空军总司令南昌行营主任换成何应钦，参战军队数目也翻一番，达20个师又四个旅，下辖王金钰的第五路军，另有三个航空队，所部约20万人，人马队伍拖几十里路长才能摆完。

经过上一次的惨败，蒋介石、何应钦已经领教了毛泽东和红军的威力，系统学过军事理论和有过多年军事实践的蒋、何二人，在军事高参的指导下，精心制订了"全线推进，以防孤军深入成为红军打击的目标；稳扎稳打，巩固已经取得的作战成果；步步为营，防止红军突破防线；逐渐缩小包围圈，将红军一举消灭"的战略，打算彻底消灭红军，活捉毛泽东。

3月27日，何应钦下达总攻击令，大军分四路沿着江西吉安到福建建宁，长达700余里的战线，开始向苏区发动全线进攻。初期部队进军很顺利,几乎是一日百里,疾速推进,将士们从没打过如此轻松的"仗",高兴得都笑得合不拢嘴;但到5月中旬,已经在崎岖不平的山路中奔波一个多月的大军,终于意识到自己又掉入了毛泽东早就设下的圈套:左寻右找,就是寻不着红军的主力,这如何活捉毛泽东啊?!并且,他们还不间断地受小部红军游击队干扰。这样,"大军"要打找不到人,要退不能退,还不时受到骚扰,这就好像有痒抓不着,"大军"不见红军主力作战,个个烦闷,士气低落,毫无斗志,并且,在山中活动多日,供给困难,条件艰苦,将士们终于苦不堪言。

而此时红军的时机已经来临。5月15日至30日,毛泽东和朱德早已集中在东固、富田地区的红军主力,开始由西向东扫荡。5月16日,公秉藩的大军在东固将军帽被红军歼灭;郭华宗部也在附近被红军打得一败涂地;5月中旬,高树勋部不知怎的,突然之间被红军消灭了一大部;5月26日,2万红军进攻已到广昌的何应钦第六路军;29日,在建宁击溃刘和鼎部;30日红军收复建宁、南平、泰宁等要地。

此时,蒋介石远在广州,正在和国民党内部各派势力为争权夺利,为非常会议事件正闹得不可开交,蒋介石见江西作战连遭失败,心情恶化,一气之下,电令何应钦结束第二次"围剿"。这样,红军连打五仗,连胜五仗,消灭蒋军3万余人,缴枪2万余支,各种火炮50门,机枪数百挺,无线电台十多台,第二次反"围剿"以毛泽东的全胜而收兵。

连"剿"两次都失败,蒋介石在损失兵力之余,更有不祥预感。痛定思痛,他下定决心要消灭红军,把毛泽东活捉起来,亲手置于死地。

6月21日,蒋介石调集重兵,并亲自来到南昌,亲自担任湘鄂赣闽浙皖豫7省"剿匪"总司令,何应钦担任前敌总指挥兼任左翼集团军总司令。这一次他们又把"清剿"大军的数量又上了个台阶,总兵力达到30万人。怕自己的土战术不行,蒋介石又花重金请来了一批德国、日本、英国军事顾问做现场指导,这样30万大军又长驱直入,一直"打"到了赣南中央苏区中心地区。

　　谁知这一次红军在毛泽东、朱德等人的指挥下,采取了"诱敌深入""避开主力,打其虚弱"的战术,先是从闽西躲向赣北,再向赣南运动,然后由赣南向闽西运动,绕道千里,避开了蒋介石大军的锋芒。从7月下旬起,毛泽东开始下手出击了,他先于莲塘一线打上官云相的47师,再打郝梦龄的第54师,8月10日在黄陂打败毛炳文的第8师,结果取得三仗三捷。蒋军也奋起反击,9月3日,何应钦指挥军队收复黄陂,缩小对红军的包围圈。

　　眼见红军被围在蒋何设计的铁桶里插翅难逃了,谁知这时红军又不知怎的,从滴水不漏的大军间隙穿插向南,到了兴国地区休整。等何应钦发现,急忙调动部队进行包围时,红军已休整半个月。此时,广州非常会议方面已经准备由两广向湖南出兵,进击蒋介石,蒋介石急于"安(国民党)内",再加上江西战场上的军队已经出动两个月,三个师受到重创,饥疲沮丧,无力再战,安排撤兵。

　　在蒋介石撤兵之际,毛泽东趁机出击,9月7日红军又重创19路军52师和另外一部。至此,蒋介石历时两个半月的第三次"围剿"结束,战绩是5个师的部队被重创,半年恢复不了战斗力,损失兵力3万余人。

　　蒋介石和毛泽东交手三次,蒋介石连败三次,尽管先后动用正规军10万、20万、30万"进剿",不仅一无所获,反而遭受南京政府成立以来军事上最大的失败,一次战役被消灭一个或几个建制师,这是他以前在两次东征、北伐以及打击地方实力派的战争中也没有发生过。尽管他急于消灭红军,但红军已经建立起稳固的根据地,红军将士已经经过战场的考验,蒋介石只能是一片无奈。在遭受第三次失败之际,在南方非常会议事件开始进入宁粤合流阶段,在北方爆发了九一八事变,蒋介石只好暂时停止了对中央苏区和其他革命根据地的大规模军事"围剿"。

　　第三次反"围剿"后,毛泽东领导的中央革命根据地得到空前的发展,拥有21个县,300万人口,赣南和闽西苏区联成一片,成为了共产党最大的根据地,正在这时,王明"左倾"路线开始贯彻到了中央苏区和红军了。

1929年4月王明由莫斯科回到上海，先后在中共沪西区委、沪东区委、《红旗》报编辑部、中央宣传部以及全国总工会等部门工作，他在《红旗》、《布尔塞维克》等报刊上发表许多文章，系统地宣传"左"的思想和主张。

在米夫的压力下，1930年12月16日，中共中央任命王明为江南省委（习惯上仍称江苏省委）代理书记，25日又任命其为书记。

1931年1月7日，中国共产党扩大的六届四中全会在上海召开。参加会议的有中央委员和候补中央委员22人，列席会议的有江南省委、北方局、团中央、全总党团等单位的代表15人。米夫参加了会议。会上，向忠发代表中央政治局作报告；米夫代表共产国际远东局作结论。会上不断发生激烈的争论，米夫多次使用不正常的组织手段控制会议的进行。

最后，王明在会上作了较长的发言，极力宣扬他会前写出的《两条路线》（后来更名为《为中共更加布尔塞维克化而斗争》，会议通过《四中全会决议案》，按照米夫以远东局名义同中共中央政治局事先议定的名单，补选了中央委员和改选了中央政治局：李维汉、贺昌退出中央委员会，增补王明、沈泽民、夏曦等九人为中央委员；瞿秋白、李立三、李维汉退出中央政治局，新选王明、任弼时、陈郁、刘少奇、王克全五人为政治局成员。

1月10日，中央政治局召开会议，讨论政治局成员分工和中央常委人选等问题，决定向忠发、周恩来、张国焘为中央政治局常委，王明为候补常委，并且王明仍兼做江南省委书记。为了贯彻共产国际的意图和四中全会的决议，米夫在中国驻留半年左右的时间，一些大政方针主要是按他的意见来决定的。六届四中全会以后，中共中央的领导权实际上由得到米夫全力支持的王明所操纵。

六届四中全会后，王明"左"倾教条主义方针开始在各地贯彻。中共中央派遣许多中央代表或"新的领导干部"到全国各地去，对革命根据地和国民党统治区的地方党组织进行所谓"改造"。他们对怀疑、不满意或者不支持他们的同志，动辄扣上"右倾机会主义""富农路线""两面派"等帽子，加以"残酷斗争"。他们甚至以同罪犯和敌人作斗争的方式来进行党内斗争,使大批优秀的共产党员和干部受到诬蔑和伤害,给党造成了重大损失。

1931年4月,中央政治局候补委员、参与领导中央特科工作的顾顺章在武汉被捕叛变。6月,担任中央政治局常务委员会主席的向忠发在上海被捕叛变。这两人的叛变给中共中央机关和中央领导人的安全造成极大威胁。在周恩来等人的领导下,党采取果断行动,迅速将中央机关和中央主要领导干部转移到安全地带或撤离上海。王明于10月前往莫斯科,周恩来于12月底到达中央根据地的瑞金。在他们离开上海之前的9月下半月,由于在上海的中央委员和政治局委员都已不到半数,根据共产国际远东局的提议,在上海成立临时中央政治局,由博古、张闻天(洛甫)、康生、陈云、卢福坦(后叛变)、李声竹(后叛变)六人组成。博古、张闻天、卢福坦三人任中央常委,博古负总的责任。这个中央临时领导机构,随后得到共产国际的批准。以博古为首的临时中央,继续贯彻执行"左"倾教条主义的方针。

这时,蒋介石不顾日本侵略者在占领东北后又在上海地区挑起"一·二八事变",无视于日益加重的民族危机,于1932年3月14日,正式提出"攘外必先安内"口号,称:"日本侵略者加深侵略,'赤匪'猖獗,而我们要攘外必须安定国内。"事实上,他攘外抗日是假,安内"剿共"是真,他此语一出打起了遮天骗人的幌子,其实又对各革命根据地发动"围剿"了。

1932年5月24日,蒋介石再次自兼鄂豫皖三省"剿匪"总司令,任命李济深为副总司令,曹浩森为参谋长,着手歼灭红军的生死之战。

从6月至10月间,蒋介石发动了对鄂豫皖、湘鄂西、湘鄂赣三大根据地的进攻。此时,毛泽东受到了王明等"左倾"主义的排挤,离开了红军的领导位置,在中共苏维埃做地方工作,红军受"左倾"盲动主义和肃反扩大化的影响,战略战术严重失误,战斗力有所削弱,面对国民党军队的疯狂进攻,鄂豫皖的红四方面军于1932年10月进行战略转移,另外开辟川陕根据地;湘鄂西区的红二军团,也于同时缩编为红三军,向湘鄂川黔区转移。湘鄂赣区的红16军,转移到湘赣根据地,于1933年6月成立红六军团。

1932年底,蒋介石任命何应钦为湘鄂赣"剿匪"总司令,贺国光为参谋长,陈诚出任中路军总指挥,编有罗卓英、吴奇伟、赵观涛三个纵队共12个师;蔡廷锴为左路军总指挥,编有六个师一个旅;余汉谋为右路军总指挥,编有五个师一个旅;此外还有五个师两个旅和两个航空队作为预备队,于1933年1月,50万大军浩浩荡荡地杀向中央苏区。蒋介石、何应钦、陈诚的计划是左中右三路军分进合击,最后在苏区腹地黎川、广昌、南丰一线会师,全歼红军。

面对敌人的强大进攻,中央红军在朱德、周恩来的指挥下,开始第四次反"围剿"。他们考虑到红军的实力,继续贯彻毛泽东的诱敌深入、声东击西的战略战术,先是佯攻重兵把守的南城和南丰,调动敌人主力,2月27日,在南丰西数十公里外的黄陂地区,消灭前来增援的中路军第一纵队罗卓英部李明的第52师、陈时骥的一个师,两位师长成为红军的俘虏;3月21日,在草台冈、徐庄附近消灭第一纵队中萧乾的第11师大部和第三纵队中李延年的第9师一部,萧乾被打伤,纵队长罗卓英只身脱逃。国民党军队遭受如此重创,需要休整和补充,蒋介石只好又决定结束第四次"围剿"。

蒋介石的第四次"围剿"以如此结果草草结束,何应钦见"剿共"难胜,准备抽身,脱离久战无果的"剿共"战场。此时,日本自占领东北后,开始不断蚕食华北地区,于是,蒋介石任命何应钦出任军事委员会北平分会委员长,一直在"剿共"前线、一

此时正在一心"剿共"的蒋介石

直没有取得战果的何应钦暂时离开"剿共"战场,到北平履新,何应钦的职务由顾祝同接替。

此时华北抗战爆发,10月,蒋介石在华北抗战中让何应钦出面,全面让利让权对日妥协,然后,又开始调集兵力对中央苏区发动第五次"围剿"。

为了彻底消灭中国大地上的红军,彻底铲平革命根据地,蒋介石从7月18日起,到9月18日,集中培训了7600余名各级军官,中央军有些排长都进行了培训,杂牌军主要训练了中、高级军官,蒋介石的主要意图是统一思想,研究对策,制订进攻革命根据地的作战方案。在经过长久的准备后,1933年10月初,装备有包括200架飞机在内的100万蒋军,向中央苏区扑来。

蒋介石调集如此多的兵力,准备与红军决一死战。尽管红军与国民党军队相比,无论是兵力还是武器装备,都居于劣势。但是,这是中央苏区红军力量最为强盛的时期。在第四次反"围剿"胜利后,中央苏区兴旺发达,红军官兵士气空前高涨,人民群众同仇敌忾,本是迎战敌人"围剿"和消灭敌人的最佳时机,也是苏区发展的最佳时机。然而,此时中共内部起了变化。

1933年初,中央苏区来了一个德国人,名叫李德。此人早年加入德国共产党,后进入伏龙芝军事学院学习,学习成绩优秀。经王明请求和共产国际批准,李德成为国际驻中国共产党的军事顾问。这是王明派夺权的一个重要

蒋经国

组成部分,因为王明派核心成员大都熟读经典,不了解中国国情,没有革命实践经验,更不用说指挥军事,但是他们又不放心军事大权掌握在他们不信任的"右倾机会主义者"手中,于是借助李德来夺取中共军事指挥大权。时任共产党总书记的博古,在军事上完全依靠李德。

　　李德独断专行,甩开中央军委,以老大自居,发号施令,看不起中国共产党人,看不起中共的军事将领,说:"毛泽东的游击主义已成过去,刘伯承不如一个参谋,在苏联白学了几年。"当蒋介石100万大军气势汹汹而来时,李德眉头一皱,提出了一个"御敌于国门

蒋经国与芬娜

之外,全线出击,短促突围"的"反围剿"战略。王明等人期待着依靠学军事出身的国际顾问发一招而置蒋介石100万大军于死地的机会来到了。

　　谁知洋专家李德的这一招却反为蒋介石包围、消灭红军提供机会。

　　蒋介石本来就希望通过持久战、堡垒战、消耗战、阵地战损耗红军的实力,李德一再要红军主动出击,与敌人硬拼盲打,自己主动大规模消耗实力;蒋介石主张堡垒战,李德一再要求红军修筑碉堡、构筑防线、处处设防、节节防御,坐等敌人来消灭自己。结果,红军损失越来越大。

　　5月16日,国民党北路军占领建宁一线,中央苏区东北大门洞开。顾祝同、陈诚等立即兵分三路,向中央苏区腹地压来。一路由泰和向兴国,一路由滕田向龙冈,一路向宁都、石城。为狙击敌人,李德又命红军英勇奋战,在广昌以南的高虎垴、万年亭等地组织阵地进行拦截,结果,很快被

陈诚攻破,7月21日兵临驿前。

驿前为中央苏区的最后一道屏障,此时苏区已经非常困难,8月14日驿前大战开始,目的是争取时间突围,结果,红军伤亡达5000人,大战大败。10月6日,红三军团撤出石城,陈诚进入石城;10月11日,红一、五军团撤出兴国。中央红军被迫开始了艰苦卓绝的长征。

在国内,王明期待的李德与蒋介石在战场上较量失利了,王明在国外于是对其儿子蒋经国开始下手了。

一天,王明召见蒋经国,对他说:"中国方面,谣言四布,说你已被捕,你应该写封信给你母亲,说你在工作,完全自由。"然后,他要他发表谴责蒋介石的公开信。

在王明的压力下,蒋经国终于写下题为《献给母亲的信》的文章,于1936年1月发表于列宁格勒的《真理报》上,4月29日,美国的《纽约时报》曾于4月29日刊其摘要。

在这封信中,蒋经国对老子是新账旧账一起算,把自己从小对蒋介石的不满和不满蒋介石对母亲毛福梅的不好一起发泄出来,蒋经国痛斥蒋介石,赞扬中国红军和苏维埃政权,并声称苏联是他的祖国。蒋经国的公开信是这样写的:

亲爱的母亲:

您把我送到莫斯科已经10年了。我们分离的时候,您说出了您的愿望。您希望我幸福、富有,今天我已经达成了。但是我达成的方式跟您当时的想象并不相同。您的儿子已经成了真正富有的人,但这富有既不是田产,也不是银行的钞票,而是人类实际生活的知识和解放被压迫、被剥削的人们的办法。您的儿子虽然成了真正幸福的人,但这个幸福不是舒适安乐的寄生虫的生存,而是劳动和自由的生活,是斗争和作战的伟大前途,是为全国人民创造幸福的将来。1927年您给我的信要我马上回家,这个要求到今天还未能实现。但是您的儿子已经开始了新的生活的道路，他也许永远不会回来了。他也许永远不会再落入父亲——那个笨蛋的手中，去做一个可怜胆小的孩子。您的孩子正要以坚定的决心在中国革命的大道上勇敢地迈步前进。

母亲：人家说，共产党是匪徒、野蛮人，共产党员不要家庭生活，对父亲不要孝敬，这些话您千万不要相信；这些话都是骗人的。共产党员是为了争取真理什么都不怕的战士。他们为了创造人民幸福的生活在斗争着。共产党员就是这样的人。只有这样的人才能真正了解生活和善于创造家庭生活的。

我的隔壁住了一个共产党员的家庭。父亲是工厂的技师，母亲在同一间工厂当职员，儿子是熟练工人，女儿在工厂学校上学，他们是真正地过着亲爱的家庭生活；他们互相敬爱，这个家庭是建筑在相当的政治主张之上。每当我看到别人家庭的幸福，就常常会想起生我的母亲，因此我问自己，为什么我就不能跟他们一样？为什么我就不能有那样的幸福？但是问了之后又怎样呢？您以前的丈夫以极端野蛮的手段屠杀了数万、数十万的兄弟同胞，前后连续三次出卖中国人民的利益。他是中国人民的仇敌，他是您的儿子的仇敌。我有这样的父亲在中国人民之前是不能不感到耻辱的。对这样的父亲不但没有任何敬爱之念，对这样的人物我恨不得杀戮他、消灭他。

听许多人说，蒋介石在宣传孔子的孝悌和礼义廉耻的学说，这是他迷惑人的惯用手段，以此欺骗和愚弄人民的意识。母亲，您还记得吧？是谁殴打您，抓住您的头发，将您从二楼拖到楼下？那不是他——蒋介石吗？是谁打我的祖母？那不是他——蒋介石吗？这就是他对父母和妻子的孝悌和礼义。

蒋介石买了许多田产、企业和商店，究竟是谁的钱买的呢？那不是他用各种办法从穷人的手中抢来的钱吗？以前说必须拥护工农的利益，和共产党握手的是谁？那不是现在继续屠杀中国革命的刽子手——蒋介石吗？以前说苏联是中国人民、政府的真正朋友，因此非拥护苏联不可的是谁？那不是现在东方反苏联盟中的帝国主义的走狗——蒋介石吗？向日本及其他帝国主义者借款，出卖中国领土的是谁？那不是蒋介石吗？蒋介石是卖国、辱国的政府领袖，他屠杀了反对帝国主义统治和争取解放中华民族的英雄。

这是嘴说"礼义廉耻"的他自己的真面目。我在写这几行文句时，不自觉地握紧了拳头，胸中燃起对仇敌的愤怒和痛恨，恨不得将这样的仇敌马上驱除。

昨天我是一个军阀的儿子，今天我成了一个共产党员，对共产主义的信念是一点都不动摇。我有充分的自觉，对真正的革命理论成就有研究、有认识。您和世界上许多人一样，因为对政治不懂，对各种支配因素和统治分子的联系和关系不清楚，自然对世界变化的真相了解有困难，因此也许对蒋介石的儿子变成共产党员就不能理解了。母亲，我希望您和见到这封信的人们从各个方面来考虑事情，以最客观的态度观察中国所发生的一切事情。罪恶、威胁和混乱的根源究竟在什么地方？混乱和威胁的战争，谁应该负责？

也许您不会没有见过千百万人饿死的事吧？那些饿死的是因为蒋介石及其同党把穷人以自己光荣的努力得到的一碗饭抢去吃了。还有，也许您不会没有见过外国人在中国各都市、农村中殴打、杀戮中国人吧！这种事情的发生是因为蒋介石及其同党鼓励外国人在中国建立特权。

也许您不会没有听说过蒋介石把数千、数万为革命事业奋斗的优秀战士用汽油烧死的事？不会没见过蒋介石把共产党员砍杀？蒋介石的手已经被全国工农的血——我亲爱的人民的血染红了。他应该在人民的面前负起这些罪恶的全部责任。

蒋介石在帝国主义的援助下前后发动了五次"围剿",反对中国的苏维埃,打算消灭苏维埃政权。但是苏维埃政权是挽救中国、使中国独立的唯一出路。他虽打算消灭红军,但红军是中国人民的武装力量,他的这种企图永远不会成功的。我们应该了解,也不应忘记,运动的规律和斗争的逻辑都说明了所有统治阶级必定灭亡,被压迫者必定得到胜利。

蒋介石所走的道路必定是过去俄国反革命将军高尔察克、邓尼金、乌兰可尔等走过的道路。红军前进的道路必定是苏联红军——光荣的胜利者走过的道路,这是所有中国人都完全了解的。

斗争和交战的时候,每个人的面前只有一条路可走,有的人站在革命的一边,有的人站在反革命的一边。每一个有人格的中国人都应该站在革命的一边,团结在苏维埃的旗帜下,在共产党的领导下站起来,跟国民党和蒋介石作无情的斗争,将神圣的民族解放革命斗争推进,反对帝国主义和拥护中国苏维埃。

母亲!我希望您站在正义的一边,站在您的儿子的一边,站在革命的一边——这是您的儿子对年老的母亲的愿望。

中国的工农也沿着俄国工农的道路前进着,在中国已经建立、真正建立了与我居住的国家同样的苏维埃政权。在这10年间,苏联这个国家有极大的改变,现在已经成为富强的社会主义工业国家。工人和集体农庄人员的生活比以前改善了数十倍。在他们的面前展开了广阔、富有的生活道路。我工作的工厂是在一片广漠的空地上以5年的时间建成的。现在这工厂有4万名工人工作着。这些工人建设了最好的社会主义城市。他们每个月的平均工资过去是220卢布,今年增加到310卢布。1930年以前我上过各种学校,1930年以后我在工厂工作,成了工人,后来成为技师,现在是厂长。这个厂有4000工人。我有自己的房子,每个月有700卢布的薪水。当然,对我来说重要的不是生活方面,而是精神方面的快乐。我对您说这点是因为在中国有一部分人说我被布尔什维克虐待,苏维埃政府把我放逐,所有这些谣言都会使我笑破肚皮。确实,有各式各样的坏人和卑鄙的人把别人也看作与自己一样。蒋介石非法监禁了太平洋劳工组织的书记官同志夫妇,只因为他们是反对帝国主义、拥护中国的利益的积极战士。我想蒋介石以为苏联对于在苏联的所有中国人也像他对住在中国的各国革命战士的态度一样。但这是绝对没有的事。

苏联是世界上最重礼节、最文明的国家,我对能住在苏联觉得非常光荣。苏联是我们的祖国。我对自己的祖国——苏联的各方面不能不高兴。我的祖国——苏联天天在清除发展道路上的障碍,打击和消灭一切的敌人。我的祖国——苏联像灯塔一样,在大风大浪的海上照亮了全世界被压迫人们斗争和胜利的航路。因此,我的祖国就特别成了仇敌的眼中钉。仇敌用各种方法和谣言诬蔑苏维埃政权。我衷心希望所有的人都坚决地站到革命的阵营,巩固社会主义和全世界无产阶级的组织,争取中国的独立;争取中国的苏维埃政权的建立。

母亲! 最近就会和您相见是值得高兴的。假如您能出国,不管哪一个国家,我都准备与您见面。

祝

大安

您的儿子经国

1935年1月23日

在信中,蒋经国大骂父亲是“笨蛋”“仇敌”,把蒋介石打老婆的丑行公之于世,他说:“对这样的父亲不但没有任何敬爱之念,对这样的人物我恨不得杀戮他、消灭他。"这些语言简直是与蒋介石有着不共戴天的深仇大恨。

这封信，通过苏联新闻媒介广为传播，轰动一时。最为难堪者，自然是蒋经国的父亲蒋介石。

蒋经国和芬娜

蒋经国发表《致母亲》的反蒋公开信后不久，又写了一封信给斯大林，请求批准他回国，但是没有被理睬。蒋经国被解除了副厂长的职务后，不仅归国之谋遥遥无期，而且工资也停发了，生活再次陷入困顿的境地。芬娜替丈夫扛起生计重担。蒋经国在日记中亲笔记下了这时的情形，写道：

我的情绪极度低落，朋友亦渐渐远离了我。这六个月的艰苦日子，一家三口只靠我妻子的收入维生。我太太有空安慰我的时候，我就尽量松弛一下。

1.政治之争,宛如仇雠

这时国内蒋介石奋力追杀被迫长征的红军,蒋氏父子的联系也因为国民党与苏联关系的交恶而中断了。蒋经国和芬娜带着几个儿女相依为命。但是,没过一年,中国国内的形势发生了突变,西安事变爆发,蒋经国在苏联的窘况随之改变,并且归国之事马上提上了日程。

西安事变的爆发是中日矛盾和蒋张矛盾激化的产物。

1928年1月29日,东北张学良易帜,归顺中央政府,蒋介石经过中原大战"统一"了中国。但是,东邻日本一直对中国虎视眈眈,进入1931年后,日本军队蠢蠢欲动,进攻东三省的迹象越来越明显,蒋介石却无视国土沦丧的巨大危机电令张学良,称此非对日作战之时,要求他对日妥协。国民政府审计长于右任也致电张学良称:"中央以平定内乱为第一,东北同志宜加体会。"8月16日,张学良在南京向南昌的蒋介石发出急电报告日寇正在调兵遣将,准备武装进攻东北,请示东北军如何办。蒋介石的回电很明确:

汉卿兄:

无论日军此后如何在东北寻衅,我方应不予抵抗,力避冲突。吾兄万勿逞一时之愤,置国家民族于不顾。

中正铣机印

　　这样，在张学良对日军的战争准备不做防备下，1931年9月18日晚10点30分，日本关东军独立铁路守备队柳条湖分遣队河本末守中尉，以巡视铁路为名，率领数名日本兵，炸毁了在中国军营附近、沈阳北大营南800米处的柳条湖附近的南满铁路上一米多长的铁轨。为制造假相，日本关东军事前抓了一批中国人，让他们穿上东北军军服，然后将他们杀死在爆炸点，以此演出贼喊捉贼的闹剧，宣称："中国军人破坏南满铁路，中国人挑起事端。"

　　爆炸声后，在日本军国分子本庄繁的遥控下，板垣、建川等关东军首领直接指挥，日军第2师团三个联队、敢死军一个联队，兵分三路，将东北军沈阳北大营团团围住。

　　驻扎于北大营的是东北军王以哲的第7旅，面对日军的突然袭击，刚参加完当晚进行的水灾筹赈会的王以哲在同东北军军署参谋长荣臻、辽宁省长臧式毅等人紧急会商后，决定致电正在北平的张学良，请求指示。

张 学 良

　　当晚，张学良正与夫人于凤至、赵四小姐一起正在北京中和剧院观看京剧名家梅兰芳主演的《宇宙锋》，谭海向他报告说："总司令，沈阳荣参谋长十万火急电话，说沈阳日军炮轰北大营，现正攻打沈阳城。"

　　张学良马上中止看戏，赶回官邸，指示荣臻说："按蒋总司令8月16日'铣'电去做。"

　　此时，电话突然中断。

　　荣臻于是按照张学良的命令，要求东北军予以执行。正在北大营的旅参谋长赵镇藩见日军进攻，一面下命令紧急待命，一面打电话向荣臻报告，要求反击。岂料荣臻在电话中指示："听从命令，不准动，把枪放在库房里，挺着死，大家成仁，为国牺牲。"结果，第7旅的官兵无不抱枪痛哭，眼看着日本强盗行凶无法出击，然后在日军的炮火枪弹中退出北大营。晚上，日军开始向北大营发动进攻。次日2时，日军逼近营房，赵参谋长下令全旅突围，部队伤亡很大。凌晨5时，王以哲回到第7旅，全旅经东山镇向南撤退，其间牺牲官兵322名。

9月19日上午6时，日本军队占领沈阳全城，日本大兵进入东北边防军司令长官公署时，里面已经空无一人。

九一八事变后，日本当局侵占东北后又把目标选在华北，1935年，华北又开始笼罩在日军的嚣张气焰中，最终形成了"华北自治"的局面。而从东北退出来的张学良和东北军又被蒋介石派遣到了陕西"围剿"红军的前线。

在日本侵华过程中，张学良背负"不抵抗将军"和华北抗战中的"失败将军"的耻辱名声，成为蒋介石不抵抗政策的直接责任者和牺牲品，所有不失正义感和爱国心的新闻机构和报刊对他进行批判、指责和嘲弄。在国内，举国上下对他投来蔑视的眼光；在海外，华侨和对中国人民友好的外国友人对他也不屑一顾。丢失家园，丢失故土，对身为东北军少帅的张学良来说，已是痛心疾首的事实，但是，可以抵抗，而不让抵抗，让人指背唾骂，更是难以忍受的奇耻大辱。张学良28岁掌握30万东北军，29岁主张中国统一毅然在东北地区易帜归顺中央，30岁支持蒋介石打败第一次倒蒋联盟以巩固中央政权，他深知爱国和卖国的界限，于是，在民族危亡的关键时刻，决心脱离反共内战第一线，寻找合适时机一洗前耻，为中华民族奋起抗战出力。

这时，共产党在长征路上召开遵义会议，重新确定了毛泽东在党内和红军内的领导地位，红军四渡赤水，摆脱了蒋介石几十万大军的追击胜利地到达了陕北。1936年10月22日，毛泽东领导的红军实现三大主力胜利会师。毛泽东和红军到达陕北后，蒋介石认为此时毛泽东已成为不堪一击的流寇，踌躇满志地飞临西安，亲自指挥实施攻打红军的"通渭会战计划"。

蒋介石一到西安，立即在张学良、杨虎城、邵力子等的陪同下，遍游陕西山水。当蒋介石得知张学良还看《唯物辩证法》《政治经济学》等书时，则像辅导蒋经国、蒋纬国一样说："我在十几年前，看了不少这样的书，这些书都是俄国人写的，不适合中国的国情，你看了是会中毒的，以后不许你看这些书！你以后要好好地读《大学》和《曾文正公全集》等书，你把这些书读通了，将一生受用不尽。"

在西安，蒋介石表面沉醉于黄陵、秦陵、华山、骊山风光中，实际上是为发动最后的"剿共"战争而来的。在蒋张谈话时，张学良说："停止内战，一致抗日已成为东北军全体将士的主张。"

蒋介石低头不语。这时，西北军将领杨虎城也表示："个人服从命令参加'剿共'没问题，但是部队抗日情绪高涨，'剿共'士气低落。"

蒋介石在训话

他此话也是说给蒋介石听的,蒋介石也听出其中的奥妙。

10月27日上午11时,蒋介石在张学良、杨虎城的陪同下,由临时行辕临潼华清池来到王曲军官训练团训话,参加训话的不仅有在校的第3期学员,还有东北军、西北军中的团长以上军官。蒋介石的训示不外乎以下内容:军人以服从命令为天职;中共是眼前的敌人,日本为害尚远,应当先消灭近处的敌人再消灭远处的敌人;任何违抗命令的人,将受到法律的制裁。

东北军丢失了家园,丢失了国土;而西北军不能行使保卫国家职能;面对即将被迫要上前线打内战的东北军和西北军,蒋介石大讲日本为远忧、红军为近患,大讲不能抗日的"伟大意义"。这引起了在场的大部分军官的反感,会场秩序很乱,会场上的"攘外必先安内"的标语也不知什么时候换上了"安内必先攘外"。为防止出事,张学良和杨虎城取消了原定的蒋介石训话完毕后与前排高级军官握手的程序。

针对会场上的混乱和事后军官训练团内部对训示的反对声,蒋介石要张学良、杨虎城把"危险分子""'左倾'分子"名单开列出来,进行惩处。张、杨以带头的苗剑秋等人已"畏罪潜逃"为名,没有采取行动。

10月30日,蒋介石飞赴洛阳,表面上"避寿",事实上在洛阳并没有休息,而是在紧张地部署"通渭会战计划"。

11月初,蒋介石正式改组西北"剿共"总部和兵力配备。由他出任总司令,张学良出任副总司令,晏道刚为参谋长。17日,他又亲自飞到太原,会见阎锡山,命令绥远省主席傅作义坚决收回百灵庙,制止德王等人扩大在内蒙古西部侵略的势头;但是,为确保"通渭会战计划"的实施,又命他们不要扩大绥远抗战,把战役范围基本局限在绥远境内。然后,蒋介石又经太原飞济南,针对冀察政务委员会委员长宋哲元、山东省主席韩复榘可能呼应日伪势力扩大华北"自治"的行动,亲自出面做工作,要求他们在日伪势力的威逼下顶住压力,维持华北现有局面。

蒋介石在华北、西北地区穿梭活动,为的是安排即将展开的大规模围歼红军计划。这是违反大多数有良心的中国人的愿望的。张学良为阻止这一场内战和劝说蒋介石同意停战抗日,进行着最后的努力。

蒋介石避寿在洛阳时,许多军政大员赶来祝寿。张学良带着骑5军军长何柱国飞到洛阳,不顾蒋介石的反感,再次劝说蒋介石以大局为重,马上抗日。蒋介石的回答既干脆又简单:"抗日,抗日,等我死了以后,你再去抗日好了。"

第二天,蒋在洛阳军官学校分校的训话中,别有所指地说:"勾结日本是汉奸,勾结共产党者也是汉奸!"

张学良显然知道蒋介石此话的含意,只得怀着悲愤的心情,离开洛阳。

在飞返西安的飞机上,张学良考虑了各种对策:和蒋介石分手,辞职隐退;最后向蒋介石净谏,希望蒋介石能够改变立场;采取非常行动,逼蒋介石抗日。一下飞机,张学良便来到中共驻西安的秘密联络点,把自己的苦恼和想法,向10月初来到西安、作为中共驻西安最高代表的中共中央军委参谋长叶剑英谈了出来。叶剑英得知这一重大事态后,立即启程回延安。

11月22日深夜,上海军警宪特机关,逮捕了全国各界救国会常务委员和执行委员沈钧儒、邹韬奋、李公朴、沙千里、史良、章乃器、王造时等七人,移送苏州江苏省高等法院关押,查封14种宣传抗日的刊物。这一被沈钧儒称之为"爱国未遂罪"而引起的严重事件,引起全国人民的愤怒和抗议,各地各界展开了营救活动。张学良对此无法理解,国难当头,竟然救国有罪,何罪之有?于12月3日第二次独自驾驶飞机去洛阳,面见蒋介石,表示了他自己的疑惑,要求亲率东北军开赴前线作战,并对蒋介石说:

"这样摧残爱国人士,同袁世凯、张宗昌有什么区别?"

蒋介石训斥道:"全国只有你这样看,我是革命政府,我这样做,就是革命! 不服从我,就是反革命! 革命的进来,不革命的滚出去!"

这时,张学良、杨虎城将军看清了蒋介石的顽固和其逆全国人民大潮而动的真面目。

于是,张学良准备据理力争,劝蒋抗日;劝蒋抗日不成,则逼蒋抗日。11月27日,张学良向蒋介石面交《请缨抗敌书》。就在张学良第二次飞洛阳与蒋介石谈崩的当天,蒋介石突然下令,将原定在洛阳举行的专门研究山城堡战役后西北"剿共"战略的高级军事会议改在西安进行。12月4日,西北"剿共"总司令蒋介石和副总司令张学良,以及军政部常务次长陈诚、鄂豫皖边区主任卫立煌、25军军长万耀煌、福州绥靖公署主任蒋鼎文、兰州绥靖公署主任朱绍良、豫鄂陕边主任陈继承、军事参议院院长陈调元,以及国民党中央党史编纂委员会主委邵元冲、军事委员会高等顾问蒋百里、内政部部长蒋作宾等,乘坐专列开往西安。与此同时,数十万国民党军队开始向潼关集中,一批批战斗机在西安和洛阳机场降落。

一到华清池,蒋介石亲自宴请东北军、西北军的军、师级高级将领,要求他们在"剿共"完全胜利的最后五分钟内作出一份贡献。同时,他也发誓说:"只要消灭红军,我一定可以带上东北军回东北去。"

对于张学良、杨虎城将军,蒋介石则明确摊牌:"东北军、西北军全部开上陕甘前线,中央军随后督战;否则东北军调福建,西北军调安徽,陕甘由中央军负责'进剿'。"

这无疑是把张学良、杨虎城逼上梁山。张学良、杨虎城已被迫到了该出手的时候。

由于杨虎城与蒋介石的关系比较紧张,而张学良是蒋介石的结盟兄弟,在中原大战时有功于蒋介石,张学良在私人关系上和蒋介石也非常亲密,这一段时期有关东北军和西北军向蒋介石请愿和直谏之事,多由张学良出面进行。

12月7日,张学良再次求见蒋介石,恳求蒋介石:"无论为国家,为民族的利益着想,还是为委员长的个人威信着想,都应该停止内战,共同抗日。不停止内战,不举国团结一致,就谈不到抗日;不抗日,也就谈不到救亡图存。现在全国的人心,都一致要求政府抗日,若再继续'剿共'打内战

蒋介石与张学良

必然丧失人心,绝对不会有好结果!请委员长三思而行!"

　　此时的张学良,已经泣不成声了。蒋介石不为所动,而且与张学良发生激烈争执,三个小时过后,两人依然各执己见,最后蒋介石把桌子一拍说:"你现在就是拿枪把我打死了,我的'剿共'政策也不能变!"

　　张学良的"哭谏"没有效果,离开蒋介石后,他与前来讨论事态的杨虎城决定使出最后一招:发动兵谏。12月8日晚,张学良秘密来到发府街芷园,与杨虎城商讨兵谏事项。

　　12月9日,西安各界举行纪念"一二·九运动"一周年活动,游行队伍经西北"剿共"总部、陕西绥靖公署、陕西省政府向临潼华清池而去,准备直接向蒋介石请愿,要求停止内战,一致抗战,途中和军警发生冲突。蒋介石得到消息后下令:"如果学生不听,可用武力制止。"

　　张学良为避免流血事件发生,急忙赶到灞桥,劝阻游行学生不要前往华清池。他见学生不听后,慷慨陈词:

　　"请你们相信我张学良,我和你们是一样的心情,你们的要求,就是我的要求,也许我的要求比你们更迫切。你们的意见,我一定给你们转达到。你们回去,我保证一星期之内,达到你们的要求。"

学生们最后听从了张学良的劝告,不再坚持去临潼,而是回城继续游行,张学良阻止了一场惨案的发生。

当张学良向蒋介石报告白天学生游行情况时,蒋介石不以为然,反而责怪张学良作为军政大员,如此向着学生有失身份。此事更坚定了张学良捉蒋的决心。10日上午,张学良带着白凤翔师长、刘桂五团长去见蒋介石,表面上是去商议热河地区开展游击战争之事,实际上是让白、刘二人熟悉捉蒋路线。在谈话中,蒋介石丝毫没有改变"剿共"决定的意思,并且拍案大骂张学良犯上作乱。

张学良见已经没有可能改变蒋介石的决定,再次同杨虎城协商,由杨虎城再作最后一次争取。杨虎城见蒋后,则不便像张学良那样直说,只是表示对红军可以商量着办,实在不宜再用兵打内战了。蒋介石对杨虎城也没有像对张学良那样直率,但明确说:"我决心用兵,我有把握消灭红军。17路军若有不主张'剿匪'而主张抗日的军官,你放手撤换,我都批准。"

下午5时,张、杨再次会商。杨虎城说:"劝的办法彻底行不通了,事机紧迫,必须行动。为了抗日救国,牺牲这个团体(指东北军和西北军)也值得!"

张学良也表示:"我们对蒋也仁至义尽了,现在只有一条路了!"

于是,两人决定第二天深夜采取行动。一场历史性的行动就这样决定了。

11日晚,蒋介石便宴张学良,觉得张学良行色匆忙,准备于第二天离开西安。

张学良与蒋介石吃完晚饭后,又约请陈诚、卫立煌、陈调元、万耀煌等人回到西安城,到新城大楼赴宴。散宴时已值半夜,张学良亲自对白凤翔、刘桂五布置了捉蒋任务,并一再嘱咐千万不能伤害蒋介石。12时,东北军高级将领、甘肃省主席于学忠、第67军军长王以哲、第57军军长缪澄流、105师师长刘多荃,以及应德田、政训处副处长黎天才、第四处处长卢广绩、办公厅副主任洪钫等人,在金街巷开会。

张学良向他们介绍了几个月来力劝蒋介石停止内战、被蒋介石一再拒绝、东北军和西北军即将南调的过程,表示已经无路可走,只有奋起反抗。他说:"我现在宣布,我已和杨主任商量好,明晨5时临潼、西安一齐行动,采取非常措施,把他(蒋介石)捉进来,请进城里,逼着他答应我们抗日!"

但是,同时他也宣布,只要蒋介石同意抗日,东北军、西北军依然服从蒋介石的领导,拥护蒋介石继续当领袖。

这是南京政府历史上唯一的一场针对蒋介石的兵谏,当时场面颇有壮士惜别潇潇易水的壮烈。张学良对前来接受命令的警卫营营长孙铭九说:"你准有把握吗?这件事跟一般打仗不同啊!明天这个时候,我们不一定再能见面了。你死,我死,说不定了。不过,"张学良一边用手比画着一边说,"报纸上可要登这么大的字。你千万小心,不要把他打死。你去同白师长联系吧!"

王以哲将军也补充一句:"孙营长,就看你的啦!"

然后,公馆由张学良信任的缪澄流将军负责把守,其余大员随张学良前往新城大楼。

杨虎城也在新城大楼开始行动,召集第9纵队司令孙蔚如、第17路军兼绥靖公署参谋长李兴中、省会公安局长赵寿山、西安城防司令孔从洲开会,宣布:"我和张副司令决定硬干,要干就彻底干下去,把蒋抓起来。"

当场决定,由赵寿山担任军事总指挥,李兴中、孔从洲协助。

张学良来到后,决定在秦王府设立总指挥部,张、杨二将军在此坐镇指挥。

华清池内,外院中有座禹王庙,进了书有"华清胜境"的二道门,便是内院,当面是一个大鱼池。穿过飞虹桥,进入五间厅。鱼池两边,是贵妃池和几间平房,即杨贵妃洗凝脂的温泉。鱼池东边,即是假山群,假山中也有小径通五间厅。五间厅后面有围墙,外面就是骊山。

　　这时，蒋介石就住在五间厅中的三号房，陪住的有侍从室主任钱大钧、侍从室组长蒋孝先和十多位参谋、秘书。内院还有三十多位贴身侍卫，外院有属于宪兵第2团的一个排的宪兵，外围是东北军105师的一个团。

　　12日晨2时许，由孙铭九和营副商亚东、张万山和连长王协一，带着五十多名卫士，分乘两辆卡车向临潼开去，白凤翔、刘桂五等率六十余人随后行动。此时，担任外围警戒的东北军的一个团已将华清池团团围住。约5时左右，孙铭九带领的卫队到达华清池前，击毙卫兵后冲进外院，孙铭九一面命令王协一带人包围禹王庙，以解决宪兵排，一面率人冲进二道门进入内院。

　　此刻，内院蒋介石的贴身警卫早为枪声惊醒，从贵妃池旁的平房内用手提机枪封锁了飞虹桥。孙铭九见硬冲不行，率人从鱼池旁的假山中向五间厅靠拢。白凤翔、刘桂五进入五间厅后，发现衣架上挂着蒋介石的衣帽，桌子上蒋介石的公文包和假牙还在，只是没有了蒋介石本人。两人一摸蒋介石的被窝，里边还有余温，估计即使跑也跑不远。内院的激战很快结束，蒋介石的贴身侍卫不是死，就是伤，要不就是投降。

　　此时，总指挥刘多荃赶到，孙铭九报告说华清池已经搜查完毕，但没有发现蒋介石。刘多荃用电话向张学良报告后，张、杨将军大吃一惊，下令务必找到蒋。如果蒋介石逃走，与中央军联系上，后果将不堪设想。张学良甚至还说，如果找不到委员长，他将把自己的头割下来，请杨虎城拿到南京去谢罪。当白凤翔来电话告知还是没有找到委员长时，张学良严令说："如果到9点找不到委员长，把你的头送来！"

　　张学良、杨虎城同时命令孔从洲，亲带一个营，封锁临潼附近，严防蒋介石逃走。

　　蒋介石去哪儿了呢？原来枪声四起时，蒋介石从梦中惊醒，穿着拖鞋向后面围墙跑，后门紧锁打不开，只得在他正在后门处守夜的侄孙、卫士蒋孝镇帮助下，攀上围墙向下跳。围墙沿山势而作，里面低外面高，蒋介石心里害怕，一片漆黑，再加上已年过半百，一头从墙上栽下去，摔伤了脊梁骨、碰破了脚,还丢了一只鞋。蒋介石顾不得伤势,跌跌撞撞向山上爬。此时侍从卫士跳过墙来,背起他就跑,一直跑了两三百米,在晨雾中远见山顶也有军队警戒,于是就近在半山腰的虎斑石后面的乱草中躲避。

孙铭九带着卫队营,沿山仔细搜索,当搜到虎斑石时,发现一个人头伸出草丛,卫队营一士兵挥手一枪将其击倒,然后,士兵们冲上去,见旁边草丛里还有人,大声喝道:"什么人,出来!"

蒋介石已经在寒风中挨冻三四个小时,见已无法躲避,只得摇晃着浑身像筛糠似哆嗦的身子,钻出了草丛。一个名叫陈思孝的班长,立即向后面高喊说:"报告营长,委员长在这里呢!"

蒋介石面对武装的士兵,语无伦次地说:"打死我吧!打死我吧!""不要开枪!不要开枪!"

当他知道面前的是东北军的士兵时,顿时口气硬起来,马上责问孙铭九要干什么?当得知是东北军兵谏时,他怒从心头起,坚持不愿下山,一定要张学良来见他。刘多荃赶紧脱下皮大衣,披在蒋介石的身上。最后,几个士兵硬架着蒋介石直奔山下的汽车,号兵还吹起了接官号。孙铭九把蒋介石送到新城大楼时,时针正好指向9点整。

上午10点多钟,张学良晋见蒋介石,刚叫了声"委员长",蒋介石就大喊大叫:"我不是你的长官,你也不是我的部下,你不要叫我委员长。你要承认我是你的长官,我现在就命令你马上把我送走,否则,任凭你把我杀了,我同你没有旁的话讲。"说完再也不开口。后蒋介石见杨虎城未露面,以为张、杨之间还有矛盾可以利用,才勉强地问:"杨将军为什么不来?"

杨虎城随即前往,蒋介石见杨后便问:"你事先知道吗?"

杨虎城干脆地回答:"知道的。"

蒋介石听后嚅动了几下没有带上假牙的瘪嘴,闭上双眼,又不言语,似乎在等待着命运的安排。

软禁了蒋介石,张学良、杨虎城终于舒了一口气,马上通电全国,提出八项主张,中心点就是要求"停止一切内战","开放民众爱国运动";并且两人表示:"我们持有公理,决不后悔。我们唯一的希望,只是要求这些政策的实现和对国家有所贡献。让全国的同胞来裁判我们的功罪。"

12日上午10时,西安各报发出了号外,扣蒋消息传遍西安全市,人们纷纷走出家门,万人空巷,走上街头,一边走一边欢呼。青年学生更是兴高采烈,举行游行,一直持续到天黑。

扣蒋消息随着电波传向全国四面八方。

12月12日下午,蒋介石被张学良、杨虎城活捉的消息传到中华苏维埃政府和中共中央所在地保安,中共驻东北军代表刘鼎致电毛泽东,报告了西安事变的大致情况。在此之后,张学良、杨虎城的电报也到达,请求中共派遣代表团赴西安,共商事变解决大计;请求中共将红军主力南移延安地区,接应西安方面的行动,以防不测。

毛泽东在办公室里召开政治局会议,通宵分析形势,寻找解决事变的最佳途径。

最后,会上决定,和平解决的西安事变,由中共中央军委副主席周恩来、中共中央组织部长秦邦宪、中共中央军委参谋长叶剑英组成中共中央代表团,前往西安进行谈判;向全国发布通电,宣传中国共产党和平解决事变的立场;命令红一军团、红15军团等主力南下延安南部,随时准备开赴关中地区,进行阻击讨伐军的防御战。

宋美龄与纳瑞抵达西安

12月14日早晨,周恩来、秦邦宪、叶剑英以及邓发、李克农、罗瑞卿等一行二十余人,前往延安。16日下午2时乘坐张学良派来的飞机,飞往西安。

20日上午,与张学良有着良好关系的宋子文顶住何应钦的压力,代替身任行政院代理院长的姐夫孔祥熙,飞赴西安。他一下飞机,立即要求会见中共代表周恩来。他与周恩来、张学良、杨虎城等人先后进行紧急会谈,这位西方培养出来的经济学家,以数据化的思维方式和直率,完全同意中共和张、杨和平解决事变的方案,并同意出面劝说蒋介石接受"停止内战、一致抗日"的主张,接受防止内战、制止讨伐的方案。

21日,宋子文回到南京,向妹妹宋美龄汇报了西安方面的立场,并且认为妹妹有必要亲自到西安走一趟,聆听中共的意见,面劝蒋介石同意抗日,以促成事变尽早解决。

22日,宋美龄、端纳、蒋鼎文、戴笠在宋子文的陪同下,乘机离开南京前往西安。

宋家兄妹的到来,为双方的谈判提供了基础。

到24日晚,双方谈判取得了以下共识:

(一)改组国民党与国民政府,驱逐亲日派,容纳抗日分子;

(二)释放上海爱国领袖,释放一切政治犯,保证人民的自由权利;

(三)停止"剿共"政策,联合红军抗日;

(四)召集各党、各派、各界、各军的救国会议,决定抗日救亡方针;

(五)与同情中国抗日国家建立合作关系;

(六)其他具体各项:如命令中央军入陕部队撤出潼关,西北各省军政由张、杨负责。

随着这一重要协议的签订,周恩来去见蒋介石的时机已经成熟。24日晚,周恩来在宋子文、宋美龄的陪同下,来到戒备森严的高公馆。

10年前,周恩来担任黄埔军校的政治部主任,蒋介石做校长、总司令,两人曾一起合作共事过,有过难忘的经历。然而,斗转星移,蒋介石和周恩来又成了现在的政治对手。两人见面时,当年骑在战马上英姿勃勃、面容冷峻的蒋介石,由于在事变中受惊吓、受风寒、受跌伤的原因,面色疲倦不堪,腰也直不起来,勉强地从床上坐起来。周恩来说的第一句话就是:"蒋先生,我们有10年没有见面,你显得苍老多了。"

蒋介石显然对周恩来的印象很深,他还用当年两人合作时的称呼说:"恩来,你是我的部下,你应该听我的话。"

周恩来非常明确地回答:"只要蒋先生能够改变'攘外必先安内'的政策,停止内战,一致抗日,不但我个人可以听蒋先生的话,就连我们红军也可以听蒋先生的指挥。"

这时,宋美龄也不失公允地对丈夫说:"你们本是一起工作过,今日会面,要互相见谅。此次你在西安出事,多亏周先生千里迢迢前来斡旋!"

张学良也接过宋美龄的话,说道:"只要委员长同意抗日,我们仍拥护委员长做领袖。"

这次见面的气氛是友好的,也是有成效的。蒋介石当即向周恩来表示停止"剿共"、联红抗日,南京政府的地位不应改变;由子文、美龄、张学良全权代表他解决一切;回到南京后,周恩来可以直接去谈判。随后,蒋介石和周恩来又在轻松的气氛中拉起了家常。

周恩来与蒋介石共叙师生之谊,蒋介石乘势询问蒋经国的下落,周恩来告诉蒋介石,其子蒋经国在苏联颇受优待,蒋介石微露思子之意。从1925年到1937年,蒋经国在苏联滞留了整整12年。在此期间,遭蒋介石遗弃但协议"离婚不离家"的蒋经国的生母毛福梅,屡屡向蒋介石催要儿子,蒋介石早几年还和儿子稍有书信来往,但是随着国共兵戈相交两人音讯全断了,后来蒋介石虽然通过各种渠道打探自己唯一的亲骨肉的消息,然而音讯皆无,生死莫辨。

1936年,蒋廷黻出任中国驻苏大使。行前,蒋介石委托宋美龄转告他,希望他帮助寻找蒋经国,并设法接其回国。但是,至今也无消息。

周恩来看出了蒋介石的心思,即满口答应将助他父子团聚,说:"我们可以向斯大林交涉,将滞留苏联的经国接回来。"

第二天下午3时,蒋介石在张学良的陪同下飞回南京,西安事变和平解决了。

以"西安事变"的和平解决为契机,全面内战停息,国共第二次合作形成,蒋经国的个人命运也发生了历史性的转折。

会谈结束后,周恩来通过中共驻莫斯科的代表把蒋介石思子之情转达给斯大林。斯大林出于在中国建立国共合作和抗日民族统一战线的考虑,同意放蒋经国返国。并且,他自己也接见了蒋经国。接见时,斯大林对蒋经国说:"你虽然在苏联已经13年了,但你是个中国人。你们国家和人民正遭受日本帝国主义的侵略和奴役,你应该回中国去,为你们的国家和民族的解放而奋斗。"

蒋经国表示会按照斯大林的指示去办。

蒋廷黻在其回忆录《出使莫斯科》中曾记述了这一过程:

……当我赴莫斯科前,委员长夫人告诉我说,委员长希望他滞留俄国的公子经国能回国。他的长公子于1925年赴苏,自那时开始,他便一直留在苏联。

在我和苏联外交部次长史脱尼可夫初期会晤中,有一次我提到委员长的公子,并表示:极愿知其下落,如能代为查询,感激之至。他认为很困难,不过他答应试一试。

1937年某夜,当我和部属们闲谈时,有人报告我说有客来访,但于未见我本人前,不愿透露姓名。当我接见他时,他立即告诉我他就是蒋经国。我很高兴。在我未来得及问他计划和意图

蒋经国夫妇回国前在中国驻苏大使馆与蒋廷黻及馆员合影

前,他说:"你认为我父亲希望我回国吗?"

　　我告诉他,委员长渴望他能回国。他说他没有护照、没有钱。我请他不必担心,我会为他安排一切。接着他又说:他已与一位俄国小姐结婚,而且已经有了孩子。我肯定告诉他,委员长不会介意此事。接着他又问是否应该给委员长及夫人带一些礼物。最后,我帮他选了一套乌拉尔黑色大理石制的桌上小装饰品送给委员长,一件波斯羊皮外套送给夫人。

　　几天过后,他们到大使馆来,和我共进晚餐。经国夫人是一位金发美人,外表很娴静。经国先生告诉我,他对中国未来的抱负。我劝告他,请他在回国后一年内不要提出他的理想,尽量了解中国的问题以及导致这些问题的原因,然后再提出解决的办法。

很显然,蒋经国去拜访蒋廷黼是在斯大林接见他之后,其目的是探问父亲蒋介石的态度。得到蒋廷黼的回答之后,他也心中有底了。

1937年3月25日,蒋经国携妻子芬娜、儿子爱伦、女儿爱理从莫斯科起程返国。

几年的留苏生活,苏联这个国家在蒋经国心目中的分量是很重的,感情颇深。从15岁的稚气少年到27岁的成熟青年,蒋经国最美好的青春年华是在这里度过的。学校、部队、工厂、农村,各种经历,他都亲身体验过,他接受过鲜花、掌声,也承受过打击、磨难。可谓沧桑历尽,爱恨交织,一生不能释怀。

这抹不去的人生一页,对他以后的政治生涯,影响至为深远。

2.拜见父亲之前,先见到了弟弟

在冰雪开始消融的季节,蒋经国携家带口踏上了归国之途。

这次归国,他循着12年前来莫斯科时相反的路线,经陆路横穿西伯利亚,到海参崴改乘邮轮经香港到上海。到达香港时,蒋纬国奉命专程前来迎接。

1925年蒋经国与蒋纬国兄弟俩在广州分别,当时,两人才年仅15岁、9岁,而今相逢,都已是勃勃青年了。

两兄弟久隔天各一方,一朝相见,感慨万分。尤其是蒋经国对弟弟这些年与自己走的不同路感想很多。蒋纬国自幼身份不明,但在蒋门,蒋介石却一直将他"视若己出",慈爱有加,有时甚至胜过对蒋经国的关心与照拂。两兄弟的名字中就牵系着蒋介石对两个儿子的希冀。

蒋介石初次做父亲,为蒋经国命名时,取意于许朝宗《宗庙乐仪》"圣迹神功,不可得而窥测;经文纬武,敢有寄于名言",以及孔颖达《礼记正义序》"夫礼者,经天纬地,本之则太乙之和"。纬国来到溪口后,蒋介石把一"经"一"纬"与"国"字相缀作为长子和次子之名,寄望他们是"经文纬武"或"经天纬地"的齐家治国平天下之英杰。按蒋氏宗谱排行,经国这一代为"国"字辈,于是经国乳名为建丰;当纬国过继到蒋门后,蒋介石又给这个"二公子"取乳名建镐。以后,蒋介石还从二子名字中各取一字,命"丰镐房",作为奉化故里蒋家发祥一房的"房号"。

蒋纬国自幼性格外向,天真而又活泼,深得蒋介石的疼怜。因此,蒋介石常说:"经儿聪明,纬儿可爱。"因为蒋经国年长蒋纬国6岁,蒋介石一再叮嘱哥哥照顾好弟弟。1921年蒋介石在一封信中这样交代蒋经国:

> ……并为你弟订《儿童画报》和《儿童世界》各半年。订书方法,只要告诉他邮寄的地方,叫书坊直接送达便行了。不要忘记!

蒋纬国5岁半那年,王太夫人过世,蒋介石携两子赴宁波,安排他们进当地小学就读。这段日子里,蒋经国、蒋纬国两兄弟的生活颇为困窘给蒋纬国留下了极其深刻的印象。这次兄弟相逢,谈及往事,蒋纬国还回忆说:"7岁我跟哥哥到宁波,我们没什么钱,也一直找不到理想的房子。"

蒋经国也没忘记,说:"没想到有一天竟让我们发现一栋房子好便宜的,就高兴得赶忙租了进去。谁晓得等搬进去住了,才觉得邻居都拿奇怪的眼光直打量我们。"

"那是一间地方传说的'凶宅',据说是会闹鬼,长久以来都没人敢去租!"弟弟也清楚记得此事。

1924年,8岁的蒋纬国同蒋经国一起随父亲来到上海,进入万竹小学读书,跟蒋介石的三夫人陈洁如生活在一起。因此,陈洁如又成了蒋纬国的"庶母"。很少在家安歇的蒋介石常有书信相询。这年10月1日,蒋介石又手示蒋经国:

> ……你同纬儿同住甚好,你要时时教导他,做他的一个好榜

样。现在上海家中的情形怎样？亦须详详细细地写信来告诉我。

至要！至要！

这期间，还有一件颇值得俩兄弟提一提的趣事。

1922年，广东军阀陈炯明叛变孙中山，炮轰总统府，情形十分险恶，而这时恰值蒋介石在浙江家居。孙中山脱险后，急电蒋介石前来，电文是：

宁波、江北岸、引仙桥、10号：蒋纬国先生。

　　事紧急，盼速来。

　　　　　　　　　　　　　　　　　　　孙文，巧。

这时蒋纬国年仅6岁，蒋介石竟把他的名字，留作与孙中山通讯时使用的代号。孙中山发电报给蒋纬国，就是发给蒋介石。孙中山用蒋纬国的名字与蒋介石联系，对于蒋氏兄弟来说无疑是一件值得骄傲的快事。然而，蒋介石对蒋纬国的钟爱由此亦可见一斑。

蒋经国、蒋纬国虽然是否为亲兄弟不得而知，但幼时两人就情谊甚笃。1925年以前，蒋介石还只是一位青年将领，蒋经国和蒋纬国两兄弟有时就被父亲带在身边。在外作战，有时一切食宿都简陋，蒋介石睡觉时也仅能睡在临时搭的行军床上，碰到冬天天冷，没有暖和的铺可以睡，蒋介石的行军床太窄；兄弟二人

幼时的蒋纬国

只能有一个人跟父亲挤在床上,另一个必须睡在冰冷的地上。每到这个时候,蒋经国都会让弟弟睡在床上,自己睡在地上。以后次数多了,蒋介石过意不去,就协议两兄弟,轮流睡在床上,有时候,蒋纬国在地上睡了一夜,醒来时嘴唇发紫,蒋经国会上去揉揉他的面颊,拉着他的手,教他跳跃暖身。两兄弟虽然年纪不大,但是感情却很好。

1926年,蒋介石出任国民革命军总司令,誓师北伐。此时蒋经国赴苏联留学,蒋介石便把次子蒋纬国带在自己身边和陈洁如生活在一起。在蒋纬国11岁时,蒋介石与陈洁如宣告仳离,随即陈洁如离开上海赴美国"进修"。蒋介石又把蒋纬国交给姚冶诚,带到苏州,拜吴忠信、王唯仁夫妇为"干爸""干妈"。他起先住在吴家,蔡贞坊七号院的房子盖好后,姚冶诚便带纬国住进去。蒋纬国从此进入苏州东吴大学附属小学、中学就读。

1927年,蒋纬国被送到苏州托养给吴忠信夫妇不久,蒋介石与宋美龄在上海举行婚礼。这样,在蒋纬国的家庭生活中,又多出个"继母"。

苏州求学的八、九年间,是蒋纬国生活较为安定的一段时日,幼年时代的"颠沛流离"告一段落,正规化的学生岁月开始了。1931年,16岁的蒋纬国中学毕业,立志从戎,于是打算去报考军校。

不料这一年,他暑假间割治扁桃腺,流血过多,遵医生所嘱,暂时不能从军。蒋介石安慰深感失望的蒋纬国说:"既然决定做一个现代的职业军人,不妨先打好理工基础,懂得政治、经济、社会之后再为伍。"这样,蒋纬国就进入东吴大学攻读,先在理学院,后入文学院,整整学习了四年。

由于蒋介石、蒋经国父子一度失和,蒋经国长期滞留苏联,蒋介石对在身边的蒋纬国给予了深深的父爱。此刻,蒋纬国还不无回恋地告诉哥哥:"从小,父亲就是我最要好的师长、最要好的朋友!他只要在家就会教我读书、陪我练字,我们之间无话不谈,他从不曾打过我或大声责骂。是对或错,他都会清清楚楚的从正面教导我,我们之间没有代沟!

我最记得,每当他在前方打仗打得最危急、最激烈时,或当他遭受国内外各方大压力时,他总喜欢把我叫到他身边,以纾解他所承受的压力。"

知道父亲宠爱弟弟，蒋经国此刻并无嫉妒，由衷地为他高兴。

"后来呢？后来你是怎么过的？"他饶有兴趣地问。

蒋纬国告诉他，1936年他接受了蒋介石的安排，携带着朱家骅介绍函，远赴德国留学，研习军事。也就在这年年底，震惊中外的"西安事变"爆发，蒋介石被主张"联共抗日"的爱国将领张学良、杨虎城"兵谏"，扣留于西安。蒋介石一度不抱"生还"之希望，"遗书"于宋美龄：

> 对于家事，他无所言，唯经国、纬国两儿，余之子亦即余妻之子，望视如己出，以慰余灵。

蒋介石"临终"而牵挂不能释怀者，"唯经国、纬国两儿"。这时候，蒋经国尚留苏联，蒋纬国亦在德国，蒋介石之"舐犊之情"，跃然于字里行间。蒋经国现在听到父亲的所言所行，感动得涟涟泪下。

蒋纬国于1936年底抵达德国后，先入柏林大学学习德文四个月，并在一德国贵妇人处熟悉礼仪三个月。以后又以中国陆军少尉之阶衔，在德国分别随侍国民党"军事泰斗"蒋百里、德军第七军团司令官冯·莱谢劳学习约三五个月，并在德装甲部队见习。1937年秋加入德国山地兵师第98团受训，从二等兵升至班、排长及教导连连长等职，现在正请假回国。

蒋纬国去学军事，无疑走的是"经武"这条路，蒋经国知道父亲在内心里对于"经文纬武"这一初衷并没有改变，现在既已回国了，他便不再像在苏联那样掩饰自己的思乡思父之情了，此刻，他更希望尽快见到阔别12年的父亲，至于那苦命的母亲毛福梅，他倒在于其次了。于是，他不再在香港久留，直接坐船前往上海再奔南京去见已经君临天下的父亲——蒋介石了。

3.对于蒋经国的异国归来,蒋介石的心情颇为复杂

4月19日,船抵上海。

当这艘轮船缓缓驶入黄浦江时,蒋经国站在甲板上眺望,芬娜带着两岁的儿子爱伦陪着他。江水还是那么混浊,污染越发严重,岸上的工厂、船坞远比他记忆中的多得多,江面船舶拥挤,日本海军第三舰队几艘军舰悄悄停泊在江湾,灰色的帆布遮盖着乌黑的炮管。

蒋经国一行人一下轮船,蒋介石侍从室主任陈舜耕和杭州市长周象贤已经亲自到码头迎接北国归来的蒋经国一家三口,寒暄几句,一行人便在保镖护卫下直奔火车站,几个小时后,就到达杭州。

为什么蒋介石把万里迢迢回国的儿子一家不直接接到南京父子相聚而把他送到杭州呢?

原来,对于蒋经国的归国,蒋介石的心情颇为复杂。他一方面非常想念自己的亲生骨肉,但另一方面又对蒋经国在苏联发表的那些过激言论骂他颇难鉴谅。加上蒋经国在苏联长达12年,又曾是共产党员,蒋介石对儿子也不能不怀有戒心。于是,他先对他严加防范,绝对禁止他再与任何左派人士接触,观察观察再说。

蒋经国原打算由上海至南京直接拜见蒋介石、宋美龄,蒋介石却有意冷落蒋经国,让他

陈其美的侄子陈立夫

苦等着并不见他。

蒋经国等了几天，父亲不见，无奈之中就跑到南京去看望阔别了多年的亲友和长辈。他拜访陈立夫，向这位"立夫哥哥"抱怨还没见到父亲。陈立夫说："你现在还是共产党员，而且你以前还公开骂过他，你最好先写个信给他，向他报告，你已经不是共产党员。"

蒋经国从莫斯科动身前，蒋廷黻大使曾当面告诉他蒋介石无条件要他回国，没有要求他道歉认错，因此，他压根儿没想到儿子见父亲前还要办这样的手续！经过陈立夫提醒，他于是提笔写了封信给父亲。

但是，信寄过去还是石沉大海，父亲仍然不见。蒋经国于是又去拜访了当年留苏前的吴稚晖老先生。12年以前，蒋经国留苏事先曾请教过他，吴是赞成他去的。吴是反共反苏的西山会议派的积极分子，1927年国民党"四一二清党"又是他以监察委员名义率先提议的。此刻，他平静地问经国："你尝试过的经历怎么样？"

蒋经国没有回答，转而顾左右而言他。

交谈以后，吴稚晖去见了蒋介石，向他叙述了经国在苏联的各种遭遇。

这时，蒋介石的心腹"文胆"陈布雷闻讯，也去劝蒋介石，说："蒋先生明察秋毫，难道还看不出当初蒋经国的那些话，写的那些文章，是言不由衷的吗？"

陈布雷一生淡泊，平时与己无关的事一概不管，现在连他都出面相劝，再加上陈果夫兄弟的进言，蒋介石终于同意接见儿子一家大小。

父子会面安排在杭州市的国民政府主席别墅进行，这栋房子原是招商局已故总董住宅。

父子见面，蒋经国首先跪下，向父亲行三叩首之礼。这是蒋家的规矩，也是他们家乡的习俗。久别重逢，恍如隔世，这十几年中世变万千，父子俩也感想万千。接着，蒋经国又和蒋夫人见面，他称宋美龄为"母亲"，并让异国妻子芬娜和儿女同父母见面。

回国后蒋经国与蒋介石见面时的合影

蒋介石对这位身材高大、金发蓝眼、高鼻梁的俄罗斯媳妇,起先并不习惯。虽然此前蒋经国曾写信告诉过他这桩婚事,爱伦生下来时,还寄了一组黑白照片给他,可以说他对芬娜不算陌生,但真正面对这个事实时,心里还是有些不适。直到相处两三个月后,他才发现芬娜个性温柔婉约,孝顺公婆,体贴丈夫,照顾孩子十分周到,完全符合中国传统妇女的特点,是标准的贤妻良母。

大概就在这次见面中,蒋介石给儿媳妇取了个中文名字"芳娘"。可是,蒋经国不喜欢,后来把它改为"方良"。于是,"蒋方良"三字就成了这位俄罗斯媳妇的姓名,一直沿用至今。蒋经国与蒋方良的两个孩子爱伦和爱理也由蒋介石都按蒋氏谱系"孝"字辈取名蒋孝文、蒋孝章。

最后,父亲问起儿子:"今后有何打算?"

经国说:"想在政治或工业中,择一而为。"

他还表示,他有主张——进步的主张,希望有机会实行。并且还说,他不怕艰苦,愿意在最艰难的条件下,尝试推行他的理想。

这是蒋介石最敏感的,他沉着脸告诉儿子:"这些以后再说,且先回溪口去看看阿娘。"

阿娘指的就是蒋经国的生母毛福梅。

但是,到蒋经国一家临行去溪口时,蒋介石却又让他先拜见宋美龄,然后回溪口去见生母。对于蒋经国的恭敬态度,宋美龄也颇满意,她送给蒋经国10万元巨款作为认母的见面礼。

1937年的农历3月18日,蒋经国挑选他27岁生日那天,由南京至杭州,携妻挈子返归溪口,与毛福梅团聚。

在溪口,这一天,丰镐房里汇集了众亲百眷,熙熙攘攘,热闹盈门。账房间的电话铃声从早到晚响个不绝,都是杭州来的专线报告。街上,更是人来人往,热闹异常。标语横幅,满街张贴;工商界的人士做好红条纸旗,置办鞭炮,准备迎接蒋公子还乡。

电话一个接一个,报告说,汽车从杭州出发了,沿着奉新公路驶来。陪同来的是溪口人毛庆祥。

下午2时,人们在洋桥边列队迎候,一辆漂亮的小汽车远远地从西驶来,由远而近,车中坐着蒋经国、方良、孝文和毛庆祥四人。车近洋桥,便缓缓而驶,人群一拥而上。口号与鞭炮齐鸣,直闹得响声震天。

汽车驶到丰镐房大门口停下,这里,舅父毛懋卿和姑丈宋周运、竺芝珊等人率领一批长辈在门外等候。蒋经国一出汽车,众人悲喜交集,连忙拥着外甥、外甥媳妇进入大门,直往内走。

毛庆祥本来就是溪口毛家人,驾轻就熟,也陪着蒋经国循着月洞门径自走进去。这丰镐房本是蒋经国的出生之地,小时候就在此嬉戏,最熟悉不过了,但现在反主为客,任人安排,蒋经国突然之间感到一切都陌生了。原来当年他离家时,老家只是间古旧的木结构楼屋,如今却经过一番修缮、扩建,粉壁画柱,面貌大变。这一切,更使离家日久的蒋经国感慨万千了。但是,此时他更急迫的是想见到自己的亲娘。

但是,母子相会的地点却安排在吃饭的客厅,为了试试儿子的眼力,人们戏剧性地在客厅坐了十来位四五十岁的妇女,让经国自己来认亲娘。

在客厅里,现在坐着的是十多位壮年和老年女人,她们是毛福梅本人、姚氏冶诚、大姑蒋瑞春、小姑蒋瑞莲、姨妈毛意凤、大舅母毛懋卿夫人、小舅母张定根、嫂子孙维梅以及毛氏的结拜姊妹张月娥、陈志坚、任富娥等。大家热情洋溢、兴高采烈,等待经国来认娘。

人们簇拥着蒋经国、方良和孝文,走向客堂间来,内外挤满了人,当经国等人一入门内,空气顿时紧张起来。

这时的蒋经国,一步紧似一步,一眼望见亲娘坐于正中,便急步踏上,抱膝跪下,放声大哭!方良和孝文也上前跪哭!毛氏早已心酸,经不住儿子的哭,也抱头痛哭!一时哭声回荡室内,好不凄楚!于是,众人吓坏了,刚才喜悦的心情哪里还有,转而相劝毛氏夫人,毛福梅抽泣几下才止哭。然后,毛福梅一边擦了擦泪,一边对大家说:"今天我们母子相会,本是喜事,不应该哭,但这是喜哭。"

第三天,丰镐房里张灯结彩,宾客盈门,喜上加喜。原来蒋经国孝母情重,一来中国就忘记了以前吃过苦的事,为讨毛福梅欢喜,不惜大肆张扬,遵循溪口乡俗,又与蒋方良补办婚礼。

礼堂就是他家的"报本堂"。婚仪完全是老式的。新郎蒋经国,身穿长袍黑马褂,头戴呢帽;新娘方良凤冠彩裙,一如戏台的诰命夫人。报本堂里灯烛辉煌,伏猪伏羊,丝竹大鸣。行礼如仪,一拜天地、二拜祖宗、三拜父母。礼毕,鞭炮齐放,锣鼓喧天,送入洞房。

溪口风俗,凡是在外完婚的人,回到家里均要"料理礼水",即置办酒席请同族吃酒。这一次,蒋经国的喜酒足足办了四五十桌。毛福梅高兴之余嘱咐总管宋涨生说:"凡亲朋众友所送礼仪,一律不收,长辈茶仪受之。"

丰镐房一连热闹了五六天,待众亲百眷散去,这才静下来,进入正常的生活程序。

蒋经国归来母子相聚,使毛福梅感受到了极大的天伦之乐!儿子万里

蒋经国、芬娜和母亲毛福梅

归来,对于她来说是极大安慰,这位老太太曾经为了她的丈夫在西安遭遇的大不幸,焚香祈祷上苍,愿以身代。现在,她相信是因自己虔诚的心愿上天才赐还了她的儿子。但是,丰镐房热闹散去,她一平静下来,却时常对着这位红眉毛绿眼睛、高鼻梁的媳妇发怔。可是,那个活泼又有趣的孙子,却使她爱不忍释。这位洋媳妇好像发现了这点,在丈夫的指导下,也穿起了旗袍,学着用筷子,慢慢说着宁波话来了。

蒋介石让刚刚返国的蒋经国隐居溪口,可谓用心良苦。他担心蒋经国和后母宋美龄合不来,经常在一起势必引起不必要的冲突,而让蒋经国回家乡,既可缓和矛盾,同时又可使他在生母毛福梅身边尽孝,抚慰她被他遗弃多年的孤寂和相思之苦。而更为重要的一层意义,是溪口老家环境安静、稳定、变化无多,利于经过12年之久共产党教育和马克思主义陶冶,"中毒已深"的蒋经国"洗心革面",修身养性。因此,蒋经国回乡补办完婚礼之后,就奉父命携妻子儿女,住进"小洋房"别墅,除就近探望小时候常去的至亲好友以外,每日深居书房,闭门读书。

蒋经国全家和母亲在溪口

蒋经国很听父亲的话，天天读书，读些蒋介石亲自指定的《朱子纲目》《王阳明全集》《曾文正公家书》等古籍，回过头来接受中国传统的伦理道德的洗礼。

蒋经国回忆说："我回国以后，父亲要我读《曾文正公家书》和《王阳明全集》，尤其对于前者，特别注重。父亲认为曾文正公对于子弟的训诫，可作模范，要我们体会，并且依照家训去实行，平常我写信去请安。父亲因为事忙，有时来不及详细答复，就指定曾文正公家训的第几篇代替回信，要我细细去阅读。"

除此之外，蒋经国还读些孙中山的《总理全集》和《民国十五年以前的蒋介石先生》之类的书籍，并做三民主义的阅读笔记。

此外，蒋经国还有一个重要的任务，那就是要向蒋介石写一份详细的《旅俄报告》，重新认识在苏联的一段生活，以彻底消除共产主义意识形态的影响。

为了帮助蒋经国补习中文，研读古书，蒋介石给他请来了一位教师，名叫徐道邻。这是北洋军阀徐树铮之义，被蒋介石软禁在雪窦寺，蒋经国也曾奉命与张学良一道在雪窦寺读书。但是，张学良专攻的是《明史》，而蒋经国学的是《朱子纲目》《阳明全书》和《曾文正公家书》。

对于蒋经国这段在溪口家乡"洗脑"式的读书生活，蒋介石虽不在侧，但却抓得很紧，家信频频，进行"遥控"，一点也不亚于当年东征时教子的劲头。

1937年5月6日,蒋介石来信道:

经儿、培甥知之:

　　经儿30日来禀,文字比较皆有进步,若能专心向学,则三个月后必能复旧或较前更有进步也。现在要文章进步,第一,还是要多读古文,并须读得烂熟,背之再背,大约每篇古文至少要读一百遍以上,到月底并须将从前所读书全部理习一遍;如尚生疏,则再颂读,必然再能背通,毫无阻隔,然后方休。如此则三个月后,约可三千篇长文可以背诵,则文章必畅通矣;若能有百篇古文烂熟于胸中,则能成文豪矣。习字尤为紧要,培甥之字较一般青年为秀丽;但尚须用功练习,以其字仅得之于天性,而未下苦工,故无根底也。我定明日回沪,约住数日,待补牙完妥,即赴枯岭休息,以体未复原也。你们今年避暑可在相量冈厂内,较之他处为佳,且读书用功仍可不致间断也。

1937年5月12日,蒋介石来信道:

经儿知之:

　　8日来禀比3日之禀进步甚大,字体犹然,甚慰。你以后看书应多注意中国固有道德,建国精神与其哲学。利、文学说一书,实为中国哲学之基础;而三民主义则为中国哲学具体之表现,译文决不能彻底阐明其精神。俄文译本更将其中精华舍弃未译,故你应将孙文学说看了二遍之后,即看三民主义民族、民生与民权各主义之原书全文;并应将其心得及批评之点,摘记另录,以备呈阅。民生主义中批评马克思主义各节,尤应将原文寄还宝藏家中,可作宝贵材料也。我身体大好,可问培甥即知其详。你今后一年内安心在家读书,与研究农村利弊,如有余暇,或可以易处略加改正，造福乡人；但不可开始时即用勉强方式，只可劝导之，使渐能改良，使之信仰，则以后当易为力也。你身体不甚健康，应于暑假时多注意体育运动，务于此半年内体格使之强壮为要。其他读书办法，已述于徐先生信内，你可照办。暑期将到，应即上妙高台或相量冈避暑，如徐先生住妙高台或雪窦寺，你们住相量冈，则每日可彼此朝往夕归，亦健身之法也。

7月24日，蒋介石来信道：

经儿知之：

　　来禀改正寄回，希详加研究，旅俄报告请人不如自译，以自己不能自著国文，反要请人来译国文，亦一耻事也。唯待国文著成后，可请一懂俄文者修正则可也；我正在代觅中，将来当介绍来家相见。你此时应专心研究国文与习字著书，不必分心于倭寇之扰华，以我必有以制之也。近日在京虽忙，但精神甚佳。上星期日在赤炎之下，露天演讲二小时之久，尚不觉疲乏；可知身体已完全复原，则此可为党国与民族自慰者也。

封封家信中，蒋介石想把儿子头脑中的马列主义彻底清除掉的心情都是那么急切！他再三叮嘱蒋经国"要多读古文"，要深刻理解"孙文学说一书，实为中国哲学之基础，而三民主义则为中国哲学的具体表现"，他催促蒋经国赶紧完成"旅俄报告"……这一切，其目的都是使蒋经国"常自省览"，与马列主义彻底决裂。

第四章　儿子青云直上　二二三

1.蒋经国来到赣南捞资本

经过半年多的考察,蒋介石对蒋经国的"反省"满意了,于是,开始为儿子开启攀登权力高峰的绿灯。

蒋经国回国不久,抗日战争就爆发了。他在溪口约住了半年多,到日寇攻占上海、南京吃紧、杭州频遭敌机轰炸后,家乡也不安静了。蒋介石此时驻节庐山,为了保证安全,1938年1月,蒋介石传讯过来,叫蒋经国和妻子儿女内迁江西南昌居住。于是,蒋经国又携带妻儿,辞别母亲及亲朋好友,乘上专车,在蒋介石侍从室第一组组长袁广陞等警卫人员的武装保护下,到达了南昌。

蒋经国携全家来到南昌后,先住进了赣江江边下沙窝的励志社。

这个地方里面是个大院子,有礼堂,有小洋楼,是南昌第一个幽雅安静的所在。然而,励志社是个高级招待所,究竟不便住家,过了几个月,蒋经国又搬到二纬路一个新住所。

抗日战争爆发后,国共两党实现了第二次合作,但是,国民党并没有打算放弃反共政策。1938年1月召开的国民党第五届中央委员会第五次全体会议,决定了"溶共、防共、限共、反共"的方针。蒋介石在会上称:"对中共是要斗争的,不好怕它。"会上决定设立专门机构即"防共委员会",大肆制造反共舆论,并且还强调在农村中发展国民党员,扩大势力,加紧防共、反共的活动。

江西是红色根据地。工农红军长征后,根据地人们掀起了轰轰烈烈、声势浩大的抗日救亡运动。19
37年10月，南方八省13个地
区的游击队改编为国民革命
军陆军新编第四军(简称新四
军)，新四军办事处就设在南
昌，新四军在江西人中很有威
信。沪、杭、宁等大城市失陷
后，大批流亡青年云集江西，
他们强烈要求抗日，与共产党
的抗日主张相一致。对于在江
西出现的抗日热潮，蒋介石非
常担心，若不急速加强控制，
很快就会出现一个赤色的江
西。

蒋经国与儿子蒋孝文

　　为了尽快地实施防共、反
共的方针，他急于要派一个得
力的人去江西，但是这个人又不能鲁莽行事，激起不满，最好能在博得人
们好感的情况下，与共产党争人心。为此，他想到了儿子蒋经国，以他留
苏12年的金字招牌，和对共产党这一套的熟悉，也许能与共产党在江西争
个高下。另一方面，江西历来形势复杂，这是锻炼儿子的地方。蒋介石虽
有此打算，但是并没有立即付诸行动，而是叫儿子带着妻儿静静地过着闲
日子。

　　蒋介石的这一想法立即被他的老友、江西省主席熊式辉窥破。熊式辉
和蒋介石曾在日本士官学校同学，私交甚笃，一向为蒋介石赏识和器重。

　　于是，熊式辉向蒋介石提出让蒋经国到自己手下做事。蒋介石对安排
蒋经国与熊式辉共事之举当即表示欣然赞同。把一个初出茅庐的儿子交
给他，蒋介石放得下心。熊式辉之妻顾竹筠曾拜宋美龄的母亲倪老夫人做

干妈。顾与宋家"三龄"是姊妹行,熊式辉因此以裙带关系而为蒋家亲信,宋美龄也将熊式辉视为内亲行列。平日熊、顾出入蒋门毫不受限,十分方便。1933年8月,顾竹筠去世,由小妹顾毓筠续缘,熊亦常为蒋出谋划策,小顾亦常行走于蒋夫人内室而日加亲昵。蒋经国既已回国,蒋介石因为蒋经国当年在苏联留学时,曾发表过公开信指责乃父,一时满城风雨,弄得蒋介石十分难堪,对之至今尚有戒心,宋美龄对蒋经国之回来,也戒心重重,担心他为共党收买,或当年尴尬旧戏重演,也不得不预防范。安排蒋经国到熊式辉身边任事,等于把蒋经国置于熊之手下,那熊式辉与顾毓筠其人就无异是蒋氏夫妇一条内控蒋经国情报的专用线。蒋介石对蒋经国既有可靠的监视者,就可在任何时候对蒋经国先发制人;如果蒋经国再有掀风作浪,也就可防患于未然了。因此,当熊式辉一提出这一要求,蒋介石当即就点头同意。

蒋经国初到南昌,熊式辉对于他的任职自然十分慎重。任职太轻有轻太子之嫌,任职太重又担心其夺权,于是他召集省府的高级幕僚各抒己见。结果,省秘书长刘体乾、农业院长肖纯锦、南昌市长龚学遂、建设厅长杨绰庵,都纷纷向熊表示让位,省保安司令廖士翘建议在省保安司令之下给蒋经国任副司令。众说纷纭,熊一时也拿不定主意。最后,请示蒋介石定夺,同时,征求蒋经国自己的意见。不久,蒋介石来电指示:"经国年轻,缺乏经验,工作应从基层干起。"

蒋经国则表示:"只想做个小小的永丰县长。"

熊式辉有些犹豫,最后与幕僚廖士翘、熊滨等商量决定:派蒋经国为江西省保安处少将副处长。这样,他既在"基层",又在省府南昌,官说大不大,说小也不小。于是,蒋经国被任命为江西省保安处副处长,官衔为少将。这是蒋经国回国后在政治舞台上扮演的第一个角色。

这时,蒋经国也很想去江西施展一下他从苏联学到的一套本事,作为今后政治活动的资本,于是,很快走马上任。谁知省保安处副处长是一个因人设事的闲散职务,既无实权也无实务,是否上班或下班都随他的便,自由自在,清闲得很。可是,蒋经国有志干一番大事业,哪闲得住,他性格又好动,何况他是习惯了苏维埃的紧张生活,刚刚回国,对一切都感到陌生,于是一个人闲坐在办公室里,感到乏味得很。结果,他就出去,东走走,西逛逛。

不久,熊式辉又给他加任了一顶乌纱帽,兼任江西青年服务团副团长,还有一个特殊任务:主持接待和慰问苏联援华空军。几顶乌纱帽在身,又是堂堂"太子",蒋经国就不管自己的职位是干什么了,他天天便衣出游,注意社会民情。由于他对许多事看不惯,又爱管闲事,喜欢打抱不平,以致轶事趣闻,成为街谈巷议的资料,闹得满城风雨。贪官污吏,闻风丧胆,连丘八爷——即当时颇为嚣张的伤兵,也偃旗息鼓,不敢乱来。老百姓称他为"蒋太子",并神化他成了开封府的包龙图。

谁知这一来,蒋经国就与仅仅想借"太子"自重而并不欲蒋经国有所作为的熊式辉发生了矛盾,熊式辉将蒋经国从实权之位的保安处调出,改任虚职"江西政治讲习院"学生总队总队长。1938年5月,熊式辉又以江西省政府的名义发表公告,任命蒋经国为江西省保安司令部新兵督练处长,让他集训保安团队。

新兵督练处设在临川温泉。蒋经国搬用苏联军队的思想政治工作方法来"改造"国民党旧军队。他首先提出,连队要经济公开,

蒋经国全家在赣南

赏罚公开，不准打骂士兵，不准克扣士兵伙食，注意改善士兵生活。其次，他积极采取措施开展"康乐活动"，以活跃官兵精神，造成朝气蓬勃的气象。对于军官教育，则反复宣传王阳明学说。他还遵从乃父蒋介石的一贯作法，把《增补曾胡治兵语录》、戚继光《纪效新书（练兵实记）》等列为军官必读书籍。在作风上，他也与众不同，不作威作福，经常深入连队同官兵一起吃住。很快，赣州的新兵训练出现了新气象，蒋经国声名大振。蒋经国把这一段督练新兵的过程，编了一本《温泉练兵实纪》，借以宣扬他练兵的成绩，同时也是向其父交的"考试答卷"。蒋介石对儿子初涉政界、军界即崭露头角十分得意，于是，指示国民党一些部队派人到江西新兵督练处参观。

临川温泉练兵，是蒋经国事业的开端，为他以后在政治、军事上的发展奠定了一个比较扎实的基础。

这时，日军的铁蹄已经在中国践踏，大部分国土沦丧，但是在1938年春，南昌的局面还相对稳定，警报虽有，但很少空袭。然而，从夏天起日机活动增加，为了安全起见，蒋经国将家眷送到南昌的乡下去，离城虽只有十几里路，但是，不必逃警报。在乡下并没有住多久，大概只有一个月，日军逐渐西进，南昌颇受威胁。蒋经国于是决定将家眷送回他的故乡奉化。蒋经国送走妻儿之后，单身在南昌，住在新租的乡下房子。

1938年7月26日九江陷落，日军分兵两路，以主力一路直趋武汉。另一路南窜德安，向南昌进攻。在武汉外围进行的保卫战使日军滞于德安县张公渡，与国军隔河对峙。此时日寇飞机空袭频繁，南昌城内人心惶惶，机关、学校、市民纷纷向外疏散。

在南昌面临沦陷前夕，新兵督练处奉令迁往赣州。于是，蒋经国亲自率领督练处官兵沿南赣公路线疾驰。保安团大队人马，从临川经永丰、吉水、吉安向赣南转移。督练处设总部于赣州公园励志社，部队则分驻赣县近郊的赤硃岭、沙石埠、湖边村等地。结果，由于蒋经国亲自率部转迁赣州，使余汉谋等广东系盘踞赣南多年的局面发生了变化。

原来,熊式辉虽在江西称霸一方,但是,对粤系部队驻赣州势力却从未敢轻易冒犯,虽心存芥蒂,可粤系比他实力强大得多,迫于形势,熊也无可奈何。然而,南昌沦陷后,他不失时机地趁南昌疏散的时机,立即下令蒋经国速率部进军赣南,为恢复对赣南地区的控制派出了开路前锋。这一次却是深谋远虑的。

因为蒋经国来赣州,即使不带一兵一卒,粤军也得礼让三分。粤方各将领如余汉谋、李汉魂、薛岳、李振球、香屏翰、张发奎、罗卓英等人,自广东出师北伐起就一直是蒋介石手下的战将,并且都是蒋的亲信。此次"经国贤侄"来赣南,他们岂有梗阻之理?于是熊式辉将蒋经国派往赣南时,只给了他四个壮丁训练团的兵力,一丝儿引不起粤方的不快,他的做法可谓十分高明。

在赣南穿着草鞋的蒋经国

赣州是一个非常复杂的地方。由于地处偏僻的赣南山区,天高皇帝远,江西省府也鞭长莫及。当地的土豪劣绅相互结成强大的地方势力圈。同时,广东军方要员和巨商大贾也早已渗入赣州,不仅在经济上建立了雄厚的实力,而且在大余、信丰等地驻扎了军队,他们有枪有钱,构成了广东帮外来势力的堡垒;此外,还有江西省三个保安团驻在赣南,分布在南康、信本、大余、上犹等县驻扎。在三个团长之中,以赖天球的资格最老,他是黄埔一期的,又是大余人,由于手里有枪杆子,说话当然很响,干预地方政治,于是又构成赣南的第三股势力。

赣南士绅当权派和保安团都是坐山虎,勾结得很紧,而且,大绅士们同广东方面也有密切的关系。

三股势力,平时互相勾心斗角,争权夺利,有矛盾、有摩擦,甚至使刀弄枪、动武、打斗,但在共同的利害关头,又会互相勾结,相互支援。三股势力操纵、把持着赣州地方,间接控制了国民党地方政府,包括第四区专员公署及赣南11县的县政府。地方政府要办什么大事,非要看看他们的脸色不可,只要他们点了头,才敢动手做,否则,就会障碍重重,此路不通。

在蒋经国来赣南之前,省府已派刘己达接任四区专员。此人是国民党政学系的骨干,又同复兴社有关系,当过江西省党部委员,颇有政治背景,为人略带几分傲气,却很精明能干。他看不惯操纵赣南的这三股势力,他不愿做摆样子的木偶。他想来想去,下决心想要煞煞他们的威风。但是,这三股势力是外来的强龙和土生土长的坐山虎,有恃无恐,拒不买刘己达的账。于是乎双方开始斗法。

这时,驻扎在大余、南康、信丰、上犹各县的保安队官兵,经常在民间骚扰、打骂百姓、强取豪夺、抽鸦片、赌博、侮辱妇女,老百姓恨之入骨,纷纷写信到专署告密,刘己达看见,抓小辫子的机会来了,马上派人下去侦查。

有一天,侦查人员查到,保安团有个大队长抽鸦片烟,立即报告刘己达,刘马上下令逮捕,押回赣州,关进监牢。

赣南地方势力,包括保安团队的军官头目,老早就把刘己达看做他们的眼中钉,因为刘是熊式辉派来整顿赣南的"专员",早欲除之而后快。在双方矛盾越来越尖锐,一下子就到了一触即发之势的时候,刘己达抓来的那个大队长,又是军校系统的,也是地方势力派的一个大爪牙,这就一下子点着了导火线,激怒了保安团队的头领们。一个阴谋就在秘密酝酿之中了。

这时,蒋经国正在赣州,刘己达向他诉苦,蒋听后,有意从中斡旋调解,首先建议刘己达把那个抓来的大队长教育释放了,以解仇结。

1938年双十节前夕,蒋经国邀同刘己达一路往南康县潭口镇去巡视,并对驻地的省保安团进行慰问。不料,刚刚下车,就被保安团官兵重重包围起来,并动手殴打专员刘己达,一边殴打,一边辱骂,刘己达吓得魂不附体,蒋经国劝解不听,喝阻不停,就用身子掩护刘己达。不料竟被几个军官强行拉开,并把蒋的手腕都拉脱了臼,蒋经国这下发火了,大声喝叫:"住手,你们要造反啦!"

疯狂的官兵打红了眼,乱哄哄的谁也听不清楚,还是乱喊、乱骂,拳头像雨点般地打来。赖天球团长闻讯赶来喝止闹事的官兵,也喝不住,为怕蒋受伤,只有急忙抱住蒋经国,并用自己的身子挡住他,而蒋经国又抱住刘己达,他们三人连在一起,奋力抵挡,但还是抵制不住,赖天球急中生智,抽出手枪,朝天连放两枪:"砰!砰!"同时厉声断喝:"停手"!

这时,闹事的官兵方才闻声停手,赖又说:"你们不睁开眼睛看看,打的是什么人?这是蒋总裁的公子!你们想找死啦!滚开!一齐给我滚开!否则我枪毙你们!"

疯狂的官兵们,这时才意识到闯了大祸,一个个灰溜溜地散去了。

蒋经国的手腕脱了臼,疼得握着膀子直哼!赖天球扶着他进屋休息,并马上派人找来医官给蒋治疗,包好手腕后,赖天球即再三向蒋、刘赔礼道歉,并亲自护送蒋、刘回到赣州。

在潭口事件中,刘己达如不是与蒋经国同行,在事件中得到蒋经国全力匡救,恐怕难逃厄运;要不是赖天球死命保卫蒋经国,蒋也相当危险,不死也会打成重伤,后果非常严重,幸而赖天球鸣枪示警,才制止了这场骚乱,化险为夷。

事件发生后,熊式辉接到蒋、刘的报告,熊即派了省保安处的大员下来查办,抓了几个为首闹事动武的军官。蒋经国因为赖天球"保驾"有功,本着"冤家宜解不宜结"原则,建议对赖免予追究,从而获得了赖天球和保安团对他的好感。

刘己达遭此惊险,又气、又怕,再也不想啃"四区专员"这块硬骨头了,也不愿呆下去,终于上书辞职不干。熊式辉批准了刘的辞呈。接着,遂选

蒋经国赣南升堂问案

接替人员，可是，都无人敢钻这个火圈，考虑再三，他想到了蒋经国是最佳的继任人选，派他接任四区专员主政赣南。

事实上，这时四区的局面也只有蒋经国压得住这个阵脚，挑得起这副重担子，赣州帮也好，广东帮也好，保安团黄埔系也好，谁也不敢、也不愿反对他。

因为反对他，就等于同"蒋总裁过不去"。

蒋经国被熊委派接任了四区专员。他是早就想做一个有抱负、有魄力、有干劲的人，有决心在赣南大干一番，为父亲争一把光。因此，在走马上任以后，他雄心勃勃、精神抖擞地开始了"建设新赣南"的试验。

2.赣南新政，蒋介石派人来参观

赣南是革命老根据地，第二次国内革命战争中，共产党曾领导工农红军在这里进行过英勇的斗争，有着广泛的群众基础和深刻的社会影响。国民党军队重据赣南后，勾结土豪劣绅横征暴敛，鱼肉人民，政治一片黑暗。蒋经国就任后就面临着收拾烂摊子的局面，压力颇大。但是，这时蒋经国年近三十，血气方刚，由苏联回来才两年，革命教育的影响还没有完全消失；尚未染上旧官僚习气，加上其父蒋介石的大力支持，因而能雷厉风行地采取一些措施，并取得明显成效。

首先，他提出"除暴安良"的口号，打击地方恶霸、流氓地痞的气焰，恢复地方秩序。

蒋经国为了实现自己的政治目标，很需要一个精明强悍、奋发有为的统治机构。但是，他接过来的官僚机构，却是一个极端腐朽无能的烂摊子。从专署到保甲，大官小吏，不是拼命捞钱，就是昼夜在烟雾中、赌场上、妓院里鬼混。

蒋经国感到，此风如不稍加敛制，国民党在当地群众中的声名将愈益狼藉，共产党更可扩大影响。于是，他狠狠心，禁绝烟、赌、娼。他不仅下手令，发通告，派出便衣队四处搜查，有时还亲自率领部下，闯酒楼，审茶馆，或者突然出现在官绅家中、机关办公室和区、分公所里，亲自捉拿，一时闹得满城风雨。

蒋经国为了及时掌握烟鬼、赌棍、娼妓的活动情况，便于老百姓检举揭发，派人在赣州城的四门挂了四个意见箱，贴上封条，上写："本专员亲自开箱"。意见箱旁还贴了一张告示，大意是，我奉命建设新赣南。知识有限，希望有识之士，献计献策，提出宝贵建议。

第一次开箱的时候，蒋经国要专员公署秘书徐君虎代他去开。徐君虎说："意见箱上明明写着'本专员亲自开箱'，你为什么挂羊头卖狗肉？"

蒋经国连忙说："好，好，我去！"骑上三轮摩托，"嘟嘟"地去开箱了。

意见箱里的纸条，大部分是检举贪官污吏、土豪劣绅、赌棍烟鬼和流氓的罪行。有一张纸条揭发了赫赫有名的何记兴隆土膏行贩卖鸦片、毒害百姓的罪行，并问专员："敢不敢查？敢不敢禁？"

这何记兴隆土膏行来头确实不小，中央和省里不少要人都有股份，它原址在南昌，是专门用来贩卖鸦片的，主要是把贵州、湖南等地的鸦片烟土收购进来，再秘密运到香港等地去销售，南昌被日本军队占领后，它迁到了赣州，偷偷地在本地贩卖起烟土来。根据揭发信提供的线索，蒋经国先命令警察局长杨安中抓几个到何记兴隆土膏行贩卖烟土的烟贩子，一审讯，果然罪证确凿，蒋经国遂下令查抄何记兴隆土膏行。杨安中带着二十多名警察，包围土膏行后，抄出柜台上、地下室的全部鸦片，并贴上封条。

查封土膏行的消息传出后，老百姓奔走相告，拍手称快。消息传到了重庆和江西省临时省会会昌城，电报一个接一个地从重庆、会昌拍到赣州专员公署来，说何记兴隆土膏行是经过政府批准立案的，是合法的，不能查封。蒋经国置之不理，重庆、会昌也奈何他不得。

赣州有一家大绸布商店老板雷庆春，偷吸鸦片烟，被蒋经国捕获。他的家属四处进行贿赂，托人向江西省政府主席熊式辉求情，并答应捐献一架飞机赎命，当熊驰电蒋经国开释时，蒋经国正把雷庆春绑赴刑场执行枪决，并不理会顶头上司"熊主席"的手令，电复熊式辉称："电到已枪决，无从挽回。"

1940年的春节，蒋经国突然闯入一个京剧演员的家中。专员公署民政科长杨万昌的老婆跟几个人正围着桌子赌得起劲，当场被蒋捉获。蒋经国为了表明自己的铁面无私，便立即强迫这位娇滴滴的科长夫人，穿了引人注目的红背心，到赣州城中心公园里哆哆嗦嗦地跪了三天，这件事轰动了整个赣州。

蒋经国接待群众来访

又一天，蒋经国接到一份检举信，说赣州一家大商号的老板每天深夜聚赌，很多人都上了他们的圈套，输得倾家荡产，家破人亡，此人是赣州的一大害。蒋经国把专员公署的卫队队长刘佛舟叫来，要他先侦查一下他们的赌窟。几天之后，卫队长告诉他，赌窟就在城南一个山货店的四层楼上。每天都是10点以后开赌，窗户用黑布遮密，从外边看，一点亮都不透，并且大门和每层楼的楼梯口都有人把守，如有人进店，就一层一层往上传话送信，很难抓获。

蒋经国与下属合影

蒋经国听了卫队长的报告后，当天晚上，就和他表侄毛宁初化装成做买卖的，裤腰里藏着手枪，去进行"火力侦察"，第一次没有成功。第二天晚上，蒋经国和毛宁初换了身旧衣服，化装成卖馄饨的小贩，送馄饨到山货店四楼。上了四楼，见一圈人正围在一张大方桌赌牌。蒋经国与毛宁初把手中端的馄饨往楼板上一摔，碎碗片和油汤溅了赌徒一身，赌徒正要发作，蒋经国和毛宁初已拔出手枪，对着赌徒："不准动，我是蒋经国！"

赌徒们一听到蒋经国三个字，吓得跪在地上，浑身打哆嗦。于是，蒋经国命令老板拿出账本来，写下了赌徒的姓名，限他们第二天每人交出500元光洋，不交的送去坐牢，老板是为首的，将他带走。结果，蒋经国关了他三天，罚了他1000块光洋。

在来到赣南之后，蒋经国由于敢用严厉手段对付一切与他作对的人，赣州的土豪劣绅一时有所收敛，政令基本上得以通行，烟、赌、娼等恶习大为减少。

随后，蒋经国便提出一个"建设新赣南"的提纲草案，并得到蒋介石的首肯，大加赞赏。蒋介石于1939年10月写信给蒋经国：

经儿知之：

十三日来信误写为"三十",想以事忙所致。建设新赣南提纲草案,大致可用,间有字句不妥之处,已加修改;托俞秘书另函寄还,待收到后酌量改正。唯作事应注重当地实际工作,不必施以对外宣传;以吾子弟愈能隐藏,则愈不受人忌嫉;亦即吾家愈能积德种福,亦即所以报答祖先之福泽,为后世子孙多留余荫也。此乃壮年人,尤其汝等不可不知也。

1940年,蒋经国正式公布"新赣南建设三年计划",提出了建设新赣南五大目标、人民的义务与权利、新赣南精神建设五大目标、新赣南人四大要件、理想政治、现代国民、新的人生观、新赣南家训、官民合作公约等九项具体措施。蒋经国说,它体现了"中国将来所应走之理想路线",它所规定的各项方案就是要使"中国未来之建设,能在赣南首先获得实验"。在这个"三年计划"取得一定成效之后,蒋经国又推出"新赣南建设五年计划"。他解释五年建设计划的特点是:

(一)全面性的国民经济建设;
(二)革命性的改造社会建设;
(三)群众性的社会劳动建设;
(四)创造性的现代科学建设。

但是,这个从1944年到1948年的五年计划,因日军窜犯赣南而告完结,未得实施。

蒋经国在赣南推行新政,雄心勃勃。他的目标很明确,就是要在赣南这块试验区内搞出一个国民党的样板来,以诋毁中国共产党在全国的深刻影响。他经常将所谓"新赣南"同当时享誉中外的革命圣地陕甘宁边区相比。向外界宣传说:"共产党有陕北,国民党有赣南,谁成功,谁失败,以后看。"

在蒋经国的治理整顿下，原本落后混乱的赣南也的的确确出现了一些新气象，给人以耳目一新之感，"蒋青天"的称号竟成为一时之誉，经过国民党的大力宣传，前来参观者络绎不绝。蒋介石对其子在建设新赣南中取得的政绩也十分满意，不时也指派一些人去"参观学习"。

3.婚外偷情，生了双胞胎

正当蒋经国在赣南干得轰轰烈烈，老子蒋介石为儿子大声叫好时，蒋经国在赣南却惹出了一桩风流韵事。

在赣南期间，在蒋介石的精心安排下，1939年6月，蒋经国曾到重庆参加中央训练团第三期党政干部训练班，受训仅仅一个月。在党政班结业前，经蒋介石的批准，蒋经国被选为三青团中央干事。接着，三青团书记长陈诚任命蒋经国为三青团江西支团临时干事会干事兼筹备主任。

这时，三青团实际上是与国民党对等的独立政党，三青团的负责人都是蒋介石的心腹亲信。这个任命标志着蒋经国从下层一跃跻身到国民党党团中央，成了三青团的高层领导人之一，从此可以同其他国民党高级要员并列而坐。

这一安排，是蒋经国迈进国民党上层的重要一步，同时，也是蒋经国与国民党各派的生死争斗的开始。

三青团为蒋家嫡系内部派系斗争的产物。1938年初，蒋介石为了克服嫡系内的涣散局面，协调派系倾轧、减少内耗，在武汉召开了国民党临时全国代表大会。大会作出了停止党内的一切派别活动的决定，通令即日解散CC系、复兴社和一切小组织，成立三民主义青年团。

三青团由蒋介石任团长，宗旨宣称其为"促进全国青年意志之统一，力量之集中，服膺三民主义，拥护最高领袖，开展战时服务，致力抗战救国"的团体。蒋介石企图通过建立这样一个新组织，吸引全国青年，使老朽的国民党重新振作。对于三青团，蒋介石说："吾视本团之组织为吾国家民族生死存亡之所系之唯一大事。"

对此，三青团书记长陈诚也明确地说："青年团的诞生，可以说，是党的革命新生命的诞生。"

蒋介石之所以还把三青团比作是国民党的"新血液、新细胞与新的生命力"，评价这么高，寄予希望这么大，其目的就是通过用成立三青团的办法削弱国民党，改变"蒋家天下陈家党"的局面，防止早已把握党务的陈果夫、陈立夫兄弟将他架空。在国民党内，蒋介石一直因资历不深，为此常常受到党内汪精卫、胡汉民等元老的打击；国民党涣散腐败，二陈兄弟有功高震主之嫌，为了替"太子系"的发展开拓出一块新的领地，于是蒋介石创立了三青团。

三青团江西支团一直被复兴社康泽把握，蒋经国一来，立即使康泽遇到了对手。为争夺三青团江西支团的领导权，蒋经国势力与复兴社康泽势力在赣南打了一场遭遇战。

蒋经国的任命公布后，康泽在江西支团筹备处的干部配备和干事会上大要招式，掣肘蒋"太子"。康泽派他的门生彭朝钰担任筹备处书记，江西省内第一期建立的六处分团全是清一色的康泽分子，筹备处的干部配备全是康泽的亲信；他只留下一个总务组长的空缺，由蒋经国填补。

彭朝钰有康泽做后台，自以为自己的经验比蒋经国丰富，所以从一开始就不把"蒋太子"放在眼里，蒋经国来到筹备处时，连一间单独的办公室都没有，彭朝钰甚至还四处活动，大言不惭地说："我作为书记，江西支团的筹备工作，我要负起实际责任。"并且，每当学生报到受训或结业分配，彭朝钰像当年蒋介石在黄埔笼络部下一样一个一个地召见谈话，谈话之中告诉学生："蒋主任是兼职，忙不过来，我是中央派来的，一切由我负责，以后你们有什么事，尽管找我。"结果，蒋经国的筹备主任成了一个空头荣誉。

彭朝钰的这话传到蒋经国耳里，加上筹备处他连一个办公桌都没有，于是大为恼火。在遭到康泽派的打击后,他也不甘示弱,立即着手回击。他利用父亲的后台,采取双管齐下的办法,狠抓组织和干部整顿,于是,他在江西的中央军校三分校政治部主任胡轨的支持下,抽调军校学员到赣南,然后在水西乡赤硃岭举办"三民主义青年团江西支部干部训练班",自己当班主任,在青干班,蒋经国把从苏联学来的联系群众的方式,与中国传统道义的精神糅合起来,在"青干班"的生活和训练中强调"同心同德、患难与共",要求不分男女,都以"兄弟"相称,号召"效忠团长"(蒋介石)"主任"(蒋经国)。这以后成为了他大肆宣扬的所谓"赤硃岭精神"。

尽管这些所谓的"精神",谁都不相信,但是,蒋经国有"太子"大旗为号召,青干班的学员们个个都是雄心勃勃"想做大事"的人,哪有不趋之若鹜?结果,连康泽筹备处的人马中好些人都跑到了太子旗下,这样蒋经国在赣州"青干班"一下子就办了五期,训练学员500余人。这批干部都成了蒋经国"嫡系中的嫡系",形成了新赣南派。新赣南派的异军突起,又有"蒋太子"的旗号挥舞,一下子就把康泽和彭朝钰一伙的气焰压下去了。

赣州"青干班"时期,由于蒋经国与学员过往甚密,于是又酿出了一段恋情。

蒋方良随蒋经国回到中国后,两人聚少离多。蒋经国主政江西赣南时期,除了很短的一段时间全家都相聚在赣州外,蒋方良与两个孩子多数时间是在家乡和重庆居住,蒋经国有时两三个月才回来一趟,夫妻聚首的时间甚少。在此期间,蒋经国在赣南出演了一幕"金屋藏娇"的风流剧。

这位女主人公就是在蒋经国一生的感情经历中占据重要位置的婚外恋人——章亚若。

章亚若的身世及个人经历颇为复杂、曲折。

章亚若的曾祖姓黄,原籍浙江。

父亲叫章甫。章甫自幼聪慧好学,长大后步入科举功名之途,连连高中,赶在清末废止科举之前,县试、府试、省试,三元及第。当上地方父母

章亚若

官之后，他携妻子儿女迁出吴城镇，定居南昌市内。因此，章家自亚若这一代起，已是道地的南昌人。

章甫18岁时，娶吴城镇名门周家之女周娩为妻，自此，平步青云，过了一段各方面都顺利兴盛的日子。民国后，他又曾负笈北上，在京城政法大学进修了几年，后又奉派到遂川做县知事，最后于1933年返回南昌，在佑营街挂牌做执业律师。章甫虽是旧时代功名场上走过来的人，但思想却颇为新潮。他出外求学时，自己改名贡涛，章贡合流为赣，他以"赣江之水浪涛涛"，显含自己的抱负。同时，他还将发妻周娩这一陈僻之名，改为周锦华，"锦乡中华"，亦喻不凡之意。

章贡涛和周锦华一共生了11个儿女，其中四个早夭，只有两儿五女长大成人。章亚若生于1913年，在兄弟姐妹中排行第三。父母为她取名懋李。"懋"是辈分排行，"李"是比喻桃李争艳的春天，纪念她春季出世的意思。

小懋李自小就深得父母的疼爱。她有一张秀气的圆脸，皮肤白嫩，活泼伶俐，聪颖可人。从三四岁起，懋李就跟在国学根底深厚的父亲身边学习古诗词，练习书法和绘画，领悟力甚强。7岁那年，听了父亲讲曹植"七步诗"的故事后，仿之竟也七步吟出："春兰桃李意芬芳，夏荷秋菊美家乡，寒冬腊梅开过后，又是幽兰放清香。"将章家五姐妹"懋兰、懋桃、懋李、懋梅、幽兰"的名字全嵌了进去,满座皆惊。

在对待子女的教育问题上,章贡涛一向开明,男女一视同仁。大女儿上了京都女师大,让二女儿读毕小学,又送三女儿进了省城教会学校——宝岑女中。数理化音体美的西式教育,使章懋李领略到烹饪与女红、吟诗与作画以外的另一个全新的世界。而北伐战争经略江西时所酝酿起的赣江两岸民众的自我觉醒之潮,也有形无形地濡染进少女的内心世界。在学校里,章懋李的国文程度比同班同学高出很多。她的字迹娟秀,诗词文章都拿手,又能歌善舞,擅长演说,是宝岑女中人所瞩目的风云人物。

章懋李15岁那年,由父母做主,许配近亲表哥唐英刚。唐英刚这时才18岁,是章懋李的二姑妈章金秀排行老四的独生女陶瑞庆夫家的堂兄。章懋李与唐英刚在一起共同生活八年,先后生育了小名叫"大衍"与"细衍"的唐远波、唐远辉两个男孩。

章懋李与唐英刚八年的夫妻生活,应该说并不如意。唐英刚在南昌高等法院就职,为人拘谨保守,平日里沉湎于诗画砚墨,服饰装扮与言谈举止都保持着传统儒士的风范,温文尔雅,书生气十足,新旧时代的交替并没有改变他的性格,他仍与外界格格不入。而章懋李则与唐英刚相反,她是一位追求新潮、开放型的女性,教会学校的西化教育与新时代思想的启迪,使她逐步地挣脱了旧礼教的束缚,章懋李足登高跟鞋,烫发描眉,身着剪裁合体的新款流行服装,敢于尝试社会上的各种新事物。并且,她不甘囿于家庭,婚后仍出外做事,也在南昌高等法院上班,平时交际广阔,时常出入于各种酒会、舞场;闲暇则带年幼的儿子看电影、逛街,在南昌城里也是一位颇为抢眼的时髦女性。

这样,在她身边,总有一些挥之不去的异性大献殷勤。而这些情况,长袍马褂的旧夫子唐英刚哪里能接受,又惊又气。章、唐巨大的个性差异更加深了他们之间的情感鸿沟,尽管婚姻是表兄妹亲上加亲,但是,丈夫还是多疑得很,但他表面不说,只闷在肚里。不久,章懋李在省高院上班,又遇上个色鬼上司刘副院长,扫兴的事便接连发生。风言风语又传到了唐英刚的耳里，为此，两夫妻开始了口仗，唇枪舌剑闹得不可开交，比以前激烈十倍。

结果，章懋李用截指断骨向丈夫表忠贞，才得以暂熄"战火"。但没过多久，唐英刚疑心又起，吵闹再次升级，不可调和。章懋李在征得婆婆同意后又做通了儿子们的工作，便回娘家暂时与丈夫分居，等待他的转变。不料唐英刚把这看做羞辱，整天生闷气打肚皮官司，日久伤身，体质渐弱，一天，他送老友乘船过江，突遇风暴翻船落水，救起后当晚因受风寒发烧，转急性肺炎，未及时得到医治而命丧黄泉。

章懋李闻讯赶来，抚尸痛哭，后悔不迭，骂自己不该离开丈夫分居，造成丧夫遗恨。

这场不幸的婚姻在悲剧中收场。这年章懋李年仅23岁。

办完丧事，章懋李便迁回娘家长住，两个儿子交给婆婆代为照管，但是唐家的生活费用，她却主动承担了下来。

无论是在婚前还是婚后，章懋李都是性格刚毅，办事有主见，是章家子女中的灵魂人物。尤其是在她的两个姐姐出嫁远离南昌，大弟章懋萱北上山东读大学之后，家中的大事小事、里里外外均由她一手操持。章贡涛、周锦华老两口也格外器重这个既懂事又能干的宝贝女儿。但是，寡妇门前是非多，1937年前后，章懋李决定改名亚若，彻底告别从前。

谁知她这一改名，弟弟妹妹也跟着学，引用她名字中的"若"字。大弟懋萱改为"浩若"；二弟懋宿改为"瀚若"；四妹懋梅原想叫威若，父亲说她出生时，正巧大雪纷飞，第二天梅花又开得漂亮，希望她留住"梅"字，于是懋梅沿用三姐亚若名字中的"亚"字，改名"亚梅"。

1939年初，日本军队攻到了南昌城外，玉石即将俱焚，章贡涛决定举家外出逃难。但是，章贡涛身体一直不好，难耐旅途劳顿，只好压重担于章亚若，让她带领全家南下赣州避祸，自己则选择了路程较近的庐山养病。没想到章亚若与父亲一别，此生就再没相见。

章亚若和母亲周锦华及弟弟妹妹逃难到了赣州后，初期生活靠着家中携出的银钱细软支持，但章亚若担心日久坐吃山空，于是与母亲商量，决定出外找工作以补贴家用，免得乱世柴米油盐一日数涨，全家人饿肚子。结果，经验丰富的她天天外出，又是应聘，又是投求职信。

日军攻进南昌

1939年的一天，蒋经国交给专员公署秘书徐君虎一封求职信，要他与寄信人一谈，看看能否帮上忙在专署安排个工作。信就是章亚若写来的，字迹娟秀，蝇头小楷颇见功力，语气如泣如诉，哀婉动人。徐君虎看完信，立刻约见了这位章小姐。

章亚若应约而来，一身时髦打扮，大波浪卷发披至肩头，一件紫色碎花旗袍镶上咖啡麦芽滚边，穿着半高跟的白色皮鞋。徐君虎对章亚若的圆脸和高颧骨印象最为深刻，晤谈之后，向蒋经国报告："这位女子工作经历有限，无突出特长，又比较花哨，恐怕难以在专员公署里安排职位。"

但是，蒋经国倒觉得不必拒人于千里之外，至少此人文化程度不低，于是，提醒徐君虎："可以叫她至公署图书馆整理书报资料。"

徐君虎自然遵命照办，于是，章亚若开始到专员公署正式上班。

报到之后，章亚若表现得十分勤勉。赣州空袭警报多，每次日本飞机来袭，总是炸得满目疮痍，一片瓦砾石堆，死伤的人到处都有。专员公署组织了一个救护队，由公署成员义务加入，专门帮助老百姓处理空难救护及善后事宜。章亚若主动请缨，加入到救护行列，并且她态度非常积极。每有空袭，她立即投入工作队伍，帮助抬送病号，包扎伤员，跑前跑后，十分热心，时常弄得一身血迹、疲惫不堪也毫不在乎。章亚若的这种行为反

谱写赣南恋曲的蒋经国

映到了专员蒋经国那里,他深为嘉许她的这种精神,并且,公开在例行集会时表扬章亚若。

事实上,新的工作环境也的确为章亚若注入了前所未有的活力。她似乎已经从以往不幸的个人遭遇所形成的阴暗压抑的迷惘中跳出来。在救护行动中,她脱下合身的碎花旗袍,换上男性的工作服,过着朴素但充实的战时生活,她内心中活泼好动和敢作敢为的基因全被调动起来了,新鲜而又惊险刺激的生活使她犹如换了一个新人。

另外,在赣州,新同事、新朋友,没有人知道她曾经有过一段不堪回首的痛苦婚姻。两个儿子接来赣州后,她嘱咐他们改口叫她"三姨"。她的过去也被深深地隐匿起来。没有世俗的压力和非议,她在精神上觉得轻松多了。

正是在专员公署工作期间,章亚若开始逐步地走进蒋经国的感情生活。

章亚若在资料室工作不久,就因为参加救护队表现好调至"抗日动员委员会"任文书。随后,又被选送进设在赣州郊外赤硃岭的"三青团江西支团部干部训练班"学习,结训后返回公署,正式担任专员秘书。以后,她还一度兼任了《正气日报》记者。

蒋、章恋情是何时攀至巅峰的?有人推断是在1940年下半年章亚若专职给蒋经国做秘书之后。不过,两人相互吸引,很可能在1939年章亚若进入公署相识蒋经国不久就慢慢开始了。

　　蒋经国的政治强人形象是以"赣南新政"奠基的,在这时他的确博取了一班热血青年的真心敬仰与拥戴,一个势力与影响不容忽视的"太子党"开始在他周围逐步积聚而成。然而,由于蒋经国的特殊身份,他早年曲折坎坷的经历又铸造出他喜怒无常的冷僻性格,虽然在赣州他有为数不多的"志同道合"的朋友,一起称兄道弟,谈天说地,但是,真正能够令蒋经国摘掉面具,撤除心防,接纳自己的内心世界,共享不足为外人言的悲苦喜乐的却了无一人。

　　章亚若在人生的路上也算是受过挫折的人,她以女性特有的细心与敏锐,窥出蒋经国这位赣州民众眼中无所不能的"英雄"内心深处无所依恃的孤独与寂寞的。在进入公署后不久,她暗中在生活上关护着蒋经国,结果,她以自己的才艺,以自己的善解人意,不仅成为蒋经国工作上的得力助手,而且也成为蒋经国个人生活上不可或缺的内助。天长日久,彼此初识即互有好感的蒋、章两人,感情发展很快超越上下级及师生之界限,蒋经国终于把持不住把章亚若弄上了床。

　　这时,蒋经国年方三十,章亚若也是妙龄少妇,两人陷入感情旋涡之中,并不顾

热恋中的章亚若

忌太多,虽然太子的身份使蒋经国不敢把恋情公开化,但是,他对这位红粉知己的爱恋之情,在特定场合下还是情不自禁地流露出来。

　　由于苏联生活的经历,蒋经国喜好在工作之余与好友同仁小酌数杯。有时候,不胜酒力,他也难免醉倒。以前,他无论怎么喝,都无人敢出面制

止,大伙儿总是迎合着他的兴致,陪他饮到底。然而,自从饭桌上加入了章亚若后,她便成了唯一有勇气也有能力劝阻蒋经国放下酒杯的人。每当秀气娇小的章亚若轻言婉语,笑盈盈地在一旁低声要蒋经国为健康着想,节制酒量时,蒋经国不但毫无愠色,而且立即依言放下酒杯,照着章亚若的劝告,不再喝下去了。这一来一往,浓情蜜意,旁观者简直不敢相信这位赣州民众眼中自信、独立的钢铁强人,竟然在章亚若的浅笑轻语下变得这样顺从服贴!不久便发现了其中的隐情。

蒋、章恋情初萌之时,双方都曾力求隐秘,但是,章亚若插班进赤硃岭"干训班"学习时,蒋经国亲自派公署下属王修鉴和三青团大队长欧阳钦陪送,即属孟浪之举,其中的奥妙明眼人都看出来了。

章亚若在南昌读小学、中学时的同学,并且有金兰之交的好友桂昌德也是"干训班"一期学员,与章亚若同屋相住。受训期间的一天黄昏,章亚若失魂落魄、眼泪汪汪地向她诉说,她担心她记载自己爱慕蒋经国的秘密日记与信件遭同学偷阅,可能传扬开来,惹上麻烦。但是,事情却并没有张扬出来。

在章亚若赤硃岭干训班学习期间,蒋经国的生母毛福梅在溪口遭日本飞机空袭遇难。这个意外事故,对蒋经国、章亚若二人的打击都异常沉重。

在蒋、章恋情发展到一定程度的时候,蒋经国曾允诺将选择适当时机,偕同章亚若返溪口探望母亲。章亚若对这个"构想"很感动,因为这无疑是蒋经国对两人情感关系的一种承诺,同时也是这时现实环境下最好的一种安排。然而,天不遂人愿,毛福梅的猝逝,彻底断绝了章亚若借拜见毛福梅以寻求公开她与蒋经国之间恋情的希望。

蒋经国回到溪口,突失他一生心心念念视为最大精神支柱的母亲,章亚若的慰藉就成了他全部的感情寄托。从溪口回到赣州后,他对章亚若更是情深意绵了。

因为蒋、章二人之间的恋情,不仅仅是一般男女之爱,令蒋经国毫无保留地投入真情的原因，最重要的是心灵的默契与沟通。蒋经国接纳章亚若不久，即将他秘不示人的留苏日记手稿交与章亚若阅读，让章亚若走入他昔日的苦难世界，分担他所经历的一切酸甜苦辣，实际上，这就是一种心灵上的信赖与托付。而他的发妻蒋方良是他在苏联落魄压抑下情不自禁的选择，难说芬娜是如何如何的可人和优秀。尽管芬娜一度是他的精神支柱，但是随着他回国地位的升高，两人的依赖和沟通反而少了，加上本来就是异族通婚，民族特性间的鸿沟也并不是感情可以填充的，蒋经国与章亚若相恋而没这异族的隔阂，因而更加令人心醉了。

溪口千里奔丧归来，蒋经国又将毛福梅生前最喜爱的一床绣有鸳鸯图案的灰色丝质被面送给章亚若，蒋经国用心良苦，章亚若也为之心碎。

"干训班"结业后，章亚若返回公署任蒋经国专职秘书，自此到章亚若离赣赴桂的两年多时间里，蒋经国与章亚若无论私事、公务，几乎是形影不离。

这时，章亚若一家住在赣州城江东庙附近的一幢旧式宅院里，几乎每隔一两天，蒋经国都会在夜幕降临后来到章家，而章亚若的母亲周锦华也深晓其中玄机，不让任何人打扰他们。

由于蒋方良时常离开奉化赴重庆探望公婆，在这种情形下，章亚若往往奉召至花园塘专员官邸帮忙照顾孝文与孝章，并在那里过夜留宿。但是，章亚若却不能享有名分，一度以家庭教师的名义

蒋经国在母亲墓前刻下的"以血洗血"誓言

出入蒋府。

或许是出于对章亚若"身份"无法公开的一种补偿,蒋经国虽然未对外承认过他与章亚若的恋情,但是当两人情感发展到高潮时,他已不忌讳在亲近好友面前,公然以行动表明他与章亚若的特殊关系。

一次,蒋经国与章亚若共同主持晚宴,邀请好友欢聚。席间,蒋经国曾向大家表明与章亚若订立婚约的意愿。

然而,不论有无明确的婚约,蒋、章两人之间的恋情,发展至此,已是专员公署上下心照不宣的"公开的秘密"。

1941年,蒋、章之恋有了结果。章亚若发现自己身怀有孕之后,找到平日里关系较密切的同窗好友桂昌宗,吐露这个秘密,并要求他尽快叫回妹妹桂昌德,请桂昌德陪她一起到桂林待产。桂昌德在1940年赤硃岭"干训班"结业后,被派到三青团临川分团筹备处任筹备员。1941年8、9月间,她忽然接到哥哥桂昌宗拍来的电报,立即整装赶回赣州,见到了章亚若,立即与她共赴桂林。

章亚若与桂昌德的桂林之行是蒋经国精心安排的。他之所以叫章亚若到远离赣州的桂林去生产,主要基于以下两方面的考虑:

一是蒋经国的"赣南新政",树敌过多,积怨甚深。

毕竟蒋、章关系名不正、言不顺,此事外泄,势必让他人非议,不仅直接影响到蒋经国的形象和前程,而且章亚若也易成为受攻击,甚至仇家报复的对象。蒋经国有一好友陈星吾,在广西大学任教,平素不问政治,蒋经国可以以私事相托;让章亚若离开目标过大的赣州去桂林待产,保密性强。

二是桂林远离抗战前线,环境相对安定。

这时在大后方,广西省立医院的医疗设备最好,水准最高。名重湘、桂、黔一带的妇产科专家李瑞麟教授,就是广西省立医院妇产科的主任,让章亚若到那里去生产,健康较有保障。

章亚若赴桂林前,蒋经国特意为她在赣州专卖江西风味小吃的张万顺饭馆摆了一桌酒席饯行,被邀集者都是章亚若在"干训班"和专员公署平日关系比较要好的同学、同事。蒋经国、章亚若俨然以男女主人公的姿态款待各位来宾。这个安排,意味着蒋经国在知道章亚若身怀有孕后,对章亚若地位的一种肯定。

饯别晚宴的第二天,蒋经国即请部下王制刚,陪着章亚若和桂昌德,从赣州经湖南浏阳,转四川重庆,再坐船抵达桂林。王制刚是蒋经国的亲信之一,在盐务处任职。他去桂林,对外宣称是到重庆办理公务,也无人怀疑。

章亚若一行到桂林后,先在大华饭店过渡了几个星期,然后就搬进位于丽泽门外的狸狮下路的陈星吾家。陈家专门为她准备了一幢出入方便的平房。这个地点位置偏僻,一点也不引人注意,三面环山,也容易躲日本飞机的空袭。另外,蒋经国还私下托付了广西省政府民政厅长邱昌渭夫妇平日里代为帮忙照料。

章亚若到桂林后,一改在赣州陪蒋经国四处出巡的活跃风格,隐名埋姓,深居简出,宁静地等待着产期的来临。平日交往的朋友,大都以"蒋太太"称呼章亚若,偶尔有人私下称呼她为"二夫人",但是,她也不在意。

在章亚若居住桂林的八、九个月的时间里,蒋经国每隔二、三个星期探访一次。蒋经国每次赴桂林探访章亚若,大都以公务赴重庆、途经桂林为借口,避开外人的耳目。而且,蒋经国为了进一步防止行迹泄露,抵达桂林后,通常并不直接赴章亚若居处,总是很小心地将所乘汽车停在距狸狮路百余米远之外,再步行而来,一般仅留宿一夜,第二天一早即匆匆离去。

为了保密,桂林章亚若与赣州蒋经国之间的信件往返,都以化名相称,蒋经国叫蒋慧风,章亚若叫蒋慧云。这原是他们在赣州初恋时私下的昵称。这风与云之间的难分关系,也显示了蒋、章两人缠绵不已的相思之情。

章亚若在桂林安顿下不久,即由桂昌德陪同,持着蒋经国的名片,到广西省立医院妇产科找李瑞麟,表示要在此生产。不久,又确诊怀身孕为双胞胎以后,章亚若每隔几天都要到医院来检查胎位,直到临产前住进医院。这时,在蒋经国的安排下,章亚若的妹妹章亚梅也专程从赣州赶赴桂林前来帮忙照料。

1942年正月27日早晨,章亚若的双生子出世了,比预产期早约两个月来到人间。由于早产,不足月的两个小婴儿一出世,就被送进保温箱中,7天后才出院返回狸狮路居所。医院的医生和护士都心里明白"蒋太太"的

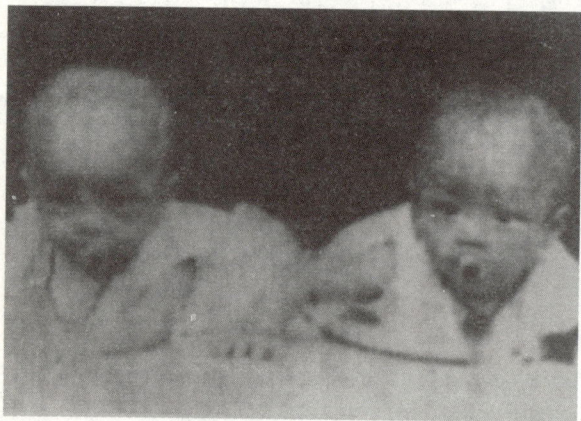
蒋经国和章亚若的孩子大毛和小毛

身份,竭尽全力细心、周到地照看这特殊的母子三人。

蒋经国得知双生子顺利出世的消息后,也十分兴奋,立即赶到桂林。看到这两个瘦瘦弱弱的小孩子像两只可怜又可爱的小猫咪,蒋经国脱口而称他的

两个儿子为"大猫"、"小猫"!这样,双胞胎就得大毛、小毛的乳名。此后,不仅父母、亲友这样称呼他们,自懂事起,两兄弟也一直以大毛、小毛自称。

另外,章亚若因在桂林的客居之所位于狸狮路,又为两个孩子分别取了乳名"狸儿"和"狮儿",寄意于他们将来会像狐狸一般狡猾聪明、狮子一样勇猛。

蒋经国的婚外恋情,没有逃过蒋介石的眼睛,他自己当年也是这么走过来的,因此对儿子的行为不仅"充分理解",而且在不闻不问的默许中纵容,他得知喜获麟孙之后,派人送了一笔钱给章亚若,嘱她安心静养。蒋经国在"大毛""小毛"满月时,为他们所起学名为"孝严""孝慈",虽然

暂从母姓,但已列入蒋家第三代"孝"字辈。这两个小孙孙是经过蒋介石首肯,他们复归蒋姓只是时间早晚的问题。

　　然而,虽然章亚若与蒋经国的恋情发展已有三四年的时间了,而且还为蒋家添了一对双胞胎,但是她在蒋家的地位仍旧阴晴未定。在赣州时,章亚若曾经寄希望于去溪口拜见毛福梅以求关系公开,不料毛福梅的猝逝彻底地断绝了这条变通之路;现在,她只能企盼着事实上的公公蒋介石的承认与接纳;然而,重庆方面却迟迟不肯表态。眼看着两个孩子日渐长大,章亚若内心里对狸儿与狮儿的名分问题也日渐焦急。她曾不止一次地告诉妹妹章亚梅,说她不能让狸儿、狮儿的身份不明不白。因此,每次蒋经国来桂林探望,章亚若都用柔情和泪水催促他想办法早日将两人关系合法化。另一方面,章亚若也开始请家庭教师苦学英文,似已打定主意,一旦无法解决母子三人的地位问题,就要远走异邦。她已不肯再这样委屈自己,长期躲藏在妾身不明的阴影中,无法公开见人。

　　事实上,蒋介石有意承认儿子的儿子甚至儿媳的名分,但是在如何处理蒋经国的这段婚外恋情及这对私生子的问题上,蒋介石及蒋经国均处于十分为难的境地。因为,这时蒋经国的从政之路正危机重重。"赣南新政"的强力推行,既给他带来了"蒋青天"的巨大声誉,同时也因为触及许多要人的既得利益而遭惹了不少麻烦,责难声四起。为避风头,蒋介石已有了将蒋经国调离赣州的打算。另外,为了谋求更大更快的发展,蒋经国自己也有将自己的活动重心移至重庆的考虑。在这种情形下,任何一点风波,都可能对蒋经国的仕途产生负面影响。因此,无论是蒋经国乃至蒋介石看来,章亚若此时的"名分"之争应属"很不适当"的"压力"。

　　事情凑巧得很,恰在此时,一切棘手的问题也就"迎刃而解"了。

　　1942年8月的一天,章亚若应一友人之邀出去赴晚宴,留妹妹章亚梅在家照料两个孩子。直到夜半时分,章亚梅才听到章亚若返家的声音。她从房里走出来,一看吓了一跳,面色苍白的章亚若东摇西晃,说不出话来,挣扎着进房后就倒在床上,脸上露出十分痛苦的表情。章亚梅见此情形也束手无策,立即通知了广西省政府民政厅长邱昌渭,第二天一大早,章亚若被送进了广西省立医院抢救。

桂昌德在章亚若出外赴宴的那个晚上,因为哥哥桂昌宗正巧来广西办理公务,她去探望,所以没有依以往的惯例陪同章亚若。她接到章亚梅的通知后马上赶回狸狮路,并亲送章亚若去医院。这时,章亚若已开始上吐下泻。

桂昌宗得到妹妹桂昌德的电话通知,也在当天上午赶至医院。他进入病房时,章亚若经过抢救,神志已经恢复,见到老同事、老朋友来,显得很开心。

章亚若和桂昌宗谈了一会儿,就说到她的"地位"未定的境遇,禁不住神色悲伤,泪水满眶。几分钟后,一个王姓医生拿着针筒来了,先试着注射章亚若的右手臂,没插进血管,绕过床,替她在左手臂打了一针。章亚若揉着手臂上打过针的地方,看着医生跨出病房门没几秒钟,突然尖叫一声:"哎呀!不好了!"她对着桂昌宗大喊,说自己眼前一片漆黑,看不见任何东西,随即昏迷过去。

桂宗昌惊呆了,奔出病房喊医生、护士,很快屋里聚集起一群人。这时有位医生说抢救要用冰块,吩咐桂昌宗快到街上去买一袋。等半个小时后,桂昌宗买到冰块赶回病房时,章亚若已是气若游丝了。正惶惶间,桂昌宗早先熟识的广西省立医院院长走到身边,交给他一张病危通知单,上面写着的病危症状是"血中毒"。但是,这位院长没有作进一步的解释。几分钟后,主治医生宣布急救无效,章亚若已逝,尸体要送太平间冰存。

在章亚若猝逝的急电传回赣州后,出人意料的是,蒋经国表现得"异常平静",以"公务缠身"为由,没有亲赴桂林见章亚若入殓前的最后一面,而是派部下王制刚前往料理善后。章亚若的丧事是由邱昌渭幕后打点的,具体出面负责筹办丧葬事宜的是广西省警察训练所的教务主任苏乐民。他们在桂林东郊警察训练所附近凤凰岭腹地,选定了有"百鸟朝凤"之说的墓址下葬了章亚若。所立碑文正中写着"蒋门章夫人讳亚若之墓”，右下方是“狸儿、狮儿敬立”。

丧事毕，桂昌德将章亚若遗物略事整理，带着蒋经国赠送的那床织锦被面，赴赣州见蒋经国。这时蒋经国目睹遗物，顿时面色凄然，双手颤抖，悲戚凝噎，眼泪沿面颊而下，久久不发一语，忽仰天长叹，欲言又止，众人见此景也无言安慰，只好悄然离去。

从1942年夏末章亚若去世之后，蒋经国似乎就下定决心将这段旧情埋葬在心坎深处。

蒋经国骑马照

章亚若病逝桂林年余后，徐君虎陪同蒋经国四处走动，一日抵达漓江一带，他提醒蒋经国说章亚若墓地就在附近，问蒋经国：“是否有意前去祭拜？”

“莫要再提此事了。”蒋经国略带慨叹地说完这句话，即不再言语了。

蒋经国的婚外情人章亚若的暴亡之原因一直是个不解的谜团，若干年后还众说纷纭，其中，有人推测大概是章亚若生了蒋家子孙后又在桂林不安分地四处交际应酬，大肆张扬，蒋介石担心儿子丑闻一出，影响以后的仕途，于是干脆叫军统特务头子戴笠派人把她一把干掉了事。此一说法较为可信。

4.升官,升官,再升官

章亚若暴亡后,蒋经国的赣南新政受到地方势力的阻碍,进展甚微,蒋介石看到这种情况,又担心第二个章亚若出现,于是派蒋经国去西北,设想让他插手新疆,掌握新疆大权。

"新疆王"盛世才对此早存戒备之心,一直防范被"蒋大公子"取而代之,紧紧控制着新疆的党政军大权不肯撒手。

蒋经国带领一大批"太子党"一路游山玩水,结果尚未进入新疆,半路就无功而返。

西北之行的失败,使蒋介石重新考虑蒋经国的发展前途。他决定还是让他走自己黄埔军校起家的道路,利用办学来训练自己的门徒,培植自己的势力,为掌握党政军大权奠定基础。蒋介石首先选定的学校是国民党CC系控制的中央政治学校。他认为控制了这所学校,就能逐步掌握全国的县长、县党部书记这样一级干部,改变"蒋家天下陈家党"的局面。这样,蒋经国这时虽然还是赣南的长官,但是,已经开始从赣南事务缩手了,他意识到赣南非久留之地,要有所发展必须要去勇攀高峰。于是,他开始了下一步计划:把国民党的党权从陈果夫、陈立夫两位"哥哥"手里夺回来。

为了打进中央政治学校,蒋经国对于陈果夫、陈立夫兄弟俩采取讨好的态度,嘴上"果夫哥哥""立夫哥哥"叫得十分亲切。对于政校派到赣南的毕业生,他一一委以重任,其中有的任专署的主任秘书、科长,有的任一些县的县长。蒋经国还兼任了政校毕业生的校外指导员,使自己和中央政校直接挂上了钩。

蒋经国估计,凭着蒋陈两家的关系,你陈果夫、陈立夫总不能不理我吧。为了保险起见,便叫干将高清岳先去试探一下。

高清岳秉承蒋经国的旨意,施展出全部本领,接连写了两封信给政校的老上司,吹捧蒋经国,说如果政校能推蒋经国当教育长,就能够充分利

1940年蒋介石去重庆汇报赣南情况时与蒋介石合影

用蒋的特殊关系,对于政校将来发展前途,当未可限量。但是,信发以后,如石沉大海,没有回音。

然而,蒋经国并不死心,他趁着参加三青团第一次全国代表大会的机会,亲自把高清岳带到重庆,直接向CC系伸手要权。

蒋介石对他儿子的这一手,十分欣赏,决定亲自接见高清岳,以资鼓励。

高清岳受宠若惊,凭着老关系,直接找到陈果夫家里,建议让蒋经国担任政校教育长。

陈果夫善于玩弄权术,他听了高清岳的一番话,火冒三丈,心想:小蒋居然搞到我的头上来了,中央政校教育长被他拿去了,不是把CC系的老本都端了吗?可是,表面上他却装着非常关心的样子说:"对经国老弟的事,我早就十分留心,正准备介绍他出任江西省民政厅长,让他从地方上顺序发展起来,不必一下子跨到中央。"

陈果夫把问题轻轻推开。高清岳知道蒋经国对政校教育长之职求之甚切。哪肯轻易罢休,便进一步提出:经国对教育训练干部很感兴趣,让陈果夫表态。

陈果夫见一时推托不了,眉头一皱立即另生一计。他仍然面含笑容地对高清岳说:"那好吧!我去找程天放一次,让程请经国老弟去政校作一次讲演,看学生印象如何。"

政校原教育长程天放是陈果夫的心腹亲信,听到蒋经国想来当教育长,要抢自己的宝座,不禁大发雷霆,马上拒绝蒋经国到政校去作演讲,坚决不让蒋经国的手伸进政校。

蒋经国染指中央政治学校教育长一职的企图,被二陈所阻挫。不得已,他只能退而求其次,把希望寄托在三青团内,另谋出路。

正在这时,三青团在重庆召开第一次全国代表大会。

会议期间,蒋经国不甘上次中央政治学校教育长的失败,纠集一帮人提出将原三青团中央干部训练班扩大为三青团中央干部学校,以作为三青团训练干部的"团校"。这是蒋经国对把持党权的陈果夫、陈立夫兄弟的一个反击。因为建立三青团中央干校,可以以此与陈氏兄弟把握的国民党中央政治学校相抗衡,并且,办校拉人还可以把蒋经国的另一对手把持三青团大权的康泽的势力打消,此举一箭双雕。

蒋经国这个提案马上得到了蒋介石的认可,加上三青团一些拥蒋派的支持,很快获得通过。

1943年12月,蒋经国出任三青团中央干部学校教育长。蒋经国由赣南起家基地,率领一批嫡系人马,进抵"陪都"重庆"复兴关",蒋经国首先对青干校人事作了部署:以王政为教务处长,张国雄、龚祥瑞为副处长;以胡轨为训导处长,张一清为副处长,先后以施季言、陈杰为总务长;先后以谢然之、俞季虞为主任秘书。他还积极进行聘请教师和招生工作,并建立三青团中央直属青干校分团,自兼主任,以青干班第一期毕业的蔡希曾为书记,在校内开展团务活动。

为了在"青干校"扎下了根,他手下几员大将使出浑身本领,与康泽党羽斗智斗勇,很快就掌握了青干校的实权,将康泽排挤出局。这样,1945年,蒋经国奉调离开赣州赴重庆工作时,他推荐了自己的亲信信丰县长杨明接任专员兼保安司令;康泽经蒋介石批准赴欧美考察。蒋经国离开赣南,人走政息;但是杨走马上任,青干校早已是他的天下了。

在蒋介石的支持下,为了扩充自己的势力,蒋经国于1946年初将原"青干班"一至五期毕业的2000多名学员作为"青干校"的第一期学员,换发毕业证书,改组"青干班同学会"为"青干校校友会",由蒋经国统一领导。校友会在全国各地设点,免费提供住宿、吃喝,有经济困难的可申请补助;想升调的也可提出申请;父亲寿诞时,可请教育长送个寿联等。

原"青干班"已毕业的一至五期学员,实际掌握着三青团各支、区、分团的大权,被视为康泽的重要班底,现在这批骨干分子为蒋经国所用,大大强化了他在三青团内的地位和影响。1946年9月,三青团第二次全国代表大会在庐山举行,在最后"圈选"的72名中央干事中,蒋经国仅次于干事会书记长陈诚,位列第二。在随后进行的中央团部的人事调整中,蒋经国以中央常务干事兼中央团部第二处处长的身份,直接掌握三青团组织训练、干部培养等实权。

在这个权力较量的你死我活时期,蒋介石还巧借机遇,时时刻刻伺机为蒋经国及其弟纬国升官。

1944年,日本军队为了挽救覆灭的命运,打通平汉、粤汉铁路,发动了豫湘桂战役,国民党军队千里大溃败,抗战局势陡然严峻。为了应付危局,1944年9月,蒋介石决定号召知识青年从军,组织"青年军",准备最后大反攻,"用青年军做最后大反攻的主力部队"。为此,他提出了"一寸山河一寸血,十万青年十万军"等颇具感召力的口号,并带头让自己的两个儿子蒋经国、蒋纬国应征从军。

蒋介石本意是要提拔蒋经国,为何又把蒋纬国"顺带"拉了一把呢?

原来,1938年蒋纬国进入德国陆军有名的慕尼黑军校就读,接受正规的德国军事教育后,1939年夏末毕业,被授予德陆军山地兵少尉,分发至德军陆军第八师实习,不久,国际形势发生了急剧的变化,大举侵华的日本成为德意日轴心国三角之一,中德之间的关系无法维持,于是,蒋介石接受当年蒋经国被滞留苏联的教训,立即电召蒋纬国回国。在蒋纬国1936年底初到德国时,希特勒就对其表现出极大的热情,曾予以悉心照应;此时,对于蒋纬国的离德要求,他却没有加以留难,而是极其谨慎地护送他出了国境。

蒋纬国返国途中,接到蒋介石的指示:到美陆军航空兵战术学校接受空军战术教育。这时美军还没有独立的空军,蒋纬国转道到达美国后,在麦克斯威尔基地学习,毕业后,又奉命至美陆军装甲兵中心见习约四个月,1940年冬蒋纬国学成归国。对于蒋纬国的归来,蒋介石十分高兴,他仍然指定已在重庆的蒋纬国的"养母"姚冶诚尽抚育之责。

这对于长年孤寂的姚冶诚来说,无疑是最大的安慰。蒋纬国自小由"养母"带大,自然感情深厚。从那时起蒋纬国一直随侍于姚冶诚的身边,从重庆到南京直至台湾,竭尽孝心。每年"养母"寿诞之日,蒋纬国总会通知至友和亲近部属去给爱热闹的姚冶诚"开心开心",在寿堂中把"养母"请出来居中端坐,蒋纬国先跪下磕头行起大礼,姚冶诚虽然啐他"又瞎胡闹了",但行过大礼之后,他的至友、他的部属就一班一班地排列,跟着磕头不误,把这位"养母"捧得乐晕晕的。

蒋纬国回国后,首先进入陆军第1师,被分配在步兵第3团第2营第5连第1排任少尉排长,以后逐步升任连长、副营长与营长之职。

但是,在抗战期间,蒋纬国因阶级太低无功可陈。唯一可述的是1943年随国民党"装甲兵之父"徐庭瑶率领中国驻印远征军战车指挥部,赴印作战。但是他当时也只是个上尉联络官,负责与英、美部队的联络事宜。

他升个副营长、营长比起那些出生入死、战功累累的人来说可以说完全是靠的蒋介石的面子。蒋介石设想未来的蒋家王朝是"经文纬武",现在蒋纬国在军中简直是个无名小卒,将来如何堪当"纬武"大任?越职提拔是不得不为的事了。

在这个"一寸山河一寸血"的口号下,蒋介石把这个十万青年军当成是未来战场的敢死队,好像一个个马上就要战死疆场上,在这样的幌子下,他越级提拔两个儿子不仅可以达到为儿子们升官委职的目的,而且可以蛊惑人心,使人们觉得蒋家父子全是为国家为民族"唯独没有自己"了。

在这样的"大流血""大牺牲"的幌子下,他下令蒋经国奉调出任青年远征军编练总监部政治部主任,蒋纬国从第1师第3团第2营营长的任上奉调为青年远征军第206师第616团第2营营长,不久升任该团中校副团长。蒋介石的这一骗人把戏不仅达到了提拔儿子的目的,而且也确实蛊惑了不少的人。蒋介石的"文胆"陈布雷看到蒋介石把自己的两个儿子送到"青年军"去"送死"大受感动。

首先是陈布雷的侄儿陈迡响应报名,陈布雷得悉消息后,连夜给侄儿亲笔题字,以为勉励:

　　你是我家第一个请缨入伍的志愿兵，门楣有光，我祖我父亦将含笑。长风万里，壮哉此行！炼得好身手，学得好技术，报效国家，复仇雪耻。我以满腔热烈的情绪，期待你凯旋归来。

　　接着，陈布雷的儿子陈迈和陈适也同时报名。陈适是陈前妻所生第三子，已在同济大学毕业，他学的是测量专业，报名参加炮兵。因怕陈布雷不允许，报名前未向家中透露。陈迈是第四子，为其妻王允默所生，还在交通大学读书，学的是土木工程专业，报名参加工兵，先征求了父亲的意见，陈布雷大加赞许，又写了一首《送儿迈从军至璧山》的五言诗。陈布雷从政以后，很少写诗词，送儿参军，诗情豪兴勃发，这首五言诗很长，内容如下：

名儿曰阿迈，字儿曰季前。

儿今从军去，能为弟兄先。

当时命名意，相合何适然。

儿性纯驯驾，赋秉得之天。

一旦奋壮志，猛着祖生鞭。

问儿何所愿？破虏靖烽烟。

问儿何所忆？乡土陷腥膻。

问儿何所乐？驱敌东海边。

国家有急难，吾宁计安便？

貔貅十万众，联臂自翩翩。

誓为先驱卒，不愧先泽贤。

再拜别父母，会看儿凯旋。

汝父嘉儿志，汝母有欢颜。

人生大幸事，忠孝得两全。

贻儿以短襦,戎装裹鲜妍。

愿儿身壮健,祝儿金石坚。

勉儿无他语,报国及盛年。

我心殊欢悦,我有笔如椽。

盾鼻染余墨,为写送行篇。

后来知道陈适也去参军,陈布雷也同样慰勉有加,说:"你怎么不早说?爸爸虽然屡告诫你们不要卷入政治,要学技术,但是爱国大业,匹夫有责,你们青年投笔从戎,理所当然耳!"

这时,社会上有"好铁不打钉,好男不当兵"之说;国民党的兵源,基本上是靠拉壮丁拉来的;国民党内稍有地位的人士很少鼓励子女从军,而陈布雷却鼓励子侄投笔从戎,报效国家。他的小儿子陈远,这时在中学读书,还未到入伍年龄,也去报名从军,体检的时候唯恐体重不足,拾了好几块石头塞在口袋里,但是终未通过。

陈布雷做到了全家抗日,完全是受主子蒋介石的影响,共赴国难。谁知,没过几个月,1944年11月,蒋介石又给儿子们升了官,蒋经国出任知识青年从军征集委员会委员。在开始编练"青年军"时,蒋介石借口要加强青年军的政治工作,决定以蒋经国任青年军编练总监部的政治部主任,军衔中将,后又兼任青年军政工人员干部训练班主任。而这些,文人出身的陈布雷哪里想得到!

这样,青年军政治部和各师政治部的人事全由蒋经国一手独揽,完全控制了青年军的整个政工系统。从此,蒋经国的政治势力由三青团扩展到国民党军队,并在国民党各派系中开辟了一席之地。

蒋介石也知道,这样一而再,再而三地为儿子升官,蒋经国没有压得住人的功绩也难以服众,并且自己唯亲是任、"家天下"的思想终究被人识破,为了给蒋经国创造一个立功的机会,1945年抗战胜利前后,在国民党接收东北时,蒋介石派出蒋经国以自己的私人代表以及外交部东北特派员的身份出关,与苏联谈判联系中国接收东北的事宜。

如果蒋经国去并与斯大林谈判成功,那么蒋经国就在八年抗战胜利后也有一笔可资让人称道的功绩了。

这时,蒋介石对中苏谈判是满有把握的,一则抗战期间他作为同盟国领袖数次见到斯大林,斯大林对他和中国表现出较为友好的态度,并且斯大林不赞成中国抗战胜利后再发生内战,而且对中共的支持开始大大减少。另外,蒋经国有过十余年的留苏经历,晓俄情,懂俄文,并与斯大林有过数面之缘,加上蒋经国返国以后,从地方到中央,从三青团到青年军,已经过多方面的磨砺,初露锋芒,羽翼渐丰。而最重要的是,东北是中国的领头,苏联没有理由不马上撤军归还中国。东北地理位置重要,资源丰饶,工业发达,为国共两党必争之地;在这块中外瞩目的政治舞台上,享有优势地位的蒋经国当有一番大作为。如果谈判接收成功,那么他就可以经营东北为自己的营盘,可以为日后打入国民党最高统治层捞上最雄厚的资本。

然而,由于蒋经国坚持的反苏反共立场,并且中方与苏联在东北的企图发生矛盾;谈判进展甚微。这时,抗战一结束后,中共中央早就审时度势适时作出了"向北发展,向南防御"的战略决策,派出大量干部和部队入关,集中力量经营东北,并迅速控制了东北的交通线和战略要地。结果,蒋经国的东北之行,无论是对苏交涉,还是与中共争锋,均落败,不仅没有任何建树,反而使外蒙古在苏联的支持下一步步走向"独立"。这使得蒋介石精心培植蒋经国的"妙棋"未能走出"妙招",最后蒋经国只好无功而返。

东北之行的失败,对蒋经国的打击颇为沉重,他在国民党内直线上升的势头受到遏制。强烈的受挫感,使得由东北返回南京的蒋经国,在相当长的一段时间内,没有恢复元气,神气不振,沉湎于声色的一时之娱。又过了很长时间,他才回到三青团中央干部学校经营自己的势力。

抗战胜利后,蒋经国忙于东北的外交接收,以陈果夫、陈立夫为首的

CC系则在后方不动声色地设计好了吞并中央干校、瓦解"太子"系的周密计划。

在国民党政府准备回都南京之时，中央大学、中央政治学校都准备复员南京。而蒋经国的三青团中央干校则无员

时为东北特派员的蒋经国

可复，蒋经国也不愿迁往南京，他征得蒋介石的同意，准备把干校迁往北平，建立政治北伐的大本营。

当干校的迁校计划呈送教育部后，陈立夫控制的教育部迟迟不予批准。胡轨代表蒋经国几次向教育部交涉，均无效果。相反，陈立夫想出了主动进攻的一招，由教育部经行政院向蒋介石建议："国家将要行宪，为培养忠于党国的政治人才，应设立国立政治大学，由蒋介石兼校长。"

结果，蒋介石批示："可行。"

不久，陈立夫又向蒋介石上书，建议将中央政校并入行将设立的政大。

蒋介石遂又批示："照准。"

陈立夫的两步计划实现后，接着就走第三步，即向蒋介石建议三青团的中央干校也以并入政大为宜，并在报告中说："党办的政校都并入政大了，团办的干校当然没有继续独立存在的理由。"

蒋介石也批示："照准。"

CC的计谋可谓用心良苦，三步环环相扣，其真正目的在第一、二两步不露任何蛛丝马迹。蒋介石照准第一二奏后，就不能不照准第三奏了。陈

立夫自以为得计,十分欢喜。

为了确保吞并蒋经国的三青团干校计划的实现,陈果夫和陈立夫决定先搞臭蒋经国。于是,他们利用国民党组织系统和教育部行政系统,在重庆各大专院校以至中学,鼓动学生反苏、反共,抨击国府软弱无能的外交,直指蒋经国外交接收东北的失败和外蒙事件的责任。

1946年,政治协商会议刚刚召开,2月22日,重庆爆发了大规模的大、中学生游行示威。各校代表在演讲中点名质问蒋经国:"蒋经国代表谁去莫斯科签订丧权辱国的条约?"

"蒋经国俯首承认苏联吞并外蒙、断送中国东北的主权居心何在?"

"蒋经国到东北办外交,一无所获,溜回重庆,应该如何向国人作出交代?"

句句质问,声色俱厉,蒋经国事先曾企图通过三青团来压住这场风波,无奈来势太凶,无论如何都阻挡不住;已经在东北外交受挫垂头丧气的蒋经国,此刻更是名声臭得不能再臭了。但是,蒋介石老谋深算,等CC表演一番后,于1947年3月突然不顾人们对蒋经国的指斥,任命蒋经国为国立政治大学教育长。

CC机关算尽,却为蒋介石所戏弄。陈果夫、陈立夫的政校已经并入政大,政大教育长又落入蒋经国手中,这意味着CC从此绝后。他们原计划是吞并蒋经国的干校,打击蒋太子系,没料到自己反被蒋氏父子所吞并,于是,二陈立即操纵了一场反蒋风潮。

随即,蒋经国任教育长的任命在政大张贴,学生们一看,在几个人暗中指挥下,立即围在公告栏前,群情激昂。

有人高喊:"同学们,请看老子任命儿子,要我们当孙子呀!"

接着爆发出阵阵吼声:"反对儿子教育长!反对父子家校!蒋经国滚开吧!"

学生们有的在布告上画一个"×"字,有的在布告旁写字,署名的"蒋中正"三个字也被涂得模糊不清。

　　政大反对蒋氏父子的消息很快就传到蒋介石那里，他大为震怒，凭借他对派系倾轧的经验，立即断定这是二陈从中在捣鬼。蒋介石马上把陈立夫召到侍从室，狠狠地训斥了一顿。然后，厉声限陈立夫："立即去政大告诫学生必须克日复课，热烈欢迎蒋教育长莅校就任。"

　　陈立夫胆子再大也不敢与蒋硬抗，只好连夜跑到政大，召集教职工和学生训话，诉述了他受到蒋介石训斥的委屈，要求学生体谅他的苦衷，克日复课。然后，陈又到侍从室向蒋介石复命，报告他已说服了学生，政大已挂出了欢迎蒋教育长的大幅标语。至此，政大学潮告一段落。蒋经国在父亲的全力支持下终于可以坐上国立政治大学教育长的宝座了，但是，经过这一场闹剧，蒋经国却对此职心灰意冷了，卖国辱权的罪名太大了，他此刻还沉迷于别人指责和自己良心谴责的痛苦之中，于是拒绝了出任政大教育长之职。

　　看到这种情况，一心实施家天下的蒋介石又想出了提拔儿子的另一

三青团干部与蒋介石合影

个办法。

随着国民党反共战争形势江河日下,1947年,蒋介石发布了所谓"戡乱建国"的全国总动员令,并着手进行国民党与三青团的"党团合并"工作。"党团合并"之后的大批编余人员,由新成立的"中央训练委员会"统管,蒋介石亲自兼任主任,然后马上叫上儿子,叫蒋经国做副主任,全面执掌中央训练委员会大权。

在蒋介石的授意下,蒋经国在"中央训练委员会"下创设了一个相对独立的"戡乱建国训练班",以后又在国防部下成立了一个自成体系的"戡乱建国总队"。

"戡建班"与"戡建队"的成员几乎均为蒋经国系的旧班底,蒋经国称之为"政治兵"。蒋经国组建"戡建班"、"戡建队"的意图很明确,就是要配合国民党军队进攻解放区,组织"还乡团"进行反攻倒算,并准备进占解放区后,成立"模范县",由戡建大队长任"模范县县长",建立保甲制度,摧毁共产党的基层政权,欲挽国民党摇摇欲坠的危厦于即倾。然而,蒋经国此举,于事无补。由于蒋家王朝在大陆的迅速覆亡,"戡建班""戡建队"几乎是方出台即退场。

第五章　在风雨飘摇的岁月中

1.无奈之中通缉毛泽东

1946年6月,蓄谋已久的蒋介石以围攻中原解放区为起点,终于发动了全面内战。

蒋介石之所以甘冒天下之大不韪,在抗战胜利后又发动内战,主要是因为他自恃拥有远较共产党方面强大的军事力量和经济力量,其中包括美国给予的大量援助,以为可以凭着这些力量很快地消灭中国共产党领导的人民军队和解放区。

这时,蒋介石的兵力包括陆军的正规军、非正规军,海军、空军、特种部队以及后方机关、军事院校,总数达430万人;而中国共产党方面,只有61万人的正规野战军、66万人的地方部队和后方机关人员,总数127万人。双方兵力的对比是3.7∶1。

蒋介石的军队,由于接收了侵华日军100万人的武器装备,再加上美国政府在抗日战争期间和抗战胜利后给予的大量援助,装备先进、武器精良。其中,正规军约有1/4是用美械装备起来的,一半以上是日械装备,1/4是混合装备。他们不但拥有大量的炮兵,而且还有相当数量的坦克、作战飞机和海军舰艇。而中共领导的人民解放军却只装备有抗日战争时期缴自日军的各种步兵火器,即主要是步枪、轻重机枪、迫击炮,拥有极少数量的山炮、野炮,但是既没有坦克,也没有飞机,更没有作战舰艇。

并且,蒋介石控制着全国几乎所有的大城市和主要交通干线,控制着全国76％的土地和71％的人口,控制着几乎全部的现代工业,军火工业也有相当规模。而中共方面，却只有全国土地的24％和全国人口的29％，除哈尔滨外没有一个大城市，经济上主要依靠农业和手工业生产，交通运输只靠肩挑、背扛、大车拉、小车推，军工生产基础极为薄弱，只能制造远不能满足作战需要的机步枪弹、手榴弹、炸药以及极少数量的迫击炮，并且这些自制的枪弹技术性能非常落后。

美国政府对蒋介石的大力援助，也是蒋介石敢于发动这场大规模战争的重要原因之一。仅国共停战的1946年上半年，美国政府就向国民党政府

蒋介石在视察美援武器

提供了价值13.5亿美元的各种物资，并且美国为国民党军队训练了各种技术军官15万人，重新装备了45个陆军师(旅)，为空军配备了各类飞机936架。在大规模内战爆发前夕，美国国务院除向国会提出《继续对华军事援助法案》请求通过外，又着手同国民党政府进行谈判，准备把储存在西太平洋的价值20亿美元的战争剩余物资低价出售给国民党政府。

6月26日，蒋介石悍然撕毁毛泽东与他签订的重庆谈判停战协定和政协决议，大举围攻中原解放区，从此发动了向解放区的全面进攻。6月27日，美国国务院批准替蒋介石政府建立1000架飞机的空军。

7月16日，美国国会又正式通过了决议，以271艘舰艇"赠送"给蒋介石打内战。8月31日，美国把它在西太平洋的原价值8亿多美元的剩余物资，

以1.75万美元的低价售给蒋介石。

内战发动后,蒋介石在南京召开秘密军事会议,宣布"五个月之内打垮中共军"。国军对东北各解放区再次发动大规模进攻,并以大军包围陕甘宁边区。

1946年10月11日,国民党军攻占了张家口,达到了它向解放区全面进攻的顶点。蒋介石被表面的胜利冲昏头脑,不顾共产党和各民主党派的反对,于11月15日至12月25日,悍然在南京召开了由他一手包办的国民大会。蒋介石急着召开一个"国民大会"的目的,是想假借民意,通过一部"宪法",使其独裁统治和他所挑起的内战"合法"化。因此,这次会议称作"制宪国大"。11月28日,蒋介石到会发表"宪草"演说:"我个人本来没有政治的欲望和兴趣,而且我今年已经60岁,就更不像过去20年一样能担负繁重的任务,所以必须将国家的责任交托于全国的同胞",表示要"还政于民"了。但他马上又说:"目前多数人民还没有行使政权的能力和习惯"。"如果这样毫无保障,就实行五权宪法,我个人认为非常危险。"而且"恐怕将来掌握治权的人",不能"以国父之心为心"。"假如我自己行使五权宪法,我一定能以国父之心为心。"一言以蔽之,还是要由他实行个人独裁。

蒋介石为了利用"国民大会"来孤立共产党,特意把大会延期三天,不惜用大量金钱和高官厚禄,企图更多拉拢收买民主党派和中间人士。但追随他的只有青年党和民社党两个小党派。中国共产党和各民主党派、各人民团体,均严正声明不承认这次"国民大会"和该会所制定的"宪法",这样蒋介石在政治上陷于更大的孤立了。

蒋介石气势汹汹发动全面内战,在夺得了一些城市的时候,美国特使马歇尔曾几次上庐山和飞往延安,进行所谓调停。1947年1月8日,马歇尔说了一句貌似公允的话:"和平障碍国共两党均有责任。"之后,他回美国就任国务卿去了。

此时,对于国内形势,连蒋介石手下从不多对蒋介石行为加以评论的陈布雷也对他的属下说:"委座对军事方面极有把握。必须使共产党的武力不致阻挠国家的建设,此为国家根本需要,此点必须坚持。"并且他还为蒋介石吹捧说:"马歇尔始初对委座不甚谅解,至最近国大闭幕,制宪成功,即表示敬佩,说委座够坚强,亦够伟大"。

2月27日、28日,国民党政府先后通知中国共产党驻南京、上海、重庆等地担任谈判联络工作的代表于3月5日前全部撤回延安,从抗战胜利后国共开始进行的谈判至此完全破裂。

自从1946年6月撕毁停战协定和政协协议,至1947年2月,蒋介石对解放区发动的是全面进攻。在这8个月的全面进攻中,从中共手中夺取了105座城市。但蒋介石的兵力却被歼灭了71万人,平均每占一城市,即付出7000人的代价。同时,由于蒋介石占领地盘的扩大,战线亦随之延长,军队补给发生困难。然而,毛泽东领导的人民武装力量在敌后不断开展游击战,迫使蒋介石投入大量"国军"来守护其后方交通线和这105座城市。这样一来,就使得蒋介石的机动兵力大为减少。于是,蒋介石不得不放弃全面进攻的方针,变为重点进攻陕甘宁解放区和山东解放区。

蒋介石"重点进攻"的战略目的,首先是将中共中央和中国人民解放军总部驱逐出西北,并配合其山东战场,打通津浦路,平绥路。然后,在西北的国军与在山东的国军取夹攻华北人民解放军之势,使其南北两个战场的军队会师张家口和山海关,这样就把东北和华北的人民解放军分割开来,随之实行各个击破。

1947年3月13日,蒋介石派飞机轰炸延安。14日,胡宗南亲自指挥七个师约15万人的兵力,向陕北解放区大举进犯。15日,蒋介石在国民党三中全会上狂妄地说:"要作战到底!"3月19日晨,胡宗南部进占延安城。

当天上午,蒋介石就接到胡宗南的报捷电报,电文是:

> 我军经7昼夜的激战,第一旅终于19日晨占领延安,是役俘房敌5万余,缴获武器弹药无数,正在清查中。

3月20日晨,蒋介石回电嘉奖:

宗南老弟:

　　将士用命,一举而攻克延安,功在党国,雪我十余年来积愤,殊堪嘉尚,希即传谕嘉奖,并将此役出力官兵报核,以凭奖叙。"戡乱救国"大业仍极艰巨,望弟勉旃。

中正

　　在胡宗南攻占延安这一天,南京与西安等地的商店和居民都接到命令,3月19日的当天晚上一律要悬挂国旗,燃放鞭炮,庆祝"陕北大捷"。美、蒋报刊闻讯,立即准备大事宣传,中外记者纷纷要求战地采访。

　　这可急坏了胡宗南。因为延安是中共中央主动撤出的。"经七昼夜激战"之说,纯属"天方夜谭"。胡宗南大军攻占的延安本是一座空城,哪里

1947年8月蒋介石亲自来到延安参观

去找"5万共军的俘虏"和缴获的无数武器弹药给记者们参观?! 幸好,胡宗南脑瓜子转得快,他急中生智,在延安周围设战俘营10座,抓来500名村民,再从国军中挑选出1500"伶俐"士兵,加以排练。10座战俘营全由这2000名"战俘"来扮演战俘。

结果,当中外记者由蒋介石派专机送往延安蜂拥而入胡宗南的俘虏营进行采访、拍照时,这些"战俘"刚在第一个战俘营给记者参观完,又马上被赶运到下一个战俘营去,围着记者团忙得团团转。胡宗南尽管搜集了一些三八式和汉阳造的步枪送到"战绩陈列室",但数量太少,只好把警备延安的部队的武器也送进陈列室,白天送去,晚上还要取回来,因为要防备"八路"夜袭。但弄虚作假之事,总不免露出马脚。有时记者提问:

"这些新式轻重机枪、中正式步枪共军由哪里得来的? "

"咦?在昨天那个战俘营我不是见过你吗?"这些问题都是在排练时没有设计回答的问题,为防止遇上这样的情况,胡宗南又对扮演战俘和充当解说参谋的人,都事先规定了应急措施:"当你无法回答时,要挺起胸脯,规规矩矩的立正,一言不发。"

蒋介石"光复中国赤都"延安之后,毛泽东与周恩来并没有离开陕北,正指挥解放军以"蘑菇战术",即同敌人周旋,使其精疲力竭后,集中优势兵力歼灭之的方法,在陕北一个旅一个旅的消灭着国民党军队的精锐。

1947年5月,蒋介石在山东的王牌军之一,整编第74师,在孟良崮地区被歼灭。74师为国民党的五大主力之一, 其他四个, 有两个此时也在山东,即第5军和整编第11师。有两个在东北,即新1军和新6军,王牌74师被歼灭,标志着蒋介石所发动的对解放区的"重点"的战略进攻基本上失败了。

1947年7月以后,在东北的国民党军队,由于人民解放军的反攻,被迫收缩于中长路和北宁路的狭长走廊地带,处于"全面防御"的局面了。

这一时期蒋介石在军事上由主动渐变为被动,在政治斗争上也使他沮丧。

　　这时，国民党内的民主派，在抗战胜利前后，先后成立了两个组织，一个是李济深、何香凝、蔡廷锴组织的中国国民党革命委员会，另一个是谭平山、柳亚子、王昆仑等组织的三民主义同志联合会。这些人如今虽不再握有兵权，但大多都是国民党的元老，又广泛联系着团结着，遭蒋介石排挤打击、曾在军政界担任过要职、又在国内外有相当影响的国民党内的民主人士，形成了一个人数众多，影响很大的反蒋力量。他们利用各种关系做国民党军队将领工作，动员不参加或反对内战，反对蒋介石的独裁卖国政策。国民党内民主派独立成立政党，站到革命人民方面，使蒋介石更加孤立。

　　与此同时，国统区的经济危机也走到了总崩溃的边缘。1937年能买两头牛的钱，到了1947年7月只能买1/3盒火柴。物价上涨了6万倍。造成这种情况的原因，首先是蒋介石为了换得"美援"来打内战，不惜将中国一切主权拍卖给美国，把中国变为美国独占的殖民地。美国与蒋介石签订了许多公开和秘密的条约和协定，其中集卖国条约之大成者，是1946年11月4日的《中美商约》。条约中的30条是美国提出的，名义上是一个通商条约，实际上美国在中国享有政治、军事、经济各方面特权，美国成了国民党政府的"太上皇"。中国人民把《中美商约》叫做"新二十一条"，把11月4日叫做国耻日。美国在上述不平等条约的保护下，对中国的商品倾销、资本输出达到了空前的规模。中国民族工商业被排挤得无立足之地，人民的血汗也被吮吸殆尽。美货成为中国人民的"美祸"。

　　其次，以四大家族为首的官僚资产阶级，在抗战后的胜利"接收"中将大部分敌伪财产据为己有。并且他们还通过垄断贸易，勾结外资，大搞投机活动，官僚资本更加膨胀，到了1947年，官僚资本在国统区的工业比重已占到80%，集中了价值大约200亿美元的巨大财富，相当于中国两三年的国民收入。四大家族官僚资本的野蛮掠夺，在内战中又大发横财，造成了国统区的空前严重的经济危机。

　　全面内战的军政费用开支也急剧增加。1947年，全年支出为法币100

万亿元,但收入仅有30万亿元,赤字高达支出总额的70％左右。蒋介石为了维持内战的开支,只好残酷的对人民增派捐税、田赋。致使工商业大量倒闭,大批工人失业,1947年,仅上海的产业工人的失业率已达40％。1947年,国统区80％的工业体系已告瓦解。农村经济受到的打击更为惨重。1947年农民平均每人要负担4斗以上的田赋,占其收获量的60％至90％。加上灾荒和大量青壮年农民被抓兵拉夫,国统区农村经济已濒临破产。广大农民在无粮的情况下只好采食草根,吃树皮和"观音土",甚至易子而食,形成了饥民遍野,饿殍载道的人间地狱。1947年,各地饥民共达1亿人以上。

严重的经济危机,把各阶层人民推上了饥饿和死亡的绝路,迫使各阶层人民团结起来为生存而斗争。

1947年5月,国统区学生掀起了"反饥饿、反内战、反迫害"为内容的爱国民主运动。这次学生运动较之以前历次规模更巨大,影响更深远,斗争也更为坚决勇敢。蒋介石惊慌叫嚣:"学生已越出国民道德,形同暴徒了!"他急令各地"采取断然处置"。结果,仅在南京,国民党政府制造了"五二〇"南京惨案,军警特务对到国民党行政院游行请愿的学生大打出手,500名以上的学生被打伤。

在此时期内,全国各地也不断爆发规模巨大的罢工和农民反抗斗争。1947

蒋介石在办公

年1月起,相继有14个省,300多个县的农民组织起来,以武力抗租、抗征、抗捐、反抓丁和惩办恶霸。其中尤其以"抢米"风潮最为猛烈,迫使蒋介石抽出30万正规军进行"围剿"。

由于国民党发动内战,贪污腐化成风,致使台湾通货膨胀,物价暴涨,8万多工人失业,300万农民陷于绝境,广大市民破产。1946年间,台湾也出现了"抢米"风潮和反对蒋介石法西斯统治的"抗暴"斗争。1947年2月28日,台北市民游行示威,抗议国民党的专卖局武装缉私员殴打女烟贩林江迈,并开枪击毙一名抱不平的群众陈文溪的暴行。国民党军队又向游行请愿的民众开枪,当场死三人、伤三人,激起了全省人民的愤怒,爆发了轰轰烈烈的"二二八"武装起义,几天之内控制了台湾大部分地区。3月3日,蒋介石电令驻江苏的21军全部开台:限3月8日前到达,镇压"台湾乱民暴动"。3月8日起,国民党军在全省进行大逮捕、大屠杀,群众被杀达3万余人,3月13日起义失败。3月16日,蒋介石说:这是台湾行政长官陈仪"主持台湾政事,不自知其短阙,而唯虚骄粉饰时尚,生此剧变,犹不引咎自责,可为太息痛恨也"。然后,蒋介石又给陈仪发去一封电令,全文是:

台湾陈长官:

请兄负责严禁军政人员施行报复,否则以抗令论罪。

中正

蒋介石杀完人又装作慈厚,并将逼人民造反的责任推卸给旁人。

到了1947年的下半年,国统区的爱国民主运动的新高涨,已形成了中国新民主主义革命的第二条战线,它直接配合了解放区武装斗争的第一条战线。中国人民在这两条战线上所取得的胜利,加速了蒋家王朝崩溃的步伐。

这时,蒋家王朝在内战的硝烟中节节败退、一步一步走向崩溃的边缘。蒋介石惶惶不可终日,一天,他终于想出了一个"对'共匪'重大之打

击"的好办法:

1947年6月28日,蒋介石指使国民政府最高法院对毛泽东下了一道
"通缉令",罪名是:"意图颠覆政府,其为内乱犯。"7月4日,他又指使国民
政府国务会议通过了"厉行全国总动员戡平'共匪'叛乱方案",18日向全
国公布。蒋介石说这样一来,"不仅军心一振,而民心亦得一致矣。"

但是,一纸"通缉令"与一纸"总动员令",并没有挽回战场上的败局,
蒋家王朝的大厦倾覆的日子不远了。

2.蒋家王朝的气势急转直下,父子俩乱成一锅粥

蒋介石病急乱投医,他的"通缉令"并没有捉到毛泽东,"总动员令"
也没有"振"得军心民心,相反,几个月之后,1947年10月10日,毛泽东以
人民解放军总部的名义发布了《中国人民解放军宣言》。宣言指出,蒋介
石及其集团一贯坚持卖国、独裁和内战的反动方针,使全国人民处于水深
火热之中,挣扎在死亡线上。为了中国人民和中华民族的解放,宣言中及
时提出了"打倒蒋介石,解放全中国"的口号。

宣言如同号令,它一发出,各地的人民解放军进攻的势态更加猛烈
了,攻城略地,捷报频传。11月30日,蒋介石被迫在日记上写了一篇"反省
录",全文如下:

全国各战场皆陷于劣势被动之危境,尤以榆林(陕西),运城
(山西)被围日久,无兵增援;12日,石家庄陷落之后,北方之民心
士气尤完全动摇;加之,陈毅"股匪"威胁徐州(江苏),拆毁黄口
(江苏)至内黄(河南)铁路,而后进逼徐、宿(安徽);陈赓"股匪"
窜扰豫西、南阳、安阳震动,江南各省几乎遍呈风声鹤唳之象;两
广、湘、豫、浙,闽"伏匪"蠢动;李济深、冯玉祥且与之遥遥相应,

公然宣告叛国,此诚存亡危急之秋也。

这时,南京已是一片萧秋,蒋家王朝确也如蒋介石所言已经到了生死存亡的危急之秋。此时蒋经国正在各地大搞什么还乡团,建模范县,但是,国民党军节节败退,还乡团哪还有什么"乡"可"还"?于是只好在"模范县"和"保甲制度"上做文章,全力巩固基层政权,建立与共产党作对的下层屏障,但是国军节节败退,国运每况愈下,再搞什么"模范县"抓基层,也不见什么成效。

1947年,由于国内战争带来生产萎缩,货币贬值,物价飞涨,商人投机倒把,官吏贪污勒索,成为了各地的普遍现象。蒋介石避开经济动荡的根本原因,认为只要打击贪污和投机倒把,便能转危为安。同时他也感到国民党上层没有力量,已经腐败不可靠,于是,想在各省市吸收一些新生力量,作为今后推动政令的骨干。蒋经国似乎也从抓基层中感觉到解决中国的关键也是在下层,于是马上按父亲的旨意,在北平组织了反贪污运动的具体机构——"燕社",物色一批清廉自持的人组成核心,查办平津各地的大贪污案,特别是有关接收的重大贪污问题,然后把各个案子通过这个组织直接送蒋介石核批处理。

蒋经国此旗号一出,参加"燕社"的人认为反贪污是整顿国民党内部和收揽人心的必要措施,吸收新进力量就是国民党的老朽派逐渐让位于少

蒋经国和青年军 209 师高级干部合影

壮派,能有机会引起蒋经国的重视,对今后向上爬有好处,因此,都乐意加入。于是,一时间不管是政界人物,还是教书先生,或是其他套路的人士纷纷入盟,其中,先后参加这个组织的著名人物有郑天挺(南开大学历史系教授兼教务长)、张怀(辅仁大学教育系教授兼国民党北平市党部委员)、张重一(辅仁大学教授兼教务长)、董洗凡(辅仁大学教授)、王翼呈(国民党政府经济部平津区接收特派员)、赵昂清(平津区铁路局秘书主任)、杨格(平津区铁路局秘书主任)、杨以周(天津中纺公司经理)、陆滁寰(天津市卫生局长)、孙振邦(河北省民政厅长)、贺翊新(河北省教育厅长)、屈凌汉(河北省社会处长)、王捷三(北平行辕政务处处长)、耿幼麟(华北补给区司令)、朱芳春(河北省北平高中校长)、石志仁(天津铁路局长)、陈雪屏(北大训导长)、刘瑶章(国民党河北省党部主任委员)等。

参加“燕社”的人每次开会采用座谈形式,没有签到,没有记录,也不填写什么社团的表格,没有研究过任何书面的文件,参加的人什么名义都没有,只是有人主持,大家任意漫谈,所提供的材料由“燕社”署名,当然,不得外传。

国民党贪污成风,由来已久,大多数军政人员都会利用职权,在抗战时期发国难财,在日寇投降后发胜利财。抗战胜利后的平津一带,国民党接收人员横行一时,“五子登科”(抢金子,占房子,要车子,下馆子,住窑子)成为风气。“燕社”成立后,大家谈来谈去,认为若对这类人物进行检举,面太宽,人太多,举不胜举,严格地说,也有泥菩萨过江自身难保之势,他们自己本身也有不少人不干净。因此,检举贪污便集中注意那些接收大员身上。

当时,保定、石家庄、天津、唐山的负责接收人,都是国民党第11战区司令长官兼河北省主席孙连仲派去的,孙连仲的武装汽车不断从上述各地把金银布匹等贵重物品,连同军用物资一齐运到北平,他还在北平直接收罗古董珠宝,但是谁也不敢检举,因为他是华北的父母官,又有兵权。同时,蒋介石在内战中正用着他,如果轻举妄动,不但得不到蒋的信任,

1947 年蒋经国夫妇与蒋纬国夫妇在一起

还会招来意想不到的麻烦。于是,蒋经国只好把孙连仲放在一边,把目标转移到各重要地区直接负责接收的首要人物头上。

这号人物中,令人注意的是保定的警备司令池凤城、石家庄的专员高挺秀、唐山的专员刘培初,他们都是日寇投降后第一批去到指定地区接收的。日本军队在中国侵略那么多年,对国民党的军政界的腐败情况有所了解,他们在投降后编造移交财产目录时,都有两套账簿,一套是公开的,一套是秘密的。以日本军队在河北省经营的供销社为例, 在公开的账目上,房屋、设备和物资的类别、数量,一般都是细致、确实,可以照册点收的;至于贵重物资能够搬运藏匿的,就登记在秘密的账目上,据说这些是送给接收负责人的礼物。办接收事务的人,不论勒索与否,都能从中分得很多的财物。虽然日本人已做了这样的安排,但国民党的接收大员犹未满足,不待清点,把公开账簿上的财物也抢走了很多。河北省社会处是主管这部分业务的行政单位,但从第一批接收人员那里得到的几份公开账目,经过清点,诸如汽车、机器、布匹、服装,以及有些电扇、沙发、写字台、保险柜等,早已被搬运不知去向了。他们把这些材料汇总起来,以"燕社"名义上报,但一直没有得到蒋介石的批示。蒋经国和他们见面时,也只是空空而谈,一谈及具体问题就默不作答。

"燕社"的成员见"反贪污运动"很难,于是,就给蒋经国写了一封信,提出三个问题:(一)既然要"反贪污",为什么不从上而下的反起?为什么不先把南京的特大贪污案件办几个?不然的话,自然免不了"上梁不正下梁歪"。(二)一般公教人员的薪金远远赶不上物价的飞涨,以致无法维持最低的生活。那么公私不分、假公济私之类小贪污案件就跟着发生了。为什么不从根本上把一般公教人员的生活稳定在一定水平,再来"反贪污"? (三)"反贪污"是个消极的口号,为什么不提出一个积极的口号来,更便于号召呢? 这封信发出后,如石沉大海,杳无音信。

这样的搞法固然会更加丧失民心,无一丝的作用,这时蒋介石内忧外患已经惶惶不可终日,于是又推出"制宪国大",把1948年定为"实行宪政年",以此转移人民的视线和注意力。实行宪政,就要有总统,1948年3月29日,国民党于南京召开第二届国民代表大会,即所谓"行宪国大",主要议程就是选举总统。谁都清楚,所谓的总统就是蒋介石,选举只是走走过场。

可是,谁也没想到蒋介石却"坚决辞让"做总统候选人,并传言要把总统的宝座让于北京大学校长胡适博士。

原来,早些时候从美国驻华大使司徒雷登处就传出信息,说让胡适当总统是美国的意思。美国如此安排的目的,为的是止沸民怨,挽救蒋介石垂危的政局,由"文人学者"当傀儡总统,以显示国民党"致力于民主改革"了;而蒋介石做行政院长兼军事委员会委员长,仍掌握军政实权。蒋介石对美国的建议先是口头上答应,然后在4月4日的讨论总统候选人的会议上,讲了总统候选人的四个必备条件:(一)文人;(二)学者专家;(三)国际知名之士;(四)不一定是国民党员。按这样的条件总统候选人显然是胡适而不是蒋介石自己。

其实,这是蒋介石敷衍美国人的。因为蒋介石是既要权力又要名誉,中华民国总统的头衔,他怎肯让给他人。在讨论总统候选人的会议上,有人当真提名胡适时,蒋介石布置好的一班中常委们就开始大闹起来,提出非由党的"领袖"任总统不可。可是,蒋介石又"坚辞"不出。于是,关于总统候选人问题闹了好几天不得开交。

蒋介石提出不当总统既是做戏给美国人看,又是争权力的一种手段,因为国民党现在这部宪法中,还缺少一条"总统在特定时的紧急处置权",这样,总统的权力就要受到"宪法"的限制。于是,4月17日,国民党中常委在蒋介石的亲信张群的提议下,开会决定在宪法外增加临时条款,授予总统有"紧急处置权",这在4月18日的国民大会上予以通过。蒋介石得到更大权力后,亲自到总统候选人讨论会上讲话。他先追述自己如何追随先总理参加革命,如何誓师北伐,定都南京,削平内乱,领导抗战胜利。最后他激愤地说:"我是国民党党员,以身许国,不计生死,我要完成总理遗志,对国民革命负责到底。我不做总统,谁做总统!"

但是,真正要选举总统,总不好只有蒋介石一人为候选人,这就不叫"民主"了,于是居正被拉来做陪衬。4月19日,国民大会进行选举,蒋介石以2430票当选,陪选人居正得269票。废票35张,其中有的在蒋介石的姓名上面打"×",还有写孙中山的。

关于选举副总统,蒋介石规定由国民党中央提

蒋介石与宋美龄

名,并内定为孙科。突然,出乎于蒋介石意料之外,桂系李宗仁要参加竞选。桂系曾在1927年联合其他反蒋派"逼宫",迫使蒋介石第一次下野。1929年蒋桂战争中,桂系被蒋打败,逃到广西一隅,伺机再起。1930年冯玉祥、阎锡山联合反蒋,桂系趁势加入反蒋联合阵线。但由于张学良领奉军入关助蒋,第一次反蒋联盟又告失败,桂系又缩回广西。1936年6月1日,广东的陈济棠借蒋不抗日为名又联合桂系通电反蒋。1937年在全国一致抗战的形势下,桂系"皈依"蒋记中央。然而蒋桂之间的明争暗斗,仍时起时伏。这次李宗仁竞选副总统,使矛盾激化,争斗达到高潮。

李宗仁若选为副总统,对蒋介石的威胁是很大的,因为李宗仁是拥有军事力量的地方实力派,在目前蒋对中共战事节节失利的局势下,桂系大有伺机取而代之的可能。李宗仁参加竞选,对蒋介石来说"好比一把刀指着胸膛"。因此,蒋介石不惜用一切手段打击李宗仁。他先让于右任、居正、吴稚晖、张群、陈果夫、孙科、吴忠信等一帮国民党显要人物一齐出

面,向李宗仁施加压力,"劝说"李宗仁退出竞选。但李宗仁坚持不让,于是蒋介石亲自找李宗仁谈话。

> 蒋介石:"你还是自动放弃的好,你必须放弃。"
>
> 李宗仁:"委员长,这事很难办呀。"
>
> 蒋介石:"我是不支持你的。我不支持你,你还选得到?"
>
> 李宗仁恼火地回答:"这倒很难说!"
>
> 蒋介石也动气了:"你一定选不到!"
>
> 李宗仁又不客气地反驳:"你看吧!我可能选得到!"

蒋介石满脸怒容,猛从沙发上站起,连声地说:"你一定选不到,一定选不到!"

李宗仁也从沙发上站起来:"委员长,我一定选得到!"

蒋介石气得来回走个不停,嘴里直吐气:"哼……"

李宗仁自己就曾说:"蒋先生是有名的威仪棣棣的大独裁者,一般部下和他说话,为其气势所慑,真可说是不敢仰视,哪里还敢和他吵嘴。"李宗仁这回不但敢和大独裁者蒋介石吵嘴,并且一口咬定副总统他"一定能选得到"!原因何在?原来李宗仁有美国暗中支持。当蒋介石的统治危机重重行将崩溃的时刻,美国为了不失掉中国这块殖民地,于是,决定及时扶植另一个傀儡,以代替失掉人心的蒋介石,结果,选中了在长江以南仍保持较强实力的桂系,支持李宗仁当选为国民党副总统,以便必要时作为蒋的继承人。

于是,由美国支持的桂系为一方,以蒋介石为首、指挥黄埔系与二陈的CC派和全部特务组织为另一方,两方对副总统选举展开了激烈的斗争。由于双方势均力敌,经过三次投票都没有选出副总统,还得进行第四次投票。这时六位副总统候选人只剩下李宗仁和孙科,其他四位都不再"陪绑"了。这是关键的最后一次投票,蒋介石亲自布置孙科的竞选。

突然,大会上出现了一些传单,一种传单说李宗仁"台儿庄胜利是假的","戡乱不力","竞选中的口号与共产党口语一样",给李宗仁扣上一顶"通共"的红帽子。另一种传单集中攻击李宗仁的夫人郭德洁,说她在北平如何贪污,如何用金钱收买国大代表等。蒋介石又派出特务向支持李宗仁的国大代表进行收买和威胁,许多代表告之李宗仁他们"已失去选举的自由"。形势对李宗仁大为不利。

4月24日,桂系三巨头李宗仁、白崇禧、黄绍竑连夜集会筹划对策,终于在25日凌晨2时想出来一个绝招——罢选。

25日,"李宗仁退出竞选"成为全国各报最重要新闻,李宗仁声称:这次"国大"存在某种压力,使各代表不能本其"自由"自愿投票,选举殊难有"民主"结果。本来,在选举"国大代表"时,就有人绝食、上吊,甚至抬棺材到会场门前示威,吵闹打骂,出尽丑态,被国人讥嘲不已,如今又出现副总统候选人罢选,举国哗然。结果,这一天开会时,孙科走进"国大"会场,只见代表的席位上人数疏落,只有他自己方面的代表,不足法定出席人数。大会主席团见此情景只好宣布暂时停选,孙科被逼,也宣布退出竞选。

如此一闹,"国民大会"无法收场了,刚当选的蒋总统处境尴尬,下不了台。于是,蒋介石当天召见桂系大将白崇禧,说:"我没有袒护、支持任何一方。那些传单、谣言是想破坏我党团结的反动分子干的,一定要追究。"

然后,他要白崇禧劝李宗仁仍然参加决选。

桂系罢选本来就是对抗蒋介石,要李宗仁选上副总统,这时,白崇禧顺水推舟,将蒋总统对他说的话向报界发表了,这一下就等于说"此地无银三百两"。然后,利用蒋介石"不袒护、不支持任何一方"这句话加紧活动拉选票,4月29日进行副总统决选,李宗仁以多得143票的微弱多数胜孙科,当选为副总统。

国民党的"行宪国大"从1948年3月29日至5月1日,历时一个多月,总

蒋介石的总统宣誓

算收场了。新华社在《旧中国的灭亡,新中国的前进》的社论中,评论国民党的 "行宪国大" 时指出 "蒋介石统治中国二十一年所追逐的最后一出戏" "演的这样难堪,以致人们不知他们是在作喜事,还是在出丧。"

蒋介石当了总统,于1948年5月1日在总统府举行"宣誓典礼"。这时中共发布了纪念"五一"劳动节口号,提出"打到南京去活捉蒋介石"的口号。并号召"各民主党派,各人民团体,各社会贤达迅速召开政治协商会议,讨论并实现召集人民代表大会,成立民主联合政府。"这一号召,迅速得到各民主党派、各人民团体,海外华侨团体、无党派民主人士的热烈响应。

3.上海滩"打虎",打到了表弟

由于国民党发动全面内战,把社会财富大量消耗在战火之中,造成军费激增，南京政府一年就支出约6000亿元，财政开支大大增加，整个财政立即呈现捉襟见肘的景象，虽然极力搜刮，仍连年赤字，再加上美国的加紧侵略，致使国民党统治区百业凋零，工人失业，市场萧条，国民经济出现严重危机。

1948年，国民党政府财政赤字已达900万亿元，而财政收入仅及其支出的5%左右。蒋介石弥补财政赤字的唯一办法就是无止境地印发钞票，其结果是促成物价飞涨，法币贬值到不及它自身纸张和印刷费的价值了。以上海物价上涨为例，1948年8月份的物价和1937年1月至6月的平均物价比较，则上涨了500万倍至1100万倍，国统区的经济已经到了总崩溃的境地了。在这种情况下，美国杜鲁门不仅不增加对蒋介石的援助，而且规定美援要在美国顾问的严格监督下使用，并且又对蒋介石实行"有限援助"政策。没有钱花，这使得蒋介石在战场上失利之时，经济上也陷入了前所未有的危机之中了。

8月13日，蒋介石在庐山牯岭，在司徒雷登的帮助策划下，搞出了一个"经济紧急处置方案"，蒋介石要实行"币制改革"和"限价政策"了。8月19日，国民政府明令公布了这一紧急处置方案。

"经济紧急处分令"的条文甚多，归纳起来，不外下列四大项目：

（一）自8月19日起发行新币"金圆券"，以300万法币兑换一元金圆券，限期在10月20日前兑换完毕。

（二）限期以金圆券兑换人民持有的黄金、白银、银币与外汇，逾期任何人不得持有，持有者严办。

（三）限期登记本国人民存放外国的外汇资产，违者制裁。

（四）整理财政并加强管制经济，以稳定物价，平衡国家总预算及国际开支。

经济紧急处分令决定发行金圆券代替法币，限期收兑金、银、外币，整理财政并加强经济管制，以8月19日为最高限价日，强行规定全国各地物品及劳务价格。蒋介石为加强管制，在上海、天津、广州设立三个大经济管制区,特派俞鸿钧、张厉生、宋子文为督导员,蒋经国、王抚州、霍宝树为协助督导员,赋予行政及警察指挥大权。《中央日报》对此发表社论,指出:"社会改革,就是为了多数人的利益,而抑制少数人的特权。我们切盼政府以坚毅的努力,制止少数人以过去借国库发行,以为囤积来博取暴行的手段,向金圆券头上打算,要知道改革币制就如割去发炎的盲肠,割得好则身体从此康强,割得不好则同归于尽。"

上海是中国的经济中心,也是蒋介石推行币制改革的重点,因而,蒋介石就把这个割盲肠操刀的重任交给了蒋经国,用太子来打虎。8月20日,蒋经国赴上海走马上任,坐镇中央银行,开始了轰轰烈烈的"打虎运动"。

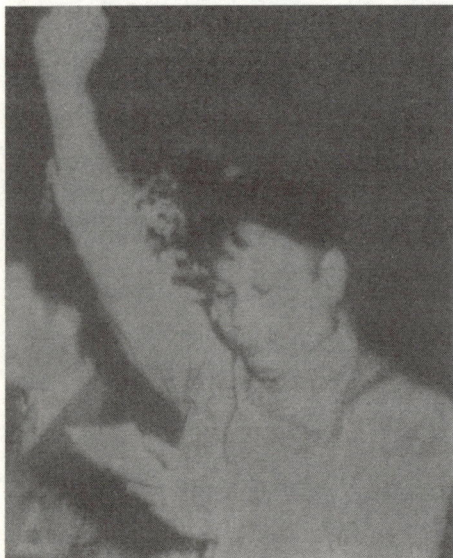
蒋经国做演讲

蒋经国就职后的第一个棘手的难题,就是上海猖獗的投机市场。为了确保8月19日限价,即官方称谓的"八一九防线",如期收兑金、银、外币,蒋经国决心首先向上海的投机商人开刀,整顿和清理混乱的经济秩序。为此,他调来私家班底"戡建队"来上海,并在当地招募"信仰"三民主义的知识青年,组建"上海青年服务总队"(时称"打虎队")为基干队伍,并调集上海市六个军警单位全部出动,进驻全市大小市场、库房、水陆空交通场所,进行搜查,强行管制,命令:"凡违背法令及触犯财经紧急措施条文者,商店吊销执照,负责人送刑庭法办,货物没收。"

9月12日,蒋经国做了篇名噪一时的《上海何处去》的演讲,这是蒋经国向上海的整个不法商界下达的"哀的美敦书":

　　在工作的推进中,有不少的敌人在那里恐吓我们,放言继续检查仓库办奸商,将会造成有市无货,工厂停工的现象。不错,假使站在保持表面繁荣的立场来看,那是将要会使人民失望的。但是,如果站在革命的立场来看,这并不足为惧,没有香烟、绒线、毛衣、绸缎,甚至猪肉,是没有什么可怕的……我们相信,为了要压倒奸商的力量,为了要安定全市人民的生活,上海的市面,是绝不畏缺华丽衣着,而致放弃打击奸商的勇气。投机家不打倒,冒险家不赶走,暴发户不消灭,上海人民是永远不能安定的。

　　上海许多商人,其所以发财的道理,是由于他们拥有本店制造的两个武器:一是造谣欺骗,一是勾结贪官污吏。做官的人如与商人勾结,政府将要加倍的惩办,戚再玉已经枪毙了,听说不久的将来,还有类似的人,也要得到同样的命运,这就是对于身为官吏的人的警告……"共匪"和奸商是革命的两大敌人,我们对于这两个敌人,决不能放松一个,要同样的打,一起的打。

在蒋经国喊出对"奸商"要和对不共戴天的仇敌"共匪"一样,"决不放过一个,要同样的打,一起的打"的时候,由蒋经国领导的"戡建队"也喊出来最响亮的口号:"只打老虎,不拍苍蝇。"上海青年服务总队所揭示的四大工作目标则是:打祸国的败类;救最苦的同胞;做艰巨的工作;尽最大的义务。这在上海几乎是妇孺皆知!

　　为速战速决,取得成效,蒋经国下决心不惜孤注一掷,严刑峻法。

　　为了杀一儆百,蒋经国用当年在赣南时的野蛮手段,先将对抗经济紧急处分命令的不法官僚、财政部秘书陶启明、上海警备部张亚尼、警备部稽查大队长戚再玉等人处以极刑,并将包括部分巨商大户在内的64名投机商人投入监狱,以慑服人心。

　　这些人虽称不上大老虎,却是有权有势的"坏头头"。有人劝蒋经国手下留情,他回答说:"一路哭不如一家哭。"结果,蒋经国这句引用古贤的格言,一时在上海滩成为传诵一时的名言。

为了不使"一路哭",蒋经国又开始了向金融界实力人物开刀,以此威吓金融界其他人。随即,联合银行总经理戴立庵又是他选中的目标。

9月6日,蒋介石在南京国民党中央党部扩大纪念周会上说:

> 目前尚有一个问题,即商业银行对于政府法令尚存观望态度,其所保留之黄金、白银及外汇,仍未遵照政府的规定移于中央银行,并闻上海银行公会理事会拟集合上海所有各行庄,凑集美金1000万元,卖给中央银行,便算塞责了事。可知上海银行界领袖对国家、对政府和人民之祸福利害,仍如过去二三十年前,只爱金钱,不爱国家,只知自私,不知民生的脑筋丝毫没有改变。在"共匪"这样猖獗,人民这样痛苦,尤其是前方官兵这样流血牺牲的时候,政府为要加强"戡乱建国"的力量,决心实行这一个重要的改革,其成败利钝,实有关于国家民族的生死存亡。而若辈拥有巨量金、银、外汇,尤其是几家大银行,这样自私自利,藐视法令,罔知大义,真令人痛心。这种行为固然是直接破坏政府"戡乱建国"的国策,而其间接实无异助长"共匪"的内乱。彼等既不爱国,国家对彼等自亦无所姑息,故政府已责成上海负责当局,限其于本星期三(8日)以前令各大商业银行将所有外汇自动向中央银行登记存放,届时如其再虚与委蛇,观望延宕,或捏造假账,不据实陈报存放,那政府只有依法处理,不得不采取进一步的措施,予以严厉的制裁。

蒋介石的讲话,杀气腾腾。9月8日,国民党中央宣传部长宣铁吾所办的《大众夜报》首先发难,用头条新闻大标题,说戴立庵的联合上海商业银行逃避大量金银外汇,对其大肆攻击。

戴立庵见报后,非常气愤,立即拿了报纸到中央银行,准备找蒋经国说个明白。这时,蒋经国正在开会。戴立庵转而找到中央银行总裁俞鸿钧和专为各银行陈报外汇资产而来上海的财政部政务次长徐柏园。俞鸿钧暗示戴,不必找蒋经国,找到他也未必对戴有利。戴立庵听罢就告辞回家。

　　当天夜晚《申报》记者来访,戴立庵趁机反驳《大众夜报》对他的攻击。第二天,戴的谈话就在《申报》刊出,这更激起《大众夜报》对他的奋起攻击。

　　这时,上海银行钱庄都有明暗两套账簿,黄金、外汇都在暗账收付,明账中看不到。联合银行于8月1日改组成立,戴立庵到行不久,联合银行的外汇资产,除去善后债券列于明账外,其余的外币证券、外币存款、库存黄金都是暗账,他还未见过,也没有问过。当中央银行通知各商业银行限期陈报持有外汇资产数额时,他问当时的联合银行董事长钱新之如何陈

蒋经国担任上海经济管制督导员留影

报,钱新之把联合银行总管理处几位高级职员和上海分行副经理邀在一起,当众对戴说:"我们和盘托出,决不牵累你。"

　　然后,钱新之又对这些高级职员、副经理们说:"你们把表准备好,我明天和戴经理一同亲自送往中央银行。"

　　9月10日,戴立庵忽然接到蒋经国的信,约他第二天上午到梵航渡路乐义饭店一叙。戴立庵顿时感到凶多吉少,但还是硬着头皮去了。

到了乐义饭店,蒋经国正在里间与人谈话,声音很大,他只得在外间等候。过了一会儿,里面走出一个人,戴立庵见是上海银行业同业公会的理事长李馥荪,他面红耳赤,神色颓唐,和戴点点头就离去了。李馥荪是浙江第一银行的董事长。蒋介石认为凑集美金1000万元卖给中央银行的主意是他出的,因此要俞鸿钧立即查封浙江第一银行,借以恐吓其他银行。俞鸿钧考虑到上海的特殊环境未敢执行。李馥荪又托了与蒋介石关系密切的已故中央银行常务理事叶琢堂的女婿李叔明说情,才得无事。但蒋经国为此还是狠狠地教训了他一顿。

戴立庵走进里间,只见蒋经国站在那里,脸上似乎还有些气恼的神色。房间内朝窗摆了两张沙发,中间隔着一张茶几,旁边一张沙发已有人坐在那里。蒋经国见他进来,就招呼他坐下,寒暄几句后,就转入正题。

蒋经国先问他:"这几天的报纸见到了吗?"

戴立庵说:"已看到了,正要请督导员彻查。至于联合银行的黄金外汇,已经开单于昨天和钱新之先生一同面送中央银行俞总裁和财政部徐次长了。"

蒋经国接着重复《大众夜报》所刊登的内容,要戴立庵承认,戴解释道:"《大众夜报》说我私人财产达两亿美元以上,这种连常识都没有的话,你也会相信吗?况且,这事是可以调查的。"蒋经国仍不相信,脸色很严峻。

戴立庵又说:"那么,请你把具体事实和证据拿出来,让我也甘服。"

蒋经国见戴立庵不服,思索了一会说:"要拿,到法庭上再拿,我正考虑送你到法庭还是到特种刑庭。"

戴立庵说:"听你的便。"

谈话就这样结束了,当戴立庵站起来要走的时候,蒋经国又换了种语气:"希望你考虑考虑,下次再谈。"

戴立庵说:"没有什么考虑的。"说完,就走出里间。

在他们谈话的时候,蒋经国曾几次站起来,在房间里来回走动,似乎在想什么心事。戴立庵后来听人说，当天上午，蒋经国在与周作民说话的时候，曾一再追问周作民有多少外汇，周说有5000块美金，蒋经国大为愤怒，一再说要打电话给警察局把周作民拘留起来，并站起来作要打电话的姿态。戴立庵想他在房间里来回走动，可能也想用同样的方法来恐吓他。

9月24日早晨，联合银行来了一个穿警察制服的官员，名片上写着"刑警督察长"程义宽，说要会见戴立庵。戴见了他后。他拿出一张预先写好的"切结"，要戴签名盖章，并且要正当行号做保人。原"切结"上并不说明原因，只是说："某某非经核准，不得私自离沪。"

戴立庵问他："我究竟犯了什么罪，要这样处理？"

他说："对不起，我是奉命办理。"

在这种情况下，戴立庵考虑到如不照办，立刻就会找到麻烦，仓促之间，他就请设在联合银行楼上的太平洋保险公司协理浦心雅作保，才办好手续。这张切结直到蒋经国离沪，才由俞鸿钧还给戴立庵，一场风波才得以平息。

蒋经国在上海仅两个月的时间，为国民党政府掠夺了黄金114.6万两，美钞3452万余元，港币1100万元，银元369万余元，银子96万余两。但是各银行的外汇存款和外汇证券搜刮数目和他们的意图相差很远。所收缴的多数是普通老百姓所有的黄金、美钞、港币、银元。

蒋经国一到上海，上海大亨黄金荣、杜月笙都相继邀请他，准备盛宴招待。但蒋经国对杜月笙的几次邀请置之不理，使杜月笙心感不妙。黄金荣则派心腹黄振世备好请帖，面邀蒋经国。蒋开始推托不去，黄振世说："如果到黄家或黄金荣的荣社去不便，那就请到我们的振社，我是专员部下的评价委员，到振社去可说是召开工作会议，名正言顺。"

蒋经国口头答应他第二天赴宴，黄振世得意非凡，第二天他把酒席摆好，不料来的是蒋经国的代表吴绍澍和蒋恒祥，顿时大失所望。黄金荣闻知这一情况后，就改变主意，提出："让大少奶奶去请他适当，大少奶奶交际手腕好，小蒋先生会听她的。"

　　根据黄金荣的意见，黄家大少奶奶李志清亲自打电话邀请蒋经国到黄家赴宴。第二天，蒋经国如约而来，由李志清接待。在席间，蒋经国表示"打虎"的决心，并向李志清问起上海交易所内投机倒把的情况，李志清的儿子黄起予是证券交易所的经纪人，她本人是后台老板，对交易所的情况一清二楚，但她想借此代公公黄金荣打击杜月笙，就回答说："交易所是杜家爷叔（指杜月笙）负责的，由他的三公子维屏少爷管理，我的儿子想申请执照当经纪人，要花七根大条，向杜家爷叔再三求情，还是花了五根金条。"

　　李志清告的杜月笙父子两人这一状，给蒋经国留下深刻的印象。

　　金圆券发行的头一两天，物价没有波动，第三天就开始上涨。蒋经国坐镇上海也无济于事，他怀疑地方势力捣乱，因此准备向杜月笙开刀，谁知杜月笙在几次邀请蒋吃饭都被拒绝的情况下，早已提高了警惕，处处留心，使别人不易在他身上找到大毛病。蒋经国就把眼睛盯住了其子杜维屏。

　　杜维屏是上海证券交易所的经纪人，也凭仗着父亲的关系，一向很吃得开，经常搞些投机倒把。一次在交易所外面抛售永安纱厂的股票2800多股，这在他看来是小事一件，但却被蒋经国抓住把柄。蒋经国以"连续在非其交易所买进卖出，进行投机倒把"的罪名，把他和另外两个同样情况的人逮捕。

　　杜月笙得到这个消息后，知道这是蒋经国借机搞他，表面上却装得满不在乎的神态，还口口声声说："这孩子破坏了交易所的规章，应当办，我决不去保他。"但实际上他却感到这个面子失得太严重，心里很不好受。他得知儿子被抓的消息后立即打电话给钱新之、章士钊、徐寄顾、陆京士等，邀请他们商谈对策，第二天又请黄炎培、盛丕华、刘鸿生、徐采函前来商量。后来，法院判杜维屏8个月徒刑，杜维屏不服，延请律师上诉，法院又改判六个月，并且还罚了款。

　　蒋经国竟然敢于向江浙财阀发难，将上海闻人杜月笙的公子逮捕法办,一时上海各界为之震动。

敢抓杜月笙的儿子,说明打老虎是动真格的了。它赢得普通市民齐声喝彩,也使那些"坏头头"有所收敛。

然而,蒋经国督导下的上海经济改革,由于触动了各特权阶层的既得利益,几乎是从一开始就遭到上海各派势力的激烈反对。市长吴国桢直接向蒋介石递辞呈,明确表示不与太子合作,社会局长吴开先则公开和太子冷战,上海的工商界组成联合战线,明里暗里对抗蒋经国。因此,蒋经国虽然一度依借军警的压力,保住了"八一九防线",使上海市暂时性地恢复了稳定和秩序,但是还是难以稳住阵势。

不久,蒋经国在浦东大楼召开上海巨商会。会议通知杜月笙参加,但是,几次电话催请,杜月笙才姗姗而来。

会议开始后,蒋经国首先讲话。大意是:有少数人,不明大义,兴风作浪,投机倒把,囤积居奇,操纵物价,致近来物价日涨,影响国计民生,本人奉总统之命来上海平抑物价,实行经济检查,将先把囤积的物资调查登记予以封存,然后按评定价格处理,稳定市场物价,安定社会秩序。最后,他说:"今天请各位驾临,请予以协助办理。各位父老如有亲属朋友囤积物资的,请劝其照限登记。如果逾期不报的,一经查出,即将其囤积的物资没收充公,并予法办。"

蒋经国讲完之后,杜月笙发言说:"我杜月笙原来是一个坏人,什么坏事都做过,但自从总统执政以来,承他看得起我,把我当做一个好人,我杜月笙就没有做过坏事,一心在上海搞社会建筑事业,从不违法。现在我老了,而且身体有病,所以把我的事业,分给几个儿子去做。今天我的小儿子在交易所买出卖出,违犯国家的规定,是我管教不好,我叫他把所得登记交出,而且把他交给蒋先生依法惩办。不过我有一个要求,也可以说是今天到会各位的要求,就是请蒋先生派人到上海扬子公司的仓库去检查检查。扬子公司囤积的东西,尽人皆知是上海首屈一指的。今天我们亲友的物资登记封存交给国家处理,也希望蒋先生一视同仁,把扬子公司所囤积的物资同样予以查封处理,这样才服人心。我的身体有病。在这里不能多呆,叫我的儿子维屏留在监牢听候处理。"

杜月笙讲完后,就要离开会场。蒋经国听到杜月笙的话后,知道他要发难了,连连说道:"我一会儿派人去检查扬子公司。"

蒋经国被将了一军,只好看着杜月笙退席而去。散会后,马上派人去检查扬子公司的几个仓库。结果发现扬子公司所囤积的东西堆积如山,有棉花、纱、布、日用百货、热水瓶、无缝钢管、粮食,共约2万多吨。检查后,蒋经国命令立即将各仓库封存,并把有关当事人扣留。

杜月笙为何提出对扬子公司发难?原来,扬子公司

左起:孔令侃、宋美龄、孔二小姐、孙令杰

是四大家族之一孔祥熙的儿子孔令侃开的。在这之前,"打虎队"在检查来往车辆时,曾遇到过孔令侃,但他拔出手枪保险,并扬长而去。现在孔令侃看到皇太子蒋经国真把扬子公司的仓库封了,主事人也被扣留,他坐不住了。当天,他就飞往南京向姨妈——宋美龄求援。宋美龄立即乘飞机赴沪,当面叫上蒋经国和孔令侃,要求把这个案子撤销,并且说:"你们是手足,没有理由互斗。"①

蒋经国说:"这怎能服从呢?"

孔令侃立即暗示如果不撤诉,他会不惜暴露让蒋家和政府难看的事。

---

① [美]陶涵著:《蒋经国传》,林添贵译,华文出版社2012年版,第1页。

宋美龄说："此案必须由你父亲亲自处理，在他来到之前，你不能乱动。"

蒋经国只能作罢。其实，宋美龄在离天南京之前，就已急电在北平的蒋介石，促其见电速来上海。蒋介石不知出了什么大事，乘飞机到了上海。飞机刚一降落，宋美龄一个人首先登机，如此这般地向老头子说了一番话。

第二天一早，蒋经国去见他父亲。半小时后出来就露出垂头丧气的样子。他对至友说："我只有先在家尽孝，而后对国尽忠了。"

此一丑闻，喧嚣中外。蒋经国上海"打虎"以来所建之声威一扫而光，上海市民把他的政治口号从此改成"只拍苍蝇，不打老虎"。市场上复又"人山人海，抢购物资""八一九防线"变成了不攻自破的"马其诺防线"。

蒋经国导演"打老虎"这场全本武戏，历时70天，终于被迫草草收场。1948年11月1日，国民党政权的经济改革的讣闻正式公布，明令取消"限价"政策。11月6日，回天无力的蒋经国悄然离开了上海，返回杭州蒋寓。临行前，蒋经国发表《告上海人民书》："自今日起不再到中央银行办公，当我离开办公处的时候，心中实有无限感慨，几欲流泪。"欲起死复生的经济改革演变成一场掠夺人民的骗局，蒋经国是想有所交代，但是向平民们无法交代了！

曹聚仁以历史当事人的身份记叙道：

　　经国放下经济特派员职位的前一星期几乎天天喝酒，喝得大醉，以至于狂哭狂笑。

　　这显然是一场骗局，他曾呼吁老百姓和他合作，老百姓已经远远离开他了，新赣南所造成的政治声誉，这一下完全输光了，有的人提起了经国就说他是政治骗子；有人原谅他，说这都是杨贵妃不好，害了他，蒋先生的政治生命，也就日薄西山了。

杨贵妃系指宋美龄。不过话说回来,没有宋美龄的从中作梗,这场经济改革也免不了失败的命运。

当蒋经国到上海"打老虎"时,著名新闻记者徐铸成在香港《文汇报》发表短评,断言金圆券这个怪物活不到三个月,因为经济有它的客观规律,用行政及武装手段是改变不了这个规律的。徐铸成还请漫画家米谷画了一幅漫画:杀气腾腾的武松,抡起头大的拳头往下打,而被他缚住的,却是一只只会咪咪叫的猫。标题"新武松"。

蒋经国正是这样一个"新武松"。

4.第二次下野"归田"

1949年初,蒋家王朝在大陆的统治已呈风雨飘摇、朝不保夕之势。

面对风雨飘摇的国民党统治,局面破烂不堪,蒋介石痛心疾首,但也无能为力。

"山雨欲来风满楼",蒋介石发现他为了能在夜晚入睡而服用了多年的烈性安眠药再也不灵了。他开始酗酒,每天夜晚都要喝一杯半的威士忌酒。

这时,杜聿明集团军30万人被围在淮海战场,以傅作义为总司令的华北"剿总"拥有的60万军队,由于华北广大地区早已被解放军占领,傅作义部也仅仅是维持在京、津、保、唐,张家口、承德等几个大的孤立的据点中。如此情景,大势已去,但是蒋介石并不甘心,他还要作最后的一搏。1948年11月28日,蒋介石安排宋美龄再次访问华盛顿,他希望宋美龄能通过弹舌巧嘴,游说美国上下,得到美国的紧急军事和财政援助,救党国于千钧一发之危。

然而,宋美龄对此番访美,心里并不情愿。她审时度势,今非昔比,美国总统已经换人了,与她关系要好的罗斯福早就作古了,继任的杜鲁门并不看好蒋氏政权,在1948年竞选时两人私下又结了一怨,嫌隙难合。

原来,1948年为美国总统大选年。杜鲁门的竞选对手为纽约州州长杜威。杜威属共和党,对社会主义国家持强硬态度。杜鲁门的民主党,以中间偏左为号召,对独裁的蒋介石集团持某种批评态度。因此,蒋介石对杜威寄予甚大的希望,并肯定杜威会在总统选举中获胜。因为若坐在白宫里的不是吝啬的杜鲁门,慷慨的杜威就会不附带任何条件拨出几十亿美元支援,蒋介石就有起死回生之本了。因此,蒋介石特命驻美大使顾维钧向杜威授予特种"吉星勋章",特派陈立夫赶到美国,以现金支援杜威,并让孔祥熙和孔令杰父子也在美国大肆活动,为杜威竞选拉票。杜鲁门在描述孔氏父子帮助杜威竞选的情形时说:"他们使许许多多众议员和参议员听他们吩咐,他们有几十亿美元可花……我不是说他们收买了任何人,而是说有许多钱在流动,华盛顿有许多人……按照院外援华集团的旨意行

1943年2月宋美龄访美时,美国总统罗斯福亲自欢迎的盛况

事。"

可是，美国总统大选在1948年年底一揭晓，当选总统的并不是蒋介石看好的杜威，而是连任的杜鲁门。这一下蒋介石花了大钱投错了骰子，却又结了一位冤家。但是已经走投无路的他只好厚着脸皮再去求杜鲁门。然而，12月24日，美国国务卿马歇尔通知宋美龄，她访美只能以私人资格前去，这已呈不祥征兆。

宋美龄为挽救夫君的灭亡命运只好硬着头皮去美国。一下飞机，这一次，华盛顿没有像以前她去美国那样给蒋夫人铺红地毯，没有邀请蒋夫人在白宫过夜，更没有邀请她向国会讲话。宋美龄失望得很，颜面顿失，对此心存芥蒂的杜鲁门私下对挚友用挖苦的口吻说："她到美国来是为了再得到一些施舍的。我不愿意像罗斯福那样让她住在白宫。我认为她也不太喜欢住在白宫，但是对她喜欢什么，或者不喜欢什么我是完全不在意的。"

几天之后，杜鲁门夫妇按礼节约见了宋美龄，他们很客气，也很冷淡，总统给宋美龄半个小时为自己的要求进行辩解。她旧话重提，要求美国：(一)发表支持南京政府反共救国的正式宣言；(二)派遣高级军事代表团来华主持反共战争之战略与供应的制订工作；(三)提供80亿美元的军事援助。

杜鲁门说："美国只能付给已经承诺的援华计划的40亿美元，这种援助可继续下去，直到耗完为止，美国不能保证无限期地支持一个无法支持的中国。"

杜鲁门不仅没有给宋

宋美龄于1943年在美发表广播讲话的情形

美龄面子，而且随后不客气地向报界发表一篇声明，透露美国向蒋介石提供的援助总额已经超过38亿美元，以堵死其他为蒋介石拨款的劝说。

此声明一出，无疑宣告宋美龄访美一败涂地。由于吃了总统的闭门羹，而且无法像过去那样创造奇迹，宋美龄愤怒地离开华盛顿，到纽约弗代尔的孔祥熙家别墅隐居起来，从此，再未踏上大陆。

宋美龄访问白宫期间，蒋介石每晚都要与她通无线电话，可是他越是盼望华府援助之切，越是一无所获；这时战场上传来的消息更是令人沮丧。

12月24日，桂系将领白崇禧领先发表致蒋介石的"廖敬电"，以"民心离散、士气消沉"为理由，提出三项主张：

（一）相机将真正计和诚意转知美国，请美、英、苏三国出而调处，共同斡旋和平。

（二）由民间机关向双方呼吁和平，恢复和平谈判。

（三）双方军队应在原地停止军事行动，等候和平谈判解决。

在白崇禧的带领下，武昌辛亥首义同志会接着通电全国，称："兵连祸结，生灵涂炭，武汉为革命发祥地，故敢作第三次首义之举。"并提出：

（一）双方停战，国事留待国人公决。

（一）会中方面拥护白总司令，并首先罢兵，另寻政治途径解决。

29日，湖北省参议会召开大会，通过致蒋介石及毛泽东信，交由湖北省主席张笃伦转交白崇禧代为发出。电文称："如战祸蔓延，不立谋改弦更张之道，则国将不国，民亦不民。"要求蒋介石"扞政治解决之常轨，寻取途径，恢复和谈"。

30日,湖南省主席程潜、河南省主席张轸通电响应湖北参议会"艳电"。张轸在电报中要求蒋介石"迅即下野,以利国共和谈的进行。"同一天,白崇禧又向蒋介石发出"亥全电",催他当机立断。

桂系步步紧逼蒋介石下野,时局到了这一步,蒋介石不能一声不吭了。

当夜,蒋介石与败打"老虎"归来的蒋经国商讨"和战"与进退问题。

对于引退后可能发生的情况,蒋氏父子做了如下分析与判断:

(1)共军南下,渡江进攻京沪。

(2)共军陈兵江北,迫李宗仁等组织联合政府受共党操纵,并派兵进驻南京。

(3)暂停军事攻势,而用政治方法瓦解南京,然后各个宰割,不战而占据全国。

(4)李当政后,撤换各地方军政委员,或由共党加以收买,使彼等屈服投降。

(5)对父亲个人极端诬蔑、诋毁、诽谤、侮辱,使无立足余地,不复能为反共救国革命领导中心。

(6)李为共军所逼,放弃南京,以迁都广州为名,割据两广,希图自保。

(7)美国对华政策,暂取静观态度,停止援助。

(8)俄帝积极援共,补充其军费,建立其空军,使我南方各省军政在威胁之下,完全崩溃,无法抵抗。

父子二人还对其个人进退出处,作了如下的分析:

(1)进之原因:

甲 勉强支持危局,维系统一局势;

乙　等待国际形势之转变；

丙　静观共党内部之变化。

（2）退之原因：

甲　党政军积重难返，非退无法整顿与改选；

乙　打破半死不活的环境；

丙　另起炉灶，重定革命基础。

蒋氏父子二人经过分析，认为退的因素多于进的因素，于是蒋介石决定以退为进，第三次下野。蒋经国也认为父亲此举在目前局势下颇为明智，有利于蒋氏卷土重来，但蒋经国说："父亲虽有原则上决定引退，但仍须考虑引退之技术、方式以及时间等问题。否则，将打击士气，震撼人心，更不利于国家及军事"。

蒋介石疲倦地点了点头："当然，当然。"

第二天，即1948年12月31日，南京黄埔路总统官邸，火树银花，五彩缤纷，一派节日气氛。蒋介石在这里举行新年晚宴。到会的有副总统李宗仁，行政院长孙科，立法院长童冠贤，总统府秘书长吴忠信，以及国民党中常委张群、陈立夫、谷正纲、张治中、邵力子、张道藩、蒋经国、王宠惠、贺衷寒、吴铁城等40多人。

但是，在辉煌耀眼的彩灯下，映出的是一张张忧心忡忡的阴沉面孔，无人谈笑，杯盘盏碟之声也零零落落。在座的党国要人们十分清楚局势的严重，意识到这是蒋家王朝举办的"最后的晚餐"，兔死狐悲，个个为前途茫茫而忧心忡忡。

饭后，蒋介石以低沉的语调说："现在局面严重，党内有人主张和谈。现拟好一篇文告，准备在元旦发表。请岳军先生读一遍，征求大家意见。"

蒋讲话时板起面孔，似乎十分恼火。

张群开始念文告。蒋介石一纸皇皇文告，洋洋数千言，旨在"求和"，但蒋介石对和平提出了五项先决条件，归结起来，就是要保存"宪法""法统"和军队,在此等条件下,才能同中共重开和谈。至于他自己文告中既无"辞职"之意,也没说"引退",只是最后暗示说:"只要和平果能实现,则个人的进退出处,绝不萦怀,而一唯国民的公意是从。"

张群念完全文,全场鸦雀无声,谁也不做声。蒋介石扭头问坐在右手的李宗仁:"对这篇文告有什么意见。"

李宗仁答道:"我与总统并无不同的意见。"

这时CC派的骨干分子谷正纲联想到最近到处喊要蒋介石下野的情况,知道这是蒋介石有可能准备退位,突然边哭边嚷:"总统不能下野呀!总统不能走!"

他这一叫,张道藩也马上跟着尖着喉咙喊:"现在是非常时期,总统无论如何不能下野。"

但是,也有人表示同意发表暗示蒋下野的言论。这时,蒋介石冒起火来,愤恨地说:"我并不要离开,只是你们党员要我退职;我之愿下野,不是因为共党,而是因为本党中的某一派系。"

这"某一派系",无疑指的是李、白为首的桂系。但是,事已至此,蒋介石虽不明言,但是下野已是无可奈何之事了。1949年元旦,蒋介石的求和文告发表了。同日,蒋介石召集国民党高级官员在南京总统府举行"团拜",礼成后,把李宗仁叫到礼堂后面休息室去谈话。蒋对李说:"就当前局势来说,我当然不能再干下去了。但是在我走开以前,必须有所布置,否则你就不容易接手,请你告诉健生(白崇禧字)也明白这个道理,制止湖北、河南两省参议会不要再发表通电,以免动摇人心。"

蒋介石"走开以前"要"布置"什么呢?除了布置下野之事外,他迟迟不引退,其实是一再观望,别有所待。但是,他怕对李宗仁所说之言不管用,第二天又分别致电白崇禧和张轸,告之自己同意议和之意以免他们继续"闹"。

蒋介石做了这些之外,也明白白、张不是傻瓜,看到电文对自己引退之意不明确可能继续"逼宫",为此,他又采取补救措施,派张群到武汉,向白崇禧传达他的两条重要意见："(一)余如果'引退'对于和平,究竟有无确实把握?(二)余欲'引退',必由自我主动。"

有了张群的这两条,白、张果然"平静"多了,但是,1月5日又出事了,中共在新华社发表了《评战犯求和》,揭露蒋

蒋介石在军事会议上发表演讲

介石是企图利用和谈来保存反革命实力的阴谋,并且同时加速了战场上的力量攻击。五天之后,在淮海战役中,蒋介石的第2、第13两个兵团被全歼,徐州"剿总"副总司令杜聿明被俘,第2兵团司令邱清泉被击毙,只有第13兵团司令李弥逃脱。至此,规模巨大的淮海战役全部结束,蒋军55.5万精锐部队被歼,长江以北的华东、中原地区基本上已被解放,京畿处于人民解放军直接威胁之下。这样,蒋介石被迫重新部署人事,扩大京沪警备部为京沪杭总司令部,任命汤恩伯为总司令,全盘掌握苏、浙、皖三省以及赣南地区的军事指挥权;派朱绍良去福州,张群驻重庆,余汉谋掌广州;公布陈诚为台湾省主席,任命蒋经国为省党部主任委员,并且派蒋经国到上海,命令俞鸿钧将中央银行在上海等地搜罗的黄金,移存台湾,以策安全;还命令中央、中国两银行将外汇化整为零,存入私人户头,以免将来遭到接收。

1月12日,蒋介石派蒋经国率领总统府军务局局长俞济时,警卫组主任石祖德等秘密到溪口,布置警卫,在武岭临溪南端的小洋房架设天线,

布设通讯网,为蒋介石退居幕后预作部署。在乡里,蒋经国对亲朋士绅则说:"父亲过几天要回来进家谱。"

两天之后,毛泽东发表了《关于时局的声明》,提出八项和平条件,毛泽东提出中国共产党愿意和南京国民党反动政府及其他任何国民党地方政府和军事集团在下列条件的基础上进行和平谈判,这些条件是:

(一)惩办战争罪犯;

(二)废除伪宪法;

(三)废除伪法统;

(四)依据民主原则改编一切反动军队;

(五)没收官僚资本;

(六)改革土地制度;

(七)废除卖国条约;

(八)召开没有反动分子参加的政治协商会议,成立民族联合政府,接收南京国民党反动政府及其所属各级政府的一切权力。

蒋介石得到这八项条件后,惊慌失措,于19日下午,召集张群、吴忠信、张治中、孙科、邵力子、吴铁城、陈立夫等人商量对策。一开始,蒋介石就先表态:"我是决定下野的了,现在有两个案子请大家来研究:一个是请李德邻出来和谈,谈妥了我再下野;一个是我现在就下野,一切由李德邻主持。"

大家都默不作声,过了好长一会儿,吴铁城才说:"这问题是不是应该召集中常委来讨论一下?"

此话一出,蒋介石就愤然高叫:"不必,我现在不是被共产党打倒的,是被国民党打倒的,我再不愿意进中央党部的大门了。"

可是蒋介石已众叛亲离,没有任何人对他的"谈妥了我再下野"发表意见。

最后，蒋介石说："好了，我决心采用第二条，下野的文告应该怎样说，大家去研究，不过主要意思要包含'我既不能贯彻戡乱的主张，又何忍再为和平的障碍'这一点。"

蒋介石宣布"引退"

1月21日，蒋介石于正午约宴五院院长，正式宣布引退。下午2时，又在黄浦路总统官邸召集国民党中央常委临时会议，出示他和李宗仁的联名宣言，略谓："战事仍然未止，和平之目的不能达到。人民之涂炭、曷其有极。为冀感格共党，解救人民倒悬于万一，爰特依据中华民国宪法第四十九条'总统因故不能视事时，由副总统代行总、统职权'之规定，于本月21日起，由李副总统代行总统职权。"

这时的场面至为凄婉。蒋介石声音低沉似有无限悲伤，与他平时训话时的激昂慷慨，截然不同。众人之中，已有人黯然流泪或失声痛哭。谁知前一次闹了一场的谷正纲忽然含泪又一次起立，大声疾呼："总裁不应退休，应继续领导，和共产党作战到底！"

蒋介石以低沉的语调说："事实已不可能，我已作此决定了，我今天就离开南京。"

说完他起身宣布散会。李宗仁忙问道："总统今天什么时候动身，我们到机场送行。"

蒋介石说："我下午还有事要处理，起飞时间未定，你们不必送行！"他话音未落，这时，老态龙钟的于右任忽然追上前去，口里喊着："总统！总统！"

蒋介石稍停问道："何事？"

于右任说："为和谈方便起见，可否请总统在离京之前，下个手令把张学良、杨虎城放出来！？"

蒋介石只把手向后一甩说："你找德邻办去！"

说罢，他便加快脚步走了。拖着一大把胡须的70岁老人于右任，在众目睽睽之下，讨了个没趣，尴尬地慢慢地走了。大家也默然地离开了总统官邸。

离开中常委会，蒋介石驱车先奔中山陵拜谒。他面孔严肃地站在中山陵前，默然无语，悲从己中来。距抗战胜利还都，三年不到，江山易手，他由盛而衰落到个孤寡下野的地步，又怎能不悲愤懊丧！

4时10分，蒋介石在蒋经国等人的陪同下乘"美龄号"专机，从南京明故宫机场起飞，前往杭州。起飞后，蒋介石吩咐驾驶员依城绕空一周，向首都作最后一瞥："无限江山，别时容易见时难。"前两次下野，蒋介石都抱有重新出山的信心，而现在却此一时彼一时，他纵有"还都登极"之意，但是"还都登极"之日却不知何年何月，甚至有没有了。

待李宗仁带领一班文武大员赶到机场送行时，蒋介石已悄然飞去了。

5时25分，蒋的专机徐徐降落在杭州笕桥机场。浙江省主席陈仪尽地主之谊，假西子湖畔的"楼外楼"设宴接风。陪宴的除陈仪和与蒋介石同机到达的蒋经国、俞济时外，蒋介石的心腹陈诚、汤恩伯也奉召赶到了。平时蒋介石很爱吃的西湖醋鱼，现在却不伸筷子。陈诚用哀求的语调说："总统多少吃一点才好。"

蒋介石点了点头，但拿起快子又放下了，陈仪见蒋先生食不下咽，便劝说道："总统要拿得起放得下。"

这句话挫伤了蒋介石破碎了的自尊心，一怒之下，饭不吃了，并且不到他经常下榻的西湖岸边的"澄庐"去住，当晚即宿在笕桥机场的航空学校空军俱乐部里。第二天由杭州回溪口。

5.在慈溪最后的日子,是世界上最忙的闲人

回到溪口老家,蒋介石住进了其母的墓庐"慈庵"。

蒋介石辞掉了总统,表面上是一介平民,闲云野鹤,寄情于山林泉石之间,其实,他则隐而未退,溪口小洋房上的天线不时地发射着电波,对半壁江南继续发号施令,"嗒嗒嗒……"的声音在丰镐房的上空从未停止过。

蒋介石哪能甘心做真正无权的"平民"?于是,他又搬出了"总裁"的招牌。依照国民党的惯例,国民政府的一切政策措施都需中央常委会通过,再交行政单位执行,即以党领政的意思。蒋不做总统,于是以党的总裁主持中常委会,凌驾于李宗仁之上。蒋介石执政多年,党、政、军界布满门生、亲信,区区一个桂系岂能控制全局的权力。当初桂系拉蒋下马欢喜一阵,没有想到蒋介石百足之虫死而不僵,李宗仁只取得个无实权的代总统的空头衔,桂系拿到的是一个烫手的蕃薯,还捧着一个刺猬;李宗仁坐上了总统的金交椅,蒋介石却在椅子下面安了一个火盆。

蒋介石在下野前,一再说要李宗仁"继任"总统。但发布的文告中,却不写"引退"、"辞职"字样,只叫李宗仁"代行"总统职务。其实,蒋介石下野只是让李宗仁出面抵挡一阵,待时过境迁就可将李宗仁一脚踢开,重新执掌大权。李宗仁却不愿当傀儡,以名不正、言不顺无法执行总统职权为理由,要求修改文告,继任总统。总统府秘书长吴忠信是蒋的亲信,说:"修改文告要请示蒋总裁。"李宗仁电话打过去,蒋介石在电话里满口答应李宗仁"修改"、"更正"文告。但各报登出来的文告仍是旧稿。李宗仁气愤地去找吴忠信说这欺人太甚,并以不就职相威胁。

吴忠信对李宗仁说:"德公,我愿以老朋友的资格劝你,你是知道蒋先生的为人,你应该知道你自己现在的处境。南京现在特务横行,你身边的

蒋介石与儿子蒋经国在溪口老家

卫士都是蒋先生的人,你还在争些什么呢?争得不好,在这种局面下,任何事皆可发生,你自己的安全,可能都没有保障啊。"

吴忠信说的是真情实话。早在1948年11月间,蒋介石曾召见毛人凤和沈醉亲自部署暗杀李宗仁的事。沈醉、秦景川、王汉文三名军统特务组成"特别行动组"。这三人都是神枪手,弹头内都注入最猛烈的毒药,只要射中身上任何部位,见血必亡。只是由于国民党的局势恶化太快,蒋介石不得不让李宗仁出来支撑局面,才取消了暗杀计划。李宗仁对这些也略有所闻,现在听了吴忠信的话再也不敢闹了,泄气地说:"以党国为重,代总统就代吧。"

1949年1月28日,适逢农历除夕,蒋介石全家在"丰镐房报本堂"团聚度岁,吃辞年饭。这是蒋介石36年来第一次"在家度岁"。专程赶到溪口"躬逢其盛"的尚有张群、陈立夫、郑彦棻等党国要人。

大年初一,溪口50里内乡人,组织了灯会、舞龙灯,锣鼓喧天地向蒋家父子致敬祝福。蒋介石也特地从上海聘京戏名角及票友到溪口大演了十几天戏。

过年的欢乐气氛,乡里浓郁的人情味,能给蒋氏父子带来慰藉、把恼人的国事暂抛一边吗?

家乡溪口给蒋介石留下最美好的回忆的日子,当数1947年4月。那时,他"领导抗日胜利",接收了绝大部分国土,他的国军仍占优势。得意之余,蒋介石于4月2日偕宋美龄乘专机还乡。溪口数千名百姓和师生,举着"欢迎蒋主席锦旋故里"的横幅,恭迎武岭门外。4月3日是宋美龄49岁生日,溪口新老祠堂联合演戏三天三夜,一为蒋夫人祝寿,二为蒋氏夫妇荣归故里。在那些日子里,蒋介石每晚必亲点一两出戏,看完才走。如今呢?三年不到,众叛亲离,下野返乡,江山只剩下东南半壁了。宋美龄美援讨不来,一气之下滞留太平洋彼岸不归。眼前虽是一派歌舞升平的节日景象,然而,但蒋介石回首往事,思绪万千,心乱如麻,就是强颜欢笑、苦中作乐的心情都没有了。蒋经国在此期间已成为父亲的得力助手。

溪口位于四明山麓，这时四明山已为中共浙东游击纵队所控制，并且活动很活跃。蒋经国和总统府第二局局长俞济时为保护蒋介石的安全，煞费心机。这时87军在宁波整训，军长段沄是湖南省主席程潜的干女婿，程潜已倾向于湖南和平解放，俞济时建议由汤恩伯选调一个可靠的军担任溪口外围警戒。蒋介石意见是调交警部队，俞济时遂一面驰电交警局长周伟龙抽调可靠劲旅担任溪口外围警戒，一面驰电73军军长李天霞，嘱他在原73军与74军的老人马中以军校毕业、忠实可靠者编组侍卫总队。

李天霞认为保护溪口事关重大，慎重其事地抽调中下级干部150余人，以77师某团副团长史璞如为侍卫总队长，率领开往溪口担任内卫。但是，蒋经国与俞济时认为光靠这些力量仍不够，又由蒋经国从汉口把国防部绥靖总队抽调宁波，该队总队长刘培初是蒋经国的骨干。后来，俞济时又从浙江省保安处干部训练班教育长阙渊处挑选了浙江籍可靠的军士30名，作为蒋介石的卫士。

然后，蒋经国以太子身份分别召见驻溪口外围团长以上军官，设宴招待，以资笼络。他对这些军官说："家贫出孝子，困难出忠良。当我们走上坡路时，别人跟着我们跑，而我们走下坡路时你们在华中地区费了不少周

蒋介石在奉化妙高台与行政院长孙科合影

折，一心向往开到我跟前，忠心可嘉！"

最后，他还给与宴人员打气说："反共不会孤立，美国必然会出兵干涉。"

蒋介石在溪口的安全问题解决后，蒋介石便在那里操纵国民党。1月29日，蒋介石在溪口召见行政院秘书长黄少谷，决定将中央党部先行迁至广州。他对黄少谷说："搬迁是为了对国民党现况加以整顿，图根本改革。"

其实，蒋介石此举是使自己控制的国民党不与李宗仁代总统之后的南京政府合作。

2月1日，行政院长孙科也在蒋介石的一再示意下将他的政府机关都"疏迁"到广州，他声称："此举为反对李代总统1月27日致电中共主席毛泽东同意接受中共提出的'八项条件'为和谈基础。"实质上他是为报竞选副总统时被桂系打败的"一箭之仇"，暗中跟随蒋介石。结果，府院分裂，石头城只剩下一代总统办公处，至此，李宗仁这位中华民国代总统几乎被架空了。

至于军权，蒋介石一生中从未放松过。此刻，他虽身居僻远乡里，但溪口设立了7座无线电台，国民党的党、政、军要员奔赴溪口请示总裁面谕的人不绝于途。对于前方作战、人事任免等大事，蒋介石虽已下野却比以前管得更紧，抓得更严，几乎是做到了事必躬亲。溪口小镇取代了六朝金粉地的故都南京，成为国民党新的政治中心。蒋介石成为世界上最忙的"闲人"。

但是溪口外，国民党与共产党较量的局势却一日不如一日地在恶化。2月初，蒋介石亲笔下手令将中央银行库存的92万两黄金、银元3000万元全部转运台湾。但是，办这样重要的事既要机密，防止李宗仁的南京政府阻挡，又要说服主管财经金融当局，使其合作。于是，蒋经国特派一艘海军兵舰，将黄金、白银全部劫往台湾。蒋经国此举说是防止"资匪"，其实这未尝不是拆李宗仁的台。李宗仁代理总统之手头一文不名，军饷无法维持，而蒋介石却暗自给他的嫡系和表示效忠他的军队赏赐一些金银。同时，蒋介石还继续大发一文不值的"金圆券"，造成纸币贬值，物价飞涨，一日千里，百业停顿，金融市场完全崩溃。这样，李代总统纵有三头六臂也根本无法收拾局面。

李宗仁在上台的第二天，就以代总统名义下令释放张学良和杨虎城。但蒋介石已把张学良押解去台湾软禁在新竹上井温泉，杨虎城由军统特务秘密监禁在何处外人不得知晓。李宗仁的命令对蒋介石的特务系统形同废纸，结果，李宗仁没有蒋介石的手令，怎么也放不了一个人。

这时，早在1月31日北平已和平解放，长江以北除边远省份外已无国民党立足之地。蒋氏父子只好加紧长江防务，父子商量之后，蒋介石在溪口召见何应钦、顾祝同、汤恩伯等，决定把长江防线划分为两大战区：湖口以西归华中军政长官白崇禧指挥，其兵力约25万人，湖口以东归京沪杭警备总司令汤恩伯指挥，其兵力约45万人。蒋氏父子以淞沪为核心，重点防御沪杭三角地带，以优势的海空力量从台湾支援淞沪坚持下去。因为蒋介石估计1950年一定发生世界大战，只要国民党能支持一年半载，美国就又会全力支援他。另外，蒋介石已着手在长江以南地区重新编练200万军队，以备反攻使用。并且，蒋氏父子准备一旦长江不守，大陆失陷，就立即将上海的物资尽量劫往台湾，把所剩下的军队从海上撤到台湾，在海外孤岛上建立蒋家小朝廷。

蒋氏父子以上的打算，桂系一无所知。在长江防御上，李宗仁、白崇禧认为湖口以西兵力单薄，想重新布置兵力。然而，蒋介石的军队不服从桂系将领的指挥。汤恩伯说："我不管别人，总裁吩咐怎么做便怎么做！"

对中共的和谈，蒋介石也幕后牢牢操纵着。没有蒋介石的首肯，任何协定也不能签订。1949年3月3日，国民党和谈代表团的首席代表张治中、代表团顾问蒋经国留苏时的同学屈武、总统府秘书长吴忠信在与中共举行正式谈判前，先到溪口见蒋介石。

在面见时，关于和谈限度问题，蒋氏父子给他们定了个"基调"：

（一）"确保长江以南若干省份的完整，由国民党领导"。

（二）"使双方在未来政府中保持同等的发言地位"。

（三）关于军队改编问题，确定双方比例，"自行整编"。

这三点实质上是一个"划江而治"方案，与中共提出的八项和平条件相距十万八千里。张治中衔命而去。

这时南京政府又出现了危机，孙科与代总统李宗仁闹分裂，遂于3月7日辞去行政院长职务。四分五裂的国民党行将崩溃，谁都不愿出来做国府的送葬人。行政院院长一职乏人问津，李宗仁求何应钦出来帮忙，何说："我没有蒋先生的赞许，不敢做任何事情。"

李宗仁于是只好派吴忠信同张治中到溪口，请求蒋介石允许何应钦出任行政院长。

蒋介石给何打电话，相当冷淡地说："既然德邻想让你担任那个职务，接受下来吧，"国民政府这才有人组阁。

1949年3月24日，国民党和谈代表团正式组成，并制定了一个和谈腹案和国防部对和谈的意见。代表团并决定于4月1日赴北京与中共举行谈判。

一切准备停当，张治中对屈武说："我们在北上以前，还有一件重要事情要做。"

"什么事这么重要？"屈武不解地问。

"就是我们商定的和谈腹案和国防部的意见，必须向蒋委员长汇报。这样的大事情，委员长不点头难行通。请你和我一道再到奉化去一趟。"

3月29日，张治中与屈武再次飞往溪口。在飞机里张治中对屈武说："你同蒋经国的关系很好，你们是什么话都可以谈的。到奉化后，我同蒋委员长谈，你就同蒋经国去谈，他对他的老子的影响还是有作用的。"

张治中带给蒋介石审阅的和谈腹案，主旨仍是隔江而治。国防部的意见是要求"立即停止一切战斗行动"。蒋介石看后，冷冷地说："我没有什么意见。"

但是,屈武与太子的谈话却是另一番景象,蒋经国看了"腹案"后,对屈武说:"张先生太天真了!现在还讲和平,共产党愿意和平吗?我看他会死无葬身之地!"

屈武半晌无言。

尽管如此,和谈已箭在弦上不得不发。4月1日,国民党和谈代表团飞抵北平。中共和谈代表团团长周恩来未到机场迎接。张治中一行人下榻在六国饭店,来到饭店时,抬头见到一幅大标语写着:"欢迎真和平,反对假和平。"张治中对屈武说:"看起来中共对我们的诚意是有所怀疑的。"

当天晚上6时,中共代表宴请南京代表,席后,周恩来、林伯渠邀张治中、邵力子谈话,周恩来责问:"为什么离开南京前要到溪口去见蒋?"

张治中非常尴尬,连忙说:"恩来先生,这正是我的苦衷呵!我为了使和平工作不致中途夭折,就必须事先扫除实现和平的一切障碍。"张的话倒是实情。

周说:"这种由蒋导演的假和平,我们是完全不能接受的。"

张治中在北平和谈,蒋氏父子却在抓紧活动,张治中率代表团抵达北平的第二天,即4月2日,在溪口,蒋介石就通过蒋经国向国民党中央党部下达了两条指示:"(一)和谈必须先订停战协定。(二)'共匪'何日渡江,则和谈何日停止。其破坏责任应由共方负之。"

蒋介石发了话,由于是国民党和谈代表坚持先签订停战协定,再商谈和平条件的立场,这样原定4月5日举行的谈判被迫推迟。4月5日,中共委托民革代表朱蕴山等人带信给李宗仁:"无论战与和,人民解放军都要渡江,并限南京政府于12日前答复。"

4月6日,何应钦急忙飞到广州,向次日举行的国民党中央常务委员会介绍和谈情况。会议根据蒋介石的旨意,通过了和谈五项原则:(一)和谈开始时,双方下令停战,部队各守原防。共军在和谈期间如实行渡江,即表示无谋和诚意,政府应召回代表,并宣告和谈破裂之责任属于共产党;(二)维持政府已定之外交政策;(三)切实维护人民之自由生活方式,依法保障人民的自由权利和生命财产；（四）双方军队应在平等条约下，各就防区自行整编；（五）政府组织形式及构成分子，以确能保证第二、三、四各项原则之实施为条件。同日，李宗仁也表示了"隔长江而分治"的立场。

8日，毛泽东在北平对张治中等人发表谈话，指出：（一）战犯在条约中不举其名，但仍要有追究责任的字样；（二）签约时李宗仁、何应钦等人应来北平参加；（三）改编军队，可以缓议；（四）人民解放军必须过江，其日期在签字后实行，或经过若干时日后再渡江；（五）联合政府之成立，必须有相当时间，甚至须经四五个月之久，在此期间，南京政府仍可维持现状，行使职权，免使社会秩序紊乱。

13日，国共和谈代表团在中南海勤政殿举行第一次正式会谈。中共首席代表周恩来提出了《国内和平协定》八条24款，南京代表对该协议草案提出40余条修改意见，但"就地停战"，与"划江而治"两点遭到中共方面的严厉拒绝。

15日，国共和平谈判举行第二次会议，中共代表团提出最后修正案，并指出以4月20日为最后签字期限，逾期不签字，将表示谈判破裂，人民解放军将立即过江。

这一天，正是蒋经国的40岁生日，他在天色微茫中起床，先至祖堂拜祖，6时上慈庵，8时侍蒋介石作祷告，并向他礼拜服恩。于是蒋介石为儿子40岁生日题："寓理帅气"四字匾额，附跋文曰：

每日晚课，默诵孟子"母养气"章。十五年来，未尝或间，自觉于此略有领悟。又常玩索存心养性之"性"字，自得四句曰："无声无臭，惟虚惟微，至善至中，寓理帅气。"为之自箴，而以寓理之"寓"字，体认深切，引为自快；以代私视；并期其能切己体察，卓然自强，而不负所望耳。

蒋氏父子在宁波雪山堂前留影

蒋介石写完这些，好像还不能表达己意，又题："立敬立极"、"法天自然"八字。蒋经国接到父亲的题词，非常激动，当场表示："凡此所言，希望于我愈深，亦鞭策于我愈力，此后修养治事，定以此为准绳。"

南京代表接到中共的最后修正案后，不敢做主，马上派黄绍竑飞回南京请示，李宗仁也不敢做主，派人送到溪口，请蒋介石过目。

蒋介石看后，气急败坏，竟骂出一句不伦不类的话："文白无能，丧权辱国！"

蒋介石这样一说，桂系李宗仁、白崇禧等人也马上把中共所提之协定视为"征服者对被征服者之处置""竟甚于敌国受降之形式""形同最后通牒"。

南京政府拒绝签订中共提出的《国内和平协定》，只等迎战解放军渡江了。这时，忽然传来蒋夫人在美国的好消息！是大笔美援？是华府支持蒋总裁的声明？都不是。

原来，美国艺术家协会公布：蒋夫人美龄当选为"全世界十大美人"之一。《纽约时报》16日电讯："蒋夫人之鼻列为世界最美。"据美国艺术家协会秘书长柯纳宣称："此项选举系由会员投票，内有美国著名艺术家多人。鼻以愈不凹愈美。蒋夫人之鼻内部与面部其他各点完全调和，故能入选。"其他入选的是杜鲁门总统的公主玛格丽特的耳朵最美，英国玛格丽特公主的眼睛最美，温莎公爵夫人的额头最美，影星列达·希赫芙的嘴唇最美，影星伊素丽丝的大腿和影星莲达丹妮的小腿最美……蒋介石要的是美援来挽救自己灭亡的命运，知道这一来自美国的选美消息后只有苦笑。

6.拼命挣扎，却还是保不住半壁江山

1949年4月21日凌晨，解放军兵分三路，只用了20分钟，就渡过长江，蒋介石精心布置的被称为"固若金汤的"长江防线，一夕之间竟土崩瓦解。

三路人民解放军渡过长江后，直插京沪、京杭公路与浙赣线，国民党江防军面临被分割包围的危险。4月22日，蒋介石在溪口再也坐不下去了，顾不上身体有病急忙飞抵杭州，召李宗仁、何应钦、汤恩伯、白崇禧、张群、吴忠信等人来杭州会议，讨论如何应对危局。会议在杭州笕桥机场航空学校举行。

会上，各路人马汇总，战况是：沪宁线已被共军切断，在西起湖口，东至江阴的千里战线上，国军不是被围，就是在后撤。南京危在旦夕，于是，蒋介石命令："将南京城的火车站、码头、水电厂都炸掉，把所有部队都撤到沪杭一带。"

这仍是他持久坚守淞沪，重点经营台湾，等待第三次世界大战，伺机反攻的方针。

会后，国民党总裁与代总统两个巨头进行以下的一段对话：

蒋介石问李宗仁："德邻，你呢？"。

李宗仁："我？当然去啰。"

蒋介石："对于和谈还有什么打算？"

李宗仁："我准备再派人去北平商谈一次。"

蒋介石："不用了，不必再谈了，过去共产党因为军事上没有部署好，

所以才同意和谈,现在他们已经渡江,再没有谈判余地了。"

李宗仁:"你当初要我出来,为的是和谈,现在和谈已经决裂,南京马上就要失守,你看怎么办?"

蒋介石:"你继续领导下去,我支持你到底,不必灰心!"

李宗仁:"你如果要我继续领导下去,我是可以万死不辞的。但是现在这种政出多门、一国三公的情形,谁也不能做事,我如何能领导?"

蒋介石诚挚万分地说:"不论你要怎样做,我总归支持你!"

李宗仁后来在回忆录中说:"国之将亡,我们当国者的心境实有说不出的辛酸。在这种情况下,蒋先生既然一再说明,全盘由我负责,我如逐条列举要他答应交出,反嫌小气。"

这样,李宗仁就已决定与蒋家王朝同归于尽了。蒋介石遂后拨给"华中长官"白崇禧银洋400万元,这时中央银行已没这么多的现洋,其中一部分就以1.5万两黄金折价,并派专机给白崇禧送到汉口。于是,白崇禧率领桂系剩余的100多万军队与共军继续作战,顽抗到底。

会后第二天,蒋介石又回到了溪口。

代总统李宗仁得到蒋介石许诺"全盘负责领导国家",于当日傍晚就返抵南京"坐镇"。这时南京城内已闻共军机枪声。李代总统在首都的最后的一夜辗转反侧,不能入寐。4月23日清晨,李宗仁乘车抵飞机场时,载代总统逃离的专机马达已发动。李宗仁叫飞机在南京上空盘旋了两周。飞机腾空,进入李代总统眼底的是东方已白,长江如练,南京城郊,炮火方浓。

驾驶员转完两圈后入坐舱请示代总统:"往哪儿飞?"

李:"桂林。"

桂系又归"桂"去了。虎踞龙盘的金陵古城当日即获得了解放。风雨苍茫,世道沧桑,蒋家王朝已不复存在了。

24日,蒋经国听到南京被人民解放军占领的消息后,内心很恐慌。中午蒋介石突然对儿子说:"把船只准备好,明天我们要走了。"

这时,蒋经国已在上午将妻儿送往了台湾。但到什么地方去蒋介石并没有告诉他,蒋经国想问个明白也未得到什么结果,只好匆匆准备好一艘名为"泰康号"的军舰。舰长问他:"将驶往何处?"

蒋经国回答说:"我也不知道,不过以这次取道水路来看,目的不外两个地方,一是基隆,一是厦门。"

第二天上午,蒋经国怀着忐忑不安的心情,随蒋介石到蒋母墓前辞别。然后,父子二人又走上飞凤山顶,对故乡山水,作最后一次的眺望。父子俩极目四望,溪山无改,而这时天气却阴沉沉,蒋氏父子"益增伤痛,大好河山,几至无立锥之地!且溪口为祖宗庐墓所在,今一旦抛别,其沉痛之心情,更非笔墨所能形容于万一"。

蒋氏父子二人,从飞凤山上下来,本想再到丰镐房探视一次,而心又有所不忍,因为这时丰镐房内已无至亲,死的死了,活的该逃的已经逃了。他们又想向乡间父老辞行,心更有所不忍,看了他们,一番落魄样更让他们看了笑话!于是,父子二人从飞凤山直接乘轿车前往象山港,逃上早已停泊在那里的"泰康号"兵舰。蒋介石对家乡父老,不告而别,悄然离乡了。

蒋介石、蒋经国等人乘坐的"泰康号"军舰

　　蒋介石父子登上"泰康号"军舰后,下令座舰驶往上海,蒋介石要去亲自指挥淞沪战役,"保卫"大上海。

　　"泰康号"前往上海,途经宁波时,停泊了三天。

　　由于两天前首都南京失守,国民党内、军内、政府内一片混乱。蒋介石要做的第一步是赶紧稳定一下局势,4月27日,他在报上发表了《和平绝望奋斗到底》的谈话,表示反共到底,歇斯底里地嚷道:"反共到底,无论何时何地,必将始终不贰。"

　　然而,蒋氏父子在宁波逗留的三天里,竟一直住在"泰康号"军舰上,不敢上岸到宁波城里的住宅里去住,因为这时人民解放军的前锋部队已接近杭州,蒋军的抵抗能力已等于零。蒋介石对宁波城里的住宅却十分惦念。

　　这所住宅里有许多值得他回忆的往事。这是一座带有花园的住宅,位于甬江北岸新马路与草马路衔接的拐角处。1905年蒋介石在宁波箭金学堂读书时,蒋母王氏曾命蒋介石带他的元配妻子毛氏到宁波伴读,一来是照料生活,二来是王氏盼孙子心切。蒋介石就租下这所房子与毛氏居住了六七个月。蒋介石发迹后,就将这所住宅买下,并修葺扩建了这座花园。1921年至1923年间,蒋介石又经常与爱妾陈洁如在此居住,以后花园越修越好。蒋每到宁波,必到这花园住宅住宿或玩赏。但是这次因为安全问题却不能住进去,蒋介石长吁短叹,感慨不已。

　　4月28日,要离开宁波了,蒋介石特意把为他看管花园的表妹夫钱玉麟夫妇找来,到军舰上见面。蒋介石详细询问花园情况后说:"你们没有替公家做过事,不要怕共党,好好看管花园,将来我还要来看看的,你们替我看管花园多年,也没有特别好处,现在给你们100块银元,以防万一。"

　　4月30日上午,蒋介石乘"泰康号"军舰抵达上海,上午1时到达复兴岛,然后他又被接到在龙华机场召开军事会议。

　　在龙华机场,参加蒋氏父子会议的有京沪杭警备总司令汤恩伯、上海警备司令陈大庆、上海防守司令石觉、上海战区空军司令毛瀛初等。蒋介石对淞沪防务又作了周密的部署。会上,蒋介石训话说,坚守住上海,等待第三次世界大战爆发,届时即将得到美国全力保护,我们就会重新光复全国,这是至关党国存亡之战役。但是,当天晚上,他却又住宿到岛上。

由于住宿在岛上,召集人员很不便,于是,蒋介石决定迁往市区,蒋经国为他在金神父路励志社安排了住所,27日下午一行人又迁往了那里。

5月1日上午,蒋介石在汤恩伯的司令部,召集在淞沪的各中央军事学校毕业的学生(主要是黄埔系)开谈话会,会上成立了由中央各军事学校同学会组成的"非常委员会"。下午,他又在汤恩伯司令部向守卫上海的"国军"团长以上的长官训话,声言说:"我要留在上海不走,亲自指挥战事,和官兵共艰苦,和上海共存亡!"

这时,蒋介石已把政工方面的事务交给蒋经国,蒋经国实际上成了汤恩伯的政治部主任。然后,蒋介石又命令装甲兵副司令兼参谋长的蒋纬国将装甲兵部队调到上海加强防御力量。

为坚守上海,早在1948年12月初开始,蒋介石就已命令在上海构筑工事,历时4个月,构筑了外围、主阵、核心三道阵地。钢筋水泥筑成的主碉堡阵地3800个,碉堡间战壕相连,壕内可行驶吉普车。半永久性的掩体碉堡1万多座。电网、鹿砦、层数无计。工事的确筑得不错,阎锡山看了阵地,满有信心地认为:"至少可以守一年。"蒋经国也满意地说:"这是东方的斯大林格勒,可与马其诺防线媲美。"

蒋介石刚刚布置好上海的防守,5月4日杭州即被宣告解放。蒋介石原想在上海显示其"临危不乱"的精神,但一听说杭州失守,人民解放军沿沪杭公路向上海进军,一下子心就乱了,于是,急忙命令蒋经国为他准备出走的轮船。时值大雨,蒋经国也顾不得天气恶劣,到轮船招商局为他张罗。6日下午,他陪蒋介石乘上"江静号"军舰,第二天早上6时,"江静号"军舰从复兴岛起航,向吴淞口外驶去。7时半,轮船停在大穿山口外大榭山北渡灯塔附近,蒋经国又陪蒋介石改乘汽艇,至南渡西岸的关帝亭登陆，步行到沙城的后山。他们又登上东北城角视察大榭与穿山周围的形势，旋入龙睡宫稍息。过一会儿，他们又步行到穿山码头，登汽艇上"江静号"军舰，下午1时，船行至沥港，他们乘汽艇至南码头，3时登岸，到天后宫视察，再登"江静号"军舰驶往岭港，时已下午6时，轮船启行11时到岱山东沙角，12时到南浦，下午5时到普陀。

13日，蒋经国随父抵舟山，这一天蒋孝文也从台湾来此，父子离乱中相见，备觉亲热。

当蒋家父子在海上漂泊时，5月12日，解放军向上海发起进攻。14日战斗开始激烈。5月16日，上海蒋军外围阵地丢失，蒋经国于5月16日上午9时50分，飞离上海赴马公岛。5月17日，蒋介石率领空军司令周至柔，海军司令桂永清又急忙乘"江静号"军舰赶回上海，将军舰停至吴淞口，蒋介石仍住在军舰上指挥作战。5月17日以后，战况最为激烈。至5月20日，高桥等一带主阵地丢失。21日，上海对外航空联络中断。上行下效，汤恩伯也学蒋介石，把自己的司令部搬到长江口的船上去了。军长找不到司令，师长找不到军长，团长找不到师长……各部已开始夺路撤退。

5月22日，蒋介石电令蒋经国立即来上海处理物资疏散事宜。上海要抢运的物资太多了。在这之前，蒋经国已从上海抢运出1500只船的物资，运到台湾的黄金有11万余两，白银3亿多两，银元几百万元。其他物资无法计价。这次蒋经国自马公岛飞临上海上空，接地面通知，江湾机场已有解放军炮弹落地，蒋经国只好折返嘉义降落，转登吴淞口外的"江静号"军舰，向蒋介石报告说："再要抢运上海物资，已无能为力了。"

25日，解放军攻进市区，突破国民党苏州河防线，向北逼近，当晚又占领高桥；26日，攻占狮子林炮台、宝山、吴淞、汤恩伯残部5万余人从海路出逃舟山、台湾；27日，上海全部解放。

耗尽民脂民膏的上海"马其诺防线"，遇到人民解放军并没起到丝毫拦阻作用，国军保卫大上海的真正战斗算起来仅有10来天。保卫大上海的22万余精锐国军，能侥幸逃脱的不足7万人。

5月25日，蒋介石父子乘"江静号"军舰离开上海。大海孤舟载着乱世败将南下过舟山群岛，蒋介石的座舰停泊在主岛定海的洋面，之后在福州又对从上海逃出来的败军之将进行训话，训话之后，蒋介石又就地图对浙、闽、粤边境和各海岛的防御作了防守部署。接着又传见了九位主要将领，进行单独谈话。除进行鼓励

蒋介石登机飞往台湾

外，还了解其他人是否忠诚可靠。这次蒋介石连续工作了五个小时之久。

6月21日下午3时30分，蒋介石乘"美龄号"飞机离福州返台湾。汤恩伯率领与会将校于机场列队相送，汤指示大家要"目送"蒋介石飞空。当"美龄号"消失在东南海空相连处时，目送蒋介石的众将校，心中都会默念："永别了！"

7.众叛亲离，蒋介石统治的时代从此终结了

蒋介石离开大陆，来到台湾后，6月24日，他在台北市北面13公里处的草山，为自己选了一所名叫"士林"的别墅作为住宅。这所住宅原是台湾糖业公司种植园的宾馆。北郊的草山多温泉，是著名的游览胜地，这里青山环绕，林木幽深，比他前些日子所住的台北市内的旧时台湾总督府的住宅，环境要好得多。蒋介石说："我就定居这里了。"但是他又嫌草山有落草为寇之嫌，大笔一挥，把草山改名"阳明山"。

7月14日，蒋介石又忽然率领大批党政要员从台湾飞抵广州。自7月15日至20日，蒋介石以国民党总裁身份，连续召开中常委会、中央政治会议联席会议。最后以中国国民党中央常务委员会的名义通过议案，设立"中央非常委员会"。决议规定："非常委员会"为非常时期的最高权力机关，政府一切措施必须先经非常委员会议决通过，方为有效。蒋介石以国民党总裁身份兼任非常委员会主席，这样他又公开恢复了一人独裁，从幕后走到了前台。

刚从蒋介石口中得到五年不干政诺言的李宗仁，一气之下，于7月26日离开广州之后，他先飞到衡阳见白崇禧，后又飞到福州拜访海军宿将萨镇冰，并与福建省长朱绍良"数度长谈"。李宗仁的一系列活动，遭到蒋介石的猜忌，于是让汤恩伯把朱绍良硬拉上飞机，载往台湾，形同绑票；然后，蒋介石又任命汤恩伯兼福建省主席替代朱绍良。

8月4日，国民党湖南省主席程潜及第一兵团司令陈明仁在长沙起义，华中不保，并危及闽、粤。这对蒋介石是个不小的打击。

8月5日，蒋又遭到一个出乎意外的更加严重的打击。美国国务院发表了题为《美国与中国的关系》的白皮书，其中有一部分内容严厉地指控了国民党的堕落、腐败和无能。它说蒋介石是自招失败。美国在白皮书里，又隐瞒和捏造事实，对中共和中国人民恶毒污蔑。美国这份白皮书，使蒋介石和中共都表示深恶痛绝。

气愤之余，蒋介石以中华民国外交部

蒋介石飞来飞去进行救局

名义,发表声明,大意是:美国在如此重大时期竟然有此落井下石之举,致使中国在国际间的威信蒙受损伤,在国内则使政府及军队士气都受到严重打击。

为了挽救日益颓败的局势,于8月6日,蒋介石又亲自飞到南朝鲜,在海上与南朝鲜总统李承晚会晤,兜售他的"东亚反共同盟计划"。在此之前,他曾7月6日亲赴菲律宾为一旦台湾失守逃往菲律宾做准备。但由于这时美国尚不积极出面组织,蒋介石的这个"反共国家联盟"计划,最后无疾而终,仅以发表一个公报收场。外交的困局打不开,还是以守土为要务。然而,8月17日,蒋介石视为台湾"手足"的福建省又被解放军砍了去。8月22日,蒋介石再行赴粤,部署广州的"保卫战",告诫部下:"这是决定党国最后成败的一战!"

8月24日,蒋介石带领蒋经国由广州飞抵重庆,为保住西南这最后一个反共堡垒而奔波。一下飞机,蒋介石就发表讲话称:"今日重庆或再成为反侵略、反共产主义之中心,重新负起支持作战艰苦无比之使命。所望我全川同胞,振起抗战精神,为保持抗战成果,完成民族革命而努力。"

蒋氏父子这次来重庆,又住进抗战时曾住过的山洞陵园,负责保卫大西南的主要将领胡宗南、宋希濂、罗广文、何绍周、刘伯龙等人,联名上书,请求蒋介石这次来了就别走了,长期住在重庆,利用西南地区的优越条件,使之成为反共复兴的基地。

蒋介石看完众将领的上书后说:"我现在台湾创办了一所革命实践学院,调训负责干部,要由我亲自主持……因此,我要经常住在台湾,而不能长期留在四川。"

但是,蒋氏父子这次到重庆还是住了28天,开军事会议,部署西南防务,召见主要将领询问情况,面授机宜。但好些人都对蒋介石父子感到失望。

宋希濂说:"蒋介石又重复了他那套空洞无物的话。老实说,我口虽唯唯,心目中已开始觉得蒋介石这座偶像不过如此而已。"

罗广文说:"这次总裁来,我们以为一定有些新消息、新的办法,但结果仍然是老一套,这样能长期支持下去吗?"

蒋介石这次来重庆,还命毛人凤将杨虎城父子用尖刀刺杀在中美合作所,报西安事变兵谏之宿仇,同时还把杨虎城将军的秘书宋绮云夫妇及两个八九岁的孩子,全部杀害。

正当蒋介石大肆杀戮时,他突然又听到报告说:"滇省主席卢汉动摇,与中共时有暗中来往,在反共与起义间举棋不定。"川、滇毗邻,唇齿关系,云南局势欠安,妄谈防守西南。于是,蒋介石电邀卢汉到重庆会晤。然而,卢汉托病,不敢成行。蒋再派专人促驾,卢汉这时对共产党半信半疑,又感到自己实力不足,勉为其难,冒险到重庆见蒋。蒋对卢申之以"道义",动之以利害,卢始接受回滇执行蒋介石的反共整肃方案。

9月22日,蒋介石从重庆返台途中,打算顺便访问昆明再给卢汉打气,坚定其反共意志。蒋经国劝止说:"如果父亲不顾危险,坚持要去了,可能有不可收拾的局面。"

但是,蒋介石执意要去,于是,9月21日,蒋经国先行到昆明,见面后他对卢汉说:"总裁另外有事,恐怕不来了。"卢汉信以为真。

可是,9月22日,蒋经国突然又对卢汉说:"重庆方面来了电报,总裁已经起飞,10点就到昆明。"

"经国兄,你不是说不来了吗?"

"嗯!也许是临时决定的。"

"那么,我派兵到机场为总裁的安全警戒。"

"不必了,"蒋经国立即予以阻止,"最安全的方法,就是除你我两人之外,再不让别人知道这个消息。"

说着,蒋经国就把卢汉拉上汽车,同去机场。

蒋经国此战术为出其不意,不让对方有调兵遣将、对蒋介石下手的机会。

蒋介石的座机果然准时着陆。蒋走下飞机,劈头即问:"卢主席,你有没有预备午餐？"

"还没有预备好。"

"好！好！我们一同到你家去午餐吧。"

蒋介石在卢宅停留四个小时,约见了滇省重要将领,会商保护西南大局。

会议刚完,蒋经国就说:"刚才接到广州的消息,那边天气可能发生变化,请父亲立即启程。"

蒋介石当然会意儿子的用心,站起身向窗外仰视天空,将计就计说,"好了,我们去吧！"

谁知蒋氏父子的这出戏演得绝妙,但是最终效果并不佳。12月9日卢汉宣布云南起义。

9月22日晚,蒋介石飞抵广州,一下飞机又即闻绥远省主席董其武率部8万余人起义。蒋介石至为痛心,谁知伤痛未愈,三天后,新疆省警备司令陶峙岳和省政府主席鲍尔汉又通电宣布脱离国民党反动阵营。

10月1日,北京30万人在天安门广场隆重举行典礼,毛泽东宣告中华人民共和国成立,定都北平,并改北平为北京。

这一天,蒋介石住在广州东山梅花村32号陈济棠公馆,他长吁短叹,惶惶不可终日;晚上,蒋介石久久不能入睡,反复调换着收音机频率,尽管收音机里杂音很大,但他还是耐着性子听着,这时收音机里一则北京破获了一起国民党特务破坏中华人民共和国盛典的消息,使蒋介石屏住呼吸,仔细听着。

新华社消息说:"阴谋捣乱破坏人民政协,匪特木剑青被我捕获。北京讯,阴谋在人民政协开会期间进行捣乱活动的国民党反动派特务分子木剑青,于20日为北京市人民政府公安局逮捕。该犯为国民党中统特务,化名王建坤,于9月2日来京,企图于人民政协开会期间,进行捣乱破坏活动,市公安局侦悉后即于20日于长安饭店内将该犯逮捕,当场并搜获伪造书信、文件等多件,现正严加审讯中。又讯,特务木剑青阴谋于人民政协

抗战重庆陪都时期,蒋介石与宋美龄在一次日机轰炸后走出防空洞

开会期间进行捣乱破坏案,经北京市公安局连日侦审,特务匪犯木剑青已初步供出该案为国民党中统局有计划之捣乱活动……"

蒋介石的如意算盘再次落空,一股无名火直窜上脑门,不由得大发雷霆,忍不住骂了一句:

"一群废物!"

身边的人半天没敢吱声。

10月1日是蒋介石平生最难过的一天。之后,为保住大陆上的最后一点地盘,他又席不暇暖,于广州、台湾、厦门间奔波,疲于奔命,连10月6日的中秋佳节,都是在"华联号"军舰上度过的。然而,蒋介石到各地,不外乎召集军官训话，要求部下"不怕失败，流血，等待第三次世界大战……"等一套老话，说了等于没说。10月14日，广州失守，同时厦门港也为解放军解放。

厦门失守，解放军势必进攻金门岛，如此发展，即使退到台湾，澎海岛也难免覆灭。于是，蒋氏父子紧急部署金门防卫战。11月14日，蒋介石又仆仆风尘，自台北飞抵重庆。蒋介石到重庆的当天，得到的战况是：桂林开始撤退，贵阳解放，解放军前锋已接近彭水，宋希濂部已撤到乌江西岸。在川陕的几十万国军，南逃的道路已被截断。蒋介石的"以四川为核心"的西南保卫战，又变成了解放军以四川为中心的包围战。

国民党的桂、滇、康等省的军队不是蒋介石的嫡系，蒋介石不指望其能在最后时刻与自己安危相依，同舟共济。但他认为胡宗南、宋希濂两黄埔系门生所率领的二三十万兵马是一支能抵抗解放军入川的主力。11月15日，蒋经国携带蒋介石给宋希濂的亲笔信，经过两天的跋山涉水，于17日来到乌江边与宋希濂会晤。蒋介石信中要求宋希濂："励行总理遗教，服膺黄埔校训……就在川东战线上，抱有'匪'无我，有我无'匪'之决心，挽狂澜于既倒，定可计日以待。"

但是，宋希濂纵有杀身成仁的决心，即使阻解放军于乌江，但是也无力挽救全国之败局，解放军一发动进攻，他也只能率部且战且退，结果挡敌不行，退却速度颇快，11月23日就退到离重庆几十公里的南川。

11月28日，解放军先头部队抵达重庆市郊的南温泉，重庆被包围。蒋介石带领蒋经国巡视重庆市区，见市内情况开始大乱，交通阻梗，宪警已无法维持秩序，市民们焦急彷徨，个个愁容满面。部队也怪相百出，无奇不有。

第二天，重庆市内已闻解放军炮声，从广州迁来重庆的国民政府又被迫迁往成都，然而，国府迁移却不见国府最高负责人李代总统随行。原来李宗仁早在11月13日，即蒋介石来重庆的头一天，为逃避蒋介石逼他"让位"，逃离重庆，赴美国治疗"胃疾"去了。中午，蒋介石在山洞陵园召集军政头目开会,布置撤退及对重庆进行大破坏。到晚上10时,蒋介石住所陵园后面,已枪声大作,蒋经国见状赶紧起床催促蒋介石早离此危险地区。

随即,父子两人乘车开出山洞陵园,一路上汽车拥挤,道路难行,混乱和嘈杂前所未有。蒋介石的轿车在通往白市驿机场的途中被阻塞三次,无法前进,不得已,蒋氏父子下车步行,午夜才到达机场。蒋介石当夜就睡在"美龄号"专机里。

11月30日天明,"美龄号"就起飞。这时,解放军距重庆白市驿机场仅10公里了。蒋氏父子于当日自重庆逃到成都,然后住进了中央军校内。重庆既失,成都无险可守。蒋军败退的情形,用"势如山倒"形容,已嫌不足。蒋氏父子力挽狂澜也难阻千钧系于一发之危,呼啦啦蒋氏王朝土崩瓦解,在大陆的最后一点阵地也陷入危境。

12月10日,成都市内秩序大乱,时有枪声。这时,宣布起义的云南省主席卢汉给在成都的西康省主席刘文辉发来电报,要刘文辉会同四川将领将蒋介石扣留,成为"人民政府第一大功臣"。此际,侍卫人员发现,蒋介石驻节的中央军官学校附近,出现可疑人物。侍卫人员认为是刘文辉的便衣队,建议蒋介石从后门逃走。

但是,蒋介石却大声地说:"我从大门进来的,还是从大门出去。"

于是,蒋介石和蒋经国两人走出军校大门。

1949年12月10日下午2时,蒋介石在成都凤凰山机场登机升空,向台湾飞去。

四个小时之后,蒋介石再从飞机上往下望去,眼底已是茫茫东海,大陆已经看不见了。

从1927年蒋介石在南京成立国民党政府,自任中央政治会议主席、军事委员会委员长以来的22年间,虽说蒋介石从未完全统一过中国,但他始终是左右政治局势的中心人物,是中国实际上的最高统治者。但就在他飞离大陆的时刻,一个蒋介石统治的时代,从此结束了。他在大陆的地位被人民的领袖毛泽东所替代了。

第六章　苦苦挣扎　度尽劫波

1.在凄风苦雨中复职，全家人都做官

1950年元旦，蒋介石并没有在台北欢度新年。已经覆亡的"中华民国政府"在年前12月7日就迁到台北市，旧时的总督府插上了青天白日满地红的"国旗"，挂出"总统府"的牌子，却没有政府首脑。国民政府"有国无君"的局面已经好长时间了。李宗仁代总统在纽约割治十二指肠滞留不返。台湾实际的最高统治者蒋介石这时正与蒋经国隐居在台湾中部日月潭的涵碧楼，寄情于山水之间，兴叹英雄末路。

除夕之日，蒋经国曾陪蒋介石荡舟日月潭，借垂钓聊以解愁。老人孤舟，随波逐流。蒋经国望着已须发斑白的父亲，不禁悲从中来。过去近一年来，蒋介石从幕后到台前四处奔波，心血流尽，不仅没有保留半壁江山，反而被逼到了岌岌可危的孤岛，苦不堪言。蒋经国自己经历了这一痛苦的过程，更体会到了父亲的苦，但是，一切冥冥之中似乎是天意，他也无从能为之解一丝忧愁。

这时，蒋介石握着的鱼竿猛一颤，鱼线紧绷，蒋连忙收竿，一条约五尺长的大鱼无可奈何地跃出水面。

划船的人献媚地说，"总统，这样大的鱼，几十年来我第一次见到。"

"好！好！"愁眉苦脸的蒋介石微微露出笑容。蒋介石一生迷信，除夕得大鱼岂不正应"年年有余"的好兆头，1950年是不是会否极泰来，时来运转呢？他和儿子的心情都有些好转。

元旦这天，蒋介石去教堂，做完祈祷，回到寓所，筹思应付即将来临形

退往台湾时，大批士兵涌向船只的情景

势的对策。这时，新成立的人民政府气势旺盛，新华社的广播庄严重申：
"绝对不能容忍国民党反动派把台湾作为最后挣扎的根据地。中国人民解
放斗争的任务，就是解放全中国，直到解放台湾、海南岛和属于中国的最
后一寸土地为止。"

　　毛泽东的态度使他又陷入一片阴云之中。中共和全国人民的立场、态
度，原在蒋介石意料之中。然而，美国如何对待台湾，是蒋介石最关心的、
视为生死存亡的关键。三天以后，杜鲁门1月4日在白宫举行记者招待会，
将美国对台湾的意见，公开诉之于众。杜鲁门说：

　　"美国此时不想在台湾获得特别权利或建立军事基地。美国也不利用
其武力以干涉台湾现在的局势。美国并不采取足以涉及中国内战的途径。
同样地，美国政府也不供给军援与军事顾问于台湾的中国军队。"

　　同时，美国宣布，从台湾撤走侨民，美国留驻台湾的只是一位领事级
的代表，并且，最高级的武官军衔是中校。杜鲁门存心坐视蒋介石自生自
灭了。蒋介石除夕钓鱼的心情烟飞云散，心中又是诸多难言的苦楚。

新年伊始，台湾便笼罩很浓的失败空气之中。美国公开抛弃台湾的消息传及世界每个角落，蒋介石虽严命台湾报刊不许走漏半点消息，但世上没有不透风的墙，人们从各种迹象上也感觉到了。这时，几乎没有人认为蒋介石能在台湾呆一年以上，高官富贾开始溜之大吉。

这时逗留美国一年多的宋美龄受尽了杜鲁门的冷漠鄙夷，在美国对台遗弃时终于一怒之下于1月13日默然归"岛"了。尽管夫人来了，这时的蒋介石还是心事忡忡，埋头于制订"在台复兴计划"中。按此计划，蒋介石的首要之举是结束逃台带来的混乱；要结束逃台带来的混乱，他打算恢复自己在党内的绝对统治，然而要恢复在党内的绝对权威，首要之举是"复职总统"和"清理门户"。但是，这一切都要在维护"宪政秩序"下进行，以恢复国民党专制统治为目的。为创造重新上台的时机，面对国民党的全线溃败，蒋氏父子一面制造舆论，说李宗仁"代总统"的施政措施已经全部失败，无才无德，不配领导国民党政府；一面则把"代总统"甩在一边，自己开始行使领导权。

实施名正言顺的领导，从未在国民党中央党部办过公的蒋总裁，曾于1949年6月筹备起蒋记领导中心——总裁办公室，同年8月11日在台北草山正式成立。虽然后来蒋介石以总裁的名义四处活动，领导着国民党在大陆最后阶段的抵抗，但是，在总裁与"总统"之间，蒋介石更感兴趣的是"总统"，因为"总统"毕竟是宪政的产物，带有"代表民意"的幌子。因此，复职"总统"是蒋氏父子复兴国民党最重要的大事。

早在上海被人民解放军占领后，在蒋介石支持、由蒋经国出面进行的倒李背景下，国民党内不少"有识之士"就开始断断续续地呼吁："恭请委员长复出视事！"1949年11月1日，李宗仁飞昆明，拒绝留在重庆当有职无权的空头总统后，复职一事越来越热闹。12月4日，李宗仁在香港宣布将去美国"治胃疾"。蒋介石闻讯后，随即发表言论，称："德邻出国，既不辞职，亦不表示退意，仍以总统而向美求援。如求援不遂，即留居国外不返，而置党国存亡于不顾。此纯为其个人利害，其所作所为，实卑劣无耻极矣。"

他一边严辞呵斥李宗仁,一边暗自窃喜,因为李宗仁赴美为他"复出"提供了借口。

1950年2月13日,蒋介石以国民党非常委员会的名义,向滞留美国的李宗仁发电,限其3日内回台,否则,他宣称:"视为自动放弃职权。"李宗仁有职无权,形同傀儡,根本没有回台的打算,于是,写信给"监察院"表示拒绝。

李宗仁不自动放弃"代总统"之职,蒋氏父子要完成蒋介石复职的法定手续并非易事。因为选举"总统"和修改宪法的"国民大会代表",在大溃败过程中已经各奔东西,在台"国大代表"离法定人数相差甚远。法定"国民大会"代表总额为3045人,1947年底实际选出2908人。如若按照需半数以上选票才能当选的现代宪政基本原则,蒋介石不可能获得半数通过,因为"国民大会"代表去台的只有1080人,离半数还差近400人。

因此,借法定手续完成蒋介石复职视事的可能性几乎不存在。

"一年多前,委员长未经任何法律手续把总统职位让给李宗仁,现在要回总统一职,又何必受法定手续的限制?"有人给蒋氏父子建议。

"问题是李宗仁代理总统还有宪法第49条'总统因故不能视事时,由副总统代行总统职权'这一条文可依,而委员长自动恢复总统职,却没有任何法律条文可以引用呢?"有人提出了相反的疑虑。

这时,蒋介石既要做婊子又要立牌坊,他推却说:"在宪政下强行复职,在台岛困难重重之时,更会添加孤岛的混乱和不安。"

结果,办法终于有了。国民党内的一批元老吴铁城、吴稚晖、于右任、居正、冯自由、莫德惠、王宠惠等人,在蒋经国的诱导下,纷纷出面吁请国民党中央常委会讨论蒋总裁的复出问题。2月23日,中常会和非常委员会决议蒋介石复出。

2月28日,蒋介石在草山举办国民党中央常委、非常委员会成员、中央政治会议委员茶话会,在会上称:"现在国家情势危机非常,如果我再不负起政治军事的责任，三个月之内，台湾一定会完结，我出来之后，可以自保。"

在他一派危言耸听之下，"三个月之内，台湾一定会完结"吓得许多人站出来"拯救"台湾，呼吁蒋介石复出的喊声更是鼓噪得震人耳膜，三天之后，蒋介石宣布复职。

随着蒋介石重新登场，其他人事随即进行调整："立法院"正、副院长是刘健群、黄国书；"司法院"正、副院长是王宠惠、谢冠生；"考试院"正、副院长是钮永键(代)、罗友伦；"监察院"正、副院长是于右任、刘哲。这些院长因为存在换届问题，所以任职时间不一。

3月8日，蒋介石改组"行政院"，由陈诚取代阎锡山出任"行政院长"，张厉生任副院长，黄少谷任"行政院"秘书长，俞大维为"国防部长"，余井塘为"内政部长"，严家淦任"财政部长"。

蒋介石重登"总统"宝座，蒋夫人迅速成立"中华妇女反共抗俄联合会"，简称"妇联会"，她自任主任委员，以陈诚夫人谭祥为副主任委员；随后妇联会"缝征衣"、"慰征属"的故事，在台北各报纷纷以特写专栏方式出笼。蒋经国辅佐蒋介石，军队政工、特务一把抓，成为蒋介石的另一代言人；蒋纬国仍操留德所学的专业，任装甲兵司令。经国的夫人蒋方良，纬国的首任夫人石静宜，皆纳入宋美龄的"妇联"会工作。

蒋氏一家全部当上了"官"，个个有职有权。

蒋介石宣布"复职"重任"总统"

2.提升儿子成为蒋介石最大的事

蒋介石在台北自行宣告复"总统"职后，名正言顺地走到台前，大权统揽，再建独裁统治。痛定思痛，蒋介石开始从政治、经济、军事各方面总结国民党于大陆惨败的血的教训，认为要守住台湾，进而反攻复国，首先必须在经济上建设台湾，而要发展经济，又必须先改革政治，改造已腐败不堪的国民党。于是国民党的改造运动又出笼了，但是，蒋介石所谓的"改造运动"宣言就是重建蒋家王朝于台湾的最重要的战略部署——"父业子承、培植蒋经国接班"。

大陆时期，虽然蒋介石也曾安排蒋经国多方磨砺，全面介入党、政、军、团要务，以树立形象，网罗班底，并且也积累了一些政声；然而，蒋经国毕竟由于资历太浅，根基不深，加上国民党内派系错综复杂，蒋介石把蒋经国摆在决策圈内之措，阻力重重。偏安孤岛之后，蒋介石因年事已高，传子之策已呈刻不容缓之势。蒋家王朝在大陆覆亡的激烈动荡，对蒋经国的异军突起反倒是因祸得福，"党中有党，党外有派"的国民党经过大动乱的淘汰、清洗，能够与蒋介石相抗衡的各种力量均已溃不成军，蒋介石说话再也无人敢违。此种情形下再推蒋经国出台，可谓天时、地利、人和，各种有利条件具备。

然而，关于政权核心的人事安排问题，蒋介石曾煞费苦心。复职之后，他宣布"行政院长"一职由心腹陈诚出掌，吴国桢就任台湾省政府主席兼保安司令职，孙立人就任陆军总司令职，这三人无论计资历、计声望、计才干就此三职也可说适人适事。但是，"新人"蒋经国的位置怎么摆？他则颇费斟酌迟迟难以决断。

尽管如此，为了儿子顺利升迁，蒋介石在复职时在人事上的安排充分考虑了这一点。

时任"总政治部主任"的蒋经国

蒋介石一生专权，对于权术运用十分精湛，他认为政治之术，人事安排更至关重要，但是，谁受重用，他唯视对自己忠诚的程度而定。然而，最忠实者莫过于亲生儿子经国。而这时候的蒋经国仍不具人事支配的力量，要确保其地位稳固，顺利爬升，因此，被授予权柄的人必须对蒋氏父子都忠贞不二，不仅听老子的话而且还要唯蒋经国命是从。符合以上条件者，首睽陈诚。

1924年黄埔军校初建，陈诚即任蒋介石校长办公厅中尉官佐。某夜蒋介石巡视营房，发现陈诚天未黎明就在阅读《三民主义》，蒋介石对陈诚用功读书，当面予以嘉勉。后来在东征陈炯明和北伐中，陈诚作战果勇，屡建战功，不到四年，1928年蒋介石就把陈诚提拔为了中将警卫司令。

此后陈诚直线上升，到抗战胜利后，陈诚被提升到四星上将，在黄埔系中其地位仅次于蒋介石。陈诚从未有过背叛蒋介石的行为，更高他人一筹的是，有时蒋介石搞坏了的事情，陈诚总是站出来代蒋受过。陈诚与蒋经国的关系也一直很融洽。并且，陈诚的妻子是宋美龄的干女儿，陈诚的婚姻是由蒋夫人做主亲手撮合的。因此，台湾"行政院长"人选非陈莫属。

陈诚出组台湾"内阁"后，蒋介石的海军总司令由桂永清担任，周至柔仍任空军总司令，并兼参谋总长，老将何应钦、顾祝同等靠边站，蒋介石开始在军中任用比较年轻的一代。此举也为年纪轻轻的蒋经国"出山"布下了一大障眼屏风。

三军统帅人选已定，蒋介石于是任命儿子蒋经国为"国防部"总政治部主任。这一官衔虽不高，但蒋介石交给儿子的权力却超越三军统帅。蒋经国主管的政治部负责两项极重要的使命：监督筹划情报业务、对大陆游击活动的派遣和指挥。另外，蒋介石的总统府里还有一"机要室资料组"，此职也由儿子一手包办。这虽是一个小小的资料组，举凡一切党政特务机构统归其管辖指挥。资料组下设保安处，实际等于夺取了毛人凤保密局的业务。在一个小小的"资料组"中，蒋经国的权力令当年的军统头子戴笠亦难望其项背。

1950年，蒋介石在复职"总统"当日，亲笔书写了三个手令，其中一道就是任命儿子的。这三个手令的主要内容是：

（一）派蒋经国负责主持军中政工重建，迅即恢复"国防部总政治部"。

（二）派俞鸿钧负责设计台湾财政、经济秩序，成立"财经联席会议"，由俞鸿钧为召集人。

（三）派彭孟缉为"台湾情报工作委员会"主任，负责协调指挥各情报单位在台之工作。

在蒋经国之前，台湾最权势炙人的特务头子是彭孟缉。彭孟缉在台湾长期主掌警备司令部、保安司令部，直接指挥台湾最大的情报机构——保安处。但彭孟缉很乖巧，收到老蒋的手令后即明白其意，居安思危，知道"势威震主"非万全之道，所以很早就将特务大权拱手让于蒋经国，向太子输诚。结果，他的保安处变成了蒋经国"机要室资料组"的执行机构。50年代初，为防止中国共产党在台湾的渗透而实行的"杀戒大开"、笼罩全台的白色恐怖，就是由蒋经国在幕后、彭孟缉在台前一手策划和导演的，彭孟缉替蒋经国背足了骂名。

在蒋介石的精心安排下，蒋经国在国民党党内的地位也稳步上升，开始全面介入到决策层。1950年7、8月间,蒋介石酝酿已久的《中国国民党改造方案》正式开始实施时,"改造运动"的领导机构"中央改造委员会"摒弃了国民党的元老级大员,大多以新生代充任,16名成员中,最引人注目的新人,则属年方40,党龄仅12年的蒋经国。与此同时,原来人数庞杂的中央执行委员会和中央监察委员会撤销,改以25人的中央评议会代替。

改造运动实质上就是为在台湾建设"蒋家天下蒋家党",因此蒋经国步入国民党决策圈后的第一个举动,就是向多年把持党务的CC系开刀。

CC系巨头就是陈果夫、陈立夫兄弟。

陈氏兄弟不是其他外人,而是蒋介石"革命恩师"陈其美的亲侄子。蒋本人看着二陈长大,且深得他的信赖。自1927年4月蒋介石在南京建立蒋记国民政府起,他就把党务交给陈氏兄弟。二陈为他掌控党务组织、人事、经费甚至特务机关,大权在握。国民党内有所谓"蒋家军、陈家党"之说,蒋介石对此也是洋洋自得。但抗战胜利后,党内派系互斗,致使党政关系几度失控,使得蒋介石几次的重要施政及人事布局受挫,如1948年行宪国大时,居然让桂系李宗仁当上了副总统,蒋介石因此摔坏了播发这条消息的美国进口收音机。随后徐蚌失败,李宗仁等联手地方势力硬是逼着蒋介石下了野。蒋介石认为这完全是因为国民党组织方面出了问题,他本人对党的领导失控而致。

领悟到这一点后,他就开始对陈果夫冷淡。到台北后,他决定废除两人,由于自己亲自掌握党。此时,陈果夫已经卧病在床了,因此蒋氏父子主要是矛头对准了陈立夫。

7月22日,第六届中常委临时会将正式讨论国民党改造案。前一日晚上,蒋介石召集全体中常委到草山举行谈话会,对改造方案进行最后的沟通。

但是,会上依然有一些中央常务委员,如陈肇英、李宗黄等人表示异议。蒋介石严厉地说:"党的改造不容再缓,否则我不能再以总裁地位领导这个党。如果同志不信赖,只有退出本党!"然后,他对与会的中央常务委员们下达最后通牒："赞成者站拢来，反对者请出去！"

他如此决绝表态，中常委的意见终于趋于一致了。

第二天上午，第六届中常委临时会上，一切都很顺利。中常委顺利通过授权总裁蒋介石对国民党实行彻底改造。

随后，蒋经国和陈诚约请CC派两位骨干分子余井塘和张道藩一起吃饭。饭后，陈诚说："请两位给陈立夫转达经国先生一句话。"

"什么话？"

"陈立夫是个混蛋！"

陈立夫听到这话，再也不敢过问党务了。这样，他主动丧失了对国民党党务的控制大权，所谓的"陈家党"于是成为一去不复返的历史。

7月中旬，蒋介石下令免去陈果夫中央财务委员会主任职务，裁撤陈果夫任理事长的中央合作金库和中国农民银行办事机构，后者只保留名义，一举削去CC系三大经济支柱，断了CC派所有人的念想。

7月23日，国民党中央常务委员会通过《中国国民党改造案》；26日，蒋介石宣布中央改造委员和中央评议委员名单，陈果夫挂名中央评议委员，仅作一个安慰而已。陈立夫则榜上无名。

蒋介石的处置让陈立夫完全绝望。同时，他也认为自己再待在台湾，反会让蒋介石和陈诚等人更不放心，生出疑窦，既然一切都没有了，不如干脆来个"绝尘远去"，因此决心离开台湾，一则表示自己心迹：你不要我，其实我是无意于权势的；二则表示对蒋介石的忠心：既然你认为我阻碍了你，那我就干脆远走，不给你再添加任何烦忧。8月4日，他以参加世界道德重整会议名义出国，举家离开台湾。

行前，陈立夫向宋美龄辞别，宋美龄赠以《圣经》一本，说："你在政治上负过这么大的责任，现在一下子冷落下来，会感到很难适应，这里有本《圣经》，你带到美国去念念，你会在心灵上得到不少慰藉。"

陈立夫的反应则颇出宋美龄的意外，他指着墙上挂的蒋介石肖像，言语低沉地表示："夫人，那活的上帝都不信任我，我还希望得到耶稣信任吗？"

赶走了CC系的势力，蒋经国在国民党党内当权的阻力也就随之破除。

党、政、军各项事务大体安排就绪之后，蒋介石腾出手来立即安顿社会秩序。蒋介石提出"保密防谍"的口号之后，蒋经国开始了大逮捕，大屠杀，台湾岛上，血雨腥风。

翻开1950年前半年的台湾的《中央日报》，"匪谍××等数犯，昨日枪决伏法"的标题，一周出现好几次。位于台北市郊植物园附近的马场町，取代了过去南京市郊雨花台的地位，屠杀"革命者"的枪声，从马场町频频传出。这时，过去大陆的渣滓洞、白公馆等集中营，由台北市青岛东路的军人监狱和台东绿岛监狱所替代。有"通匪嫌疑"者，一律送往这两个监狱，或用麻袋捆扎不必经司法程序，丢到海里，受害者不计其数。

蒋经国抓"匪嫌"，是草木皆兵，敢于下手的。台北的一位化学工程师陈天民，对投奔他的乡亲们说："台湾都快解放了，你们还来这里干什么？"

他说这种话，充其量不过是对国民党的统治前途失去信心。但经人检举，保安部却以"匪谍"罪，判刑15年。

蒋经国遵照父旨，为"台湾存亡所必须"，实施铁腕政策，只要行动可疑，经人检举，一概列入危险分子，格杀勿论。白色恐怖，笼罩海岛。蒋经国在台湾国民党权坛正式亮相的第一个职位是"国防部政治部主任"，不久称"总政治部主任"，他迈入了编阶为二级上将的国民党将军级人物之列。

这是蒋介石让蒋经国全面涉足军界、抓枪杆子的精心安排。

由于蒋经国在国民党军队中资历甚浅，素无军功，高官陡升，自然有人不满、不服。原空军总司令周至柔与蒋经国总政治部主任任命令发布的同时，晋升为一级上将参谋总长。周至柔曾对前来贺喜的人发牢骚："现在连老百姓都可以当上将，我在沙场拼了几十年命才升了这么一个一级上将，想想也没有什么可喜。"

1950 年 2 月，蒋经国陪同宋美龄劳军

此话后来传到蒋经国耳中，他也自觉资历太浅难以服众，在总政治部主任的任期中，从未穿着上将军服在公共场合露面。

蒋经国深知自己涉足军界，根基不深，于是采取了稳打稳扎、步步为营的长期经略之策。为了培养自己的心腹嫡系，蒋经国上任后旋即开始筹划建立政工干校。

这样，蒋经国指挥为数 5 万以上的特工人员，又掌管全军政治部。在国民党的权力结构中，行政院长陈诚为一人之下、万人以上，其次就数蒋经国了。

3.时来运转，蒋氏父子终于松了一口气

中华人民共和国成立后，毛泽东一再声言"一定要解放台湾"，新华社的广播也不断重申："绝对不能容忍国民党反动派把台湾作为最后挣扎的

根据地。"毛泽东的决心和举措弄得蒋氏父子坐立不安,也使孤岛上人心惶惶,一些党国要人纷纷逃往海外。曾任台湾省主席的魏道明寄居巴西,做过东北大员的蒋氏父子密友熊式辉和后来任驻美大使的沈剑虹滞留香港……为了防止官兵继续逃亡,1950年4月,台湾"行政院"颁发紧急命令:"一律禁止人民出国探亲或旅游观光,政府官员因公出国必须由行政院审核批准。"

1950年5月,海南、舟山诸岛相继解放,这就等于割断台湾岛的手足,解放军的下一步必将是渡海攻台湾。董显光著的《蒋总统传》,对中国人民解放军备战攻台,有如下记载:

> 在是年整个春季,尤其是在海南岛沦陷以后,彼等在福建沿海各城市作种种两栖的与空军的进攻准备。彼等所准备的空军,到"民国三十九年"(1950年),已有飞机400架。上海的龙华大机场一度几为我政府炸毁者,现已借俄人之助,修复至可供使用。长江以南各地约有30个空军基地,包括对日战争时美军所建筑的若干基地,亦已恢复至可使用之程度。在面对台湾之厦门、福州、汕头及其他港口,大量之登陆艇与种种型式之船舶皆在准备中。因此,在是年5、6月间,台湾亦在防备共军之进攻,而这种进攻在蒋总统认为是不可避免的。

1950年的上半年,台湾局势仍然是山雨欲来风满楼。尽管蒋介石复职总统了,但是,其政治、军事、经济、外交等各方面皆成危机,逃到孤岛的残兵败将普遍认为,蒋介石开出的"五年光复大陆"计划,纯属一张"空头政治支票",他们与蒋氏父子一起逃到孤岛来偏安一方,却见忧患中的领袖并没有卧薪尝胆和励精图治的有力措施,仍一切照旧,一片混乱,一个个顿生不寒而栗的感觉。

台湾国民党人的前途一片漆黑。

4月17日清晨，中国人民解放军第四野战军所属的第15兵团，以3个军的兵力，跨过琼州海峡，国军不支溃退，只六天时间解放了海南岛。

海南岛是仅次于台湾的大岛，在经济和军事上，对台湾的存亡事关重大。一旦失守，人心浮动，蒋介石在残兵败将中的声望再次降低。于是，蒋介石让蒋经国出面，第一次代表政府发言，为海南岛的失守予以辩护。蒋经国初次露面媒体，略略谈了四点：

（一）中共为压制大陆人民反共情绪，才进犯海南。

（二）苏联要用海南岛当海空基地，准备发动世界大战。

（三）中共要以海南岛的铁砂运苏联，制造武器。

（四）海南岛是国军军事上的弱点。

以上四点只是第四点是真话："国军无力防守海南。"其余皆是骗人的谎话。国军明明是仓皇败退，《中央日报》却宣称："国军大捷""歼匪逾万"之后才"转进"台湾。

海南岛解放之后，解放军进攻的下一个目标就是舟山群岛。迫于形势，蒋介石决定弃守，将舟山15万守军撤出总比平白牺牲要好，蒋氏父子在这一点上是十分明智的。然而，弃守偌大的地方，父子俩却苦于如何向台湾本岛的军民交代！说实话人心更慌乱，不说实话谁都知道是说谎。挖空心思，蒋介石于5月16日发表了一篇题为《军人魂》的演讲，目的是转移视线，做迎接挫败的心理准备。

《军人魂》的要

蒋经国在舟山群岛查看军事设备

蒋介石亲自校阅在台部队

义非常可笑,蒋介石重弹"不成功便成仁"的老调,说自己曾有意和南京共存亡,这回发誓:台湾一旦陷落,决定以身殉国。他语词大义凛然,却充满失败的低调情绪。第二天当局又公布文告,称:"国军为了集中一切兵力,确保台湾反共基地",又从舟山"转进"。紧接着,万山群岛、福建海外的东山岛等岛屿或弃守,或"转进",相继一个个丢了。

总之,蒋介石除夕在日月潭钓到大鱼的好兆头,到了1950年的5月还无影无踪。

这时,众人纷纷估计人民解放军进攻台湾的时期是在6、7、8这三个月。因为,9月开始台湾海峡进入台风季节不利征战。

5月18日,宋美龄亲自出动,到基隆劳军。国民党中央党部举行宣誓仪式,各级国民党员进行呼喊:"宣誓效死,确保台湾!"

5月27日,《中央日报》社论说:"台湾是进入战时了!"这份国民党党报又以《发扬"同舟共济"的真精神》为题,重申:"我们国家实在已到空前未有的危险时期,每个处在这个孤岛上的人也已没有什么可以撤退和逃避的地方。每个人的利益和整个国家的利益，再也没有一个时候能比现在更加一致。今日国家所追求的目标，就是每个人所追求的目标。"因此，它"要求每人把所有的私的利益完全克服下去"。紧接着，舆论带头，提倡战时生活。6月4日，成立"战时生活运动促进会"，口号是："向奢侈者挑战，向腐化者开刀"，要求"人人生产，戒除浪费，个个动员，参加战斗"。随即，又公布检肃"匪"谍条例，蒋氏父子强制规定："各机关部队学校人员必须连保，发现可疑人物要告密检举。"——这是蒋介石曾在军队中实行过的极残酷的"连坐法"，以及蒋经国在江西新政时起用的"保甲连坐"的翻版。

为保卫台湾，在孤岛沿海加建碉堡防御工事夜以继日地进行，所有人员不眠不休。防空演习，组织训练民众备战，弄得全岛鸡犬不宁。蒋经国主持的国防部总政治部也不停息，接连不断地发动各部队纷纷歃血联盟，誓死效忠蒋介石，他甚至效法二次大战末期日本法西斯的神风队故伎，发动组织反共敢死队。

在风声鹤唳之中，《中央日报》又发表权威家的论文，题目以《台湾守得住吗？》吊起全岛人的心口，然后引经据典，告诉已是惶惶不可终日的孤岛残兵和百姓："台湾一定会守得住的。"

但是，这时台湾的民众一个个心里都明白，150里的台湾海峡，300年前尚且抵抗不了郑成功的海师，溃不成军的国军岂能阻挡排山倒海般的百万解放军？台湾解放只是个时间问题了，这时间的期限也十分清楚：台风到来之前。台湾岛几乎快变成恐怖的死亡之谷……因而，上下都陷入于无计可施的痛苦之中。

然而，正在这千钧一发的危急存亡之时，危殆中的台湾出乎蒋介石的意料突然降临了转机。

这转机到来的如此及时，使蒋介石惊喜交集，差点流下泪水来。

1950年6月25日，蒋介石正在吃早饭，负责给蒋介石递送情报的蒋经国送来一份简报，"资料组"递来的情况零星而又混乱，蒋介石翻了四五页,才知晓朝鲜南北已经于凌晨发生了战争,其他一概不得而知。直到深夜10点,蒋氏父子始接到国民党台湾政府"驻南朝鲜大使"邵毓麟的首次报告,从邵毓麟递来的情况看,蒋氏父子才大致了解朝鲜南北战争爆发的战况,半小时后,续电抵达。

蒋介石望眼欲穿的第三次世界大战似乎终露端倪,他对朝鲜战争马上有了乐观的反应,这大致与邵毓麟在报告中的分析不谋而合。邵说:

> 韩战对于台湾,更是只有百利而无一弊。我们面临的中共军事威胁,以及友邦美国遗弃我国,与承认"匪伪"的外交危机,已因韩战爆发而局势大变,露出一线转机。中韩休戚与共,今后韩战发展如果有利南韩,亦必有利我国,如果韩战演成美俄世界大战,不仅南北韩必然统一,我们还可能会由鸭绿江、由东北而重返中国大陆。如果韩战进展不幸而不利南韩,也势必毗而提高美国及自由国家的警觉,加紧援韩决不致任凭国际共党渡海进攻台湾了。

朝鲜战争爆发的当天,美国总统杜鲁门由密苏里家乡赶返华盛顿白宫,召集国家安全会议。6月27日,杜鲁门宣布武装干涉朝鲜内政,扩大朝鲜战争,同时派美国第7舰队全副武装前往台湾。

6月28日,《中央日报》刊登了杜鲁门关于朝鲜战争的声明。有关台湾部分,援引如下:

> ……鉴于共产党军队的占领台湾将直接威胁到太平洋区域的安全,并威胁到在该区域履行合法而必要之活动的美国部队,因之,本人已命令美国第七舰队防止对台湾的任何攻击,并且本人已请求台湾的中国政府停止对大陆的一切海空活动。

《中央日报》接着报道说：

　　两天后，第七舰队的九艘船舰，包括六艘驱逐舰、两艘巡洋舰和一艘运输舰，进入台湾海峡，并即开始巡弋。旋第七舰队司令史枢波访台，但别忘记，在是年6月以前，美国留驻台湾的只有一位领事阶级的代表，最高级的武官，还是位中校。

　　美国为了保护它在亚洲的利益，进而实现征服全世界的野心，打定主意要在亚洲树立反对社会主义的傀儡政权。杜鲁门遗弃蒋介石，认为蒋不堪救药，失去一个台湾岛对美国在亚洲的地位无足轻重，而失去南朝鲜这个缓冲区，日本将受威胁，苏联的势力将大为扩张，美国将无法立足。为整个东南亚的防御体系，美国又把蒋介石拣了回来，开始把台湾纳入美国的战略防御体系，使台湾成为美国的军事基地——不沉的航空母舰。

　　蒋介石重新得到美国的保护，昨日还正在惶恐万分地准备防范共军进攻台湾，此刻终于长长地松了一口气。杜氏态度的一百八十度大转弯，蒋介石受宠若惊，于是内政外交全遵杜鲁门的安排。

　　败逃到孤岛之后，蒋介石统治台湾的精神支柱和唯一的口号就是"反共复国"，杜鲁门要求蒋介石停止对大陆攻击，蒋介石当即表示："双方意见完全一致。"

　　其实，此时不光是台湾民众，就连蒋介石自己也不相信单靠台湾的力量能反攻大陆。

　　6月29日，蒋介石的外交部向美国政府提出申请："愿派遣3.3万陆军精锐部队参加美国组成的干涉军，进攻北朝鲜。"[1] 7月31日，美国麦克阿瑟以"联合国军总司令"的名义访问台湾，蒋介石又请求出兵参加朝鲜战

---

[1]陈诚著：《陈诚回忆录——建设台湾》，东方出版社2011年版，第105页。

争。蒋介石一再呼吁出兵朝鲜不单是献殷勤,也不是如他所讲的"中华民国政府军距离韩国最近,是能够赴援最快的友军",而是另有一套如意算盘:朝鲜战争扩大,他可以从北朝鲜进攻东北,在东南沿海之后开辟"第二战场""反攻复国"。但是,由于英国已宣布承认中华人民共和国建立代办级外交关系,怕把事情闹大,提出英国"不能和台湾军队并肩作战",如此一来,美国当然"取英舍蒋",结果,蒋介石借助外力重返大陆、收复失土的如意算盘化为乌有。但是,即使这样,蒋介石也成了朝鲜战争中最大的受益者,因为有了美国的保护,蒋氏父子终于避免了台风到来之前的灭顶之灾。

台湾海峡有了美国第7舰队来把守,美国又承认了蒋介石,随后即恢复了对台的军事和经济援助,蒋介石失魂落魄惶惶不可终日的日子一去不复返。台湾在资本主义阵营中的砝码加重了分量,欲与国民党台湾当局断交的国家也不断交了。

此时,台湾有两个最为明显的特征,一是完全成为美国的保护地,再就是台湾成为党政军清一色的蒋家一统天下。

4.吴国桢和太子扯皮,老子帮忙

1952年,10月10日,国民党"七全"大会召开,蒋经国被推选为国民党中央委员。随后的七届一中全会,蒋经国又被蒋介石指定为国民党中常会委员。至此,蒋经国在国民党的权力中枢享有举足轻重的发言权。

在蒋介石的精心策划和全力支持下,蒋经国在党、政、军、青、特各条战线全面出击,放手抓权。短短几年时间,蒋经国就已在台湾国民党政权的核心层面站稳了脚跟,成为令人瞩目的新一代"政治强人"。

由于蒋经国的突然崛起,台湾国民党政权原有的政治格局被打破,新的均衡产生于激烈而复杂的权力纷争和再分配之后。虽然蒋介石偏安孤岛后不久即确定了父业子承、重建蒋家王朝的目标，并精心培养和强力扶植蒋经国全面接班，然而，并非所有的元老重臣都买蒋氏父子的账，一个个心甘情愿放弃自己手中的既得权益，接受蒋氏家天下的独裁统治。因此，蒋经国"接棒"之路，仍然阻力重重，不经过一番血的搏杀，过关斩将，他的"继承人"之位还是无法确立的。

蒋介石败亡台湾后，国民党内最早向"太子擅权"发难的，是蒋介石一度曾十分倚重的一员大将：吴国桢。

1952年10月30日，是蒋介石65岁的生日。蒋介石与宋美龄这天离开台北，到郊外草山别墅避寿，但特邀了台湾省主席吴国桢夫妇上山吃晚饭，并殷切地留吴在山上过夜。第二天，吴氏夫妇离开别墅时，发现原来自己的汽车司机不在了，派人找也没找到，"客"已经做过了，并且出了主人家的门，非下山不可了，最后，他只得由蒋宅另派了一名司机开车下山。

这天正巧吴国桢的妻子大闹腹泻，开车不久就停车到路旁一老百姓家中入厕。等吴氏夫妇回到汽车旁，发现司机脸色都吓白了。原来三个车轮的螺丝钉都早已被人拧掉了，如果不是吴夫人闹腹泻，汽车一跑轮飞出，车上的人都已粉身碎骨了。吴国桢此时恍然大悟："蒋介石是要他的命了！"

吴国桢乃是美国普林斯顿大学训练出来的政治能手，十分成熟，对此事一点不露声色，回家后坚辞省主席之职，并暗中活动美国两个学术团体邀自己到美国讲学。蒋介石开始不让吴离开台湾，但吴国桢有美国人支

吴 国 桢

持,宋美龄也为吴出面向蒋介石劝说,施加影响,于是蒋不得不放行,吴国桢于1953年5月24日被批准赴美。但是,蒋介石却留下了吴的父亲和儿子做人质。

吴国桢早年自美学成归国,受蒋介石器重,历任国民党政府党政要职。他在党内曾任中宣部副部长,在政府中先后出任汉口市长、重庆市长、上海市长、台湾省主席,外交方面担任过外交部次长,是亲美派代表,获得蒋介石长期宠爱,也是蒋介石下野后与蒋经国等少数跟随蒋介石一起的亲信之一。亡命台湾,蒋介石将"国民政府"唯一剩下的这一个行省的管理权交给吴国桢,足见其苦心。

本来陈诚掌管台湾省大印,他在大陆倾覆之际主持台省,使蒋家王朝撤离到孤岛有了落脚之地,他虽任此职不足一年,但没有功劳也有苦劳。在吴国桢上任省主席位不久前,陈诚曾约谈吴国桢,要他屈就台湾省政府秘书长一职,遭吴婉谢。

谁知出乎陈诚意料之外,蒋介石却要任命吴国桢为台湾省主席,而不是其所言的秘书长。在蒋与吴谈庆授职时,吴国桢曾对蒋坦率地说:

"陈诚将军不是做得很好吗?最好由俞大维担任。"

但蒋介石却也毫不隐讳地回称:"你很恰当,我要你今后全力争取美援。"

结果,吴国桢走马上任却使陈诚有苦说不出,怀恨在心。在吴上任的前两天,国民党中央机关报《中央日报》刊出《台湾与美援》的社论,指出:"我们的励精图治,彻底改革,就是我们争取援助之最有效、最有力的方法。"由于蒋氏父子逃台后一切改革的目标是以争取美援为中心,故而有美国渊源的"民主先生"吴国桢才成为台湾省主席的"最佳"人选。

吴国桢就任台湾省主席职的第三个月,蒋介石宣布复"总统"职,同时任命他的嫡系得力干将陈诚为行政院长。但是,官位的升迁却使陈诚与吴国桢闹起了矛盾,并推入了激烈对抗的境地。在工作中,两人芥蒂不少,相互刁难,气得吴国桢向蒋介石提出辞职:"为了把省主席的位置让给我，他一直耿耿于怀，老是卡着我，我向蒋先生报告，请求辞职。"

蒋介石对吴国桢的辞职不予批准，并对他说："辞修和你斗，你就和他斗，我支持你。"

听了蒋介石的保证后，吴国桢有些飘飘然。

吴国桢是忠诚于蒋介石的。但吴国桢所表现的忠诚不是那种"遇事请示、凡事遵命"、唯唯诺诺的所谓"愚忠"，而是吴自己认为的"钧座惨受大陆失败之教训，已锐意改革，故敢冒死犯险，竭智尽忠，以图报效"。

随蒋介石逃往台湾的高官如云，并不是吴国桢"智盖群僚"，而是因为，吴国桢是美国十分欣赏的人物。吴国桢毕业于美国普林斯顿大学，取得博士学位，他一向推崇资产阶级法制，如主张拘捕人犯须在24小时内转送法院审理。有"民主先生"之称。蒋介石重用亲美派，是向美国作出亲和的姿态，并且，他重用"民主先生"也可改变一下自己在美国人和岛人心中的独裁者的形象。

吴国桢是台湾国民党统治阶级的上层人物，个人荣辱进退，系于台湾存亡，他与蒋介石是在同一只船上的。为了这只"船"免遭沉没，吴主张实施"近代民主政治"，恪守公之于世的法律规章，并且宣称："这些法章不可随意废弃、践踏。"可是，吴国桢忽略了台湾政权的本质——一个人独裁。他的民主直接与蒋经国的特务统治发生冲突。

所谓的民主，在台湾原本就是装饰门面的东西，一切都为蒋氏一门服务的，吴国桢的民主损害了这一最高利益的人和事，必被蒋家所铲除。

这时，蒋经国的公开职衔并不很高，暗地里以"总统府"资料组的名义，操纵台湾的特务系统，特务权凌驾一切行政权之上，于是，吴国桢在与陈诚扯皮的同时，又与蒋经国自然发生冲突。

在此之前，蒋经国与吴国桢又闹过别扭。那是在上海整顿经济秩序"打虎"时，由于开始时蒋经国大动干戈，触及上海地方势力利益，吴国桢暗中阻难。双方对对方大为生气，结下宿怨。到达台湾后，蒋吴之间的首次对抗起因于台湾火柴公司案。

该案发生于1950年初,案由是上海商人吴惟栽留在大陆,被蒋经国的特工组织列为"附匪商人",而吴曾任台湾火柴公司董事长,于是蒋经国领导的特务便迁怒于其在台湾的火柴公司,将负责人王哲甫逮捕下狱。

吴国桢知道后,立即调阅王案卷宗,认为这种随便捕人于罪的办法不足以服众,于是就下手令:"要保安副司令彭孟缉放人。"

当天下午,彭与蒋经国一起来找吴。在交涉中,蒋经国坚持吴有罪,不能释放。吴国桢则声称于法无据,必须释放,并且直接问彭孟缉:"究竟你做主席兼保安司令,还是我呢?"

他言下之意,是请蒋经国靠边站,气得蒋经国半晌说不出一句话,气鼓鼓地走了。

当天傍晚,蒋介石派自己的秘书周宏涛来找吴国桢,说明抓王是总统旨意,请吴莫管。谁知吴国桢一不做,二不休,慨然答道:"虽然上级命令无违抗余地,但事关原则问题,政府标榜的民主法焉能言行不一?"

于是,周宏涛退一步提出:"由国防部军法部接办此案,使省政府不背黑锅。"但吴国桢仍拒绝让步,他托周宏涛给蒋介石带去一封信,其中力陈王之冤屈,要求蒋介石为维护民主而释王。蒋介石接信后,考虑再三,下令把王哲甫的死刑改为7年徒刑。

老蒋此举,总算照顾了吴国桢与蒋经国的面子。但是,两人的宿怨更深了。

国民党政府逃上小小台湾海岛,中央、地方的一切开支,唯省府是赖。而省府的经济来源无非靠税收田赋。应付那样大的开支,难免捉襟见肘,而吴国桢身为省主席,自要搏节开支。而蒋经国领导着许多不在编的特务机关、组织,常常提出一些金额较大的预算外的经费要求,因此,吴国桢对蒋经国的经费请托,常常毫不客气地予以拒绝。这更是在两人已经僵化的关系上火上浇油。枝枝节节的龃龉,使吴与蒋经国之间的矛盾逐渐加深。换别人,对"太子"的越权,乐得装聋作哑,不闻不问,或网开一面,自然好官任做。而这位吴国桢却恃宠而骄,过分高估了蒋介石对他的信任,

1950年2月，他在面见蒋介石时，竟向蒋老先生进言："如钧座厚爱经国兄，则不应使其主持特务，盖无论其是否仗势越权，必将成为人民仇恨的焦点。"

1951年6月1日，与吴国桢较为亲近的自由派杂志《自由中国》发表了《政府不可诱民入罪》的社论，指责蒋经国、彭孟缉指挥特务蓄意制造经济犯罪，设下陷阱让老百

蒋介石与宋美龄

姓上当。刊物出版后被台湾情治部门全数扣押，还扬言要抓雷震坐牢。

《自由中国》由胡适、雷震等人创办。

雷震，字儆寰，浙江长兴人，1916年中学毕业后赴日本留学，由戴季陶和张继正介绍加入孙中山领导的中华革命党；回国后，担任国民政府法制局编审、大学教授等职。1931年后从学术界进入政界，曾先后担任国民参政会秘书长、国民大会副秘书长、行政院政务委员等职。国民党败退台湾后，他先后任"总统府国策顾问"、"中央银行监事"、"大陆灾胞救济总会监事"。

雷震是一个忠实的国民党员，人称是"恨铁不成钢"的国民党人。国民党败退台湾前夕，他和"自由主义大师"胡适、王世杰、杭立武等人商讨办报事宜。胡适提议刊物名称叫《自由中国》，仿当年法国戴高乐的《自由法国》之意；雷则主张办报扰乱解放区人心。由于国民党在大陆的迅速崩溃，雷震等人什么也没有来得及办就随蒋氏父子撤离大陆。到台湾后，

雷、胡继续酝酿筹办刊物。《自由中国》于1949年11月20日在台创刊,其宗旨是支持和督促国民党当局"走向进步,以抵抗中共,早日反攻大陆"。尽管《自由中国》也批评蒋介石与国民党,但其本质上还是希望国民党克服自身缺点与体制弊端,维持在台统治。

1951年元月,雷震与洪兰友在香港拉拢各党派及民主人士时,青年党左舜生与李璜等一见雷、洪二人,就大骂蒋氏父子违反"宪法"规定,在军队及宪兵和警察里设立国民党支部,并认为这种做法与过去军阀和大陆时代国民党一样,是采用苏俄的"以党治国",不想依照"宪法"实行民主政治,这完全是家天下的政治,终有一天要失败的。

雷、洪二人返台后,正值国民党改造时期,蒋氏父子让雷汇报香港之行,雷震如实汇报,蒋经国认为这是雷震的主张。3月29日,当雷震与蒋经国同去圆山忠烈祠时,蒋经国气势汹汹地对雷说:"你为什么反对在军队设立党部之事,这是反动分子,是共产党同路人之所为。"

说毕,蒋经国不待雷解释就走进忠烈祠去了。当时气得雷发昏,回家后倒床即睡,连午饭都没吃。之后,他以《自由中国》与蒋经国作对。

三个月之后,雷震就炮制出笼了《政府不可诱民入罪》一文,暗骂蒋经国。谁知当情报部门出手扣押杂志时,与《自由中国》同有"民主倾向的"台湾省主席吴国桢出面干预。事态最后平息了。

以后,雷继续在该刊发表反对蒋介石独裁统治的文章,致使蒋经国对雷怀恨在心。

1952年冬天,基隆市两名市议员,因未投国民党提名议长的票被特务绑架,吴国桢接报后向彭孟缉查询,彭及下属互相推诿,企图蒙混过关,但吴国桢穷追不舍,下令限3小时内放人并严办肇事者。彭被迫释放了两位议员,但拒绝处理下属人员。当吴追问原因时,彭掏出来蒋介石的手令,使吴顿时哑口无言。

彭孟缉是蒋经国的嫡系亲信。

面对现实,吴国桢渐渐对国民党感到绝望。但是,经历诸事,吴国桢终于明白了蒋介石"爱权之心，胜于爱国；爱子之心，胜于爱民"。然而这时，他已噬脐莫及了，于是，发现自己汽车的三个轮子的螺丝全被人拧掉了。

为了保命，吴国桢坚辞台湾省主席之职，然后依靠美国人的势力，夫妇双双前去美国。抵美后，吴国桢虽然作了相当克制，尽量不对外发布蒋氏父子不满之词。但他和蒋经国的嫌隙，亦未因此平息，蒋介石仍然扣留他的儿子在台湾作为人质。为了把吴国桢拉过来，1953年年底，宋美龄派人劝说他回台湾，继续担任蒋介石的"总统府"秘书长。但是，吴国桢拒绝了。

1954年1月，台湾报纸突然披露吴国桢苟取巨额外汇的内容，有的报纸还刊出《劝吴国桢从速回台湾》的长篇社论。吴国桢只是要求台湾报纸登启事辟谣，但吴的父亲跑遍各报，不得要领。吴忍无可忍，于是在美发表对台三点"政见"，主要内容是：

（一）台湾如不实行民主，将无法争取美国和侨胞的支持。

（二）目前的台湾政府过于专权，是一党统治。

（三）政治部全然照搬苏联的方法。

这第三条分明专指蒋经国但尚未指名道姓。于是，台湾自有许多忠于蒋介石的要员已"义愤填膺，揭竿而起"，与吴国桢隔海骂战，指责吴"反动""狂妄""包庇贪污，营私舞弊"等，罪名达13条之多。

吴国桢在台湾的一片谩骂声中，复刊出《上总统书》一文，正式点出蒋氏父子的名字，说："太子是台湾政治进步之一大障碍，主张送入美国大学或研究院读书……在大陆未恢复以前，不必重返台湾。"同时，他批评蒋介石"自私之心较爱国之心为重，且又固步自封，不予任何人以批评建议之机会"。

吴国桢的一纸上书，等于在蒋氏父子的后院丢了一颗原子弹，发出惊人的震动。美国各大报纸无不争相报道。蒋介石赶紧发表"总统命令"，开除了吴国桢的党籍,官方策动"上书""签名""声讨"运动,以维护领袖和领袖儿子的形象免遭吴国桢糟踏。结果却于事无补。吴国桢事件给中外人士留下深刻的印象:蒋介石仍然是大陆时期的蒋介石,大陆惨败的教训并未能使蒋介石洗心革面。接着,吴国桢在美国电视台发表谈话。

3月8日,正在热烈召开的国民大会收到吴国桢致国民大会函和一份他于2月27日自美国发出的要求释放作为人质的他的14岁儿子的函件。

吴国桢挟持着美国舆论,对蒋介石等人来说,确是一件难以处理的棘手事情。当日,蒋介石在日记中写道:"本日下午情势,吴逆国桢致国大函件,其内容完全以我父子为攻击对象,而以党费与军队政工、救国青年团为其主要目标。函中且有'一人一家'等文句,而其致余个人之函,只通知其有函致国大,要求余嘱国大发表其信件,其意认余为操纵国大之独裁集权者也。其含义之狡猾悖谬,实为从来所未见,痛心极矣。"

面对吴国桢犀利的挑战,蒋介石无法派人去击打,于是亲自主持大会主席团会议,讨论处置吴国桢来函的具体办法。

会议上,不少人都要求申讨吴国桢,建议政府严予查办。但是,"民主派人士"胡适却换着思维建议蒋介石说:"我们可以把吴国桢致国大函全文发布,免得他在美国发布影响更大。"此建议是变被动为主动的办法。最后,主席团决议不予受理吴国桢的函件,并建议政府对吴国桢严予查办,而对胡适的建议未置可否。之后,蒋介石下令"立法院长"张道藩着手就吴国桢"违法渎职"诸问题向"行政院"提出书面质询的材料整理。

张道藩等人经过挑灯夜战,终于除贪腐之外共为吴国桢列出了13项罪名。若其中一项罪名成立,就足够让吴在大牢里蹲上大半辈子。张道藩准备好了质询材料之后,向"行政院"提出质询。

当晚,周宏涛、谢冠生、彭孟缉、毛人凤、张炎元、徐柏园、严家淦等人齐聚"行政院"副院长黄少谷寓所。黄少谷拿出蒋介石亲批的条子说:"总统指示成立第二研究小组,搜集吴国桢枉法渎职案件,以便在立法院答复张院长的质询。"

随后，大家就如何去搜集材料，再次商谈到午夜才散。

蒋介石这么折腾，心知肚明的张道藩却文人本性发作了，居然不想违心干下去了，立即以身体扛不住为由，派人报告"总统府"说："张院长压力太大，身体累垮了，已经住进了医院。"

17日上午，国民党中常会开会，决议开除吴国桢党籍。

与此同时，陈诚以"行政院长"名义呈报蒋介石"吴国桢诋毁政府、猖狂无耻请予撤职处分书"。处分书云："本院政务委员吴国桢于去年5月，借病请假赴美，托故不归，自本年2月以来，竟连续散播荒谬谣诼。对方诋毁政府，企图淆乱国际视听，破坏反攻复国大计。查该吴国桢历任政府高级官吏，近复曾任台湾省政府主席三年有余，现尚为政务委员，乃出国甫及数月，即对政府肆意诬抵，猖狂无耻，贻笑世界，言行悖谬，至于此极。拟请钧座予以撤职处分，以振纲纪。另据各方报告，该吴国桢前在台湾省政府主席任内，多有违法与渎职之处，自应一并依法查明究办，以肃官常，谨请鉴核明令示遵。"

3月20日，吴国桢再次函呈蒋介石一书，在信函中，他提出：

若钧座认为现行政策，完全无错误可言，亦应逐条说明，使全国人民明了钧座用意所在。若钧座认为桢所见甚是，则应当机立断，照桢意见彻底改革，以挽救民心。即就桢所指出之事实而言，亦应有所详细解释。例如下列问题，在桢函内已明白说出，何以至今毫无答复：

（一）国民党经费是否由政府负担？

（二）政府有何畏惧不通过一"政党法"，保障各方反共人士均能在台公开成立政党，批评政府？

（三）军中究竟有无国民党之秘密组织？

（四）政治部之组织对于士气，究系有益有害？益处何在，害处何在？

（五）我国特务机构究有若干？其权力有何范围？何人出面主持？何背后主持？

（六）特务拘捕人员究向何方报告，若超过法律范围，究向何人负责？

（七）特务曾否干涉选举，曾否违法逮捕人民？

（八）特务机关自1950年3月1日起（钧座复职日），至今究已逮捕多少人民？

（九）台湾有无秘密监狱，能否派员查勘？

（十）自1950年3月1日起，至今有多少报纸奉令停刊，有多少记者被捕？其事实经过及法律根据如何？

（十一）青年团究系隶属政府或国民党？

（十二）青年团若隶属政府究系隶属何院何部，其组织法曾否经"立法院"通过；若隶属于国民党，何以据中央社报道，杨尔瑛又言其经费列入国家预算之内？

最后，他要求蒋介石"此函务请钧座交由台湾各报发表全文，为祷"。蒋介石还是采取继续不予理睬的静默办法。

这没有不倒吴国桢。4月3日，他第三次发出《上总统书》，其中声色俱厉地指出："但钧座之病，则在自私，在大陆只顾个人之政权，在台湾则于苟安之后，只徒传权于子。爱权胜于爱国，爱子胜于爱民。因此遂走上一人控党，党控政，以政治部控制军队，以特务控制人民之重大错误途径。一误已失大陆，岂可再误而坐失恢复大陆之机会，甚至使台湾不保耶？"对此，他尖锐地提出台湾改革必须立即采取的措施，"供献于下"：

（一）现行宪法对于行政制度含混不清。钧座如任总统，则为总统制，如任行政院院长，则为责任内阁制，大权则皆在钧座之手。钧座应利用此第二届选举总统后之机会，明白声明我国宪法为责任内阁制，所有政权军权，均由依法选任之行政院长全权负责处理，总统不再过问。建议以胡适先生担任。

（二）年来我国政治进步之又一大障碍，即为经国兄。他在苏学习十四年，对于近代民主政治，实属扞格。钧座为表示大公无私起见，此时此地实不宜再令他留在台湾，在幕前或幕后操纵把持，应立即英断派他来美国入大学或研究院读书，俾其能对于民主政治深切了解。在大陆未恢复以前，不必重返台湾。

吴国桢这封信，直接把矛头对准蒋介石的权力和准备接班的儿子蒋经国，几乎是蛇打七寸。他这种不顾一切的死缠烂打，蒋介石真是毫无办法可去制止，嘴巴和笔头在人家那里，鞭长莫及。可是，不管不顾，他以亲历者身份讲出的那些"揭家露底"的话语在海内外影响又着实太巨大。

4月中旬，蒋介石下令"外交部长"叶公超，给吴国桢儿子送去美国护

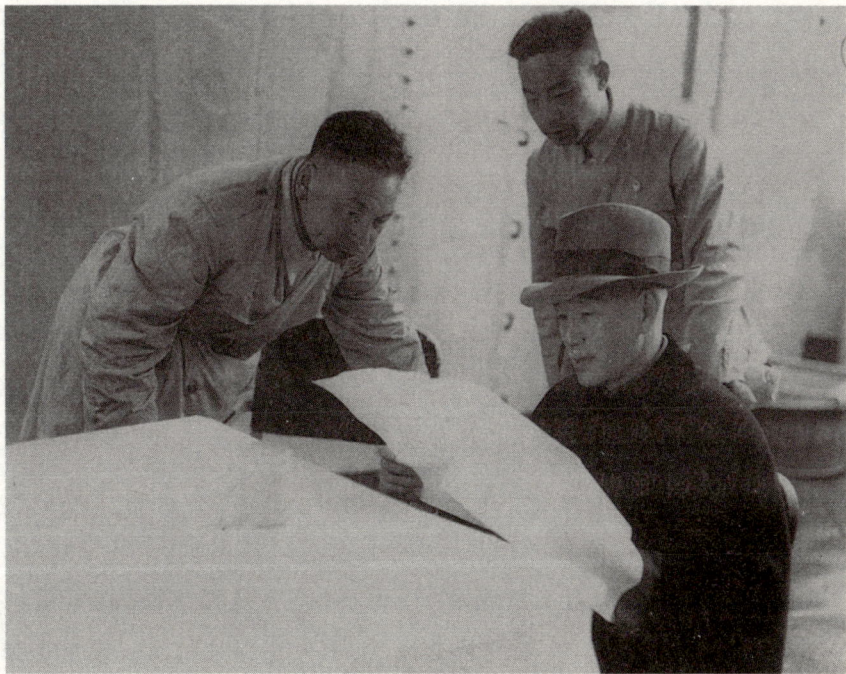

1954年5月，蒋氏父子前去大陈岛视察

照,让人质离开台湾。15日,叶公超派"外交部"礼宾官亲自把一份护照送到吴子寄居的姨妈家。吴国桢的儿子终于去了美国,与父母团聚。

吴国桢终于不再隔洋追打蒋氏父子了。

5.蒋经国和任显群争风吃醋的"情战"

吴国桢的人质儿子放走后,谁知5月,蒋介石"总统府"的大笔杆子、中央党部第四组主任陶希圣突然以"立法委员"身份在"立法院"发言,要求应继续查办吴国桢案,并对1950年至1951年间抛空外汇、抛空黄金造成财政金融危机的任显群、吴国桢等人进行彻底调查。接着,他在《台湾新生报》发表文章,声称要在"立法院"会上再次质询吴国桢、任显群抛空国库的黄金而由自己从中购买囤积以取暴利的罪行,公开提出要追问"金瑞山银楼的1385两黄金的着落",说凡是过去与吴国桢等有什么恩情的人,现在都应以义断恩——意指任显群等人要与吴国桢决裂。

他此举一箭双雕,借吴国桢案剑指任显群,彻底剿清吴国桢在台残余势力。

这又是怎么回事儿?怎么又把任显群牵扯上了呢?

这其中大有奥秘。得从年初的一个质询案说起。

2月9日,"立法院"召开会议,本来是讨论下一次国民大会召开中可能遇到的诸多法律问题。讨论之中,委员赵祖贻、李文斋突然专门转移话题,联手对台湾省前任财政厅长任显群的贪腐和"行为不检"提出质询。

任显群是前任省主席吴国桢的亲信,为台湾省财政厅长。上次因吴辞职而在省政府改组时被踢出省政府,成了闲人。赵祖贻、李文斋在"立法院"对他财政厅长任内有无贪腐和"行为不检"突然提出质询,着重说任已婚,元配也在,再娶女伶,败坏社会风气,出人意料地打出一发重炮弹。

任显群已下野,靠边站了,居然成了"立法委员"质询的对象,立即引起外界的关注。次日，两位委员质询的内容上了台湾《联合报》头版，成为台北爆炸性新闻。

任显群见自己被炮轰，也不示弱，公开致函赵祖贻、李文斋，要求他们"请就显群任期以内查明有失职甚至违法情事，详列事实，正式检举，俾社会洞明真相，如系误传，亦望有以更正……伫候明教"。该函第三日也发表在《联合报》上。

赵祖贻、李文斋没有"更正"。相反，赵祖贻的回应很狂傲："我是立法委员，有言论免责权。"即他赵祖贻就是栽你任显群的赃，有意捏造事实，你也奈我不何！大有欺人之势。

赵祖贻、李文斋怎么突然撂下国民大会此等大事不做，却对已下台了的落魄之徒任显群较上了劲儿呢？

关键还是他们检举和质询任显群的第二项"行为不检"一事。

任显群"行为不检"，源于一个叫顾正秋的国剧名伶。事情的根源不仅仅因为顾正秋长得漂亮，被任显群看上纳为"老婆"，而是因为她同时被蒋经国看上了。为此，《联合报》在评论中有意地调侃任显群的桃色新闻说："所谓'人言啧啧'，无疑的是从与女伶结合而起，这就叫做'人怕出名猪怕肥'。关于婚姻方面，任氏精研法理，度必有适当之安排。至于道德标准，那就言人人殊了。"确实，谁都知道事情的真实缘由——是任显群"与女伶结合而起"①

主角之一的顾正秋时年才26岁。大陆时期，她在上海就有一些名气，有"小梅兰芳"之称。到台湾后，她志在择人而嫁，钓个金龟婿。消息一出，追求者众多，其中不乏达官巨贾、有家有室的人。蒋经国便是众"竞争者"之一。虽然身居高位，整日忙碌，闲暇之余，他也爱上了青春貌美的顾正秋。

---

① 何凡著：《再谈干净人当政》，1954年2月16日《联合报》第6版。

顾正秋

然而，顾正秋对蒋经国的这个诱惑却是出奇地冷静：若和他结合，蒋经国则需和蒋方良（即芬娜，回国后由蒋介石亲自改名"蒋方良"）离婚，就他现在地位来说，完全不可能，自己只能当地下情人。这还不说，更为甚者，可能还有性命之虞。当初蒋介石对蒋经国与章亚若恋情的果断处理，甚至导致女方命丢黄泉的前车之鉴，让她不寒而栗。于是，她果断地摒弃了蒋经国这个台湾最有权势的候选人。

在众竞争者中脱颖而出的最佳人选，则是任显群。任也和蒋经国一样，是出名的风流郎君。他在台湾担任过省财政厅长、台湾银行董事长等职，有的是钱，并且在大陆时期还当过杭州市长。他在两位台湾省主席陈仪和吴国桢手下都是红得发紫。当然，他俘获顾正秋芳心还不止这些。在捕获女人方面，甚至比蒋经国还高明。他从进入青春期起就很风流。23岁在江苏某中学教书时，身有婚约的他带着同样身有婚约的女学生章筠倩，双双私奔，远渡重洋，跑到日本同居，曾经轰动大上海。昔日一起私奔的女主角章筠倩如今已成他明媒正娶的太太，且为他生了一大群儿女。但是，他还是风流之心不死，加入对顾正秋的角逐之列，很快成为夺得花魁的"卖油翁"。

在激烈的竞争中，任显群和蒋经国就这样结下解不开的冤仇，并且还发生公开的较量。任显群的女儿任治平回忆任显群曾发生过一件差点

儿丢命的秘事:

　　……无法想象在严厉的戒严时期,竟然还有人拿枪企图行刺财政厅长。

　　民国四十年(1951)6月2日上午九点多钟,突然有个人持枪冲到爸的办公室要开枪,幸好秘书机警大声喝斥,那人吓得脸色发白,浑身颤抖,办公室的人趁机一拥而上把他制伏,送交刑警总队。

　　爸觉得事有蹊跷,派主任秘书范泽山和第一科科长鲍亦荣一起去警局查问此事,想了解笔录内容、刺客身份以及行刺动机。但刑警总队队长刘戈青让他们等着,说刑警还在问案,只说刺客名叫高正大,约四十多岁,其他无可奉告。没想到,范泽山和鲍亦荣一直等到深夜十一点多,刑警总队的人却通知他们说,刺客跳楼自杀了,至于他的身份背景和行刺动机,他们只推说很复杂,坚决不肯透露内情。

　　爸始终怀疑那刺客是受人教唆的。半个月后,还是没有消息,他亲自去拜访刘戈青,刘却也只说刺客交代的都是个人生活情况,对于行刺动机始终没有说明。

　　案子就这样不了了之,爸的怀疑没有解除,但苦无证据,他除了告诉家人以后要小心一点,别无他法①

俗话说"色胆大如天"。确实,为了顾正秋,蒋经国使出要情敌任显群命的狠手段,而任显群也并不因此而退缩,继续猛追顾小姐,终于夺得她

①任治平口述,汪士淳、陈颖撰文:《这一生——我的父亲任显群》,台湾宝瓶文化事业有限公司出版,第175—176页。

的芳心。

在省主席吴国桢与蒋氏父子闹翻后,"吴家军"一夜之间崩溃。任显群也被免了财政厅长等所有职务。他倒不在乎,随即在人们视野中失踪。三个月后,1953年7月13日,失踪多时的他重现江湖时,与顾正秋的美事也瓜熟蒂落。

在"财政厅长"任上时,他顾忌"为政道德",与顾正秋不便明往明来,下台后便无所顾虑,短短三个月便把一切事情搞定,并计划娶顾进门。可他迎娶顾正秋,同样也得抛弃发妻,首先离婚。结果,此事一出,便闹得任家不得安宁。章筠倩寻死觅活,万般不答应。一日半夜,任显群突然带着几个不知情的子女一起跪在发妻前,要求她同意此良缘。章筠倩不甘心被逐,死活不答应。最后,任家老太太闻讯,出面干涉。

老太太说是干涉,其实主要是调停。爱子心切的她竭力劝解章筠倩,说任家历来人丁单薄,显群"一子双桃",必须再娶一妻传宗接代,才不愧泉下祖宗。老太太的办法是,为儿娶两妻,即任显群不必与章离异,顾娶进门后也不算"妾",两妻平起平坐。章筠倩被迫答应。任、顾大喜,随即择日成亲,并现身江湖。

"婚"后,任显群在台北中山北路二段四十七号与友人成立群友法律会计事务所,弃政从商,另辟事业之途,免得以后二妻财政紧张。开张当日,车水马龙,十分热闹。台湾省警察局很给面子,为他加派了不少岗亭维持交通。任显群成了台湾政坛垮台人物中东山不亮西山亮的"塞翁"。

任显群居然和顾正秋结了婚,成为捧得美人归的大赢家,而顾正秋也甘心情愿嫁给落魄郎君。这让另一情郎蒋经国有苦难言,同时也恼怒不已,于是决定绝地反击。尽管任显群已脱离政界、辞职下海了,赵祖贻、李文斋还是在"立法院"对他提出了"行为不检"质询。

这"两门大炮"是蒋经国悄悄架设的。

赵祖贻、李文斋两人提出质询案后,"行政院长"陈诚也因此被唤去列席"立法院"会议,以答复质询。面对"立法委员"们的质询,陈诚答复说:

"查任显群交卸职务已达10月之久,如其在任职期内而有关于职务上之过失,依法自应负法律上之责任。在任显群交卸职务之后,他的行为,自应由他本人自己负责。我们的态度,是无论任何官吏如有失职行为,任何人均得检证举发,政府必当依法处理。"

陈诚不偏私的强硬态度,算是略微主持了正义。同是"爱情上存在瑕疵"的"立法院长"张道藩害怕此事大闹起来,拔起萝卜带出泥,使得自己那些旧事也引起媒体注意①于是力劝赵祖贻、李文斋两人以国民大会大局为重,终于使得教训任显群之事在国民大会召开前暂时压了下去。

但是,蒋经国却并没有放过任显群。任显群女儿任治平这么回忆:

　　在这风声鹤唳的当头,波及了无辜。我的景文大姊去美国留学的行程受到影响,一直拿不到出境证,所幸陈诚夫人谭祥女士约了我大姊去她家与她女儿认识,得知出境证之事,陈夫人很不以为然,认为小孩子念书不应该受大人的事情影响,过了几天她亲自送出境证到我家。我还记得,那天我放学回家,正好遇到坐在车上的陈夫人,她的慈祥、和蔼可亲风范令人难忘。

　　大姊终于成行,但到机场以后,飞机延误两小时起飞,原因竟然是因为我大姊——她的行李全被拿出来仔细检查,情治人员甚至怀疑她带的几件旗袍有什么花样,把领子一一拆开,看看是否暗藏给吴国桢的信或者文件,把我大姊吓哭了。

　　远在日本的星崖三叔也受害了。三叔于大陆沦陷辗转自香港来台后,爸介绍他去台湾航运公司工作,后来获派为驻日代表。有天三叔忽然回来了,说是总公司通知他返国述职。他回来

---

①张道藩将自己的老婆、孩子送到国外,自己与徐志摩遗孀蒋碧薇长期在台北公开同居,一起生活。

蒋经国乘坐太湖军舰千万大陈岛巡视

后,公司查他的账,看爸是否经由他"洗钱"到日本,当然什么也没查到:情治人员不甘心,把三叔限制出境,不准再回东京,他无奈之下,只得通知三婶带孩子搬回台湾。

"星崖三叔",就是任方旭。回到台北没多久便被蒋经国手下的保安司令部已"匪谍"名义捉去。蒋经国争风吃醋,又暗中唆使赵祖贻、李文斋两人第二次教训任显群被陈诚压下后,又指使自己控制的情治机关的特务对其家人进行为难、打压。但是,事情还是没有完。现在陶希圣又借着吴国桢案又对着任显群开火了。

陶希圣是蒋介石的近臣,接替陈布雷担任蒋介石的笔杆子。他不顾文人的斯文,也加入正常争风吃醋的情战,使得事情更加波澜起伏了。

陶希圣的质询和文章批评一出,任显群一看,就知道他是受到谁的指使,看到报道后愤怒地说:"这是莫须有的指控。"立即挥笔,也写出一篇声明文稿,送去报社发表。

6月1日，台北的《联合报》刊出了他的声明：

　　显群忠党爱国，自抗战以来，始终追随政府，从未有汉奸等不法行为。显群在台湾服务公职两次，第一次担任交通处长，当总统于三十五年首次巡视台湾，曾在省府四楼招待中外新闻记者，宣布台湾复员成绩，以交通为第一。显群担任财政厅长任内，总统年终行政讲评，省财政成绩最优，均有政府公报可查，并无任案二字。任何人如发现显群有贪污而不检举，非黄帝子孙，请陶希圣万不妥协，维持名政论家之地位。

　　……吴国桢背叛党国，已为国人所共弃，不能因显群曾在省府工作，即与吴有恩情，按陶希圣确有受吴恩情之事实，显群可以到庭作证……陶希圣对显群之恶意攻讦，如系出乎纯正爱国动机，显群自可忍受。兹陶希圣因对显群在财政厅长任内，要求未遂，挟怨将显群牵入叛国吴案，实属公报私仇，经已检附陶希圣亲笔函照片，送呈台北地方法院法办在卷。

　　在声明中，任显群撇清自己与吴国桢有"恩情"，并揭露陶希圣质询是因为当年自己没满足他的个人要求，挟怨公报私仇。对于上不得台面的情战，他没有公开提及，但去了法院，自诉陶希圣妨

毫不知情的蒋方良陶醉在自己的家庭生活中

害名誉罪。

可是，陶希圣仗着自己有"立法委员"言论免责权保护伞，不顾被任显群诉诸法院，继续向任显群那些丑事发起进攻，口无遮拦。于是，有人问他道："你为何不打吴案而打任案？"

他回答说："任案是吴案的关键，故打任案亦即是打吴案。"

然后，他继续以"政府要员买黄金"质疑任显群，暗示他涉贪渎之事。任显群因名誉受损，打官司，法院说陶有言论免责权，不予受理。

官司打不成，无可以辩解之路可走，任显群虽然气恼，无奈之余只好自己想通，转而天天怀抱美人去了。不管世间风云，任世态炎凉冷暖。

那么，一直赶着喊打的蒋经国就此罢休了吗？作为父亲的蒋介石对儿子这种争风吃醋的事情又是一种什么态度呢？

6.到国外捞资本，签订了《共同防御条约》

蒋氏父子能在台湾统治达40年之久，最主要的法宝就是依靠美国的全力支持。

在20世纪50年代初中期，美台关系经历了一个由死转活的过程，其中每一个环节的转变对于蒋氏父子都是惊心动魄的生死之变。

蒋氏父子兵败大陆退台之初，出于偏安台岛考虑，不计美国发表"弃蒋"白皮书的前嫌，在外交上实施"一边倒"政策，再度投入美国人的怀抱。朝鲜战争的爆发，美国出于自身在亚洲地区利益的考虑，由"弃蒋"、"弃台"政策转变为再度"扶蒋反共"政策。朝鲜战争使美国改变了"弃蒋"政策，艾森豪威尔入主白宫后，美国与蒋氏父子的关系再度进入"蜜月"时期。随着经援、军援抵达台湾，蒋介石不失时机地向艾森豪威尔提出签订美台共同防御的条约，以解决台湾在中共威胁之下的安全问题。

这时，朝鲜战争已告一段落，美中关系仍然严峻，美国也想进一步摸清蒋介石的真实意图，遂向蒋经国发出邀请，希望他代表老子亲自来美商讨加强台美军事合作问题。这正合蒋介石的"扶子"心意，双方一拍即合。蒋经国以"国防部总政治部"主任的名义赴美考察。

1954年9月11日，蒋经国登机向美国飞去，抵美后，蒋经国受到军界与政界人士的接待。

在美国，蒋太子又是参观军事、交通，又看工业、农业，还到教育和文化等部门"学习"，同时他还访问各阶层美国人民的家庭生活。所到过的重要地方，有华盛顿、纽约、旧金山、芝加哥、洛杉矶、底特律、布佛洛、得克萨斯、盐湖城、萨克拉门托、拉斯维加斯11个州或重要城市，并重点考察了美军七个军事训练基地。

在美期间，蒋经国曾拜会了一向亲台的魏德迈将军与战时盟军司令麦克阿瑟将军，相互就美苏问题、中国与世界关系问题进行了磋商。

魏德迈虽已退休，但他仍充任阿英阁制造公司董事长，并关心世局发展。他与蒋经国谈到台湾海峡两岸关系时，提出八点看法，大意是：

（一）没有必胜（指"反攻大陆"）把握时，不要轻举妄动；

（二）所谓必胜把握，即是登陆后就能扩展阵地，被驱下海或只能守住滩头阵地都不行；

（三）应着重游击战及宣传战，尽量把大陆搞乱，等减少其抵抗力后再登陆；

（四）如台湾当局派"空军总司令"周至柔和"陆军总司令"孙立人来美，我可以助台湾当局"反攻大陆"，我相信孙立人能办此事；

（五）我曾于昨夜同副总统尼克松谈了两小时，认为蒋公（指蒋介石）应倡导组织"亚洲联盟"，其性质可师法北大西洋公约组织，但必须包括日本在内；

（六）经国先生前日说明台湾善用"美援"，极好，因为可以使美国人知道台湾并不是永久的负担；

（七）日本情势不佳，9000万人的国家，没有原料，没有市场，所以急欲

与中国大陆通商,但一经通商,中共即可借以稳定内部;

(八)英、法、澳、加等国,都在逼美国同意中华人民共和国加入联合国,使美国甚难应付。

魏德迈的结论是蒋公虽有内外各种压力,但仍应避免采取任何冲动的步骤,因为如果再失败,即不能保持他的"领袖"地位。

蒋经国答称:"我会注意到这一点,但深觉士兵渐老,而中共控制大陆日渐稳定,所以还是希望能早日反攻大陆。"

第二天,蒋经国又在霍华德陪同下去拜会麦克阿瑟。蒋经国先吹捧麦氏:"有极为正确的见解,有远大的眼光,更有坚定的信心。"

蒋经国首次访美会晤艾森豪威尔总统

麦克阿瑟说他与政府毫无关系,所得消息皆来自报纸,所说意见亦非完全正确。他鼓励台湾当局:

"希望你们要好好地准备,忍辱待时,千万不可轻举妄动,因为你们的反攻,是只许成功不许稍有失败的;差之毫厘,谬以千里,其影响于未来中国和世界的前途,关系实在太大了!……今天台湾的存在,不仅是中国反共复国的根据地,而且最大的意义,乃在使世界各国了解中国问题并没有解决。"

麦克阿瑟一席话说得蒋经国头点得像鸡啄米似的。最后,麦氏鼓励蒋经国说:"相信在蒋介石领导下,国民党定能有一天收复大陆。"

这时,麦氏因美国政府撤了他的职,对现总统的中国政策甚为不满。在谈话中不停地"批评"政府对台政策不够积极,一个劲地让蒋经国加大在美宣传力度,争取更多的援助。

蒋经国一经点拨马上受到启发,在美国国务院为他举行的宴会上,他以《为自由民主奋斗到底》为题致答词,宣称:

"我们自己承认在大陆上失败了,但是我们被共党打败的,只是过去的军队,而不是我们追求真理的信心,我们目前丧失的,不过是土地;至于为国家民族生存而奋斗到底的精神,不但没有丧失,反而愈挫愈强……"

他的这一番"豪言壮语",为美国副总统尼克松欣赏,于是他在致词中称蒋经国是中国"伟大民族之代表"。

美国总统艾森豪威尔虽然也接见了蒋经国,但给蒋没有留下什么太深的印象。然而,蒋经国在拜会国务卿杜勒斯时,却遇上了尴尬。会谈时,反共专家杜勒斯以长辈的身份告诫蒋经国:"我听一些美国驻台代表们评论,蒋将军的手段有点厉害。"

陪同蒋经国拜会杜勒斯并充当翻译的沈锜一听,怕蒋经国听了说他"手段有点厉害"不高兴,没有翻译这句话。于是,会谈突然之间气氛出现"短暂的沉寂"。杜勒斯虽不懂中文,但刹那的沉默使他意识到沈锜没把这句话译给蒋经国听,于是,他把这句话又重复了一遍,而且明言他所

蒋经国由顾维钧陪同与美国国务卿杜勒斯会谈

蒋经国与顾维钧视察大陈岛

谓"有点厉害"是指蒋经国在处理安全事务上的手段。杜勒斯还称,他希望蒋先生在美国实地考察后,可以看到不需用厉害的办法也可达到同样的目的。最后,杜氏还说:"美国也须对付和颠覆忠不忠贞的问题,但总以不侵犯到嫌疑者的基本人权及合法权利为原则。"

这样一来,沈锜只好硬着头皮照翻了。但蒋经国听了这段话后,只是喃喃自语,以几乎听不到的声音说:"我知道了。"

陪同蒋经国的台湾当局驻美大使顾维钧,到底是经验丰富的外交家,他已感到这时凝重的气氛,立即插话说:"旧金山、纽约、华盛顿等地的华侨,可能也听说过蒋将军以'厉害'著称的故事,但这次蒋将军访美,出席华侨们的欢宴,所表现的温文尔雅、彬彬君子的气质以及坦诚友好的态度,深使侨胞们感动、折服,因此在美华侨对蒋将军的印象已与从前大不相同。"

顾维钧此语一出,杜勒斯立即招呼等候在外的摄影记者进入室内拍照。至此,一点小风波才算平息。

很显然,杜勒斯说这番话是有意的,这与美国邀蒋访问有直接关系。美国人一方面想了解蒋介石在台美关系上的真实意图,另一方面,又企图通过蒋经国影响蒋介石,以美国的所谓"民主"来代替蒋介石的独裁专制统治。

美国人的苦心总算没有白费,10月20日,蒋经国在离美返台后,接受"美国之音"记者的访问时,其中有一个问题是:"除了军事范围以外,在美国印象最深刻的是什么?"

蒋经国答称:"除了军事范围以外,美国所给我最深刻的印象,是政治上的民主作风,社会上的守法精神,以及人民生活上的自由和快乐,我参观了这么多地方以后,最使我感到兴趣的,是许多设备完善的幼稚园,在那里,我不但可以看到美国富强的今天,更可看到美国人民幸福的将来。"

美国人听了蒋经国这番表白之后,总算有点放心了。

1954年12月2日,叶公超与杜勒斯在华盛顿签署了美台《共同防御条约》。台湾行政院长俞鸿钧对《条约》签订发表声明称:"这是台美合作的新成就。"

台湾"立法院"奉蒋介石令很快通过了此一条约。

1955年2月9日,美国参议院以64票对6票的优势批准了此一条约。1955年3月在台北中山堂互换条约批准书,同日,正式生效。

台美《共同防御条约》的签订,使蒋家小朝廷获得了美国的保护伞。

第七章　父子同心清障碍

1.一江山岛惨败后,蒋经国对宋美龄弄了一手

1954年12月2日,美国艾森豪威尔政府与蒋介石在华盛顿签订了《美台共同防御条约》,宣称美蒋将采取行动对付"共同危险"。蒋介石以为,有了美国这张保险单,解放军就不敢进攻他所占据的任何海岛,于是明目张胆地又大肆叫嚣着"反攻大陆"。

自从海南、舟山相继被解放后,蒋介石依然在一年新年、青年节、双十节三次的文告中,重弹"今年是反攻决定年,明年是反攻胜利年"的滥词,并且多次组织武装反攻行动。胡宗南于1951年9月,奉命进驻大陈,为秘密策划向大陆东南沿海发展敌后武力,准备配合国际间局势的演变,由大陈岛发起反攻大陆军事作战。1953年夏季,美国在朝鲜战场上遭到失败后,唆使国民党军在东南沿海登陆骚扰。蒋介石下令纠集1万多人,分乘舰艇10余艘、水陆

蒋介石与宋美龄

两用坦克二十余辆,在海、空军的支援下,于7月16日向福建南部沿海的东山岛进犯。同时,组织空降兵200余人在岛北部海岸实施空降,企图切断东山岛与大陆之间的联系,协同其登陆部队作战。

在蒋军登陆时,解放军守岛部队与民兵进行了顽强的抵抗,同时,陆上部队及时驰援,配合守岛部队迅速歼灭了国民党军的空降兵。17日拂晓,解放军以优势兵力进行反击,战至是日黄昏,歼灭蒋军3000多人,击沉国民党军登陆艇三艘,飞机一架,缴获了大批武器弹药,击败了蒋军的进犯。

1954年11月14日1时30分,国民党军护航驱逐舰太平号从其盘踞的大陈岛和渔山列岛之间的台州湾海面出发,进入浙江沿海地区进行骚扰。解放军海军部队迅速出航,以机智、灵活、突然、果敢的行动,一举将国民党军"太平号"舰击成重伤。7时30分,该舰在田蚕岛东南、大陈岛东北海面沉没。

现在,蒋氏父子有了和美国的《共同防御条约》,更加有恃无恐,以为借美国人就可以天下无敌,为所欲为了。谁知,12月8日,中华人民共和国政府发表声明,指出:"这个条约是非法的、无效的。"随即,美蒋的《共同防御条约》还没正式生效时,1955年1月18日,解放军就已经向一江山岛发起了进攻。

一江山岛位于浙东台州湾椒江外海面,分为南北两岛,总面积不足两平方公里,该岛面积虽小,但位置重要,距大陆29.6公里,至大陈岛16.65公里,是大陈岛蒋军驻守外围的一个主要据点。这时,在美国的支援下,国民党军在包括一江山、大陈、渔山、披山等在内的浙东沿海诸岛上派驻了第46师及六个反共救国军突击大队,仅一江山岛就驻有一江山地区司令部及所属突击第四大队等1000余人,并构筑了较坚固的防御工事,组织了严密的火力网,企图长期固守。国民党军的海、空军依托这些岛屿,并在驻岛军的引导和掩护下频繁出动,不断在浙东沿海侦察骚扰,破坏解放区的渔业生产,封锁中共海上通道。为此,解放军解放一江山岛,并进而解放大陈及浙东其他国民党军固守岛屿,在政治上、军事上和经济上都有重要意义。

早在1954年7月15日,中共中央军委就已命令华东军区以海、空军打击大陈之敌,并准备攻占一江山岛。11月1日到20日,在解放军华东军区的统一指挥下,华东海、空军部队对大陈、一江山等岛国民党军发动了登陆作战前的预先打击战斗。11月4日,在空军驱逐机大队掩护下,海军航空兵第1师1团出动一个大队、九架飞机,由团长姚雪森率领对一江山岛敌指挥机关及集团工事实施轰炸,严重地削弱了蒋军的战斗力,大伤了蒋军元气,迫使蒋军舰白天不敢进港锚泊,飞机退缩到大陈以南活动。

1955年1月16日,解放军海军航空兵第1师接到前线空军指挥所发来的战斗命令:"18日连续轰炸一江山岛。"

解放军海军航空兵第1师师长叫夏云飞,他接到战斗命令后,当即召集团、站主管干部进行传达布置。依据既定的作战方案,由师技术检查副主任马连成率领第一批轰炸机群,在空军歼击机群的直接掩护下,于总攻前轰炸上大陈大岙里国民党军指挥所,破坏国民党军的指挥枢纽。接着,团长马溪波率第2批轰炸机群,随后轰炸南一江山岛国民党军第二防线防御工地,直接支援登陆部队突破国民党军的纵深防御体系。

18日上午8时,解放军九架轰炸机在目标上空开始投弹,命中国民党军指挥所。下午1时,第二批九架轰炸机起飞后开始投弹,命中国民党军防御工事。国民党军驻一江山岛司令为王生明上校曾任防卫部副部长。他坐镇指挥所,指挥守军阻击解放军登陆。最后,王生明在电话中报告刘廉一司令官:"敌军已迫近到指挥所附近50米处,所有预备队,都已用上,我正亲自指挥逆袭中,我手里还给自己留着一颗手榴弹……"话未说完,只听"轰"的一声,通话就此中断。

结果,解放军陆军部队用了三个多小时就全歼守岛国军,占领了全岛。19日,为了协同陆军巩固一江山阵地,连续压制与打击大陈国民党军,海军航空兵一师又奉命出动了飞机九架,由马连成再次带队对下大陈敌军指挥所和雷达阵地等军事目标实施轰炸。

解放一江山岛之战，是解放军陆、海、空三军首次对近海岛屿之国民党军的联合作战，全歼守岛国民党军千余人。解放军攻占一江山岛，是在美、蒋签订《共同防御条约》只一个月后，向艾森豪威尔与蒋介石证明，不管你们签订什么条约，解放军想打就打，别以为条约是"通灵宝玉"。

一江山岛失守，蒋氏父子对美国朋友大失所望，他们意识到一江山岛失守后，大陈岛完全在解放军的105榴弹炮的射程之内，于是，蒋介石急忙派蒋经国到大陈岛，执行他拟订的"金刚计划"。

这时蒋经国已是国防会议的副秘书长了。此职也是蒋介石子承父业策略中精心设计的一局。

原来，1954年5月，蒋介石的第一届"总统"任期届满，照国民党的《宪法》规定，台湾当局应于4月份选出第二届"总统"。于是，蒋介石下令召集"国民代表大会"。3月，台北中山堂张灯结彩，当年南京"国大"选举总统的闹剧搬到了台北重演。蒋介石一定要当大总统，民主的招牌还一定要挂，可是，"代表民意"的"国大代表"远凑不够法定人数，怎么办？只好偏劳大法官们照指示修改"选举法"，依"法"，不足的"国大代表"由内政部下令递补即可。于是，很多人摇身一变，凭命令被"选"为"国大代表"，并且规定是终身职，台湾人称"万年国代"。"终身国代选举终身总统"，休息六年后再"辛苦"代表们出来投一次选蒋介石为

身披蓑衣的蒋经国

总统的票。

依法"万年国代"不能享有薪给。"万年国代"们说:"票可以照投,但是大家得坐下来谈谈条件。"蒋介石批准"国大代表"为薪给制,于是,皆大欢喜。

台湾第二届"国大"正召开时,孔祥熙竟异想天开地想参加竞选"副总统",特派曾任台湾省主席的魏道明从美国回到台湾窥察行情。蒋经国和陈诚看穿魏道明的来意后,立即命报纸发表文章,大骂豪门,并影射魏道明是豪门走狗。孔祥熙自知当"副总统"无望,命魏即停止活动回美。可是魏道明却走不脱了,从蒋经国和陈诚方面传出风声,似乎要与魏清算其任台省主席时营私舞弊的旧账。最后魏道明效法吴国桢,走了宋美龄的门路,好不容易才离台返美。

蒋介石绝不允许昔日孙(科)、李(宗仁)的往事重演。蒋介石说:"问问何应钦愿不愿意竞选副总统?"

国民党元老、四星上将何应钦,自知在历史上曾有过两次(1927年伙

蒋介石在官邸接受莫德惠等人送来的当选第二届"总统"证书

316

同桂系逼蒋第一次下野；"西安事变"期间，拟取蒋自代）"对不起"总裁，连忙作揖婉谢，从此更专心参加"道德重整会"，做"道德专家"去了。蒋介石乃顺理成章地向中央委员会推荐陈诚为没有竞选对手的副总统候选人。

其实，蒋介石在台湾基本上已做到党政军清一色的局面，完全可以立即宣布解散"国民大会"和立、监两院，冻结"宪法"，蹲在海岛上做起"皇帝"来，大可不必费神搞虚伪的民主门面。但是，蒋介石还得摆出民主花架子，因为这要给华盛顿政府看，他害怕再出几个史迪威样子的人物来挑他的毛病，使台湾失去美国的保护。

其实，这个事情，蒋介石也没看透，美国对台湾的取舍是决定于其利害的需求。何况现在美国是共和党主政，艾森豪威尔任总统，在"强硬反共"这点上，美台志同道合。这时的蒋介石无论在台湾实行何种政体，美国都不会再遗弃他。蒋介石畏首畏尾的表现，在台湾因此换来"独裁无胆，民主无量"的讥讽。

陈诚当选为"副总统"，为外界公认是蒋介石的继承人了。实际上，陈诚的成功希望非常渺茫。一为年龄的悬殊，陈诚57岁，蒋经国45岁，相差12岁，时间对陈不利；二为陈诚的健康，患有严重胃疾，早已不堪繁重之任。相对的，蒋经国精力过人，在生命的接力赛中，冠军操在蒋的手里。应该说，陈诚是最了解蒋介石的，知道如何迎合蒋介石，所以才能爬到今天这个位置。陈诚清楚地了解，蒋介石最后剩下的这点江山，是一定要传给儿子的。但陈诚也有野心，早在1927年，国民党刚在南京建都时，陈诚就曾对知心密友说："我明明是一个老虎，也要装成狗的模样，等到有了权力以后，再恢复老虎的本性来办大事啊！"

蒋介石就任台湾国民党的第二届"总统"之后，将蒋经国调离台湾"政府国防部总政治部"，新职为"国防会议副秘书长"。"国防会议"这个机构，扑朔迷离，来路欠明，单听名称，好像和美国的"国家安全会议"性质类似，但在美国并非政府常设机构，是提供"总统"咨询的临时会议。蒋介石是设为常设机构，下辖"国家动员局"和"国家安全局"两个机构。这样一来，"国防会议"成了制度化了的"太子特务机构"，蒋经国更上一层楼，成为名副其实的秘密警察首脑。

在台湾国民党政权的权力结构中，"国防会议"后改为"国安会议"，是一个地位和性质极其特殊的一个机构，因人而设。主席由蒋介石自兼，主持日常工作的是秘书长。

因此，蒋经国由"总政治部"的前台淡出而转就"虚"位，名分不同，权力如旧，实际上是以退为进，成为名副其实的秘密警察头子。

蒋经国一辈子从政，担任无数次副职，这正是蒋介石的一套老练的政治权术的表现。正副只是名义，权力才是实质。蒋介石说，蒋经国做副手是磨炼，其实蒋经国工作的单位，正副手总是颠倒过来的。

这时，"太子系"的势力已开始形成，为太子"亲密战友"的人都安排到重要位置，陈诚空出的台湾"行政院长"职位，由俞鸿钧接替，另一位"太子系"的主将唐纵，进入中央党部，成为秘书长张厉生手下举足轻重的人物。

所谓"金刚计划"，就是命令大陈岛1万居民悉数疏散。和蒋经国同行的，还有"总政治部"的美籍顾问杨帝泽中校。疏散公告自1月26日发布后，居民人心慌乱。蒋经国对于一江山岛居民疏散撤离也心情十分沉痛，但对岛民却说："我们反共复国，是一件大事，为了百年大计，一时的忍痛，是不能避免的。"

蒋经国在大陈岛下榻于岛上渔师庙，住了近十天。然而，这十多天他自己都不知道是怎么过的，因为近十天了，台湾来的船团杳无音讯。一直等到2月6日，他才接到台北电报，说是大规模撤退大陈民众的船团，定于8日到大陈。

2月8日，蒋经国先组织大陈岛上的国民党军接收到蒋介石的广播讲话。蒋介石对于此番撤离的解释如同他当年指挥的弃守舟山群岛同出一辞："大陈补给线长达250里，耗费太大，撤守大陈，可增加金门、马祖的防务……"听完了广播讲话,然后开始上船。

这一天,大陈岛冠盖云集,台湾的"国防部长"俞大维、海军总司令梁序昭、"国防部第三厅"副厅长蒋纬国同时到达,指挥撤退。岛上军民33777人,在美军第7舰队的掩护下,乘着各式各样的船只,在八天半内分批撤离。人员撤离后岛上随之实行"坚壁清野"。

蒋经国在撤离大陈岛前,派人从太昭舰带下一面"国旗",又在岛上举行升旗仪式。边升旗,他边强自镇静说:"不要难过,不要失望,此刻我们要下决心打回来。"

然后,他闷闷不乐地率领部下,走遍了大陈街道,惆怅地来到了海边。

兵舰要起锚了,守将刘廉一凄然地说:"什么都完了,落得一场空!"

蒋经国听了脸上无表情。

一江山岛失守,大陈岛放弃,美蒋签订的《共同防御条约》形同废纸,台岛上民众反而怪蒋经国多事签这一废纸惹得大祸,反共无望的沮丧气氛又笼罩台湾全岛。

蒋介石亲临台北一江山烈士追悼大会慰问遗属

就在这种气氛中,以宋美龄为支柱的华美协进会,却假座空军总部大礼堂,举行台岛有史以来首次的服装表演会,介绍流行美利坚的H线条洋装,宋美龄还别出心裁将这场展览会美其名为"服装义演"。显然,服装表演会的轻快气氛与一江山岛失守的凄厉气氛格格不入,但因华美协进会的来头大,且应邀赴会的有美国"驻台湾大使"蓝钦等各国使节及夫人,一般人都是敢怒不敢言。谁料到,开演之日,军人之友总干事江海东带头闹起事情来了。

这日,时任"国防部"第三厅副厅长蒋纬国开车到空军总部办事。在父亲的提拔下,他已是堂堂国军少将了。

他一下车,就发现空军总部外面围了很多人,吵吵闹闹的,细细一看,大礼堂外面的围墙上还贴了不少标语,内容跟中共口号差不多。他不清楚发生了什么事情,也不想多管,便径直进总部办事去了。

谁知他才办完事,还没出门,突然听到外面高音广播大声呼叫:"请蒋纬国将军到大礼堂门口服务处,有你的电话。"

什么事情呢,居然追踪到了空军总部?他立即跑步来到服务处,接起电话就说:"我是蒋纬国。"电话那头说:"喔!蒋将军,请你稍等,夫人请你讲话。"

原来是宋美龄着急找他。她在电话里问道:"你人在何处?"

"我在空军总部大礼堂门口旁的服务台。"蒋纬国告诉说。

"你知不知道大礼堂里在做什么事?"

"我不知道。"

宋美龄语气急促地告诉说:"大礼堂正在举办'古今中外服装义演',是我与陈香梅两人联合主持,特别为一江山事件的遗眷和空军总部托儿所募捐的。陈香梅现在正在大礼堂里,有人阻止他们演出,使义演无法开锣,你去看看究竟是怎么回事。听说今天来观赏的外国使节有很多人受到困扰,特别是东方面孔的外国使节,不论是在空军总部外面或是里面,都受到侮辱。你赶快去看一看。"

陈香梅是谁？宋美龄的密友、美国人陈纳德的夫人。蒋纬国挂完电话后，就跑去大礼堂，结果看见反对者举着宣传横幅，喊着口号："我们中国人拿中国女孩子的大腿去慰劳美国洋鬼子！"

他问道："带头的是谁？"

"江海东少将。"有人回答。

江海东是"国防部"军邮社的总干事，官拜少将。他带着两辆军友社的广播车，还动员了不少退伍的青年军人，从基隆开车到台北，集结约六七百人聚集在空军总部门口，高声振臂呼喊口号，反对"用中国女孩的大腿慰劳美国鬼子"，反对"义演"。蒋纬国顾不得去听他们那些口号，急忙走上大礼堂台上。第一场是贵妃醉酒装，由著名武旦戴绮霞示范表演，但是由于有人阻拦，演出迟迟不能开始。他跑到后台一看，挡住戴绮霞，不让她出场的，正是江海东本人。他穿着少将军装，此刻还在对戴绮霞嚷道："你今天如果出台去，以后你就休想在台湾的市面上混。"这话宛如当初上海滩上的捣蛋老瘪三。蒋纬国立即走了过去，对戴绮霞喊道："戴小姐，你上台好了。"然后，也不劝江海东，"砰"地一下就施出自己少年时学过的擒拿术，一把将江海东的手扣起来，这才反问他："你知不知道今天在做什么事情？"

江海东忍住痛，回答说："她们拿我们中国女孩子慰劳美国洋鬼子！"

"就和外面讲的口号一样？"蒋纬国说，"你晓不晓得是谁主持的？"他回答："陈香梅啊！"

"你错了！"蒋纬国告诉他说，"是夫人与陈香梅两人联合主持的，你怎么可以捣乱！"说罢，便将江海东往外头押去。

蒋纬国靠擒拿术支付了技不如人的江海东。于是，戴绮霞顺利出场，进行她的"大腿慰劳"了。

但是义演会好几箱借来的服装还挡在外头，无江海东的命令不准放行入内。蒋纬国押着江海东出现空军总部门口，江海东立即拼命叫喊："有人打人啊！有人打人啊！"

他一喊叫，蒋纬国则把手再紧一紧，警告他："你再叫，我就把你的手弄断，谁打过谁啊，我们两人一块好好走！"

这时很多人围上来，但见蒋纬国也穿着少将军服，不敢动手。蒋纬国突然看见其中一人是原自己服役过的青年军206师的熟人，立即对他喊道："我是206师606团的。"

那人立即接口说："我是608团的。"

蒋纬国见有了同盟军，于是问众人道："有没有人想知道里面究竟在做什么？"

众人你一句我一句，乱哄哄的，大概意思就是"拿中国女孩慰劳美国洋鬼子"。那位206师的老兵战了出来，大声地说："我们不知道，就给他机会讲讲嘛！"

蒋纬国大声说："这是我们总统夫人与美国陈纳德将军夫人陈香梅女士联合为我们一江山牺牲弟兄的遗眷募捐的。各位看看这本册子，有现代服装与古装，有中国人也有外国人上台表演，而且都是有名望的人，哪有拿中国女孩子的大腿去慰劳美国大兵的事情！不要中了共党的诡计。"此时后台跟着出来的人趁机把服装强行抬了进去。蒋纬国讲完后便说："这件事只由带头的人负责，我们不要被人家利用。"

江海东不服气，大声说："你是少将，我也是少将，你凭什么抓我？""你做这种事情，就不能算是少将。"说完，蒋纬国又把他的手紧了一下，江海东忍不住叫起痛来了。

最后，蒋纬国少将硬把江海东少将押送到了台湾警备总部，关押起来，然后向宋美龄复命。

这场闹剧由宋美龄、蒋纬国制止后，妇女界慰劳美军的活动继续进行着。孰不知事后宋美龄向蒋介石告了状。蒋介石非常生气，对彭孟缉发脾气说："这个人在审判定案之前，谁都不准去监牢看他。"

江海东与夫人唱对台戏，真是吃豹子胆了。这回该是死定了。然而，审判还没结案，才过三个月就被悄悄放了出来，没多久还晋升为中将，在

"国防部"总政战部主管三军人事。

谁这么大胆,敢于与夫人作对,且敢不听蒋介石的命令?

他不是别人,正是蒋经国。

原来江海东是蒋经国的亲信。这次反对"中国人拿中国女孩子的大腿慰劳美国洋鬼子"一幕抗议大戏,正是蒋经国幕后策划和组织的。

蒋经国与继母宋美龄一直暗存矛盾。有意思的是,夹缝中的蒋介石不是去撮合,当两人之间的和事老,而是压儿子,助夫人,时时袒护夫人。可是,"崽大不由爷",蒋经国还是不时对着继母出手。而他干任何事情,出手都是那套特务手段,背后插刀子。这也使得台湾人人恐慌的氛围进一步加重。他的亲信之一周宏涛就这样说:

> 那个年代,为了防堵共产党的渗透,保密局等情治单位查察极严,还有破案奖金的规定;共党组织固然破获不少,但也有冤错假案出现。而经国先生因为主持情治工作,事实上背负了颇为沉重的压力。他主持的资料组、保密局及保安司令部等特务机关,是基于他过去在苏联时期的经验进行组织的;他领导的这些情治机关,主要目标在于防止共党的渗透,这个目标大致是达到了,许多共党组织被破获,然而有些案子却是有问题的。

> 1955年有个案子可以为例。陈诚在星期一中常会时,当着蒋公的面痛斥特务的滥权,说有个工厂受到特务的勒索后,厂长因为不堪压力竟然自尽。陈诚说,这些人游手好闲、无事生非,专以检举及揭发他人隐私为能事,常常诬陷一些较有钱的工商界人士,实在可恶。

> 事后蒋公可能斥责了经国先生,他觉得受到父亲误会,因此很灰心,到我这里倾吐心中的难过。我劝他应以国事为重,不计毁誉。

2.任显群还是没逃脱情敌的"制裁"

蒋经国不准宋美龄用"女孩的大腿"慰问美军,好像他对于女色之类的事情很敏感,很严肃,比坐怀不乱的柳下惠还君子。

然而事情远不是这样。

任显群的远房叔叔任方旭因为小侄任显群与蒋经国争风吃醋而被台湾情治机关以"通匪"罪抓了起来,关押一年半,保安司令部采取"不审、不判、不杀、不放"办法。但这并不妨碍任显群带着小美人顾正秋双宿双飞,尽享人间欢乐。谁知就在他以为"天下太平"时,1955年4月12日祸事飞来。台湾省保安司令部指控任显群"包庇共谍",捉将官去。

这事祸起于几日前任显群的"得意忘形"。

4月3日傍晚,顾正秋剧团的花旦张正芬与云南籍国大代表庚家麟在台北市空军新生社举行结婚典礼。张是顾多年的舞台搭档。任显群与顾正秋应邀双双参加。

虽然两人一起赴宴,但两人还是有所顾忌,进入新生社礼堂后,有意无意地不坐在一起"避嫌"。然而,空军总司令王叔铭也是风流才子,一眼看见顾正秋独坐第一排角落,立即跑过去,把她拉过来,按着她和任显群坐在一块。他这个玩笑之举,被在场的《中央日报》《联合报》等报社记者发现,嬉笑之余,立刻举起照相机,拍下两人微笑并坐的甜蜜照片。

次日,台北各报关于张正芬结婚的新闻少得可怜,倒是前度已炒得沸沸扬扬的风流才子任显群和妙龄佳人顾正秋现身喜宴的新闻,反成为报道的重点,不仅图文并茂,还有"双人写真"。

任显群和顾正秋既已"结婚",双双参加好友婚礼,本是平常之事。媒体抓点娱乐新闻炒作一下也无可厚非。然而,任显群女儿任治平在《这一生——我的父亲任显群》书中记录以后发生的事情却那么不寻常:

日后,我姨公陈雪屏亲口告诉我,他参加国民党召开的政军
干部联合作战研究会议,当我爸在台下挤进座位时,坐在讲台上
第二排的姨公,听到坐在第一排的蒋夫人向蒋总统说:"任显群
这么荒唐!有空闲陪戏子,还来开什么会!"

旁边的蒋经国插句话:"任显群还替匪谍作保!"

陈雪屏在爸还是财政厅长时,他是教育厅长。

过了一星期。4月10日是星期日。《大华晚报》的"星期画页"栏目一向
把前个星期较引人瞩目的新闻做成整版刊出版。这日的版面一大半是张
正芬婚礼,而且又用了顾正秋与任显群的"甜蜜照片"。风暴终于来临。第
二天,与顾正秋厮守一起的任显群,突然被蒋经国控制的保安司令部以涉
及叛乱罪的"知匪不报"罪,"请"走了。

这个"匪"是谁呢?还是他的远房老叔、在押犯任方旭。任方旭于1950
年从大陆逃到台湾后,在任显群家住过几个月,再被任显群介绍到台湾银
行工作。结果,被蒋经国派人抓去,说是"匪谍"。

当天,保安司令部抓捕任显群时,还派出一队人马突然闯进任家。保
安司令部的人员先从任显群新开设的律师事务所办公室搜起,再到任家
住处搜查,每个房间都查到。几十人翻箱倒柜,每个柜子、箱子、抽屉都不
放过,逐一翻看信件、文件、笔记本、书和杂志,掀开榻榻米,甚至天花板
都没漏过。第一次搜查后,保安司令部的人员干脆在任家住了下来。禁止
任何人前来任家探视。

任显群被抓走,并没通知任家任何人。当家人忽然失了踪。章筠情急
坏了,与任显群的弟弟四处打听,都没有丝毫消息,连件换洗的衣服都无
法去送。任显群被抓后,不但全部财产被查封,连才"新婚"的顾正秋的财
产也没能幸免。任显群被抓的消息传出,谁都知道是《大华晚报》的"甜蜜
照片"再度刺激了蒋经国,这对鸳鸯是被情敌报复、算计了。一时之间,社
会上各种说法都有。事情震动港台。

任显群被捕之后,先是大喊冤枉,以为抓错了人,后来才从审讯人员口中获知自己的罪行:即因堂叔任方旭的"匪谍案"。事实上,别说任显群当时不知堂叔是"共谍",就是知道他确是"匪谍"的话,时间也已经过去了整整五年多,到现在才被追责,还是说不过去,。随即,他明白这是蒋经国因情报复。

次年9月,保安司令部宣判,任方旭被依参加叛乱之组织罪处有期徒刑十年、褫夺公权七年。任显群以知匪不报罪名,判处其七年有期徒刑。判决书称:

> 按检举匪谍人人有责,被告任方旭既在匪帮受训并附匪充任匪帮金融机构为职,其为匪谍事至明显,被告任显群明知任方旭为匪谍已如上诉,乃知其所在而不向政府治安机关告密检举,自愿令负刑责:查被告任显群曾受高等教育,璧任政府要职,竟不明"大义灭亲"之义,明知匪谍而不告密检举,依法应处以高度之刑责以资儆戒……

任方旭算不算"匪谍",任显群该不该判重刑?任治平认为:

> 保安司令部判决书的判决理由,有个自相矛盾的记载:
> "……被告任方旭初则加入匪之训练班接受训练,继更投身匪之人民银行充任伪职,其为参加叛乱之组织了无疑义。虽该被告参加叛乱组织系在民国卅八(1949)年六七月间,然该被告来台之后既未据声明脱离,亦不向政府治安机关自首其参加之行为,认仍在继续状态中,自应依法论处……
> "……惟查该被告参加叛乱组织时间甚短且能及时悔悟逃出匪区,来台之后尚无从事叛乱活动事证,依法衔情处以低度之刑,而示政府对悔悟来归者之宽大。"

　　判决书认定任方旭是"逃出匪区"，而且在台湾也没有叛乱活动事证，如何会是"匪谍"呢？况且，在一年以上羁押侦讯期间，也并未牵连到为他具保来台的我爸爸；直到任顾合照大篇幅出现报刊后，爸就被以"明知为匪谍而不告密检举"为由论处了。

　　任显群因为情事终于被判处重刑后，蒋介石身边的大笔杆子陶希圣原先紧咬不放、时时关切"行政院"有无继续追查的所谓"抛金案"，突然就没下文了。他本人也不再追究此案了。

　　任显群因"匪谍案"被逮捕，表面上是与蒋经国争风吃醋，其实作为父亲的蒋介石也是知道此事的。一日下班，在乘车返回士林官邸的汽车里，他突然问身边的周宏涛："任显群这个人怎么样？"

　　周宏涛回答："我跟他很熟，但不深知。"

　　蒋介石感叹地说："可惜啊，浮而不实。"

　　如何浮而不实呢？无人能知。周宏涛后来解释此言说："迁台以来，蒋公一直很欣赏任显群的才干……外间觉得这可能是政府对于任显群那名不正言不顺的婚姻，认为带坏了公务员的风气。……任显群在财经方面很有才华也有担当，在政府迁台的最初几年在财经方面贡献不小，也备受蒋公肯定；然而先是因为吴国桢的离职而去职，后来因社会上论断他的私德而影响了前程。"那么，他的"私德"失当失在何处呢？当然是不该与蒋经国去争美人。

　　蒋介石明知这等情势，但仍然对儿子争风吃醋的恶性报复进行袒护，是否应验吴国桢曾说过的"蒋介石私心很重"这句话呢？总之，当年放荡的蒋介石如今也像任老母一样默认和支持儿子的放荡，可谓"有其父必有其子"。

　　"石榴裙下死"的任显群因为与蒋经国争风吃醋备尝铁窗风味，一门心思想走出铁窗，重归自由。幸好任家人多势众，在重金打点下，1957年底，"总统府"秘书长张群专门为他出面斡旋，向蒋介石说情。

1955年蒋经国在南麂岛与民众合影

张群谈起任显群后，告诉蒋介石说："去年6月21日，他的五弟任逸才投资设在台北县新庄镇文德里达成化工厂，刚开工两个月，突然发生爆炸，厂房、设备整个炸毁，他伤得很严重，送到医院当天就死了，去世时年仅36岁。他的妻子拖了数天也伤重不治。家人希望假释任显群。"

对于张群的请求，蒋介石一般都会点头应允。任家确实找对人了。因为张群的面子，加上教训任显群终究有几个年头了，蒋介石思考片刻，便表示同意张群去办。

1958年1月13日，渴望自由的任显群获准假释了。

从1955年4月12日被抓算起，他在看守所和监狱度过了两年九个月零一天。但依他被判处的七年刑期，还差一大截，算是提前出狱。他获得假释有一个附加条件——那就是不得在公共场合露面，也不能在台北市做生意。任显群只要能与心上人团聚，什么条件都可答应，说："我会另觅新家的。"

任显群获释时,时任"行政院"考选部部长的妹夫陈雪屏,亲自去看守所办理交保手续,并陪同老哥回到永康街的家。临别分手时,陈雪屏提醒他说:"你是假释出狱,说话行事都须特别小心。"

"好的好的。"任显群回答,"一定一定。"

后来,他与顾正秋来到乡下,买了一个农场,在那里当起了种草莓出卖的农场主,干起了与世隔绝的"农夫"。

这是后话。

3.父子合伙,把孙立人除掉

蒋介石在台湾岛上过了几年相对平静的日子。然而,正当美援大量涌入台湾,台湾经济开始复苏,台湾海峡紧张对峙的形势有所缓和之际,1955年6月,突然发生了一起震撼台岛内外的大事——前国民党陆军总司令、现任"总统"府参军长孙立人策划发动"兵变"。更为耸人听闻的是,参与策划这场兵变的孙立人的几个部下,还制定了一个利用混乱时机刺杀蒋介石、推翻国民党政权的计划。一时间,全岛又风声鹤唳,戒备森严起来了。

这场沸沸扬扬的孙立人兵变到底是怎么回事呢?

所谓"孙立人兵变案",还得从台湾屏东机场阅兵式说起。

1955年6月6日,是二战盟军在法国诺曼底登陆11周年纪念日。正与美国人打得火热的蒋介石下令在这一天举行盛大的阅兵式,并特意邀请驻远东美军司令泰勒上将和美国驻台湾军事顾问团团长蔡斯等人参加。

为了准备这次大检阅,向美国展示一下国民党军队经过整编后的新气象,各兵种部队在数星期前就进入台湾南部的屏东空军基地进行操练。参加检阅的部队包括通讯兵、运输兵、工兵、炮兵、装甲兵和步兵等,几乎囊括了国民党军队的所有兵种。空军最新装备的美制"雷霆"式喷气战斗

孙立人

机,也奉命进行空中飞行编队表演。

6月6日,当参加检阅的部队开进屏东机场时,这里却出乎意外地气氛异常地紧张起来,一大早,大批的军警、宪兵和情报部门的特务,对机场实施全面封锁,然后里里外外进行彻底搜查。工兵和爆炸专家拿着探雷器和各种侦测设备,在检阅台四周进行了反复的探测;军警和宪兵则对参阅部队的武器装备进行了检查,就连炮兵和装甲兵部队的每一根炮管都一一查到了。类似的检阅活动这几年在台湾经常搞,但哪一次也没有像这一次查得这样仔细,在场的官兵都感到莫名其妙。

原定的检阅时间是下午2时。当钟声鸣过两响后,一贯强调遵守时间的蒋介石却没有按时出现在检阅场上。数万名官兵在炎炎烈日下肃立等候,不敢有丝毫的懈怠。阅兵总指挥罗恕人少将恭立在检阅台前,焦急不安地看着腕上的手表,15分钟过去了,仍不见蒋介石的影子;半个小时过去了,蒋介石还是没有出现。然而一切没有解释,也没有任何通知,罗恕人虽然心急如焚,但也不敢擅离职守,只好同全体官兵一样直挺挺地站立着,耐心地等待。

下午2时40分,通往机场的公路上远远出现了蒋介石专车的影子,紧张得大汗淋漓的罗恕人这才松了一口气,马上示意军乐队吹奏迎宾曲。3时整,姗姗来迟的蒋介石穿着一身米黄色上将军服,襟佩勋章,在夫人宋美龄的陪伴下登上了检阅台。在他的身后跟随着一大群高级将领,他们中有战略顾问委员会主任何应钦、代参谋总长彭孟缉、"总统"府参军长孙立人、"国防部长"俞大维、"副部长"黄镇球、副参谋总长余伯泉、陆军总司令黄杰、海军总司令梁序昭、空军总司令王叔铭、联勤总司令黄仁霖等。高鼻子、蓝眼睛的远东美军司令泰勒、军事顾问团长蔡斯和美国"驻台湾大使"兰登,鹤立鸡群般掺杂在这群国民党军界要人中间。

阅兵仪式开始了。总指挥罗恕人正步走到检阅台前,向蒋介石作了例行报告,然后请他检阅部队。接着,蒋介石在台湾南部防守区司令石觉的陪同下,登上敞篷轿车开始检阅部队。3时45分,蒋介石检阅完部队后回到阅兵台上,紧绷着脸。他没有像以往那样借此机会对官兵们进行长篇大论的训话,只匆匆讲了短短的五分钟,然后又带领受阅官兵朗读了一遍"军人训词",便急急地结束了阅兵式。蒋介石走下检阅台后,头也不回地钻进防弹高级轿车,一溜烟地驶离了屏东基地。

经过精心准备、蒋介石十分看重的检阅大典,为何如此仓促结束?一向守时的蒋介石为何又迟到了40分钟?原来,在诸多的蹊跷事件背后正酝酿国民党军界的一场政治大地震。屏东阅兵后不久,台岛内外就开始沸沸扬扬地传出所谓未遂"兵变"和有人要暗杀蒋介石传闻,而传闻中的焦点人物就是最后一次在公开场合露面的参军长孙立人。

孙立人,是国民党军队中为数不多的在美国留过学的高级将领。抗日战争期间,孙立人曾指挥中国远征军新38军在仁安羌解救过被日军围困的英国军队,并因此而赢得了英、美等国军界的赏识和青睐。蒋介石发动全面内战后,孙立人奉命率新1军到东北同人民解放军作战。由于新1军在东北战场屡吃败仗,而且恃才自傲的孙立人又不肯听从杜聿明、陈诚等人的指挥,杜、陈经常在蒋介石面前告孙立人的状,蒋介石一气之下解除了孙立人的兵权,仅给他一个东北保安司令部副司令长官的虚职。孙立人对蒋介石这种不公平的待遇耿耿于怀,但又无可奈何。后来,孙立人通过美国军事顾问团说情,才得以调到台湾编练新兵。

戎装待发的蒋经国

败逃到台湾后，蒋介石委任孙立人为国民党陆军总司令。蒋介石在这个时刻对孙立人委以重任，是有着良苦用心的。他并不是看中了孙立人的军事才能，而是想通过此项任命向美国作出一种政治姿态，并通过孙立人来继续争取美援。此外，蒋介石原来所重用的一直是"黄埔系"或江浙派的亲信来掌握军权，而孙立人并不属于蒋介石划定的这两个小圈子，他既没有上过黄埔军校，也不是蒋介石的浙江同乡。通过这一任命，曾向世人表明自己有决心打破传统，"大公无私""唯才是举"。不久前，孙立人才由陆军总司令调任"总统府"参军长一职。

孙立人自从屏东阅兵之后，就再也没有收到任何公务活动的通知，他只好待在家中。经过近2个月的煎熬等待之后，7月31日，孙立人接到"副总统"陈诚约他前去谈话的电话。孙立人放下电话，就急不可耐地带着随从参谋陈良埙，乘车前往台北市信义路陈诚的官邸。

陈诚把孙立人迎进客厅后，命令副官和随从参谋们都退到厅外等候，他要与孙立人单独谈话。陈诚向他交了底，把所谓郭廷亮"匪谍"案的情况向孙立人作了通报。

郭廷亮，云南河西人，时年34岁。他于1939年考入税警总团训练所，毕业后留所任教育班长、副区队长、区队长等职,与当时任税警总团长的孙立人建立起上下级关系。此后,郭廷亮随孙立人参加了中国远征军,赴缅甸作战。抗战胜利后,郭廷亮在新1军任榴弹炮营少校连长,随军到东北参加内战。1948年1月,驻守沈阳期间,郭廷亮的连部设在沈阳市铁西区二道街的义和米栈内,他与店主白经武日渐熟悉,来往密切。后经白经武介绍,郭廷亮与一个叫李玉竹的姑娘结婚。

据陈诚向孙立人介绍,在此期间,白经武经常以"匪党"言论蛊惑煽动郭廷亮。解放军攻占沈阳后,郭廷亮找到白经武,请求帮助他逃出城去,白经武就介绍郭廷亮与自己的哥哥白经文见面。白经文当时担任解放军东北铁路护路军联络科科长。白经文答应给郭廷亮出城的路条,但要他到台湾长期潜伏,从事兵运工作,完成两项任务:一是制造国民党军队大规模之叛乱;二是等解放军进攻台湾时进行接应。郭廷亮表示同意,并与白经文约好了联络方式。然后,他拿着白经文给的10两黄金和路条,与妻子一道离开了沈阳,先到达天津,后又经上海与原属新1军的溃散官兵一道跑到了台湾。

郭廷亮到台湾后,投奔老长官孙立人。在孙立人的提携下,郭廷亮先后担任军队中的要职。

陈诚告诉孙立人说:在1954年8月之前,"郭廷亮并无显著或积极之匪谍活动",直到9月间某天晚上,一个年约三十七八岁、身穿白色衬衫、操东北口音的人突然到家中造访郭廷亮。来人告诉郭廷亮说:"白先生要我来看你。"——这是郭廷亮在沈阳与对方约好的联络暗号。来人自称姓李,他对郭廷亮说:"白先生要你积极进行,不久他会到台湾来。"

郭廷亮则对来人说:"请白先生放心好了。"

此后,郭廷亮便积极进行"匪谍"活动。恰在此时,孙立人卸任陆军总司令职务,改任"总统府"参军长。他在卸任前,曾令陆军总司令部第5署督训组中校组长江云锦利用到各部队督训的机会,在每一团中指定第4军官训练班毕业的军衔最高的同学作为联络人,与其他同学进行联络。孙立人认为江云锦没有把这件事办好,在他卸任总司令职务后,又指定郭廷亮担负联络工作。

郭廷亮对于孙立人交代的任务"极感兴趣",他认为正好可以利用这一机会来完成"匪谍"任务。于是,郭廷亮在田祥鸿、刘凯英等人的协助下,与第四军官训练班毕业的同学100多人建立了联系,登记造册,并在各部队中形成组织。在得知蒋介石要在屏东机场阅兵的消息后,郭廷亮认为时机成熟了,想借助第4军官训练班同学对孙立人没能当上参谋总长产生的不满情绪,发动"兵谏",并进而激发"兵变",制造一场大混乱,伺机刺杀蒋介石,颠覆政府。但是,郭廷亮"阴谋叛乱"的事情却被他所联络的同学告发。5月25日,郭廷亮被捕,"兵变"和暗杀计划遂告破产。随后,涉及这一案件的其他成员江云锦、王善从、田祥鸿、刘凯英等人也相继被抓。

这就是陈诚向孙立人通报的"郭廷亮匪谍案"的大致情形。孙立人这时才恍然大悟,自己糊里糊涂已成为这一"兵变"事件的核心人物。

陈诚与孙立人的谈话进行了两个多小时,致使他们两人最后都未能参加当天举行的一年一度的"扩大军事会议"。也正是在这一天的军事会议上,台湾当局向与会的高级将领们正式宣布了孙立人"兵变"案件。

第二天,孙立人的随从参谋陈良埙就接到宪兵队的正式通知,没有命令,参军长不得随意出门,孙立人被软禁在家中。接着,国防部又派人把江云锦等人的供词送来给孙立人阅看。至此,孙立人深知自己在劫难逃,遂于8月3日向蒋介石递交了辞呈。

孙立人的辞职书递交上去后一直未见答复。半个月后,蒋介石突然于8月20日发布"总统令":

> 总统府参军长陆军二级上将孙立人,因"匪谍"郭廷亮案引咎辞职,并请查处,应予照准,着即免职。关于本案详情,另组调查委员会秉公彻查,候报核办。此令。

　　派陈诚、王宠惠、许世英、张群、何应钦、吴忠信、王云五、黄
少谷、俞大维组织调查委员会,以陈诚为主任委员,就"匪谍"郭
廷亮案有关详情,彻查具报。此令。

　　蒋介石的"总统令"公布后,立刻在台湾岛内外引起强烈震动,外国新
闻记者蜂拥而至,纷纷探究"孙立人案"的真实内幕。

　　在陈诚的主持下,九人调查委员会开始对孙立人一案进行调查,他们
总共花费了近50天的时间才结束了调查。在调查期间,他们曾于9月19日
对孙立人进行了唯一的一次讯问。这天上午9点,孙立人奉召来到阳明山
第一宾馆,他先翻看了九人调查委员会审讯郭廷亮、江云锦等人的笔录。
下午4时,调查委员会与孙立人作集体谈话。面对陈诚等咄咄逼人的问
话,孙立人说自己根本不知道郭廷亮等人发动"兵变"和准备暗杀蒋介石
的计划,再三声称:"至于整个的计划,我是不晓得的。"

　　陈诚等人又问:"为什么不向当局报告呢?"

　　孙立人答:"我总以为只要他们不做这个事情,就没有事情了,不会再
有什么,所以我也觉得把这个话放在我心里,用不着报告了。"

　　这次谈话长达四个多小时,孙立人坚决不承认指控他的罪名,连呼
"冤枉"。黄少谷后来曾谈到对孙立人的调查印象,他认为孙立人基本上
是一个很负责的军人,能打仗,会练兵,为人也正派,但他有很大的缺点,
就是不懂政治,政治头脑不够灵敏。并且,孙立人还有一个致命的弱
点——太喜欢讲真话,一有不满就发泄出来,连上级长官也敢批评,这就
触犯了官场的大忌。黄少谷说:"孙立人的军人作风是西方式的,不是中
国式的,中国军人应该懂政治。"

　　这次谈话之后,在陈诚的授意下,王云五执笔撰写了一份长达1.8万
余字的调查报告。调查报告认为,孙立人在这场未遂"兵变"事件中应承
担如下的责任:

（一）孙立人对第4军官训练班部分结业学生发动联络组织，其动机并不正常，在行为上实有在军中违法密结私党或秘密结社集会之嫌。

（二）孙立人对于"匪谍"郭廷亮之活动于其左右，至少应负失察之责任。

（三）关于郭廷亮阴谋变乱之计划，孙立人既未举报，亦未采适当防止之措施。实有徇情包庇之嫌。

……

这份调查报告，除赴日本治疗眼疾的何应钦以外，其余8名在台湾的委员都在报告上签了名，然后呈送蒋介石。10月20日，九人委员会的调查报告正式向社会公布。台湾"中央社"电台，以每小时播发1500字至2000字的速度，用了11个小时才播发完全文。

但是，九人调查委员会报告书公布之后，岛内外仍舆论沸腾，人心激愤，一片为孙立人喊冤叫屈之声。这样，蒋介石不得不又故作姿态，授意"监察院"对孙立人一案再做一次调查。"只拍苍蝇，不打老虎"的"监察院"，在拖延了一个多月后，才"一致认为该事件关系重大，虽经总统命令组织九人委员会彻查，但监察院职司监察，对此重大案件，应依'宪法'赋予的职权，作公开而彻底的调查"。

随后，"监察院"成立了一个由曹启文、王枕华、陶百川、萧一山和余俊贤五个人组成的调查小组，开始重新调查"孙立人案件"。他们调阅了有关郭廷亮、孙立人等涉案人员的所有案卷，孙立人也应五人调查小组的邀请，到"监察院"接受询问。在忙活了两个多月后，五人调查小组结束了他们的工作。但翘首以待的岛内外各界人士却没有看到五人调查小组的工作报告。据说，由于受到种种压力，五人小组的调查报告不能公布，而且被列为"监察院"的头等机密文件，任何人都不得调阅，甚至就连五人小组成员的陶百川事后要求借阅，也遭到了拒绝。五人调查小组在报告中写了些什么，外人根本无从知晓，只有陶百川对外承认，他们的调查结果与"其他机关提出的报告，颇有出入"。

孙立人原本寄希望于五人调查小组能还给自己一个清白，所以在接受五人小组调查时积极配合，坦言陈述自己所知道的一切，并且明确告诉调查小组，不仅他本人是无辜的，他相信郭廷亮等人也是冤枉的。但五人调查小组的报告书一出来就被打入了冷宫，孙立人最后的一线希望也随之破灭了。

1956年9月29日，"国防部"军法局判处郭廷亮死刑，判决书如下：

> 郭廷亮，意图以非法之方法颠覆政府而着手实行，处死刑，褫夺公权终身，全部财产除酌留其家属必需生活费外，没收。

随后，"国防部"又以新闻采访的方式发布了一纸蒋介石的特赦令，称："该郭廷亮犯罪情节重大，原判死刑应予照准；但念该犯尚能自知悔悟，并自白不讳，特依赦免法改处无期徒刑，以示宽大。其余各犯均照原判办理。"

"孙立人兵变案"就这样草草了结，孙立人在当局"不杀、不审、不问、不判、不抓、不关、不放"的"七不政策"之下，以软禁代替刑罪，以"察考"限制自由，开始了长达33年的幽居生活。

台湾当局在"孙立人兵变案"中的种种言行，更使人相信，这一案件的背景复杂，内幕极深。熟知台湾政坛内幕的人士则一致认为，这一案件的核心问题乃是一个"权"字。蒋介石之所以要治罪孙立人，无非是为了要解除他手中的兵权。孙立人为什么会从蒋介石昔日的爱将一下子变成了他的仇敌？蒋介石为什么非要置孙立人于死地呢？其实就是孙立人又犯了一个致命的错误——与蒋经国为敌，利用陆军总司令的职权抵制蒋经国在军队中推行政工制度。

早在几年前，孙立人与蒋经国之间的冲突就已出现。

1950年12月底,孙立人别出心裁地在陆军中召开了一个"新年第一次年终扩大良心会",目的是为了"让许多高级长官来听取士兵们的良心话"。孙立人在会上致辞说:"现在社会黑暗,人心不古,不但做事骗人,说话也骗人,所以社会动荡不安,就是彼此不能开诚相见,埋没了良心之故。"

孙立人是个体恤下情的将领,他创办"良心会"的用意也许并不坏,但却忽视了蒋经国的存在和权限。作为总政治部主任的蒋经国认为,孙立人手伸得太长,做起了本该是政治部做的事情。于是,蒋经国马上进行反击,在军中推行"庆生会",以抵制孙立人的"良心会"。

孙立人如果有政治警觉,应该就此刹车止步,甚至"幡然悔悟"。他不但执迷不悟,还进一步提出要取消军中的政工制度。偏偏美国军事顾问团团长蔡斯也来凑热闹,支持孙立人的观点,主张军队国家化,要蒋介石取消政治部。蒋经国疑神疑鬼,怀疑孙立人是假手美国人来欺压自己。蒋介石对此更是大为恼火,传位于子是他的既定方针,恢复

孙立人向蒋介石、宋美龄报告军事训练情况

政工制度和设立政治部则是他为儿子搭起的一座攫取军权、驾驭军队的桥梁。蒋介石自然不能容忍孙立人对蒋经国的"无视和挑战"。为此,蒋介石曾旁敲侧击地向孙立人发出过严重警告。

有一次,孙立人应召来到"介寿馆",蒋介石见了他之后,劈头第一句话就问:"你近来看什么书?"

"《南宋史》。"孙立人答。

蒋介石说："那很好！很好！"说完，他又没头没脑地说了一句："你没有什么，以后要少跟政客们来往。"

孙立人不知蒋介石指的是什么，顺口回答说："是的，我一生最讨厌政治和与政客打交道。"

蒋介石意味深长地说："这次我要把你给孤立起来。"

还没等孙立人琢磨出他话中的意思，蒋介石又转换了语气，笑眯眯地说："你对于训练部队很好，不过打仗不行。"

孙立人更加大惑不解，为自己辩解说："不然。将不知兵，何以为战？盖兵战实为一体两面，而不可分离。窃职束发从军，追随钧座三十余年，转战国内外大小几百余战，从来不辱钧命，而攻无不克，战无不胜，守无寸土之失，殊不知钧座所言'打仗不行'何所指也？若言争权夺利，欺世盗名，则职不屑也。"

说完，孙立人敬了个礼就退了出来。

其实，蒋介石与孙立人之间这场看似杂乱无章的谈话，实际上是蒋介石在向孙立人传达这样几个方面的意思：要远离美国政客们，不要为其所利用；也要远离政治，不要插手蒋经国主持的军中政治工作；说孙立人"打仗不行"则是在提醒他，在国民党军队中占主流的是黄埔系，要孙立人虚心一些，不要与他们对立。

可惜，孙立人完全没有理解出蒋介石话中的意思。时隔不久，他就遭到了被废黜的命运。一位旅居美国、熟知蒋介石的秉性和历史的国民党元老，在得知孙立人的凄惨遭遇后，不无感慨地说："这是蒋介石惯用的手法，当年他以有人要绑架暗杀他为名，制造了'中山舰事件'，把共产党从国民党军队中排挤了出去，并借机剥夺了汪精卫的权力；现在他又以有人制造兵变和企图刺杀他为由，解除了孙立人的兵权。这两件事虽然相隔近三十年，但手法和效果却如出一辙，都深深地打着'蒋记'的烙印。"

自1955年8月起，孙立人就被幽禁在台中市向上路一段18号的家中，湮没无闻地过了33年囚徒般的生活。

在解除了孙立人兵权之后，蒋介石进一步加紧进行传位给儿子蒋经国的布置。那些跟随蒋介石逃到台湾的国民党元老，有的被废黜，有的遭放逐，一切都是为了能使"太子"蒋经国顺利接班。到了60年代末70年代初，蒋经国接班的体系基本建立起来，蒋介石这时才大大地松了一口气。

这一时期，蒋氏父子对台湾的统治日益严密。败逃到台湾岛后，蒋介石经过多次整肃，不仅逐一排除了国民党内的反对派，而且还通过整顿军队，彻底解决了在大陆时期令他头痛不已的所谓"杂牌军"，使整个台湾岛的军队都变成其嫡系部队。过去国民党内和军队里派系林立的现象已不复存在，国民党变成了"蒋家党"，军队变成了"蒋家军"。除此之外，蒋经国还掌握、控制着台湾的警察、宪兵和情报特务机构。可以说，台湾岛成为蒋氏父子的一统天下。

4.老蒋七十大寿，却被《自由中国》耍了一把

1956年10月，蒋介石将迎来他70岁的生日。

当生日即将来临之际，那些平时擅长溜须拍马的各部门权要们忙了起来，有的忙于制寿幛寿幔，有的忙着准备寿礼，以便博得蒋介石的欢心。

谁知，蒋介石这时却心血来潮，突发奇想。他要效法封建帝王来一次"献言祝寿"。于是，蒋介石下令各机关不得发起有关祝寿的任何活动，谁能提供宝贵意见就是最好的寿礼。并且他在命令中说："切望各报章杂志征请海内外同胞直率抒陈所见，对国家反共抗俄政策之贯彻以及内政应有之兴革贡献具体意见。"

蒋介石号令一出，台湾各县顿时沸沸扬扬起来。不少借着献言的机会对蒋介石进行露骨的歌功颂德。不过其中最热衷的则是他的长子蒋经国。

为了祝寿,他早早就对外宣布要动笔写书,题目叫做《我的父亲》,准备给父亲七十大寿献作礼物。由于"孝子"蒋经国的带头,吹捧蒋介石的文章在台湾铺天盖地,连篇累牍,使得贺寿的气氛十分热闹,终于惊动了美国的各路记者。

美国记者们一起找到"知父莫如子"的蒋经国,采访蒋介石的日常生活,询问他的个人生活情况,准备也来凑一场热闹戏。

洋记者的第一个问题就是:"蒋总统活了70岁,经历诸多事件和变故,如今还如此好体格和精神,究竟有何妙法?"——直击人家大陆失败等痛楚,问的却是生活上的问题。

"我的父亲——这正是我正在写作的一本书名,快出版了,其中也会提到过各位想知道的、有关家父的生活情形。"蒋经国回答说,"大家都知道,家父是不喝酒,不抽烟,不品茗,不饮咖啡的,无论什么时候,只是喝白开水。你们一定在外交宴会中发现他仅仅举举酒杯,从来不喝一口。这是外面。在家中,他多年来一直保持四菜一汤的习惯,而且喜次吃蔬菜。而且他从不服食任何补品,也不注射针药。他的生活十分有规律。"

记者感兴趣的,就是这样的私生活。蒋经国继续告诉说:"总统在厅里,做的是深呼吸柔软操。到六点半,便读书,读完书,在官邸批公事,八点到九点之间进早餐,利用这时间看报纸,碰到重要的地方,就用红蓝铅笔作记号。"

此时一个记者立即说道:"好像在什么地方见过这一段。"

"那很可能,若干年前不少记者访问我,这样写,今天你们也这样写,之后,还是这样写,总统先生的生活就这样有规律,不大容易改变。"蒋经国接着说下去,"吃过早餐,九点左右,就乘车到总统府处理国政。总统府每周有例行的会报,必须由他自己主持,没有会报的几天,就接见宾客,批阅公事,召见下属。到十二点,介寿馆——就是总统府下班,每一个办公室都要上锁,以便保密,但总统先生还在里面。总统先生到下午一点才回官邸吃午饭,那时候,夫人听到车声,便下楼在官邸迎接,同时要下人开饭,两个人吃的,共有四菜一汤,都是平民化的菜肴。吃完饭稍为休息一下,休息时还要读书批公事。到两点半钟左右,午睡四十分钟光景,午睡起身,再批公事,或在官邸接见宾客,这样一直到下午六时才离开书房,到花园或者去外面散步十五分钟。到八点钟进晚餐,两人还是四菜一汤,不过换了菜式,饭后再批公事,或者撰述,十一点半睡觉。以前还做床上运动,现在大概不做了。”

“每天都是这样?”有人问。

“当然他并非七十年来天天如此的,我们也知道他的早年生活,那是充满了传奇性的生活,只因现在老了。他必须修改他的生活方式,弄出一套生活规律。”蒋经国回答。

又有记者问道:“在一部美高梅公司拍摄的彩色远东新闻片中,我看到了符立德将军在阳明山官邸花园中,与总统先生见面的镜头。记得总统先生神情轻松,微笑着,用手指头在花盆边上,像弹钢琴似的弹着,这个动作,我怀疑总统先生正在学钢琴ABC,希望你能证实。”

“这个是有些误会。总统先生没有学过钢琴,他那天这样做,大概是表现他轻快的心情。”蒋经国说,“不过,有几位医生,根据医学原理,曾经建议总统先生利用空闲松懈心情,在这个宝贵的建议下,总统先生曾经学过做诗、填词,可没学过钢琴。”

美国记者们都知道蒋介石夫妻早期私生活的大概情形,有人问道:“我们知道夫人的生活是纯西方式的,因此不时美国住一阵,但总统先生的生活是标准东方式的,甚至当他在晚年时,他的生活是苦行僧式,非一般医生和宗教家可以做到于是,拿我们西方的眼光来看,这两个人的结合非常有趣,其中必须有一个自我牺牲,你说是不是呢?”

“据我了解,总统先生和夫人的家庭生活非常愉快,一切很好,其他无可奉告。”蒋经国把话题岔开,“不过总统先生的生活,也并非固执的东方式。比如在官邸之中,人人称他为‘先生’,而在我们乡间,江浙两省称医生为‘先生’,于是当总统先生要找医生时,他就传令请‘先生’,于是官邸中的医生成为'先生的先生'，你们说总统先生不是很民主的么？还有，总统先生在生活中是典型的东方人，他的生活无疑是东方式的，比如他想吃家乡菜，可是奉化菜在台北不易多见，只有一家宁波菜馆里有一味臭冬瓜，我们派人买来了，那是一种发酵制品，总统先生吃得很香。总统先生头脑很新。"——允许官邸人叫医生为"先生"，就很民主么？如果蒋介石是"固执的东方式"的话，医生又该怎么叫呢？记者一贯不会深究这些，只会问点最表面的或者任何人都可随口回答出来的简单问题。

有记者说道："请你把'总统先生头脑很新'这一点详细介绍一下吧！"

"总统先生生活是东方的，头脑是科学的。"大概蒋经国眼中"西方"就是"科学"吧，如此对比后便解释道："譬如他曾坐潜水艇从基隆出海，了解水底作战情况，又如乘直升飞机到航空母舰，了解直升飞机如何运用母舰作战。这些情形，想来并非每一个国家元首都会做到的。这正是总统先生力行哲学的体现，他要求在军事方面永远保持最新鲜与最亲切的理解，以了解西方军事思想和行动方式。"——这些做法偏偏是那些国家元首们最喜欢借着视察为名而去玩刺激的运动。

……

蒋经国答记者问，把常识当异常，把一般人能做到的事上升到只有"像父亲这样的伟人"才做得到的特异能力，进行吹嘘。记者一个个地问，他一个个地答。

问答结束后，"外交部"把记者们全部请去喝酒、跳舞，算是提前吃了一次超级寿宴。

蒋介石说过不过生日，蒋经国却大造气氛，官场政界的人随之大吹大播，各报章、电台都不甘落后，纷纷进行报道，发表贺寿妙文。但是，台湾民众对蒋的一统天下，早就有许多不满情绪。屡遭打击的《自由中国》就是一个。《自由中国》连夜组稿，编辑了一册《祝寿专号》，包括一篇社论和15篇文章，赶在1956年10月31日，即蒋介石生日当天出版。

社论向蒋介石提出三点希望：

(一)希望他和美国第一位总统华盛顿相媲美,华盛顿坚决拒绝做第三任总统,蒋介石也应该开始"选拔继任人才"了。

(二)确定责任内阁制,使国家元首成为虚位元首。

(三)实行"军队国家化",撤销国民党军队中的党部。

这15篇文章都是由胡适、雷震、蒋百川、陈启天等许多著名人士分头撰写的,每篇都有很强的针对性,对每一个提出的问题都有改进建议,语气大多比较婉转,但起首的那篇由胡适亲撰的《述艾森豪威尔总统的两个故事给蒋总统祝寿》,却令蒋介石越读越冒火。

胡适的"两个故事",一个说艾森豪威尔当哥伦比亚大学校长时,承认他不具备专门知识,愿意让校内各部门首长全权负责;另一个说艾森豪威尔当总统时对一件事不能决断,秘书为此事拟定了两份稿子,一肯定,一否定,请他批复。艾森豪威尔则干脆在两份稿子上都签了他的大名,并让秘书请尼克松"替我挑一个罢"。讲完这个故事,胡适劝蒋介石向艾森豪威尔学习,"乘众势以为车,御众智以为马"。胡在他的文章里又接着劝导蒋:"我们'宪法的总统制'本来是一种没有行政实权的'总统制',蒋先生还有近四年的任期,何不从现在起,试试先代哲人说的'无智、无能、无为'的六字诀,努力作一个无智而能御众智,无能无为而能乘众势的元首呢?"

上述两个故事的要害,在于它们代表自由分子首次公开提出了蒋介石的任期问题,即下台问题,同时提出了蒋在任期间应"无智、无能、无为"的问题。从法理上讲,这就是要让蒋介石成为像英国女王那样的虚位元首。同时,也巧妙地将蒋介石讽为无智无能之辈。

《自由中国》早就在蒋介石那里挂了"号"。1954年12月16日,《自由中国》曾将批评的矛头直指蒋经国领导的"救国团",发表了《抢救教育危机》的读者投书。文章抨击台湾教育当局与蒋经国主持的"救国团""假教育之名而行党化之实",逼中学生"披星戴月""三更眠,五更起",去背诵那些"连篇累牍、念之不尽、读之不竭"的"三民主义、总理遗教、总统训辞、青年救国团发下来的必读小册子",甚至强迫学生作《我对国民党的认识》等类的论文。除此之外,还逼迫学生们参加"救国团"下达的诸如"分队会议""小组讨论""干部会议""开展各种募捐""劳军""游行""练习大合唱"等名目繁多的"宣传教育"。文章呼吁"抢救教育危机""不能让青年在受教育阶段就使他们对于民主制度有了全然歪曲的认识"。

当日早晨,蒋介石和宋美龄夫妇吃罢早餐,即离开士林官邸,赴台北郊区的别墅"避寿"。而在他们出发时,蒋经国属下的青年反共救国团各路人马已列队,向着"总统府"进发了。

上午9时,"总统府"前广场人山人海。除台湾的军政要员外,各界青年及总团部全体人员都参加,2.8万人被蒋经国组织前来进行祝寿。"副总统"陈诚主持大会。

祝寿大会还没开始,首先天空一阵轰鸣,空军方面的多架飞机飞临上空,突然排成"中正"二字,对蒋介石生日致敬。这是夫人宋美龄领导的空

蒋经国和他的"救国团"

军送过来的"礼物"。

然后,陈诚宣布祝寿大会正式开始,领着众人对着"总统府"前的蒋介石画像行礼、鞠躬。接着,他宣读训词,作十分钟简短致辞后,带着全体与会人员振臂高呼口号:"总统万岁!"

9时50分,空军飞机再次飞临上空,排成"七十"二字队形。蒋经国带头呼喊:"总统万岁!"飞机走后,典礼结束。

中午,蒋介石夫妇在郊区别墅准备好了庆生寿宴,除蒋介石夫妇外,有陈诚夫妇、宋霭龄、张群、蒋经国和其他一些亲近的军政官员出席。众人祝寿后,同进午餐。

这次蒋介石的七十大寿,还是热闹了一场,长子蒋经国功不可没。但是最不起劲的是,孔宋两家,只派宋霭龄一人为代表。宋霭龄祝寿完毕,便回了美国。孔祥熙问起台湾的情况,宋霭龄回答说:"他都七十了,唉!看样子,我们这辈子再也回不了南京上海。"这是后话。

避寿一会带台北的官邸,蒋介石就读到了《自由中国》的《祝寿专刊》,勃然大怒,认为雷的做法已经背叛了国民党,故在12天后亲自下令开除雷震的国民党籍。按蒋氏父子的本意,立即查封《自由中国》。但由于《自由中国》始终标榜反共,其抨击蒋氏父子独裁统治的理论依据是西方自由民主思想,蒋为争取美援又装潢"民主",故一时难以对《自由中国》下手。看了这期《祝寿专号》,蒋介石对《自由中国》更是恨之入骨了。同时,他也明白,民主的姿态是装不出来的,你要给下面民主,下面就要你下台。从此之后,蒋介石再也不敢搞"征言"之类的玩意儿了。

但是,《祝寿专号》出版后,很快风行全岛,数月内即再版11次。蒋经国恼羞成怒,下令党办的《中央日报》从此不受理《自由中国》的广告。

12月初,即《祝寿专号》出版后的一个月零几天,蒋经国开始组织反扑,以"国防部总政治部"的名义下发"极机密特种指示",要求"向毒素思想总攻击"。不久,又发出同名的长达61页的小册子,历数"毒素思想"的危害性,产生原因,并对"毒素思想"的要领进行批判。这本小册子的署名为"周国光",据说是蒋经国担任总政治部主任时的化名。

这两份文件中指出:"最近某刊物借替总统祝寿机会,对领袖施以种种恶毒批评和攻击,其用意显然可见,而其幕后是否有'匪谍'指使亦难揣测,""要总统做一个'无智、无能、无为'的国家元首……其中含有极大的政治阴谋,目的想'总统'从此少管闲事,削弱他对党政军的领导力量,使国家重心得不到巩固,便利于阴谋分子计划的发展,以破坏反共抗俄大业。这是批评者的重大毒辣阴谋,我们要注意提防!"

《向毒素思想总攻击》的小册子,详细批判了以自由主义者为代表的胡适提出的三项主张,即要求言论自由,反对党化军队,反对党化教育。这批判材料虽洋洋万言,但由于言之无物,或属强词夺理,或为陈辞滥调,在台湾民众中也就没有引起多大注意。

在向毒素思想大反击的形势下,国民党所控制的各家报纸、电台,纷纷对"毒素思想"大批特批,无奈手中又没有多少真理,无非是扣一些大帽子,非但不能使人同情,反而扩大了《自由中国》的影响。

在1957年8月到1958年2月短短的半年时间里,《自由中国》又连续发表了15篇以"今日的问题"为总标题的社论,广泛讨论台湾的政治、经济、军事、言论自由、党禁等问题,这实际上是连载了一部要求全面改革的政治宣言书。

在这15篇社论中,首篇《反攻大陆问题》特别值得一提,因为这个问题在台湾一向是言论的禁区,过去无人敢谈,而《自由中国》敢于冲破禁区,这在当时颇具爆炸性,因此,一下子吸引了民众的广泛关注。

《反攻大陆问题》首先申明其大前提是"渴望反攻大陆",这是与其国民党当局的一致处。但接下来,该文便指出"人不能总是生活在愿望之中",而应该正视现实,从国际形势和现代战争的必要条件等方面分析,"反攻大陆的可能性在相当长的时期内并不太大。"因此,政府应"培养持久的心理基础"和"停止制造精神紧张",而采取"实事求是,持久渐进,实质反共"的基本原则。

此论一出,国民党方面立即予以反击。《中央日报》发表社论指出:《自由中国》散布反攻无望论是要"扯垮中华民国"。从心理上讲,蒋介石并不满足于偏安海隅,他也曾多次发出"反攻大陆"的叫嚣,他也曾企图趁中苏分裂和大陆发生大面积自然灾害的时机浑水摸鱼,捞些便宜。但此时此刻,包括蒋介石在内,绝大多数国民党人均已明白,"反攻"的支票是永远兑现不了的。国民党当局之所以对《自由中国》的言论进行一番批驳,也不过是自己找些台阶下而已。对于国民党而言,反攻大陆早已化为泡影了。

在进行上述一系列斗争的同时,"自由分子"始终憧憬着一项基本目标——组织反对党。

出于对英美等国政治体制的崇尚和对西方"民主"理论的信仰,"自由分子"一向认为"两党制"是民主宪政的基本特征。具体到台湾而言,组织反对党,则更是破除国民党一党专政的唯一途径。

作为自由分子的首领胡适,特别佩服土耳其"国父"凯末尔。凯末尔领导他所缔造的国民党,使土耳其获得独立。到了晚年,凯末尔将国民党一分为二,一个仍叫国民党,另一个则叫民主党。这就奠定了土耳其两党政治的基础。凯末尔死后,由于两党制已经确立,终使土耳其顺利地发展为资本主义的民主国家。

1958年2月,《自由中国》发表《反对党问题》的社论,指出民、青两党"急急乎的要与执政党分一杯羹"而不能发挥作用,呼吁知识分子起来组党以完成他们对国家有所抱负的责任。

5月28日,《自由中国》召开集会,胡适致辞,讲了三点:

(一)过去曾希望国民党能像土耳其的国民党那样分成两党,以奠定民主政治的基础。但是直至今日,他的这个希望未见实现。"俟河之清,人生几何"。因为不能长期等待,就不得不考虑其他途径。

(二)目前最好由教育界、青年及知识分子出来组织在野党。

(三)这个在野党必须使大家相信没有什么危险性,使政府和国民党不至于害怕。

在胡适讲完话后一段时间里,雷震,夏涛声等常委去看望胡适,劝他作为新党领袖,雷震做秘书长,实际负责。胡适却表示,他身为"中央研究院院长",不便直接搞政治。胡劝雷震出头挂帅,组织新党。

雷震等人说:"恐怕党未组成,而人已坐牢了。"

胡适说:"国民党已把大陆丢掉了,今日总该有点进步吧。"

雷震等人齐声答道:"今日地盘小了,可能握得更紧吧。"

为了给雷震等人打气,有一次胡适甚至破戒陪雷震和夏涛声喝酒,以"预祝新党之成功"。他见雷、夏等还在犹豫,重声叹道:"秀才造反,三年不成。"

至此,"自由分子"逼蒋下台的努力终告结束,想借此动摇国民党政治体制的企图亦成泡影。

5.为"反攻大陆",重抓经济复苏

1958年5月上旬,"共同防御台湾"的美军司令部发布新闻:美国的"屠牛士"导弹部队进驻台湾,此举意在以炫耀武力,制造紧张空气。1958年8月6日,蒋介石的"国防部"宣布金门、马祖海岛及台湾海峡进入紧急作战状态。8月14日,蒋军出动飞机窜扰大陆沿海领空,与解放军空军发生空战。8月20日,蒋介石飞抵金门岛视察,他对官兵训话说,共党要"吃掉"台湾,他要求蒋军"与阵地共存亡,即是与国家共存亡"。并下令金门、马祖岛上的蒋军,向福建沿海发炮射击。

这时的蒋介石,走路已离不开拐杖,到炮兵阵地视察时,竟不能久站立,只得坐着凳子,从炮位上的望远镜里眺望大陆。这是蒋介石最后一次看到大陆的故土,此后,他再没有离开过台湾本岛。

8月23日下午6时30分,解放军向金门、马祖两岛发炮还击。蒋军向台

蒋介石在金门太武山用望远镜远眺祖国大陆

北报告说："共军10小时内，发炮弹达57000余发。"解放军连续发炮三十多天，此后每逢双日停止炮击。蒋军的火力被彻底压了下去，蒋介石制造的"反攻大陆"的神话，再一次破灭。

蒋介石梦想第三次世界大战不成，向大陆诉诸武力，却又遭到失败，只好退而求其次，着眼于本岛的稳固和经济发展。于是，他从1958年至1961年的三年间，大力进行台湾的经济恢复，开始大量引进外资，发展进出口贸易。经过多年的努力，工业得到长足的发展，工业生产中，加工业占半数以上，基本上改变了台湾过去以农业为基础的经济结构。工人、农民和职员、教员等的收入，也得到较大幅度的提高。

要"反攻大陆"必得有打仗的兵，但"国军"士兵，大多是蒋委员长从大陆带过来的，如今都"年事偏高"，被讽刺为"胡子兵"，为了提高战斗力，势必淘汰老兵换新兵。扩充新兵，须大增军费开支，给国民经济造成困难。更为棘手的是，淘汰下来的这批背井离乡、孤苦无依的老兵将如何安排。这批人大陆有家归不得，长年置身军旅，只会出操放枪，再无一技之长，谋生乏术。假如无适当安置，不仅影响军心士气，而且会产生一系列的社会问题，蒋介石赐封这些退伍老兵为"荣民"的称号，指示社会上要尊重、照顾他们。但是，这些"荣民"们是要生存的，"荣民"的桂冠又不当饭吃，他们需要社会解决衣食住行的实际问题。

1957年6月，蒋经国担当起"国军退出役官兵就业辅导委员会"的工作，出任辅导会主任委员，于是，他们对这些"荣民"进行"辅导"，其办法是：有工作能力的辅导就业，年老病弱的可以养起来。但绝大多数"荣民"身强力壮，为了安置他们，于是，蒋介石批准了一项建设计划，开辟一条横贯台湾的公路。修路时不使用机器，穿山越岭，披荆斩棘，只用"荣民"的一双手，这条公路一修就是四年。"荣民"长年在深山老林里，却能拿到"偏高"的工资，避免了给社会造成麻烦。

公路修通之后，蒋经国向立法院作辅导会工作报告，会上，他很坦白地说："今天一般荣民的生活还是很苦，许多地方还不理想，荣民的许多困难，还没有为他们解决。有不少荣民还在流浪街头，更有靠神父施粥果腹的荣民。"

这些为蒋介石半生征战的士兵，年老之后，一个个都盼望回大陆与家人团聚，然而，蒋介石却将凡是想回大陆的人，一律按"叛国"、"通匪"论处，老兵们留在台湾又成为台湾经济发展中的"苦力"。

蒋介石兵败退台之初，台湾仍是一个农业社会。这时，在台湾总人口约740万

1955年蒋介石、宋美龄和蒋经国在横贯公路视察

人，农业人口约380多万，农民75％是佃农，约有280万人，超过总人口的1/3。因此，如何解决封建统治下的租佃剥削制度问题，成为了台湾农村的

核心问题。

由于租佃剥削过甚,不断引起租佃纠纷。国民党接管台湾后,这类纠纷有增无减。为了缓和农村的阶级矛盾,也为了解决国民党退台后的生存问题,蒋介石决定首先从农业入手,提高农民耕种土地的积极性,以促进台湾经济的恢复与发展。陈诚受命此项工作。他根据蒋介石的"土地问题之解决,为实现民生主义之急务"训示,大张旗鼓地在台湾展开了土地改革运动。

台湾的土地改革分为三个阶段进行。

第一阶段:三七五减租。陈诚出任台湾省主席一个月后,根据他对农村的调查,首先责成主管机关拟就《台湾省私有耕地租用办法》草案,并于1949年4月14日公布施行。

所谓三七五减租,主要内容有两点:

其一,限定租额:即规定耕地租额,不得超过主要作物正产品全年收获总量的37.5%;原约规定租额超过37.5%者,减为37.5%;不及者,不得增加。

其二,保障佃权。业主与佃户双方一律订立租约,以确保双方利益。

1950年冬天,陈诚指令"行政院"官员草拟《三七五减租条例》。1951年5月25日,"立法院"通过了这一条例,并于6月7日由蒋介石明令公布施行。

自从推行三七五减租之后,佃农收入增加,在一定程度上减轻了佃农的地租负担,缓和了租佃关系中的矛盾。

第二阶段:公地放领。所谓公地是指日本占领台湾时代掠夺的土地。台湾光复后,国民党当局接收了这些公地,并将这些公地出租给农民。1951年5月30日,台湾"立法院"根据蒋介石指示,通过了《台湾省公地放领办法》。办法规定:购买公地面积为水田五分至二甲(台湾当地计田单位,每1甲等于0.97公顷),旱田二甲至四甲,各县市根据土地情况自订。地价可分10年偿还,为土地正产品的25%,以地税与田赋不超过全年土地收入的37.5％为度。办法还规定地亩分上、中、下三等核定地价,每年分两期偿还地价。公地购买人负责交纳地税,因无力耕种须出当局以原价收回,不得将土地转移他用。

结果,从1951年至1976年,台湾当局先后分9批出售13.9万公顷公地给28.6万农户。受领公地的农民由于获得了土地,生产积极性大为提高,农产品的产量也随之增加。

第三阶段,耕者有其田。1952年7月间,蒋介石主持国民党中央改造委员会会议,决定在台岛实施耕者有其田。1953年1月,"立法院"通过了《耕者有其田法》。同年4月,台省"政府"颁布了《实施耕者有其田法条例》,条例规定:凡私有出租耕地,地主可以保留相当于中等水田3甲或旱田6甲,超过土地一律由当局征收,转放于现耕农民受领;当局补偿地主被征收的土地地价,其标准定为征收耕地的主要产物全年收获量的2.5倍,以实物土地债券7成,公营事业股票3成,搭配补偿;当局发行实物土地债券,分10年20期还本付息;当局征收的耕地,一律放给现耕佃农与雇农,放领地价与征收地价相同,加算年息4％,由受领农民于10年内分20期偿付。

由于耕者有其田政策的实施,使大量无地少地的农民成为自耕农,进一步刺激了农民的生产积极性,也有助于台湾当局乱中求稳。

国民党退台初期的台湾,因物资奇缺造成物价飞涨,加之蒋介石宣称"军事第一""反共第一",庞大的军费支出更使通货膨胀加剧。台岛成为一个随时可能爆炸的火药库。

如何将混乱的危局稳定下来,如何制止通货膨胀,挽救台湾经济,就成为立足未稳的蒋家小朝廷的当务之急。早在国民党军队撤台之前,蒋介石就令新走马上任台湾省主席的陈诚整顿金融。陈诚在获蒋介石允许后,将中央银行存台的80万两黄金作为改革币制的基金,美钞1000万元作为台湾对外贸易的基金。与此同时,陈诚还利用行政手段封闭地下钱庄400余家,禁止金融投机买卖。

在一切准备工作就绪之后,台省政府颁布了《台湾省币制改革方案》、

《新台币发行办法》、《新台币发行准备监理委员会组织规程》,币制改革全面展开。上述方案、办法规定:台湾币制改革的要点有三,以台湾银行钞票为主币;以美金为计算单位;以台湾省区为限。方案还规定:新旧台币兑换率为1:4万,发行总额为25亿元,并限期兑换完毕。

此次币制改革虽未能完全消除通货膨胀,但在一定程度上得到缓解,币值基本稳定,一般物价没有大的波动,囤积居奇,高利盘剥现象大为减少。

与此同时,为进一步降低通货膨胀率,稳定物价,陈诚又奉蒋介石之命,在台实行银行存款高利率政策与黄金储蓄政策。此一政策的实施,大大减轻了通货膨胀对市场的压力,对平抑物价亦有明显作用。同时,巨额优惠利率存款通过银行放款业务,扶植了一些处境很难的经济部门,促进了台湾经济的恢复与发展。

为了消灭财政赤字,陈诚一方面改革税制,简化税目;另一方面压缩各种行政开支,简化行政机构,此举不仅使税收增加,而且节省了部分支出。

通过以上三种措施,通货膨胀率逐渐减缓,物价上涨率渐趋稳定,到1961年,物价上涨率由1949年物价上涨30倍降至2%,台湾当局用了12年时间,终于使物价稳定下来。

继币制改革与土地改革之后,蒋介石认为:要解决台湾近1000万军民的吃、穿、用的基本需要,扩大就业,节省外汇,就必须在资金不足等困难条件下,充分利用劳力资源丰富的有利条件,依靠"美援",在发展农业的基础上,相应发展轻工业,逐步以自产品代替进口工业品。为使台湾经济步入正轨,首先成立了台湾区生产事业管理会(简称"生管会")。该机构名义上管理台湾公私企业的生产事务,实际上除了生产以外,还管理物资分配、资金调度、对外贸易及日本赔偿物资处理、技术合作等重要工作。它是一个以全面经济活动为对象的决策、计划、执行的机构。陈诚自兼生管会主任,但因忙于台湾全面事务,故副主任人选至关重要。陈诚慧眼独识,选中非国民党人士尹仲容做生管会的副手。

由于发展进口替代工业品政策的实施,在台湾工业化初期起了不可忽视的作用,它使台湾经济有了较快的发展,工业品的自给能力大大提高,为劳动密集型轻工业的发展打下了一定的基础。但是,由于岛内市场狭小,也出现了生产过剩和对外贸易发展缓慢等严重问题。

20世纪60年代初期,蒋介石在军事反攻无望的情形下,在阳明山会谈与国民党八届五中全会上开始提出"建设台湾,反共复国"的口号,同时,也将施政重点集中于建设台湾、经营台湾,以长期维持国民党在台统治。

1961年7月,陈诚奉蒋介石之命,根据国民党八届三中全会决议精神,主持召开了"以研讨经济的发展,配合反攻军事,增强反攻力量为主旨"的阳明山第一次会议。被邀请参加第一次会议的有工矿、农林、渔牧、水利、商业等各界从业人士和专家共104人,其中台湾60人,海外华侨44人。此次会议内容广泛,但其要旨亦可归纳为下列四点:

(一)商讨反共复国大计,积极解救大陆同胞;

蒋介石高兴、得意的样子,其实也很可爱

（二）加速复兴基地的经济发展，增进人民生活，充实反共力量；

（三）加强海内外的团结，一致为复国建国而努力；

（四）交换对政府应兴革的意见，造成更多的成绩和更大的进步。

此次会议是国民党退台后从混乱走向稳定的情形下召开的，它表明蒋氏父子已经把"反共复国"置于次要而准备长期经营台湾了。

继阳明山会议之后，国民党又于1962年11月12日召开八届五中全会，研讨新时期的对策。蒋介石在会上做了《复国建国的方向和实践》的讲话。宣称此次全会的主要任务是"为反攻复国开路"，集中人才，完成"复国建国"。为此，蒋介石不顾年龄已大，在会上声嘶力竭地大喊："建国工作比复国工作更为艰巨，要完成复国建国工作，就必须首先建设台湾。"

那么，如何建设台湾呢？蒋介石提出：

"必须先经由现代化政治、现代化经济、现代化教育、现代化社会和现代化生活的建设，才能确实根基。"

根据蒋介石的旨意与变化了的经济形势，台湾"行政院"在20世纪50年代发展经济的基础上，采取了比较正确的发展策略：即从发展内向型经济为主转向发展外向型经济为主，大力发展劳力密集型的出口加工工业，拓展对外贸易，以带动整个经济的发展。为发展外向型经济，台湾当

蒋介石、严家淦、蒋经国在福寿山农场

局采取了下列措施：

其一，实行财经改革，搞局部自由化，逐步向市场经济转变。从1959年至1961年，台湾当局实行一系列经济改革。首先出台的是经蒋介石核定的《十九点财经改革措施》和《奖励投资条例》。财经改革的具体内容是：

(1)检讨过去的进出口管制办法，以实现进出口自由化；

(2)从税收、外汇以及金融方面给予私营企业以优待；

(3)改革税制与征收办法，促进资本积累；

(4)通过外汇和贸易制度的改革，实行单一汇率和贸易自由化；

(5)增加鼓励出口的有关措施，改善出口商的外汇取得条件，扩大与外国投资商的投资合同，等等。

上述措施的实施，对台湾制造业从事出口生产提供了有利条件，促使更多的制造业厂家转向发展出口加工业。

其二，改善投资环境，开办加工出口区，开始大量引进外资。

设立加工出口区是台湾当局配合奖励投资的重要措施之一。1965年1月，台湾"立法院"三读通过了《加工出口区设置管制条例》。根据该条例规定：划出一定地区，供外资企业投资设厂，并提供各种方便和优惠政策，以便更好地引进外资，扩张出口，把经济导向国际市场。后来，台湾当局首先在高雄设置加工出口区，不久，建成营运。其后又在南梓和台中设立加工出口区。由于在加工出口区为外资提供稳定的投资体制与法律保证及比较完备和廉价的基础设施、服务设施、各种优惠，使外资申请者络绎不绝，设置加工出口区的目标基本得以实现。

设置加工出口区，在亚洲地区可以说是首创。该区主要企业是日、美等国趋向衰落的行业，台湾当局在经济落后情况下，将区内产品达到规格与标准化，使其具有国际竞争力，这种做法是成功的。它对鼓励外资及侨资在台投资，发展外销工业，增加出口产品与劳务输出，都起到了积极的作用。

其三，实行外资与内资一并鼓励，加工出口区与区外工业区齐头并进，引进与自筹双管齐下的多形式筹集资金和发展生产的政策。

其四，实施第三、四、五个四年计划。为了进一步发展台湾经济，蒋介石、陈诚借鉴外国经验，实行经济发展计划。在大陆制订第一个五年经济计划的同时，蒋介石、陈诚也制订了第一个四年计划，其目标在于扩大工农业生产能力，对内要求稳定经济，对外要求改善国际收支状况。当这一计划目标得以初步实现之后，台湾当局又于1957年实施第二个四年经建计划，其目的在于开发资源，增加农业生产，加速工矿事业的发展，扩大出口，平衡国际收支。当蒋、陈将主要精力投入经济建设后，为配合外向型经济发展战略，又开始实施第三、四、五个四年计划。第三个四年计划目标是改善投资环境，开拓国际市场，调整经济结构。第四个四年计划目标是改善投资环境，开拓国际市场，调整经济结构。第四个四年经建计划的主要目标是促进经济现代化，维持经济稳定增长，促进高技术工业发展。第五个四年经建计划的主要目标在于增加投资，提高生产技术和管理水平，进一步改造经济结构；同时大力发展加工出口工业，改善国际投资状况，增加外贸收入。

上述诸项措施的实施，使台湾经济发生了根本性的变化。

首先，在经济结构上完成了从农业经济向工业经济的转变。

其次，内向型经济转变为外向型经济。

再次，重工业得到发展，纺织业、电子电器工业发展尤为突出。60年代初开始，台湾经济进入了一个飞速发展时期，开始起飞。

6.蒋介石又要"连任总统"，被扰得颜面大失

1960年3月，又轮到六年一次的"总统"选举了。73岁的蒋介石，这时

稍加考虑了一下：是退居幕后？还是再担起这"艰巨的责负"，连任"总统"呢？最后，蒋介石还是选择了后者。为此，蒋介石说："我要带你们打回大陆去！"

台湾"宪法"规定，"总统"任期六年，连选只得连任一次。蒋已连任一届"总统"了，再连任就是违背"宪法"。当初制定"宪法"时，蒋介石为什么写上这条呢？因为拟订宪章时就规定"总统"连任没有限期，岂不等于封建王朝的世袭制。现在，蒋既要续当"总统"，又要避开"违宪"的嫌疑，怎么办呢？

结果，一些心腹便提出"修宪"。蒋介石连连摆手说："宪法不能修改，我要把他们完整地带回大陆去。"然而，不"修宪"，蒋又怎么当选连任呢？这可忙坏了蒋介石的智囊团。后来不知是哪位"叔孙通"想了一个高招，即通过了大法官会议作成解释决议，以台湾现有"国大"代表人数为计算标准，修订《动员戡乱时期临时条款》，规定："动员戡乱时期总统、副总统得连选连任，不受'宪法'第47条连任一次之限制。"这样一改，既坚持不修"宪"，又使蒋介石连任不"违宪"，而且还可做"终身总统"。

结果，蒋介石"在大房子旁边加了小房子"，"宪法"增加一条："非常时期"，连选连任了"总统"了。无独有偶，陈诚也跟着"当选"为"副总统"。并且，病体支离，早不堪繁剧的"副总统"，又由立法院再次批准为行政院院长，看来陈诚指定是蒋介石的继承人了。人们费解的是，为何偏选中一位重病缠身的人做"总统"的继承人呢？孰不知蒋介石器重的就是陈诚的这一身病，陈诚无恙，蒋"总统"哪放心得下？

蒋介石连任"总统"，确属"违宪"的荒谬之举，但岛内无人敢讲话，所有的舆论工具，悉由蒋介石把持操纵。反对者就是"破坏领导中心"，"'共匪'同路人"，带上这样的红帽子，就有杀头，坐牢的危险。

这时，偏偏《自由中国》又对蒋介石连任"总统"，发出铿锵有力的反对声音。

早在1959年初，雷震听国民党文人陶希圣讲，"国大"一届三次会议将修订《动员戡乱时期临时条款》,并认定增加《临时条款》内容并不等于修"宪"。雷听后气愤异常,遂在其出版的《自由中国》第21卷1期刊载了一篇题为《欣幸中的疑虑》的文章,明确表示反对蒋介石再度连任"总统"。6月16日,该刊又发表了《蒋总统不会做错了决定吧!》的文章,再度阐明了上述看法。

当"国大"一届三次会议即将召开之际,《自由中国》更连篇累牍地发表反对蒋介石再度连任"总统"的文章,引得岛内群起响应,如傅正写了《护宪乎?毁宪乎?》,曹德宣写了《拥护蒋总统继续领导而不赞同连任》、杨金虎又写《岂容御用大法官滥用解释权!》,最后,雷震亲自出马,挥笔急就《敬向国大代表同仁说几句话》,直接向"国大"代表施压,左舜生也写出《我们对毁宪策动者的警告》等文。

对于雷震等人的反对之声,蒋介石置若罔闻,如期举行"国大"一届三次会议,并通过了修订的《动员戡乱时期临时条款》。3月21日、22日,蒋介石与陈诚分别当选为第三任正、副"总统"。蒋介石对他的"违宪"行为不仅不感到内疚,反而大言不惭地认为这是"民主的典范"。在大会闭幕式上,蒋在致词中宣称这次大会取得了三项"伟大成就":

"第一就是此次国民大会一切举措,都能遵循民主规范,发扬其高度民主精神,对于任何一种主张和提议,在其讨论过程当中,多数的都能尊重其少数的意见……使其一切决议都能成为公意和真理的抉择,这是充分表现了最后趋于一致民主的范型。"

"第二是这次大会的一切程序,都是根据法理来进行处理的。自解释大会起,经过修订临时条款,到完成选举,都是遵循'宪法'所赋予大会的使命来达成的。"

"第三是代表诸君皆能竭忠尽智,损小全大,贯彻了不修改'宪法'的决策,这乃是此次大会最大的一个成功。"

对于蒋介石不知羞耻的自我吹嘘,《自由中国》杂志又发表了《蒋总统如何向历史交代》的社论,对蒋的"违宪"行为穷追不舍。由于蒋介石尚未对雷震等人采取行动,雷震等人被一时胜利冲昏了头脑。他们低估了蒋介石的决心,高估了美国人对台湾的影响力,竟开始调查选举情况,揭发国民党违法选举的黑幕等。这可触怒了蒋介石,他决心彻底搬掉《自由中国》这块绊脚石。

1960年9月4日,蒋介石宣誓就任第三任"总统"不满4个月,就下令逮捕《自由中国》发行人雷震,同时逮捕主编傅正、经理马之辅、会计刘子英三人,罪名是"煽动叛乱",四人分别被判处徒刑10年、12年、7年和5年。

9月13日,美国西海岸记者访问蒋介石时问及雷震被捕原因,蒋说:雷震发行的《自由中国》"刊登的文章,对'共匪'是有利的"。并说"已有'匪谍'在该刊幕后做活动,逮捕雷震当然是有法律依据的"。蒋介石还表示:"这件事与雷震筹组反对党的事无关,任何人可以自由地在台湾从事政治活动,但是绝对不可参加颠覆的活动。"

蒋介石这种栽赃于人与欲盖弥彰的说法,不仅不能为广大公正史学家所接受,就连台湾"监察院"也对此案提出不同意见。据时任"监察委员"的"青天"陶百川记载说:

"雷案发生当日,'立法委员'成舍我、胡秋原二先生和我旋即交换意见,一致认为依照警备总部发表的'罪状',雷震纵使涉嫌违犯普通刑法,但究未触犯惩治叛乱条例,从而不应被认为叛乱而受军事审判。"

"监察院"陈翰珍等六人向院会提案指责雷案"诸多不合",请派员调查,后经"司法委员会"推黄宝实、金越光、陈庆华、刘永济和陶百川等五人调查处理。

五人调查小组首先向主管方面提出面晤四被告,作当面查询,但此要求未被最高当局所接受。拒绝的理由非常简单:"没有蒋总统之指示,他们不敢做主。"

拒绝监察委员面晤被告,显系违反了"国府"公布的"监察法"第26条"监察院为行使监察职权,得由监察委员持监察证或派员持调查证,赴各机关、部队、公私团体调查档案及其他有关文件,各机关部队或团体主管人员及其他关系人员不得拒绝"之规定;于是,五人调查小组坚持声称维护"五权宪法"的"监察权",认为面晤四被告是军事法庭审判"雷案"有无违法失职的关键所在,故仍坚持面晤四被告要求。后经国民党"党政联络小组"奔走,终于允许调查刘、傅、马三人,但仍不允许调查"主犯"雷震。至此,五人小组只好屈服于上命。经五人调查结果表明:"警备总部等机关处理雷案颇多不合或失当之处",此案有"若干瑕疵"。五人小组建议把审判违法事项向"行政院"提出纠正案。但纠正案呈递上去就了无下文。

这样,一场文字狱制成,蒋"总统"为之释然,台湾真的安静了,剩下只有喊"蒋总统万岁"的声音了。

7.严家淦组阁,蒋经国做了"国防部长"

随着蒋介石年岁的增长,传位于子的愿望越来越迫切。亲美的吴国桢、孙立人、雷震虽然被清除了,但阻碍蒋经国接班的障碍依然存在,这一障碍便是陈诚势力。

陈诚之所以深得蒋介石信任,是因为蒋介石用人严守传统亲谊观念,所用的不是黄埔系,就是同乡。陈诚不仅具有这双重身份,对蒋介石绝对忠诚,且他不贪污、家教严谨。这两点就国民党在大陆时代及迁台初期的官僚而观,百中不得其一,正因为如此,陈诚官运亨通,先是出任台湾省"主席",后由他组"阁",出掌"行政院"。1954年3月召开的"国大"一届二次会议上,由蒋介石保举当上了"副总统"。1957年国民党"八大"召开时,又由蒋介石提名,陈诚出任国民党副总裁,同时仍兼"副总统"、"行政院长"等要职。1960年陈诚再度当选"副总统"。陈诚在当时台湾的地位,真可谓一人之下万人之上,红透半边天。港台舆论盛传陈诚将接蒋介石的班。

但是,陈诚也不是一个不想"接班"的人,而是经历一番较量之后,自行退下的。蒋、陈双方在下述问题上发生了"摩擦"。

首先是建立"青年救国团"之争。国民党退台之初,陈诚与蒋经国出于维护自身利益的考虑,曾联手打击、排挤异己。当陈、蒋势力稍具规模之后,便互不相让,争权夺势,使台湾政坛一天不得安宁。1952年前后,蒋介石为实现传位于子的既定方针,重拾三青团的老计策,筹组"救国团",想在国民党老机器之外造一个以蒋经国为中心的"小国民党",不仅使其子得到锻炼,而且使其不断渗入国民党各个机构,以便将来全面控制国民党。蒋介石的"救国团"计划不但遭到《自由中国》的反对,蒋夫人派的吴国桢,甚至国民党内老右派也表示反对。其中陈诚以三青团创始者反对得最厉害。他的理由是:应记取在抗战胜利后国民党内分裂为党团两大势力,不顾党之将亡,恶斗不休,搞得天下大乱的教训,不要再为个人势力的成长而另外弄一个"小国民党"。双方争论许久不得要领,后来蒋介石派其心腹张其昀前来说服陈诚,但陈诚仍坚持原主张不让步,其结果蒋介石干脆硬派陈诚前去主持"救国团"成立仪式,才使这一争论暂告一段落。

其次,陈诚又与蒋氏父子发生人事安排之争。按照"宪法"规定,行政大权应操于"行政院长"之手,"总统"是个虚衔。蒋介石当"总统"当然不准此种现象存在,因此订立"临时条款",赋予"总统"紧急处分权。但纵使有此规定,"总统"仍对一般行政无法指挥,这就造成陈诚与蒋介石之间的紧张关系。陈诚初次组"阁"时,外界就曾盛传"内阁"人事任用问题失和。俞鸿钧遭弹劾后,国民党内再度酝酿由"政治强人"陈诚重新组"阁",才能平息政潮的看法。与此同时,陈诚接到了蒋介石令他重新组"阁"的任命状。他的再度组"阁"本身就已显露出"功高震主"的迹象。组"阁"时,在"教育部长"人选上蒋、陈再度发生"摩擦"。俞鸿钧"内阁"时的"教育部长"是蒋介石的同乡张其昀,蒋希望陈诚组"阁"时仍聘用张。但陈诚不肯,蒋甚至与张亲自去见陈诚,但陈诚认为"教育部长"必须德高望重,而此一职务最好由曾任清华大学校长的梅贻琦出任。梅原本坚持不做官,后

蒋介石与陈诚（后排右二）接见来访的美国客人

经王世杰的多次说服梅才答应。经此周折，蒋、陈矛盾进一步加深。

　　1960年，蒋介石要再度连任"总统"之争，把蒋陈矛盾推向了高潮。在蒋介石再度连任"总统"问题上，《自由中国》反对最为激烈，许多知名人士对雷震等人的观点也表示支持。而这些人多与陈诚关系密切，所以拥蒋的人认为陈诚与《自由中国》串通一气，阻止蒋介石连任。此种说法虽然有些牵强，但又不能说一点道理没有。陈诚极力谋取知识界的好感，其目的也在为日后传承准备。其间，1960年陈诚过生日，曾和文化名人胡适、蒋梦麟、梅贻琦、王世杰等四人南下旅行庆祝。此事经香港的《新闻天地》报道，形容为现代的"汉惠帝与商山四皓"。此时，陈诚以为按照"宪法"的规定，长期为"副总统"的他可以直升为"总统"，然而当"临时条款"赋予"戡乱时期""总统"无限期连任机会之后，陈诚在接班之战上打了一个大败仗。

　　蒋介石再度当选"总统"后，虽再度授命陈诚组"阁"，但陈诚已心灰意冷，并于1963年因病请辞"行政院长"职。蒋介石既想传位于子，但又冠冕堂皇，故不准陈诚辞职，而给假休养一个月，其职由"副院长"王云五暂代。一月假期届满之后，蒋又准假两月。后因9月中旬台北发生风灾，陈诚结束休假，勉强视事，但未打消辞意。同年11月，国民党"九大"召开之际，蒋介石在会上提出"提拔新进"，实则在逼陈诚交权。陈诚很乖巧，再度提出辞职问题，蒋答应了他的要求，并推严家淦继任"行政院长"。

　　对于陈诚辞职，外界评论颇多。陈诚自己称：

　　　　近半年来，本人健康不佳，时感疲乏，迭向"总统"请辞。这并非逃避责任，而是恐怕有疏职守。但屡次均蒙恩切慰留，给假休养。……近两月来，健康尚未恢复，医嘱仍须休养，因又请求辞职，如蒙批准。……希望在健康之后，能继续以有生之年，全力报效国家。

　　陈诚虽因健康问题辞职，但其内心仍不甘心，所以仍图东山再起。香港亲台报纸也称陈辞职是因 "劳瘁"；美联社电讯称陈诚下台另有原因；后写作《蒋经国传》的江南称陈诚"上焉者，处处要请示蒋先生，下焉者，要和经国低头"；"陈军人本质，一向发号施令，且以果断闻名，处此尴尬境遇，内心苦闷，盖可想及"。香港《联合评论》1964年4月22日刊载一篇题为《陈诚被迫辞职的经过补述》的文章，称：

　　　　众所周知，陈诚是蒋介石最亲信的人，他在政治上的地位，可以说，也是蒋一手扶植的。可是，自蒋经国的势力逐渐扩张后，陈诚的地位就开始动摇了。尤其是三任"总统"非法连任以后蒋介石对陈诚也颇疑忌。

虽然陈诚被迫辞职的主要原因，是因为与蒋介石传子策略的冲突而导致了蒋介石断然准许他辞职，但也有若干近因。首先是，1963年有一架飞机飞往大陆投向中共，美国人曾有责难。蒋介石在国民党中央常会上提出此事，"参谋总长"彭孟缉认为是由于军队的待遇太过菲薄所致，蒋即指示应增加军人待遇。陈诚却反对说："一旦增加军人待遇，则文官的待遇势必随之增加，政府实无此财力。"

这时，张其昀、谷正纲也主张增加军人待遇，陈诚很不高兴，认为他们有意和他为难，反问他们："从何处筹钱，这样说话是不负责任的。"

蒋即拂袖而退，陈也声言将辞职不干，中央常会也就不欢而散。

稍后，蒋介石为了要任命蒋经国的人做"国防后勤部长"，准备将原任部长石觉调任"交通部长"，陈诚说："现任交通部长沈怡的政声甚佳，不宜更动。"他表示不动其职，但是，蒋却又将石改派为"考试院铨叙部长"，但是他对陈诚如此不服从指示，深为不满。

随后，"行政院"酝酿局部改组，陈诚拟以张厉生为副院长，陈雪屏为教育部长，并准备将沈昌焕及"司法行政部长"郑彦棻、"经济部长"杨继增免职。而蒋经国却要以邓传楷为"教育部长"，并维护郑彦棻，蒋介石和宋美龄也维护沈昌焕，陈诚则认为沈非去不可，又在行政院会议席上，对沈大加指责，沈昌焕因为有蒋家父子及宋美龄三人的宠信，也反唇相讥，陈诚一怒而离席而去。结果，行政院会议几乎无法结束，最后，政务委员余井塘以和事佬的姿态出来打圆场，才草草了事。

陈诚离开行政院后，余怒未息，即向蒋当面报告经过，并表示辞职不干。他以为这可以迫使蒋同意将沈昌焕撤换，然而，他不料蒋介石却顺势说道："你太辛苦了，休息一下也好。"

随即，他把此前陈诚因病请辞的一件旧呈文取出，在上面批了："准予辞职。"然后，用"总统府"的正式公文发回"行政院"，于是陈诚不得不辞职了。

随即，严家淦出任"行政院长"，重组新阁。

严家淦,字静波,又名属水,1905年10月23日出生于江苏省吴县一个书香门第之家。他自幼聪颖过人,4岁即会吟诗。1922年入上海圣约翰大学攻读化学,对数学也有浓厚的兴趣, 后校方允许他攻读数学课程, 成为校内为数不多的双学位毕业生。1926年, 严家淦大学毕业后曾到上海德商西门子洋行任职后出任京沪、沪杭甬铁路管理局材料处处长。1938年任福建省建设厅长,旋即调任省财厅长。任内严首创田赋征实制度, 此举为蒋介石赏

严 家 淦

识,遂向全国推行。1945年12月,调任台湾行政长官公署交通处长、财政处长,兼台湾银行董事长等职。

不久又受命筹组"行政院美援运用委员会"副主任,转任"财政部长"。1954年,严出任台湾省主席。60年代初,陈诚重病缠身,在蒋的暗示下提出辞去"行政院长"职。对于新"院长"人选,陈诚曾向蒋推荐张厉生,因张曾任过"行政院"副院长。蒋介石表示可以考虑,但蒋经国得知此事后坚决反对,在儿子的建议下,严家淦出任"行政院长"一职。严家淦在国民党内的资历是小字辈, 他1952年当选为国民党中央委员。蒋经国之所以举荐严,是因他与严在"辅导会"合作期间配合较好。蒋介石独具慧眼,推举"政界新秀"严家淦,是因为严具有他人很难具备的长处。什么长处?

台湾《联合报》在介绍严家淦的经历时说:"严先生平素对人谦和,治事严谨",当某一件事发生争执时,心里记得八个字:"退一步想,易地而处。"另外,严家淦还有一个长处,就是没有野心,没有自己的班底、党羽,

更不具才干。在政客角逐场上，对任何人都不构成威胁。

严家淦身上的这些长处，正好代替身上有疾病的陈诚，蒋介石为儿子选到一个新的陪衬人物。

严家淦组阁，第一件要办的事，就是任命蒋经国为台湾"国防部"副部长。国防部长俞大维，不仅是个数学家，而且是蒋介石的儿女亲家，他有过颈部淋巴腺肿癌经历，每年都要离台赴美进行一个月的放疗。蒋经国

蒋经国自前任"国防部长"俞大维手中接过印信

"国防部"就任后，俞大维以"身体状况不佳"为由，几乎将一切要务均交付蒋经国办理，而且他赴美检查身体逗留的时间，也有意无意地延长。蒋经国拍板决定的事，俞大维在事后没有

不认同的。第二年，俞大维审度情势，又直接向"行政院"院长严家淦转呈蒋介石"恳辞""国防部"部长职务，并推荐副部长蒋经国自代。1965年1月13日，蒋介石正式发布命令，把蒋经国扶正。蒋介石的这般安排可谓是苦心一片。

陈诚为蒋家小朝廷效尽犬马之劳，到头来却被爱子胜于爱国的蒋介石踢出权力场。1965年3月2日，台湾中央社播发了陈诚病危的公告，称：

> "陈诚副总统"曾因十二指肠溃疡，而于民国三十七年于上海施行手术，在手术时发现肝脏有中等度硬化现象。后"副总统"食量突呈异常之增加，发生持续性病变、疲乏以及出汗诸症状，但尚无肝病之症状，后又发生肝脏肿大，增殖甚速，经施行肝脏穿刺

术,获得小片肝组织做显微镜检查,其结果仍支持肝癌之诊断。

在陈诚病危期间,曾延请名医诊治,但妙手也无法挽救陈诚的生命。3月3日,陈诚已经不能进食,他摒退医师、护士之后,召长子陈履安至身前,口授遗言三条:

(一)希望同志们一心一德,在总裁领导之下,完成国民革命大业;

(二)不要消极,地不分东西南北,人不分男女老幼,全国军民,共此患难;

(三)党存俱存,务求内部团结,前途大有可为。

3月5日下午7时零5分,陈诚病逝台北,他的夫人谭祥、长公子陈履安、六公子陈履洁、长女陈幸、孙子陈平等均服侍在侧。当陈诚病逝那天,蒋经国整日侍候在侧,茶饭不进。在陈的遗体旁,他曾对记者沉重地说:"'副总统'的逝世,对党国来说,是一件无可比拟的重大损失;对我个人来说,乃是失去了一位追随近三十年的导师。"

同日,蒋介石发布"总统令",特派张群、严家淦、何应钦等人组成治丧委员会,自3月6日起,党、政机关、部队、学校、团体等,一律下半旗10日致哀。三军为陈诚服丧。

公祭之日,蒋经国最早到达灵堂。蒋介石偕宋美龄率"总统府"官员前往主祭。大殓之时,200名礼兵,肃立灵堂内外,六名陆海空军上尉军官护灵,一位中校任行仪官,两位中校军官覆盖党旗、"国旗"。当棺盖盖上时,19响礼炮每隔15分钟鸣响一次,整个台北市民在听到炮声时须肃立,街上所有车辆也须停驶致哀。

陈诚病逝,对蒋氏父子而言既悲且喜。悲的是从此蒋家又少了一位"忠臣",喜的是因为蒋经国接班道路上的障碍终于自然消除,再也不用为传子部署大伤脑筋了。

第八章 蒋经国接班

1.大选前夕,蒋纬国因为兵变失宠

在建立家天下的传承路上,对于蒋经国、蒋纬国两兄弟,蒋介石开始并没有亲疏厚薄之分,而是同样寄予厚望,刻意栽培。蒋介石为他们规划的未来是"一文一武,经天纬地",事实上,也基本上是按此安排他们的人生之旅的。则由蒋经国去苏联学政治,蒋纬国赴德国习军事,蒋介石曾设想:到了晚年,蒋经国父业子继,接任"总统",蒋纬国以上将"监国",文武异途,一个主政,一个主军。

然而,蒋介石后来却改变了这一初衷。其原因为:他虽也曾接受过基督教的洗礼,但是朱熹、王阳明、曾国藩等这些偶像人物所灌输给他的"正统"观念早已是"百毒不侵"。一直身份不明的蒋纬国"可爱"亦"可教",但是,终究一直附侍在侧顺境而行,缺少多方面的历练,性格外露而不坚毅, 不堪以大任;而蒋经国虽一度失和于蒋介石, 却毕竟是血亲之子,且多年独闯天下,逆境磨砺,气度沉稳而胸襟开阔,为人处世颇有乃父之风。所以,当抗战初年,蒋经国、蒋纬国先后从国外归来后,蒋介石在"孰重孰轻"的问题上,如果还不能说有十分明确的倾向性态度,对两兄弟都是悉心培植的话,那么,偏安台湾后,他却把蒋经国有意培养为"接班人"了,他开始在党、政、军系统全面扶持蒋经国出掌实权,而蒋纬国的发展则被固限在军界。

1950年,台湾国民党装甲兵司令徐庭瑶退役,蒋纬国以少将军衔代理装甲兵司令之职。1953年,蒋纬国暂离装甲兵随"国防部"作战次长徐培根赴美入陆军指挥参谋学院正规班及防空学校飞弹班研修,1954年秋返台后奉调为"国防部"少将高级参谋。自1955年1月起,他在"参谋本部"历任第三厅数届副厅长。1958年4月1日,出任国防部第五厅少将;同年8月,"国防部"改组,第五厅裁撤,蒋纬国再度被调回装甲兵部队任司令,连续两届留延,直至1963年,奉调离开装甲兵部队,出任陆军指挥参谋大学校长。其间,命蒋纬国在1961年45岁之龄才晋升为陆军中将。至此,蒋纬国在少将军衔上已干了整整12

20世纪50年代初蒋经国夫妇与蒋纬国夫妇合影。小孩为蒋孝武

年,而其兄蒋经国早在1950年41岁出任"国防部总政治部"主任之时编阶已是三星二级上将。泾渭何其分明!终于,1964年"湖口兵变"的突发,把蒋纬国的政治生涯推入了一个转折点。

1964年1月21日上午10时左右,台湾"国防部"装甲兵副司令赵志华在湖口装甲基地,主持例行的装甲第1师的战备检查时,突然,他临场发表演说,发表令人意想不到的言辞。主要内容为:

(一)国际形势不利于台湾当局,世界各国争相讨好中共,外交有陷于孤立的危机,当局官员没有处理外交的能力,竟有人提倡"两个中国"的论调国。

（二）高级军事将领，只顾自己生活享受，不顾部队生活。身为"总统府"参军长的周至柔，养的狼狗每月吃的东西比一个连的伙食费还多。社会上进行的"台湾小姐"的选拔，无异鼓动奢靡生活，也沦为高官子弟追逐的对象。

（三）装甲部队是"国军"精锐，也曾是戍守台北市的"御林军"，理应挺身而出。

赵"副司令"在台上满怀激情演说，台下人却一个个听得瞠目结舌。赵志华见反应冷漠，又高喊"谁敢跟我去？"还是没有回音。他又掏出手枪，对空开了两枪，再叫："谁敢跟我去？"

台下终于有了反应了，先是一位老士官走出队列，高喊："副司令说得对，我跟你一起去！"

随后，一位军内特务、政工少尉张民善也走上讲台，表示愿意追随"副司令"，以接近赵志华。就在赵志华表扬二人的同时，张民善一把抱住赵志华，一边高喊："抓起来。"

结果，大家蜂拥而上，捉手的捉手，抓脚的抓脚，一起把赵制服。然后，操场上的部队官兵在"师长"徐美雄的指挥下，开回各自营区。

赵志华被抓时，湖口基地外面已经是天翻地覆，乱作一团。就在他历时一小时余的演讲之初，基地执勤人员闻声不对劲，就已逐级上报。当装甲兵谋反的消息传到参谋总部时，参谋总长彭孟缉、陆军总司令刘安祺不在台北，蒋经国在接到报告后，立即下令："湖口以北的陆军及装甲兵进入各自临时阵地，随时准备狙击任何北上的坦克和装甲车。如狙击不成，则炸毁台北市西、南面的'中兴''中正''台北'等大桥，以确保台北市乃至'国府''总统府'的安全；同时命令桃园、台中机场的空军机群进入战备状态，随时准备配合陆军阻止叛军。"

因为"装甲兵总司令"郭东旸不在清泉岗总部，蒋经国又命令参谋长金仲原和政战主任武宦宏坐镇,并由前装甲兵总司令、现陆军指挥参谋大学校长蒋纬国负责联系和协调。

　　然而,两个小时过后,准确消息传来:仅是赵志华一人口头兵变,而非装甲兵谋叛,没有形成武装冲突。于是,事态很快平息。

　　这就是震惊台岛的"湖口兵变"。赵志华事变算不算政变呢?他又如何牵涉到蒋纬国呢?

　　"赵氏演说"是武装兵变吗?赵志华被捕后,并未依"军事刑法"规定的"叛乱罪"起诉,而是以违反军纪案处理。他如果真是要率领装甲兵叛乱,必死无疑,可最后定为无期徒刑,14年后保外就医,1982年病故,其妻子及女儿早已获准移居美国。以上处理结果说明不是兵变。1988年3月间,蒋纬国在其兄蒋经国死后仅两月,就在一次台湾大学举行的国际学术会议上公开说:"湖口兵变,绝非事实,全是外界讹传,不足采信。"

　　非"兵变",那是什么呢?据当时在场的一位"将军"说:"所谓'湖口兵变',根本谈不上是有计划、有预谋的'兵变',仅是赵志华将军的个人事件。"

　　赵志华为中央军官学校十期生,后又到美国西点军校专攻装甲作战,抗战时参加驻印远征军作战,编入新1军装甲团,抗战胜利后被蒋纬国收编到装甲兵部。淮海大战时已经官至上校,被中共方面俘虏。1949年4月间,他逃到香港转台湾。找到老长官蒋纬国以后,又官复原职,出任装甲旅上校旅长。

　　在逃台初期的军队整编中,装甲兵编为2师4旅。经蒋纬国直接向蒋介石保荐,赵志华升为装甲第1师师长,兵变前,赵志华已经是装甲兵少将副司令。他当第1师师长时,治军严格,管理有方,多次受到台湾军事当局的嘉奖,一度被任过装甲兵总司令的胡忻曾夸奖:"赵志华是深得蒋纬国将军的真传。"

　　赵志华是东北人,为人耿直,说话坦率,对国民党内尤其是上层的堕落,对社会上尤其是官场的腐败,深有感受。他平时积怨甚多,终于导致发表批评时政,在装备检查时呼吁装甲兵责无旁贷地站出来"清君侧"与"肃腐败"。入狱后,赵志华又给蒋纬国写了《万言书》,列举出部队伙食差、高级将领生活奢靡、人事升迁浮滥、选拔"台湾小姐"等时弊,把"一二一讲话"系统化、具体化,申诉情绪激昂。这要说赵志华煽动造反、预谋叛乱,是不合事宜的。他完全是出于对蒋家王朝的忠诚,是为了尽可能地减少国民党的恶习。

蒋介石在看到《万言书》之后,认为赵志华只是基于一时之激愤,并无明显的叛乱意图,所言又充满效忠之情,于是,从枪口之下救了赵志华一命。然而,他并没有宽容赵志华的鲁莽行为,为了堵截此类事再发生,防止像赵这类人出现,特把赵交军法部门判处了无期徒刑。

赵志华身居高位,官阶不低,为何干此类既无成功把握又有杀头之险的政治游戏呢?综合起来说,不外乎有以下原因:一是升迁不成,如他昔日的部属郭东旸在1963年1月蒋纬国离开装甲兵总部后,接任装甲兵司令。赵副司令当然不服气;二是买住房向官方借钱未准,有怨气;三是郭东旸并不把这个"老副司令"放在眼里,赵志华虽为"副司令",可实权全在郭手中,心中难免有不满之情;四是对上层腐败看法甚多,不吐不快;五是他过高估计自己在旧部装1师中的影响,以为只要振臂一呼,就会追随成群,坦克、装甲车就会浩浩荡荡杀向台北,贪官污吏就会束手就擒。所以,在毫无组织准备、没有联系一兵一卒、也没有调查摸底的情况下,他临时地突然发表演说,进行煽动。可讲演刚完,自己也成为阶下囚。

"湖口兵变"严重牵涉到蒋纬国。这是因为他与装甲兵和赵志华的密切关系。

在台湾国民党的装甲兵发展史上,蒋纬国是个重要人物,曾一手完成了装甲部队逃台后的恢复、整编、发展工作。在"湖口兵变"前国民党退台15年,他当了10年的"装甲兵司令",大大超过了国民党军界各军事主官任期两年的规定。蒋纬国曾把"装甲兵"当做"第二生命"。

对于装甲兵,蒋介石感到很矛盾。从固守台湾的角度讲,坦克和装甲车无疑是一支反登陆、冲击登陆之初还无坚固防守力量的对方滩头阵地的最好的装备。同时,在其他军兵种或陆军部队出现叛乱时,装甲兵更是一支最快最有效的镇压力量。所以装甲兵被台湾军界和社会上称为"御林军"。可从内部哗变的角度讲,装甲兵又是一支最危险的力量。它不需要空军、海军那么多的后勤单位和复杂的技术、通讯设备,行军速度快,因此它的机动性极强,它不仅火力集中,杀伤力大,进攻性也极强,而且它自身具有相当的防御、保护能力,再加上机动性、进攻性极强,所以不像其他军种那样容易狙击和互相制约。尤其是台湾岛南北长约800公里,宽约300公里,坦克部队在昼夜间能横扫来回。如果装甲兵叛乱,台北当局将无法收场。

对这样一支装备1000辆各类杂牌坦克、装甲车的特殊部队,蒋介石无法放心,故让小儿子蒋纬国出任装甲兵司令,以保证装甲兵不出差错。尽管装甲兵归蒋家人管,但由于装甲兵总部设在台北,驻扎总部内的坦克、装甲车的炮口对着台北市,社会上关于装甲兵要造反的传闻一直不断。在1953年蒋纬国短期调离装甲兵总部时,装甲兵总部也由台北迁往台中。蒋介石这样做的目的,无非是在装甲兵如有异动时,台北方面能够为研究对策、实施应变措施、调兵遣将争取时间。"湖口兵变"时,则可看出蒋介石把装甲兵调出台北的"高明"之处;赵志华还在鼓动、演说之际,湖口通往100公里外的台北的所有路口、要地、桥梁都已被忠于蒋经国的部队所占

蒋纬国与父亲蒋介石

领。即使赵志华鼓动成功，率领坦克出营，即使能打到台北，那已是历经苦战、伤痕累累，也已事成强弩之末难以再战了。

蒋纬国以"总统"之子的身份，长期经营装甲兵，装甲兵部成了他一人独霸的势力范围，他人不敢染指。装甲兵内部的人事关系、军官晋升都是以"司令"为中心，唯蒋纬国的意志行事。鉴于这一现实，"湖口兵变"后，蒋经国直接指导装甲兵的清理、整顿，名为清除赵志华的影响和势力，实为把蒋纬国建立起来的势力范围一网打尽，装甲兵从此转到蒋经国的门下，蒋纬国和装甲兵的关系就此结束。

"湖口兵变"之前，蒋纬国除与装甲兵关系密切外，与赵志华的关系更亲密，两人合作长达二十余年，蒋纬国对这位西点军校毕业生的信任程度，远远超过对黄埔系、中央军校系学生的信任。赵志华在"总司令"的栽培下，稳且快地上升。特别是在1950年间，作为淮海战场上中共俘虏的他，能够到台湾官复装甲上校旅长，则完全是蒋纬国在起作用。唯一给两人友谊留下的遗憾，是1963年蒋纬国离开装甲兵总部时，在蒋介石、蒋经国精心安排下，赵志华没有能够成为蒋纬国的接班人，而是让郭东旸领先。湖口事发，蒋纬国不顾自己的困境，尽可能地为赵辩护，认为当事人行动属于莫名其妙的精神不正常行为，不必送军事法庭，关进精神病院即可。赵入狱后，蒋纬国经常去看望，亲自安排赵的妻室儿女赴美定居，安排赵保释出狱就医。赵病故后，身为台湾联勤总司令的蒋纬国还亲自出面料理丧事。

有以上两层"关系"，尽管蒋纬国离开装甲兵已经一年有余，但"子弟兵"闹事，作为"老长官"的他难逃其咎。"湖口兵变"发生，蒋纬国立即向国防部长俞大维自请处分。"俞部长"虽为蒋介石所信任的重臣，连任11年的国防部长可也不敢处分蒋纬国，只是上报蒋介石，由"总裁、总统"裁决。

由于宋美龄出面为蒋纬国后援，蒋介石没有公开处分蒋纬国，而且也缘宋美龄的力保，主事者赵志华这位蒋纬国的老部下，由死刑改判为无期

蒋介石与宋美龄夫妇

徒刑,所牵涉的三十余位将领,也个个都在"原职待退"。但是,蒋纬国就此失信、失宠于蒋介石。

蒋介石决定剥夺蒋纬国的带兵权后,蒋纬国在蒋介石的最后10年间,实际的部队指挥权已不复存在,只能是拿着笔杆教鞭,在军校里纸上谈兵,并且一直得不到提升,在中将阶衔上一滞又是14年。

2.推举蒋经国做"总统"的人,自讨了个没趣

1966年3月,台湾又临到每六年一次的政治季节——开"国民大会","选举总统"。这虽完全是陈旧不堪的老戏重演;但既是演戏,就要往逼真了演。大会开场,国民党中常委首先登场开会,议题是"内定人选"。

3月6日,召开国民党九届三中全会,蒋介石到会讲话,中心意思是:此次召开第四届"国民代表大会",党要尽一切可能提拔新进,党国中兴,以人才为第一。然后,蒋介石又"恳切"期望中央另行考虑"总统"候选人的人选,让他专心负责党务和军事。

3月12日,蒋介石设宴招待全体"国大代表",即席讲了下面一段话:

> 我本来希望国民党同志不要提名我为候选人,因为才德兼备,对国家人民有贡献的老同志很多。但是,最后大家仍然推我,我感到很惶恐。我今年已经80岁,再连一任,还不能反攻,怎对得起国家?此次国民大会,乃是反攻前的最后一次会议,我们必须把握时局发展的枢纽,俾完成历史的使命。此外,我本来希望民、青两党亦能提出"总统"、"副总统"候选人,可是他们很客气。一党提名,未始不是一种缺憾。

蒋介石这番表白,可以说是欲盖弥彰。

1966年3月蒋氏父子参观美国勇往号航空母舰

　　然而,这时有台岛在野党之称的民社党、青年党两党,宁愿叫蒋介石"感到缺憾",也不提出本党的"总统"候选人,很有"自知之明"地从国民党中推举"总统人选"。

　　其中,一位民社党的代表听到蒋介石号召"提拔新进"的讲话精神后,自以为看透了蒋介石的心思,这次宴会一结束,他就发起代表签名运动,推举蒋经国为"副总统"候选人,谁知正当他蹦蹦跳跳干得起劲时,却被"有关方面劝止"。结果他自讨了个没趣。

　　于是,那些有头脑的"国代"观察形势,知道推举蒋经国还不到时候,押严家淦的注十拿九稳。于是大家纷纷提名,结果候选人只严先生一人,别无对手。这样看似严家淦可以稳做"副总统"了!然而进行选举时却出现险胜的镜头。总选票为1416张,严先生仅得782张,废票竟占634张,好险!选举差点作废!毫无疑问,"反对派就在党内"。

　　这时,蒋介石已行年80,他知道上帝随时都可能把他召去,然而,他已经把儿子继承宝座的布局全部安排就绪。严家淦"副总统"兼行政院长,以蒋经国理想的替身出现在台湾政坛上，悄悄地推动着一个蒋经国的时代的来临。

此时，蒋经国掌握兵权，又是内阁中的政务委员，相当于"不管部"部长，国家的一些大事，蒋介石尽量让儿子承担，这对蒋经国也是个磨练，而蒋介石自己也可少操劳，多静养了。除去"党大""国大"等样的重要会议，或接见外国之首、重要官员的来访处，蒋介石深居简出，常住到台中的日月潭边，潜心研读孔、孟、朱熹、程颢、王阳明、陆九渊等人的哲学思想，不时对儿子点拨一下。

1968年4月15日是农历3月18日，这是蒋经国59岁的生日。4月14日，蒋介石从日月潭给儿子寄来一封信：

经儿：

　　明日为你五十晋九诞辰，明年即为花甲之年，应你公忙，未能同在一处相视，时用怀念。近日在潭上研究陆象山（九渊）与朱晦庵（熹）二先生学术同异之点，尤其对其"无极而太极"之说不同之意见……

以下信中蒋介石所讲的，全是他研究程朱与陆王两派哲学的体会和发现，实际仍是他过去所持的唯心主义的道德观，了无新论，这封信写得又很长又晦涩。然而，已经老得连握笔都困难的蒋介石为什么要写这么长的信呢？原来，他写这封信的目的就是希望儿子也和他一样，"用心穷究"儒学，"努力于道统的维护与发扬"，以"孔子格物致知诚意正心修身齐家治国平天下的政治哲学思想"，来"建立我的哲学基础"。

在信的最后，蒋介石教导儿子说：他一生最重视王阳明的学说，只要掌握这种学说，"此心有立，然后可以应天地万物之变也"，"自不致有今日人类之悲运、而大陆同胞，更无此空前浩劫之遭遇矣，吾人自当以补先哲之缺憾，则几矣，特书此以为尔寿也。"

蒋介石已让儿子掌握了权力，如今所关心的，就是教会儿子用什么哲学思想去"治国平天下"了。真可谓用心良苦。可是，父子毕竟是两代人，具有不同的阅历和学识，对具体问题必会有不同的观点。蒋经国并未像父亲那样崇信王阳明和曾国藩。

3.险遭车祸

1969年7月初，进入夏季以后，蒋介石和夫人宋美龄按照往年的惯例，准备从台北的士林官邸搬到阳明山官邸避暑。侍卫长孔令晟接到蒋介石要出行的通知后，立即通知有关部门在沿途布置了周密的警戒。

从台北的士林官邸沿着仰德大道可以直达阳明山，为了蒋介石避暑方便，台北市政府和阳明山管理局拨专款修建了这条高等级的公路。这条仰德大道是专为蒋介石修建的。它除了山势陡峭这一自然因素是无法改变的之外，堪称是当时台岛上最高级的一条公路。

这天下午，由几辆豪华轿车组成的车队离开了士林官邸，驶上了仰德大道，往阳明山官邸方向开去。

这是送蒋介石夫妇前去避暑的车队。

行驶在最前面的是一辆前导车，紧跟在前导车后面的是蒋氏夫妇乘坐的高级防弹轿车，再后面是两辆警卫车。由于路上车辆稀少，这支小型车队的速度很快，风驰电掣般离开了台北市区。当车队快速经过仰德大道岭头附近的一处弯道时，前导车司机发现前面有一部要下山的公路局的班车，停靠在前面的站牌下让乘客下车。前导车因为刚转弯，没有来得及观察到这辆公路班车后面的情况，就在这时，从公路班车的后面猛然冲出一辆吉普车，以发疯般的速度直向着车队冲了过来。前导车发现情况紧急，唯恐这辆吉普车会冲撞蒋介石的座车，也来不及通知后面的车队，前导车司机当即紧急刹车，准备拦截这辆吉普车。

就在这关键的一刹那间，紧跟在前导车后面的蒋介石专车司机猝不及防，根本来不及刹车，猛力撞在了前导车的车尾。后面的两辆警卫车司机反应还算敏捷，紧急刹车，这才没有发生追尾连撞。

在撞车的一瞬间，冲击力非常剧烈。蒋介石毫无防备，这时正手挂拐杖端坐在轿车的后排，突然一声金属撞击声，他还没有明白是怎么一回事，身体已飞了起来，狠狠地撞到了前排的防弹玻璃隔板上。强大的冲撞力把蒋介石的阴囊都撞肿了，两排假牙也从嘴里飞了出去。但蒋介石受伤最严重的地方还是胸部，由于胸部受到重撞，他的心脏受到严重伤害。

宋美龄坐在蒋介石的左侧，她受伤相对较轻，双腿撞到了玻璃板上，即时就痛入骨髓，厉声惨叫起来。

车祸发生后，现场一片混乱。大部分侍卫人员手忙脚乱地把蒋介石和宋美龄从座车上抬下来，小心翼翼地抬到后面的警

蒋介石夫妇的亲密生活

卫车上，飞速送往台北医疗条件最好的荣民总医院去救治；另有几个警卫人员则去追击那辆肇事的吉普车。但是，那辆吉普车压根儿就没有减速，早就一溜烟地逃之夭夭，跑得无影无踪了。

把蒋介石夫妇送到医院后，孔令晟急忙去向蒋经国报告。蒋经国立刻

到医院去看望父亲,在得知蒋介石和宋美龄没有生命危险后,才悬着的一颗心放了下来。随后,他向孔令晟和侍卫人员详细了解了车祸发生的经过。当蒋经国得知那辆肇事的吉普车片刻未停便逃跑的情况后,立即怀疑这是一起蓄意制造的车祸,目的是想暗害蒋介石。于是,他马上给台湾岛情报部门的警察和特务下达紧急命令:"搜捕肇事的吉普车,抓获驾车的人,查明事情真相!"

国民党联勤指挥部、宪兵司令部和警察局立即成立专案小组。随即,出动大批警察和特务进行紧急搜查,可是他们忙乎了多日,却连一点线索也没有找到。原来,当时侍卫人员的注意力大都集中到抢救蒋介石夫妇上去了,10多名侍卫人员谁也没有看清那辆吉普车的车牌号和驾车人的模样,只记得那是一辆军用吉普车。蒋经国十分恼火,他交代专案小组:"不管有多困难,就是把台湾岛翻个底朝天,也要查个水落石出。"

于是,蒋经国下令情报部门对台湾全岛的军用和民用吉普车进行拉网式的大排查,结果,还是未能找到那辆肇事车。正当他们苦于无法向蒋经国交差时,一位老探员出了个主意:"既然是军用吉普车,在出车时军方一定会有相应的记录,只要把那天外出的军用吉普车逐一登记,进行摸排,也许能够找到线索。"

这个办法还真有效,专案小组很快就找到了那辆肇事的吉普车和车主。

原来,这是一名陆军师长的专用吉普车。那天,这位师长参加完军事会议后,急急忙忙叫司机开车送他回家。国民党官兵在台湾岛上横行惯了,根本就不把警察放在眼里,经常在公路上开飞车。警察只要看到是"阿兵哥"开飞车,都躲得远远的,谁也不敢招惹他们。活该这位师长倒霉,当他的吉普车在仰德大道上狂奔飞驰时,恰巧与蒋介石的车队相撞。事情发生后,他虽然不知被撞车内坐的是何许人,但从轿车的豪华程度和气派上判断,车内坐的绝不是一般人,因此,他根本不敢停车,急急地逃逸了。后来,当他们听说被撞的是蒋介石时,更是吓得魂不附体,想尽一切办法隐瞒，但最后还是被查了出来。

蒋经国在反复核实这仅仅是一起意外车祸，而不是针对蒋介石的谋杀案后，才放下心来，最后下令以"伤害最高领袖罪"，给予这位少将师长以撤职查办处分。

蒋介石自从出了车祸后便开始疾病缠身。他十分恼恨地对前来探望他的一位老部下说："自从这次阳明山车祸事件之后，我的身体受到了很大的影响，不但腿不行了，身体也不行了。"

4.蒋经国遇刺，蒋介石大发脾气

蒋介石苦心地安排长子蒋经国接班，但是台湾的安危完全由美国人说了算。一旦失去美国的庇护，中共就可能要"解放台湾"，他的传子计划就是成功，也难保蒋家天下代代相传。

因此，蒋经国与美国搞好关系十分重要。

1970年春，在蒋介石的亲自安排下，蒋经国以"行政院"副院长身份访美，企图阻止美国与大陆方面的往来。在此之前，蒋经国有过四次访问美国的经历。这次是第五次访美。为此，蒋介石十分重视，特地精心作了安排。

4月4日，台湾"行政院"新闻局正式对外发布蒋经国访美消息。

16日，蒋经国带着"行政院"秘书长蒋彦士、"外交部"常务次长沈剑虹和"行政院"顾问温哈熊及副院长随从参谋钟湖滨，从台北松山机场乘坐专机出发，在日本东京停留一小时后直飞美国旧金山，并于美国时间当日九时二十分抵达。台湾驻美大使周书楷领着侨界、学界人士进行迎接。由此，蒋经国开始了美国的访问之旅。

在美国，蒋经国徜徉各地，开始了一连串的拜会活动，在华盛顿拜见了尼克松总统和军界人士。在台北的蒋介石每日都要阅读美国有关蒋经国访问的报道，关心之极。

然而,蒋经国在美国的访问并没有他想象的热烈和成功。随行的温哈熊十分恼怒地记录了访问中的一则花絮:

> 4月23日上午8时,经国先生以早餐招待我国驻华府各报记者后,驱车赴中情局拜访局长赫姆斯(Mr. Richard Helms),听取简报后共进午餐。下午4时30分周大使在双橡园举行酒会欢迎经国先生,参加人员冠盖云集。晚间经国先生假双橡园正式晚餐,宴请国务卿罗古斯、部长级与国会两党领袖共40人。此一宴会准备工作煞费周章,有些宾客原说要来,却又临时不能来;有些客人原已婉谢,却又临时说可以来,以致人数上下一直无法确定。好在有我和湖滨两颗弹性棋,客人都到我们则退,客人不够我们则补上去。最后席次尚有一个空缺,是我就补上去了。
>
> 晚宴时经国先生与罗吉斯国务卿分别致词,当罗氏说到当天是蒋副院长的61岁生日,请大家举杯向他道贺时,周大使竟突然站起来打断他说:"更正,是60岁(Correction, Sixty)!"当时的局面很窘,我恨不得有个地洞钻下去。其实,60岁或61岁有什么关系,周大使此举对主客双方而言,是既无必要也不礼貌。尔后罗吉斯国务卿从容不迫地微笑答称:"据我所知,是61岁。"[1]

蒋经国出访,居然摆下宴席却请不到客人,何其尴尬。别人不来赴宴,那是没办法的事情。谁知自家的堂堂大使也出丑,作出如此失礼且犯错的事儿。

然而,这还不是什么大事,更大的事故发生在次日。

按照温哈熊的口述,事情如下:

---

[1]温哈熊口述,刘凤翰访问,李郁青记录:《温哈熊先生访问记录》,台北"中央研究院"近代史研究所印行,第132—133页。

　　4月24日是一个令人永远难忘的日子。当我们结束华府访问后，随即搭乘美国空军专机飞纽约。由于专机座位有限，加上周大使、国务院礼宾司长、及安全人员等，于是湖滨只好改乘民航机前往，如此一来我便需要兼代他的职务。专机9时15分起飞，10时30分便抵达纽约拉瓜地亚机场之专用停机坪。下机后，经国先生与前来接机的侨领各界人士寒暄后，即驱车赴纽约最高级的毕耶尔大饭店（Hotel Pierre），进住第63楼的套房。中午经国先生安排出席美国远东工商协会约450人的午餐并演讲，地点在距毕耶尔大饭店只有三个街口的广场大饭店（Hotel Plaza）。经国先生原欲步行前往，但被我们劝阻，尔后由周书楷大使、驻纽约总领事俞国斌与我三人陪同乘车前往。

　　到达时，我们事先已获悉有台独分子二三十人在饭店前示威，但被拒马隔开。此时经国先生与周大使走在前面，俞总干事与我则走在后面。当经国先生走到广场饭店门口的旋转门时，突然有一人突破了拒马，自我的左后方奔到我前面，且开了一枪。其枪声虽小，但由于他在我的前面，我直觉感到不对，立刻从后面抓住他的衣领，此时在我左右两旁的美国便衣警探便对刺客各击一拳，他立刻倒下斜角压在我身上，我们两人同时倒地，我的手表与左鞋也都脱落。尔后我立刻爬起冲进转门，看到此时经国先生才刚走进去，我深怕他受伤，但事实上他一点也不知道有人行刺，因为子弹发射时，他刚好走进了旋转门。

　　之后我与其中一名警探立刻包围住经国先生，并保护他直赴宴会厅，而门外的刺客黄文雄已被另一警探制服，黄的亲戚郑自才从人丛中跑出来欲援救他，也被逮捕。我们上楼未几，警探将行刺的手枪拿来给经国先生看，那是一把意大利巴瑞达（Baretta）点二五口径的手枪，因为子弹发射时仅击中一片旋转门，正好那一刹那经国先生随着旋转门而转向，以致子弹并未击中经国先生,因而平安无事。

这是怎么回事儿呢?

原来蒋经国此行却被"台独"联盟侦知,不仅在他下榻的旅店组织人马示威,还派人暗杀他。这位混在人群中杀手黄文雄是从台湾来的,他开枪不成功后,随即被警察用警棍打伤、擒住,另一名杀手郑自才也被当场抓获。

此事传到台湾,当晚,蒋介石大为震怒,平时很少动肝火的他,拍着桌子骂人、训斥说:"随行的侍卫防范不严、失职!"

事实上,此事不过是有惊无险,也许算不上什么大事。温哈熊说:

> 尔后经国先生泰然自若,一切活动照常举行。消息传出后,很快地与会人士都知道了。待餐会结束时,他们均起立向经国先生致敬,掌声如雷,历久不断。餐会后回到旅舍,有关人员均在经国先生的套房客厅集合商议。由于我担任的是与国务院礼宾人员

蒋经国与随行人员在东京停留时合影(左二为温哈熊)

及纽约市警察局联络的工作，故在行刺案发生后没多久，我便立即与他们联络，他们给我的建议是："立即取消在纽约的一切活动次日清晨即飞离纽约，以策安全。"然而由于此间的全国电视、电台、与报纸立即报导此一消息，纽约销路最大的《每日新闻》也很快地以头条新闻登出，因此我回到套房客厅做的第一件事，就是拨长途电话让经国先生与他的夫人通话报平安。

蒋介石这才放下心。

谁知随后情治机关又报告说："依据情报研判，在蒋副院长返国途中，台独联盟将有一系列的狙击阴谋，尤其在到达台湾松山机场时最为关键。"

"咋办呀！"蒋介石非常焦急，连连跺脚。

情急之下，他下令侍卫长孔令晟："你去协调情治系统，必须严密保护副院长的安全，不能损伤一根毫毛。"

孔令晟紧急调集所有自己能调动的部队进行搜捕、戒备。

蒋介石和宋美龄在用餐

5月1日,蒋经国返回台湾时,蒋介石派党政军要员去台北机场迎接,连极少在台北露面的蒋方良,也出现在迎接人群中,并在侍卫森严的戒备下,当场与夫君拥抱。

这是孔令晟上任侍卫长后一次重大的警卫活动。事后,蒋家再下一代新秀——蒋经国的儿子蒋孝武找到孔令晟进行商讨,决定由孔令晟向蒋介石报告,请他以"元首重要家属"名义接受特别警卫系统的保护。

当孔令晟向蒋介石报告时,他十分同意,欣然接受了这个"十分中肯"的建议。

事隔几天后一个下午,蒋经国上山晋见老子后,突然来到孔令晟办公室,劈头就问:"你找我有事吗?"

孔令晟立即反应过来,把自己布设的特别警卫系统保护"元首重要家属"之事的前因后果详细进行了说明,并且还特别解释说:"这是合法的,我们同时也将严'副总统兼院长'的安全纳入同一系统。"

孔令晟为何如此又是"说明"又是"解释"的?原来他担心一贯在人前"公私分明"的蒋经国绝不会同意"总统"侍卫室来保护他这个"总统儿子",谁知蒋介石当即回答说:"好吧!照你刚才所说的去做。"

随后,孔令晟立即成立七海(蒋经国官邸)警情中心,由徐耀庭负责;又成立七海侍卫组,由吕宝福负责;所有侍卫人员由侍卫室、政工干校、陆军官校和警官学校选用,经过孔令晟亲自审定后才确定。对"副总统"严家淦的保护,以警官第二队为基础,由李连庚负责。

这样蒋介石侍卫室从侍从蒋介石夫妇又扩展到了侍从蒋氏全家族。严家淦只不过是跟着蒋经国沾了点光而已。

这个侍卫系统运转后,还真的救了蒋经国一命。

一天黄昏,蒋经国突然要独自爬七星山,并且还不让任何随扈跟从。谁知他此去后,直到天黑了,还不见他下山。吕宝福赶紧报告孔令晟。

"他为什么独自上山呢?"

吕宝福先不敢说。

孔令晟再次喝问。吕宝福悄声地说："我也不知道。有侍卫怀疑经国先生与哪位相好幽会，有侍卫说他是去独自散步。我也弄不清他到底去做什么。"

孔令晟"哦"了，转身马上下令侍卫室说："立刻启动紧急预案，动员警察、宪兵做地毯式的搜寻。"

警察和宪兵上山了，正在打着手电搜寻时，"总统"侍从医官陈耀翰十分紧张地跑了过来，对孔令晟说："不好不好！"

"说！"孔令晟一惊，"什么不好了？"

"经国先生患有糖尿病，没带任何药物或糖果，如果半夜12点以前还不找到他，让他服药，很可能会导致脑部受损。"

这可急煞了所有参与搜寻工作的人。

在午夜时分，宪警人员终于找到了蒋经国。原来他失足，跌下了一个小陡坡。经众人合力营救，才把他救起。

以后，孔令晟做了一条严格规定："经国先生的座车侍卫必须经常随身携带巧克力糖一盒（防止他的糖尿病发作），违者必定重罚。"

蒋介石闻讯，当面称赞孔令晟。

5.蒋介石肛门受伤，副官被蒋经国关押多年

俗话说福无双至、祸不单行。殊不知当初的车祸事件，只是蒋介石不幸的一个开端。

1971年11月，蒋介石来到了高雄澄清湖官邸休息。

这天中午，蒋介石突然想要入厕，于是依照惯例，叫当天值班的正班贴身副官钱如标随侍一旁。

经过上次车祸，蒋介石的身体已大不如以前那么健朗，大便时常有便秘情形，有时须借助甘油球来软化大便，才能完成整个排泄过程。蒋介石解手解了大半天，大概觉得肛门不适，就命令钱副官："拿甘油球为我润

一润。"

可这钱如标不知是没睡好觉，还是做事心不在焉，一连把两个甘油球插进了蒋介石的肛门，可还是解不出大便。蒋介石心里直犯嘀咕，立即通知侍卫："叫翁元上楼。"

值班侍卫急急忙忙跑去找蒋介石的贴身侍卫翁元，远远见着他就说："快！快！翁副官，老先生叫你去！"

翁元正是空班，在中区休息，根本不知是咋回事，就跟着侍卫跑去，三步并作两步，急急赶到蒋介石的洗手间。可他趋前一看，吓了一大跳：整个马桶全是鲜血！蒋介石也不知所措，见着翁元就焦急地说："你快点帮我看看，怎么回事？钱副官给我塞了两个甘油球到肛门里面，可大便还没解出来，你快看看！"

翁元低下身去，仔细打量他的肛门，发现钱副官刚塞的两个甘油球根本没塞到肛门，而是塞到肛门旁边的肌肉里去了，把肛门的肌肉都插破了。这岂有不流血的道理？

翁元见状，情知不妙，当机立断地对值班侍卫说："你立刻通知医官，赶快来做急救。"

值班医官很快就赶来了，一看就说："肛门的肌肉已被甘油侵蚀，开始溃烂了！"

可是折腾老大半天，血还是止不住，急得满头大汗。次日，侍卫室急电荣民总医院直肠外科主任杜圣楷前来诊治，才总算止住了流血。

蒋经国在台北，接到报告后也匆匆赶来高雄。到达官邸后，十分不高兴，拍着桌子骂孔令晟："你作为侍卫长，为何不立即向我报告？"

他把孔令晟骂了狗血淋头，还是非常不谅解，说："钱如标在哪里？"找着钱如标，就要动手打人揍他。儿子这么一弄，蒋介石也震怒了，似乎突然想起了什么，当即厉声对孔令晟说："你给我把他关起来！"

他说的这个"他"不是要打人的蒋经国，而是已经犯错的钱如标。蒋经国也转头对孔令晟喝道："把钱副官送军法审判！"

　　孔令晟尽管挨了蒋经国的骂,倒还是十分理智,隔了一会儿,见蒋介石消了一些气,于是上前来,轻声地报告说:"在官邸有个不错的禁闭室,可以暂时把他关在那里!"

　　蒋介石瞪着眼睛盯住他。孔令晟继续说:"我不是包庇他。这样做,事情才可以不致外泄,既达到处分的目的,又不会泄密,不是一举两得吗?"

　　蒋介石听他说得有道理,说:"就依你的计策行事。"

　　孔令晟立刻下命令:"把钱如标关押在禁闭室。"

　　孔令晟把钱如标关在禁闭室后,隔了好久,才向蒋经国、蒋纬国兄弟报告处理情况,但哥俩儿心中还是对孔令晟的做法相当的不高兴。

　　钱如标的粗心确实给蒋介石带来不少的痛苦。

蒋介石和孩子们在一起

因为肛门的肌肉是全身相当敏感的部分,若是溃烂,不但很难治,而且还特别疼痛难耐。在治疗时,每次医官为蒋介石上药,他都得咬紧牙关,不叫疼,连哼都不哼一声。因为受伤的部位在肛门,整整一个多月,蒋介石坐也不是,站也不是,就是躺在床上,也只能俯卧,夜晚睡觉也不能翻身。医生们整整治了一个多月,伤口才算慢慢痊愈。蒋介石活活地受了一个多月的皮肉之苦。

这不仅让蒋经国和蒋纬国兄弟大为恼火,就连平时最有修养的宋美龄,也不止一次地跑去禁闭室,对着钱如标责骂,甚至点着他的头说:"就是你这个钱副官,老先生的身体就是你给拖垮的!你这个罪魁祸首!"

由于成了蒋家的仇人,粗心大意的钱如标一关就是整整五年,即在官邸小小的禁闭室内过了五年牢狱生涯,直到蒋介石去世后,他的境遇才受到有关部门人士的同情,最后经多方求情,宋美龄才余怒未息地同意释放他。这是后话。

蒋介石这次肛门受伤,加上一年前的车祸,身体大受影响,以后一直不佳。

6.父亲推荐,儿子上任接班

1972年5月20日,蒋介石又因"无法推托和顺应民意",蝉联"第五届总统"。这时一切政事已不用他来考虑,他也不考虑了。这位新当选的"旧总统"正在思考着一个既现实又严峻的问题:自己年事已高,台湾危机重重,"外交"上一片昏天黑地,"内政"上到处政潮汹涌,应该把儿子蒋经国由后台推到前台了。

面对蒋介石一年比一年老,人生最后旅途的时间一天比一天缩短,国民党统治集团内部不少人比蒋介石还要着急,比蒋经国本人还要强烈,更希望蒋经国"组阁"。他们如此动作,并非是出自公心,也非是出自于对

"党国大业"的关心,而是为了防止在蒋介石如突然于第5届"总统"任期内去世后,自1963年12月起出任"行政院长"、1966年5月起兼任"副总统"的严家淦全盘控制国民党。

于是,87岁的原属西山会议派的国民党元老、曾任过"司法行政部长"的张知本,85岁的以"社会贤达"身份在抗战结束后被蒋介石延揽入阁、曾任"行政院副院长"和"财政部长"、并因主持金圆券改革失败而臭名远扬的王云五,在蒋介石的授意下以元老的资格任"国民大会代表",领衔发动1183名"国代",联名上书蒋介石,为蒋经国劝进。他们在上书文中称蒋经国:

> 志行高洁,器识宏通,气魄雄浑,襟怀谦冲,在以往数十年献身党国之奋斗中,凡所作为,皆有极卓越之成就。因此博得国际称誉……实乃当前主持政院之唯一最佳人选。在昔钧座谦抑为怀,未尽发挥其才猷,诚为国家之损失,今当面临空前之变局,宜有大开大阖之作风,不必有所瞻顾。

如此多的代表说出如此吹捧性的文章,本身就是不正常。于是,最能体察"蒋"意的严家淦。也主动上书蒋介石,表示要辞去已任九年余的行政院长职。5月11日,刚连任"副总统"的严家淦正式向蒋介石提出辞职书,辞去兼职"行政院长",集中精力当好"副总统",并推荐蒋经国"坚忍刚毅,有守有为",是"最理想之行政院长继任人选",也是"政府当前最适切亦需要之举措"。5月17日,国民党中央常委会召开专门会议,讨论新总统就职和内阁改组。"严副总统"又主动向国民党的最高决策机构成员表示辞去"行政院长",请求会议同意蒋经国继任。

会上,中常委员谷正纲、倪文亚、郭澄,列席会议的中央评议委员张群、孙科、田炯锦等相继发言,呼应严家淦的提议。当天中常会就作出决议:

　　蒋经国同志,忠纯宏毅,早岁经历地方行政,并从事中央党政,已著忱勤,近年主持国防建设,充沛三军战力,出任"行政院"副揆,从容肆应世局,而综缆财经,留心工农福祉,领导青年,培植国家新锐,尤深为国人所寄望与推重,当此大敌未靖之际,信如严家淦同志所推举,蒋经国同志确为今日主持国家行政最理想之人选,中央常委会谨一致吁请总裁不以内举之微嫌,废国家兴复之至计,允即召蒋经国同志出任"行政院长"。

　　这是蒋介石的拿手戏,自己想干又不便干的事,就让下属们自己去体会,去揣摩,最后让下属们再向他提出来,以示他自己的清正和廉洁。

　　5月20日,这是国民党政权"新总统"的就职日,按照惯例在新当选的"总统和副总统"宣誓就职后,与台湾所有的要员在"总统府"的检阅台上露面,接受广场上民众的"欢呼和祝贺",同时向全岛转播就职实况。谁知,当直播时摄像机的镜头对准"副总统"严家淦时,在电视机的屏幕上竟然出现一段不明不白、与典礼毫不相干的文字:"大哥不好了……",让人以为是严家淦的话,而被他这位"副总统"称为"大哥"的只有"总统"蒋介石。这就使人想起清朝末代皇帝溥仪登基时,摄政王载沣哄骗三岁宣统小皇帝在登基典礼别闹时所说的"快了,快了,快完了"的谶语,三年以后清王朝就被倾覆。电视台的错误,也在预言蒋介石很难度过新的六年任期,果然他在三年后病逝。

　　5月22日,中国国民党中央常务委员会正式通过"总裁决议案",提名蒋经国为"行政院长"。按照国民党"宪法"的规定,重要的任命,必须要有副署,有关院长拥有相应的副署权,"行政院长"的任命需要经过"立法院"通过和"立法院"长副署,这样"总统"的任命才能生效。

　　为此,蒋介石以"总统"名义,在给立法院推荐长子出任"行政院长":

　　　"行政院长"严家淦,恳请辞职,已勉循所请,予以照准。兹拟

1974年,蒋经国视察外岛马祖与当地百姓交谈

　　以蒋经国继任"行政院长",蒋员坚忍刚毅,有守有为,历任军政要职,于政治、军事、财经各项设施,多所建树,其于"行政院副院长"任内,襄助院长处理院务,贡献良多,以之任为"行政院院长",必能胜任愉快,爰引"宪法"第55条第一项之规定,提请贵院同意,以便任命。

　　众所周知,蒋经国的军政职务绝对不是因为他有足够的能力和靠自己的奋斗向上升迁的,他靠的是父亲的一手提拔。这时,蒋介石也不管什么中国传统文化中强调的谦虚、谦让的美德,赤裸裸地为儿子出台鸣锣开道。这位年过八旬的老人,为了自己的"江山"顺利传子,已顾不上什么名声和面子了。

　　5月26日,立法院举行全体会议,审议蒋经国的任职资格,与往日不同的是,大都已进入老年阶段、出任24年的"立法委员"竟然一个不缺,全部到会。会场上几乎没有其他的声音,除了极少数自以为能干,为蒋经国出谋划策以外,都是大唱特唱蒋经国的赞歌。最后,投票见分晓,到会的408名立法委员中,同意票有381张,反对票13张,空白票13张,未收回票1张,结果,蒋经国以获得93.38％的高票当选为"行政院长",创下"立法院"通过"行政院长"任命的最高得票记录。

至此,蒋经国的出任"行政院长"的手续已全部完成,6月1日,新院长蒋经国正式上任,成为自国民党开府南京以来继谭延闿、蒋中正、陈铭枢、孙科、汪兆铭、宋子文、孔祥熙、张群、翁文灏、何应钦、阎锡山、陈诚、俞鸿钧、严家淦之后的第15位"行政院长"。

一个蒋经国时代已经来临了。

7.蒋介石去世,蒋经国被责以"效死勿去"

在中国近现代史上,有志于传子的军阀不少,可成功的不多。想当年袁世凯骗过孙中山先生,篡位当上大总统,直至要做"洪宪皇帝",可天不假年,和祖上一样,不满60岁就一命呜呼。但在生前,他为能够传位于长子袁克定,进行过许多的安排和周密的设计,最后没有成功。如今蒋经国成功地继承父亲的衣钵和权力,蒋家王朝终于在第二代手中得到延续。

事至于此,当蒋介石的主要心事已经完成时,他的生命火花正在渐渐熄灭。

事实上,从1972年起,蒋介石就已经是重病缠身,无法正常处理公务了。按医生所嘱,本应辞职退休,所有大政要务要交由"副总统"代理。但是蒋介石为了给蒋经国留足时间,令其从容接班,对外严格保密他的病情。进入1975年,蒋介石已时时处于弥留状态了。

3月29日,蒋介石预感将不久于人世,便口授遗嘱。4月5日,清明节,蒋介石的病情急剧恶化,据医疗小组的报告指出:

腹部不适,同时小便量减少。医疗小组认为蒋公心脏功能欠佳,因之血液循环不畅,体内组织可能有积水现象,于是以少量之利尿剂,此使蒋公排出500CC之小便。下午4时许,小睡片刻。

4月5日,下午8时15分,病情恶化。医生发现老人脉搏又突然转慢,当即施行心脏按摩及人工呼吸,并注射药物等急救,一二分钟后,心脏跳动及呼吸即恢复正常。但四五分钟后,心脏又停止跳动,于是再施行心脏按摩、人工呼吸及药物急救,然而此次效果不佳,心脏虽尚时跳时停,呼吸终未恢复,须赖电击以中止不正常心律,脉搏、血压已不能测出。

至11时30分许,蒋公双目瞳孔已经放大,急救工作仍继续施

蒋介石在"总统"办公室

行，曾数次注入心脏刺激剂，最后乃应用电极直接刺入心肌，刺激心脏，但回天乏术。

蒋介石弥留之际，蒋经国一直随侍在侧。他的日记披露了丧父之伤痛：

> 5日，父亲于夜11时50分，病逝于士林官邸。儿痛不欲生。忆晨向父亲请安之时，父亲已起身坐于轮椅，见儿至，父亲面带笑容，儿心甚安。因儿已久未见父亲笑容矣。父亲并问及清明节以及张伯苓先生百岁诞辰之事。当儿辞退时，父嘱曰："你应好好多休息。"儿聆此言心中忽然有说不出的感触。谁知这就是对儿之最后叮咛。余竟日有不安之感。傍晚再探父病情形，似无变化，惟觉得烦躁。6时许，稍事休息。8时半三探父病，时已开始恶化，在睡眠中心脏微弱，开始停止呼吸，经数小时之急救无效。
>
> 父亲深夜逝世后，遗容安详，如在熟睡中。当时即告严"副总统"、"四院院长"及其他要员和家人来士林官邸瞻仰遗容，极尽悲哀，余头昏不支倒地跪哭。当孝仪要我在遗嘱上签名时，余手发抖写不成书。向长辈答礼时亦不记来者何人。

一代枭雄蒋介石病逝而去了。当晚，蒋经国与母宋美龄商量后，决定暂厝蒋介石的灵柩于台北市南60公里处的慈湖湖畔，以待来日"光复"大陆，再"奉安于南京紫金山"，以达成蒋介石的"心愿"。

4月9日，蒋介石遗体由荣民总医院移往国父纪念馆，蒋经国在日记中记下了蒋介石入殓棺木时的情景：

> 9日，到荣民总医院为父亲着衣，此乃最后一次为儿能为父亲所做身边之事。照例穿七条裤子、七件内衣，包括长袍马褂。遗体贴身包扎丝棉，黑袜、黑皮鞋，佩勋章，并以平时父亲喜读之

书：《三民主义》《圣经》《荒漠甘泉》和《唐诗》四部书，置于灵榇之中。另有毡帽、小帽各一顶，手套一副，手帕一方，手杖一支。此皆父亲平日常用之物也。

4月16日，是蒋介石的大殓之日，其灵柩由台北国父纪念馆移至桃园慈湖，安厝于蒋介石行馆正厅。在馆内的一个茶几上，放着他生前写的一张便条："能屈能伸"。

蒋介石之死，对于蒋经国而言，最沉重的打击莫过于精神支柱的崩摧。蒋介石是以自己的哲学思想和人生观来铸造蒋经国的思维与行为模式的。为培养蒋经国全面承继自己的衣钵，蒋介石可以说是倾注了毕生的心血，或家居庭训，或书牍诲勉，或公中督考，或默化潜移。蒋经国在《十年风木》中曾深有感触地讲：

> 自从我服务社会以来，年龄渐长，随侍父亲的时间较久，认识父亲的思想、精神、德业和襟怀也益深，自愧不能仰学千万一，但在有知之年，我就一直在父亲的慈爱、教诲、督责之中，父亲于我可以说是领袖、是慈父、是严师。

蒋介石的去世，使蒋经国顿失依傍。他在1975年4月29日的日记中写道：

> 吾父逝世，对国对民，已有所交代。苦为儿者，何德何能，乃须担负继起之重责，今日有功之党国元老，在台者甚多，经国何敢担当此任。望我父在天之灵助儿从事于艰苦的革命工作。

但是，蒋介石的病故，对于台湾社会的震动并不大，因为权力真空并未出现，新一代政治强人早已代父行事，执掌权柄，做好了一切接班的准备。

蒋介石去世次日,蒋经国曾向国民党中常会请辞"行政院长"一职,但是,当天,国民党中常会召开临时会议,作出两项"重大决议":

(一)"副总统"严家淦,根据"宪法"第49条规定继任蒋介石"总统"遗缺。

(二)对于蒋经国予以慰留,责以"效死勿去""衔哀受命,墨绖从事"。

蒋经国因父丧辞职应向新"总统"提出辞职,其实"行政院长"非国民党内职务,他们大权在握,这番辞职其实就是他"试探性"地"故作姿态"。

在蒋介石去世后,有人预测台岛政坛会出现民国初年的府院之争,然而,"总统"的继任者严家淦却无意与"太子"抗衡,蒋经国在国民党政权中的地位仍然举足轻重,蒋家王朝的命运并不会就此终结,在探明严家淦无意与己竞争后,蒋经国于是就安下心来了,"踏踏实实"地做"孝子",为乃父大办丧事了。蒋经国开动一切宣传机器,再一次将蒋介石的公共形象"神圣化",蒋介石的死被称做"崩殂",他的灵柩暂厝之处被称做"陵寝",并声言,清明节时的风雨雷电是"风云异色,天地同哀",不折不扣地把蒋介石当做了封建帝王。蒋经国在守灵期间,台湾报纸刊登了他的旧作《我的父亲》,并不时公布蒋介石给蒋经国的一些字幅。蒋经国还不断发表谈话,遍访党、政、军界要员,频繁接见社会各界人士和普通民众,利用蒋介石的"偶像"地位塑造自己的权威形象,显示自己的"正统性",并以"死人压活人",收服"先朝"的"元老"。

丧葬事毕,台湾国民党全体中央委员于4月28日召开会议,修改党章,推举蒋经国担任国民党中央主席,并决定"总裁"名义,永远保留给蒋介石。如同"总理"的名义永远保留给孙中山一样,至此,国民党党魁的称谓已三易其名。

这时,对蒋经国而言,唯一"碍手碍脚"的人便是有"母后"之尊的宋美龄了。虽然元老重臣们一致拥戴蒋经国,但"夫人"若有不同意见,这批人更乐于听从。蒋经国虽贵为主席,但每有重大决策,如果不同宋美龄商

武威军人形象的蒋介石成为了人们的记忆

量,在情面上总显得说不过去,而先与宋美龄商量,她同意倒还好办,若不同意便会使蒋经国为难。这种情景,自然使蒋经国难以忍受。

好在如此尴尬的局面拖得不长。9月17日——即蒋介石死后的第165天,宋美龄以治病为由,离台赴美。宋氏离台的内幕外人不得而知,亲蒋的刊物认为这是"夫人深明大义",有意"回避",以便"经儿"放手大干;或认为这是宋美龄悼夫心重,不愿再住在老地方触景伤情,故到美国去换换环境。但也有人推测,这是蒋经国的亲信向宋美龄施加了压力,有些"元老"也受托向宋美龄建议,请她离去。

宋氏离台后,除1976年回台参加了一次蒋介石的周年祭外,一直住在美国,不肯回台。像蒋经国就任"总统"、国民党"双十节"的七十大庆、国民党的"十一全""十二全"等重大活动,都曾请宋回台捧场,均被她婉拒。

宋美龄在美国的侍从,都是由蒋纬国挑选,蒋纬国在哥哥"继位"之后,仍备受冷落。

蒋氏父子

第九章 蒋经国把蒋家王朝画上了句号

1.严家淦适时而退,"蒋总统经国先生"正式登台

按照国民党政权结构,党政应为一元化,大权在党。身为国民党主席并兼任"行政院长"的蒋经国,便在蒋介石死后独揽了台湾的党政大权,刚刚"名正言顺"成为"总统"的严家淦不过是个摆设而已。对此,精谙为官之道的严家淦是有自知之明的,从不逾矩。

台湾有一则流传很广的"典故",颇能说明严家淦的"政治艺术"。有一天,"行政院长"蒋经国有一件事要亲自去找严家淦商量,于是先由"行政院"的秘书打电话给"总统府"的秘书:"蒋院长有事想到总统府看'总统',请你向'总统'请示一下,过半小时'总统'有没有时间接见'蒋院长'?"

严家淦的秘书说:"我马上去请示'总统'立刻给你回电话。"

过不久,严家淦的秘书打电话到"行政院":"'总统'说他有事要出去!"

"行政院"的秘书听到这一句先是一愕,接着听下去就完全不同了:"'总统'说他出去后会顺道到'行政院'看'蒋院长'的,时间最多也是半小时,请转达'蒋院长'。"

严家淦类此"政治艺术"的运用,自使蒋经国对他更加"尊重"了。

严家淦在担任台岛总统的三年中,除了扮演"宪法"上的"国家元首"角色外,对于重大决策,一切依蒋经国之命办事,而掌有实权的蒋经国则刻意保持低调的谨慎姿态,双方配合却也十分的默契。

在蒋经国出任"行政院长"之际,恰值台湾国民党政权再次处于内外交困而风雨飘摇的危难之境,尤其是外交上,经历着一场迁台后前所未有的"大地震"。

美国的支持和援助,一向是台湾国民党政权得以维持的至关重要的外部条件。1953年、1963年、1965年、1969年、1970年蒋经国曾五度访美,强化同盟关系。但是自尼克松入主白宫之后,美、台关系急剧逆转。第26届联合国大会驱逐台湾"中华民国"代表,恢复中华人民共和国合法席位;基辛格、尼克松相继访华,发表《上海联合公报》;以及随之而来的西方各国纷纷与台湾当局断交。这一连串的打击,使得台湾国民党政权在国际上陷入空前孤立的绝境。

同时,在台湾岛内,由于长时期的"蒋氏家天下"政治高压的独裁统治,民主运动持续不竭,风起云涌。虽然蒋经国屡施铁腕,刑柏杨、禁李敖,迫使不同政见的知识分子缄口,但毕竟防不胜防。蒋经国为了改变自己在民间形成的"恐怖人物"形象,一度也曾以官方蓄意制造的"青年导师"面目出现,在20世纪70年代初刻意营建出一个鼓励知识分子"参议国事"的所谓"台湾之春"的宽松气氛。不期然,"开口成川",蒋经国引火烧身,舆论批评竟直指蒋家小朝廷。于是蒋经国只得再覆铁幕,埋伏下"隐患"重重。

另外,国民党制造的

蒋经国宣誓就任"总统"

"二二八"事件的创伤一直未能在台湾民众心中消弭,台湾当局一直也未能妥善解决政权中日益激化的省籍矛盾,而"台独"势力则乘虚而入,兴风作浪。蒋经国1970年最后一次访美,在纽约遭"台独"分子枪击,险些送命。

因此,对于1972年蒋经国出任"行政院长",台湾国民党内部是寄予厚望的。各方面对于蒋经国"期望之殷",陶百川在《廉能之治与志士之气》文中的一席话颇具代表性,"蒋经国先生在此时此地出任'行政院长',可说是受命于'危急存亡之秋',不仅要安内攘外,简直须旋乾转坤。任务的艰巨,恐非一般人所能想象。但如果真能加强廉能之治,恢弘志士之气,则国基永固,四海归心,他日以仁击暴,得道多助,国事固大可为也。"

而蒋经国一上任,也立即呈现出"新人新政"的"新气象"。他发表就职演说称:"在此世局变幻,国家殷忧的时刻,承担艰巨,内心深感惶恐。"他表示愿以"国民"利益为先,排除万难,"推进廉能政治",完成"时代使命",并明确提出任内的六字方针:"平凡、平淡、平实。"

蒋经国首先从人事革新入手,大量起用新人及台籍人士入阁参政。1972年5月3日台北《联合报》的一篇社论,对此有详尽说明:

> 第一是如我们所期望的,这次的人事调整,幅度较大,而同时及于台湾省政府及台北市政府,有力的象征了我们所说的"新阶段的行政院"的意义。

> 第二是进一步起用与征召了本省籍俊彦,担任国家重要政务。如"副院长"、"内政部长"、"交通部长"、台湾省主席、台北市政府,都是当前"国家"行政的重要据点。现概由本省籍人士出任,固是恢宏地方志士之气,共赴国难之道;亦有力地显示了台北复兴基地的时代意义,正所谓地不分南北,人不分轸域的号召。而台湾省政府的由省籍人士首任主席,尤可激发本省同胞为桑梓服务,提供贡献。

第三是新阁人事的安排,或则见其新人的延揽,或则表示人才的新发掘,或则是人与事的新配合,又或则是对专家学者的重视,一开始便有一新观感、一新气象的功效。

第四是新阁人事不少为由地方出任中央要职者,如高玉树、林金生、李登辉、张丰绪氏,都是政府拔擢长才的行动。尤其是张丰绪氏由一县县长而跃任特别市市长,更见政府破格起用人才的至意,也反映了蒋院长的求新求行决心与魄力。

蒋经国的第二个新措施是大刀阔斧整顿吏治,改善社会风气。他上任伊始,即向整个官僚机构提出了"十大革新"要求,并向整个社会发出"八项革新"号召,以肃人心,以正风气,台湾是金钱社会,贪污受贿横行,蒋经国知道此积弊非极端手段不能除。因此,他一方面从正面倡导廉能政治,一方面严刑厉法,双管齐下。他首先拿自己的至亲王正谊开刀,以示铁面无私。王正谊曾任"行政院人事行政局局长"兼"中央公务人员购置住宅辅助委员会主委",他利用职务之便,贪污13.75万元美金。王正谊是王采玉的侄孙,论辈分是蒋经国的表兄弟。蒋经国亲自下令将王正谊收押,经过三次庭讯,判处无期徒刑。此案结局令台岛震动。其他贪污案的处理,如海关副税务司兼稽查主任白庆国被判死刑,高雄市杨金虎,被判5年徒刑,其妻陪之,等等,也无不显示了蒋经国不达目的决不罢休的决心和铁腕作风。与此同时,蒋经国严令台湾国民党政权各级党、政、军、特首脑禁止各种公私机关兼职,以"专心政务"。

为了保持20世纪60年代以来台湾经济每年以罕见的两位数字递进的持续高速增长的良好势头,同时也为了建立现代化建设的物质技术基础,改变以轻工业为主的经济结构,减轻对外依赖程度,蒋经国明确提出以自由经济为手段,均富为目的,促进经济全面发展的方针。1972年,投资5000万美元,宣布实施"加速台湾农村建设的新措施"。1973年,蒋经国又提出以5年为限,完成交通与重工业为主体的"十大工程建设"。"十大工程建设"投资总额为64亿美元,当时反对者甚众,但蒋经国态度坚决,他说:"就经济发展的理论与史实看来,任何一个国家如果本身没有重工业和基本建设的基础,经济发展一定会受到影响和滞碍。""所以,我们在未来5年中间,要为经济建设奠定一个重工业和基本建设的基础。"后来,台湾经济起飞及良性循环的事实也证明了当年蒋经国的远见和魄力。

蒋经国入主"行政院"短短几年时间,就以"强人"之势,在台湾国民党政权中确立起主导地位,使自己处于"全面接班"的最佳位置。

1978年,第六任"总统"选举前夕,严家淦知道自己的过渡使命已然完成,不敢恋栈,以国民党中常委的身份向国民党中常会坚辞"总统"职务,并提名蒋经国为国民党"总统"候选人。这时,环视台湾岛内,上上下下,已无任何人具备和蒋经国较量的条件,蒋经国走至台前,全面接班,已是众望所归,大势所趋了。1978年5月20日,在"选而不竞"的情形下,蒋经国顺理成章地宣誓就任中华民国第六任总统,也就是"宪法"上的第三位"总统",严家淦鞠躬下台。至此,蒋经国全部承继了父业,蒋家王朝在台湾再度得以延续。

为了感谢严家淦识"时务",顾"大局",蒋经国操纵行政院在一个月内三读通过《卸任总统礼遇条件》,给予卸任的严家淦最优待的待遇;并且蒋经国还多次公开发表谈话,交口赞誉:"严先生盛情隆勋,且谦德冲怀。"

蒋经国就任"总统"之后,第一个问题就是称呼问题。

任何人在台湾只要说"总统",都知所指是蒋介石。但到了严家淦担任"继任总统"期间,人们常常在"总统"前面加了一个"严"字,称为"严总统",这也区别于了"老蒋总统"。严家淦每提到"总统"这两字时,他先带头称"总统蒋公",以示自己无"总统自为"的意思。由于严家淦带头这么称呼,在发表谈话、公开文告时,也只好遵循此例。并且,在当时是"严总统""蒋院长",在称呼谁上也不会发生误会。但是到了蒋经国当选第六任"总统"之后,不论称"总统蒋公""蒋总统",都会发生所指对象不明的问题，使人闻字生疑。因此，如何称呼已当选的"总统"老蒋的儿子小蒋成为了叫蒋经国颇为为难的问题。

于是，左右侍从纷纷献计献策。有人建议，称"先总统""今总统"；有人建议，称"故蒋总统""现蒋总统"；

宋美龄与蒋方良以及其女蒋孝章的合影

有人建议，称"老蒋总统""小蒋总统"；也有人认为，可仿国民党"总理""总裁""主席"三称谓之制，另创新的名分。然而这些称呼都有明显纰漏，蒋经国未被采纳。后来不知是哪一位"叔孙通"想出高招，通知所有公私机构，规定在正式文书和公开场合的"称谓"如下：

称蒋介石为"先总统蒋公"，在形于文字时，在"蒋"字前面空一格，以示尊崇之意。

称宋美龄仍为"蒋夫人"，不得用"先总统夫人"或"先总统蒋公夫人"等"不恭"之字眼。

称蒋经国为"蒋总统经国先生"，形于文字时，"蒋"字、"经"字前面不空格，以体现蒋经国崇尚"民主"之意。

称蒋方良为"蒋总统经国先生夫人"，不得称"蒋夫人"或"蒋总统夫人"。

这一名称的改订，令各单位的主官、主管及办理公文的人们，记起来大为吃力，尤其是像"蒋总统经国先生夫人"的名称，长达九字，颇似封建时代的徽号,讲起来也像绕口令一样别扭。所幸这位"蒋总统经国先生夫人"平素深居简出,不似"蒋夫人"那般好抛头露面,算是减少了文武官员趋奉的麻烦。

蒋经国正式接棒、承继大统之际,正值台湾国民党政权再度面临内外交困、政治形势异常"恶劣"的危难境遇。

蒋经国上台后,与乃父蒋介石的统治方式和作风有所不同,他已觉悟

蒋经国在台湾的一次运动会上

到时代的发展已不容赤裸裸的专制与独裁统治了,顺应历史潮流,他极言和力倡"民主"与"法治"。

蒋经国宣誓就职"总统"当日,召见台湾当局主管宣传的负责人,指示下列三点意见:

第一,今后不希望再有"蒋经国时代"这一类名词出现在报纸杂志之上。他认为今天是一个民主时代,不应再有个人英雄主义的色彩,如果真有"时代"的话,只有群众的时代,而没有个人的时代。

第二,今后不希望称呼他为"领袖"。他认为国民党只有两位领袖,一是孙中山先生,一是已故的蒋介石总裁。除了他们两人之外,没有人可以再被称为领袖,他个人只是一个普通的党员,一个普通的国民,只愿以党员与国民的身份,与全体同志及全国同胞一起,共同奋斗。

第三,今后不希望有"万岁"的口号出现。他认为只有国家民族的万岁,只有三民主义及国民党的万岁,没有个人的万岁。

尽管蒋经国这三点指示"冠冕堂皇",但毕竟与蒋介石时代划出了明显的界限,比乃父要高明得多。

在用人方面,蒋经国则继续他在主掌"行政院"时代开始的"台人治台""植根本土"的政策,大打"台湾牌"。他不仅起用台湾省籍的谢东闵为其"总统"的搭档,邱创焕为"行政院"副院长,而且还大力选拔台湾省籍"青年才俊",充实省市县乡各级行政机构,为台籍人士参政议政开放门径,以减缓因省籍问题而引发的激烈的政治冲突所造成的冲击、压力。

但是,在蒋经国的严控下,台籍人士参政往往处于位高权轻的状况,即"只有执行权,没有决策权"。

在对待台湾岛内民主运动与反对势力的控制与处理问题上,逐渐"减压",以"放逐制"代替"监禁制",尽量"手上不沾血腥气",以减少隐患,消弭不可化解的敌意。

在对待两岸关系及祖国统一问题上,蒋经国的"大陆政策"与蒋介石时代并无多大改变。针对中国共产党提出的"一国两制"方案,蒋经国自恃美国的后台以及台湾的经济王牌,提出"三民主义统一中国"的口号,并以"三不"回应"三通"。但是,在对待"台独"问题上,蒋经国的态度一向是鲜明而坚定的:只有一个中国,两岸必须统一。

2."江南命案"后,被迫改"传子"为"集体接班"

时光荏苒,当岁月进入1984年时,台岛六年一次的总统大选再度来临。蒋经国在,自然无人敢做第二人之想。结果,蒋经国几乎以全票被国民大会选举为"中华民国"第七任"总统"。

但是,"副总统"的人选,却出人意料,蒋经国提名李登辉出任。因为在台籍政要中,谢东闵、邱创焕、林洋港三人,无论就资历、威望,还是就能力、经验而论,均较李登辉为强,呼声也高,但是,蒋经国权衡再三,最后还是选中李登辉做"副总统",即法统上的继承人。

据台湾报纸分析,黑马李登辉出台,是蒋经国效仿当年蒋介石选定严家淦。严、李二人均属技术性官僚,有共同的长处:无班底,无野心,唯唯诺诺,易驾驭。

蒋经国连任"总统"后,委任与蒋家渊源甚深的俞国华为"行政院长",重新调整政权结构,在五个运作性系统中配置起自己中意的班底。

在蒋经国这次重组班底的过程中,有不少盛极一时的政坛风云人物,或倏然出局,或处境尴尬,也有的受到异常的倚重。他是在紧步乃父蒋介石的后尘,为其传子布置铺平道路。

1978年,蒋经国接班上台成为"中华民国"第三位"总统"时,已年届七旬。蒋经国身体状况一直不佳,尤其是晚年长期受糖尿病的困扰,年迈体弱。因此,进入20世纪80年代以后,台湾朝野就开始关心他的后事问题,蒋经国自己也忧患于来日不多,开始把接班问题作为首要问题来考虑。

虽然台湾当局和蒋经国本人一直矢口否认外间所传闻的 "经国传子是既定方针"的说法,但有心人不难从蒋经国的一些"怪异"的做法中,窥出他授权于子的蛛丝马迹。

蒋经国时代来临后,他便让蒋家第三代放手抓权。蒋经国嫡传三子孝文、孝武、孝勇以及庶出的章孝严、章孝慈两兄弟都曾被他委以过重任,多方磨炼,悉心培养。其中最有行情者莫过于蒋孝武。蒋孝武生于1945年,西德慕尼黑政治学院毕业后,先随蒋家亲近者赵聚钰和严孝章两位身边学做人做事,后进入"辅导会"任职,在蒋经国左右见习处事应物之道。蒋经国有意让蒋孝武熟悉党务工作,先后让他担任中央政策会委员和组织工作委员会委员以及国民党中央党部秘书处秘书等职。与此同时,蒋经国还委派蒋孝武出任"华欣文化事业中心"主任、"中央广播电台"主任、

"中国广播公司"总经理、"广播事业协会"理事长及"报业协会"理事等职。从1976年开始，蒋经国又精心安排蒋孝武涉足情报工作，让他出任"国安会议"执行秘书一职。蒋孝武所占据的这些位置，虽均与文官制度无涉，但却覆盖"党政军特新闻"五大控制系统，职轻权重。因为蒋经国的时代毕竟不同于蒋介石时代，不可能像当年蒋介石培养蒋经国接班那样明目张胆，蒋经国对蒋孝武的扶植只能是暗中进行。蒋经国本着"让他参与多一点，没什么名分"的原则，长期安插他在元老重臣主持下的重要机构中见习，显系有托孤之意。尤其是让蒋孝武出任"国安会议"执行秘书的要职，与当年乃父蒋介石安排蒋经国主掌"总统府机要室资料组"，更是有异曲同工之妙！

　　蒋经国曾大肆放手让蒋家第三代抓权，而且还将对第三代升迁不利的人士清除，如将不善体会"总统"深意的王升由总政治部主任显赫之位罢黜。蒋经国就任"中华民国"第七任"总统"后的人事大幅度调整，更是别有所谋，俞国华、汪道渊、马树礼等古稀之年的国民党元老的重新任用，谁也看不出蒋经国交班的任何意向，而严家淦式的李登辉匆匆登场，蒋经国的"托孤"意味则全然托出。同时，蒋经国还大量起用国民党第三代充任权力中枢要职，为蒋孝武组建政治班底，为蒋孝武"接班"护

蒋经国（右二）参观机械展售会

航保驾。

然而，天有不测风云。1984年"江南命案"的突发，彻底打乱了蒋经国的传子部署。

江南本名刘宜良，江苏靖江人，幼年在家乡读书，1949年随蒋氏父子去台湾，就读于台湾师范大学。曾受训于国防部政干班及政工干校，当过空军政工官，是蒋经国一手培植起来的政工人员。后来江南脱离军队，从事记者工作。1963年至1967年间任《台湾日报》记者，撰写了《香港纪行》《动乱的东南亚》两书。1967年，江南赴美留学，先谋学位，后转经商，并加入美国国籍。江南闲时仍笔耕不辍，著成《蒋经国传》一书。此书是江南积多年心血之作，从20世纪60年代起他就为撰写此书进行了材料准备工作，并为此放弃了博士毕业论文的写作。除了进行采访和到图书馆查证资料外，为取得第一手资料，他曾多次回大陆，到浙江、江西等处实地采访。《蒋经国传》是海内外第一部全面系统地对蒋经国一生的功过是非进行评述的"信史"，1984年一面世即引起轰动，成为海外最畅销的中文书。由于《蒋经国传》对蒋氏父子的劣迹多有披露，台湾当局对此十分恼怒，视江南为"叛逆"，欲去之而后快。旋经蒋孝武秘书策划，经台湾情报局指派台湾黑社会竹联邦分子陈启礼、吴敦、董桂森等人前往美国旧金山，于1984年10月15日在旧金山附近的戴利市江南家中将江南刺杀。

"江南命案"震动了海内外华人社会，同声谴责这一惨无人道的暴行，并呼吁警方彻查凶手。经美国警方侦查，断定为台湾竹联邦分子与台湾情报局所为。台湾情报局在真相败露后，立即将陈启礼等人抓获，企图杀人灭口。由于美国的压力及海内外华人社会的呼声，迫使蒋经国过问此事。当他得知事情真相后，也大为震怒，决定追究参与此案的情报人员的责任。最后，台湾当局采取了丢车保帅的做法，军事法庭判处"情报局长"汪希苓及竹联邦分子陈启礼等人无期徒刑。该案主谋蒋孝武则逍遥法外。

"江南命案"对台湾当局及蒋经国父子以沉重的打击。蒋经国煞费苦心在台湾民众及海外华人社会中所树立起来的"开明"与"民主"形象几乎在一夜之间崩毁，台湾当局借助于经济高速发展而在西方世界建立起来的"良好"声誉也顷刻丧失殆尽，台湾国民党政权遭遇到多年来最严峻的形象和信任危机。用邱垂亮在《台湾未来的危机与契机》一文中的话讲："这个愚蠢却又残暴的血案，像一个八级的大地震，把台湾和关心台湾的海内外人民震撼得魂飞魄散，既恐惧又愤怒，既难过又失望。"美国方面及台湾岛内的国民党外力量及地方势力乘势抓住蒋孝武涉嫌"江南命案"一事，明里暗里给蒋经国施加压力，反对他的传子部署。甚至有人直接要求蒋经国能"壮士断腕"，让蒋孝武对"江南命案"有所交代。

面对由"江南命案"引发的如此强烈的政治动荡和政治危机，蒋经国不得不重新考虑"交接班"问题，不得不改变"传子"之初衷。1985年8月16日，蒋经国打破了几年来的沉默，第一次就接班人问题表态。他在接受美国《时代》杂志社香港分社社长波顿的采访时指出：

> "中华民国总统""副总统"一直依据"宪法"及"总统副总统"选举罢免法之规定，由"国民大会"选举产生。今后亦当如此……至于将来"国家元首"一职，由蒋家人士继任一节，本人从未有此考虑。

这番表态暗示出两层意思：正式否认有"传子"的意图；同时，因为使用的是蒋家人士一词，也就顺带否认了某些人关于"兄终弟及"即蒋纬国接班的猜测。

同年12月25日，蒋经国在主持"国民大会纪念行宪38周年"庆祝大会上，撇开事先准备好的讲稿，即席作了两点重要说明：（一）"经国的家人中，有没有人会竞选下一任'总统'？我的答复是：不能也不会。"（二）"我们有没有可能实施军政府的方式来统治国家？我的答复是：不能也不会。执政党所走的是民主、自由、平等的康庄大道，绝不会变更'宪法'。同时，也绝不可能有任何违背宪法的统治方式产生。"

蒋经国这篇讲话,可以说是彻底排除了蒋家人士接班的可能。因为按照台湾国民党政权的现行体制,除非以军人干政并实行军人统治,蒋孝武或者蒋纬国才有可能"突击登顶",以非常手段"接班"上台并"坐稳宝座"。

但是,仍有些人对蒋经国的真实意图有所怀疑。他们指出,蒋经国在8月和12月的两次表态,都只是谈"总统"职位问题,但接班却不一定非当"总统"不可。当年蒋经国接班,也是由严家淦当"总统"的,但世人皆知实权是掌握在蒋经国手中,蒋孝武难道不能效法其父吗?另有些人认准蒋孝武"奇货可居",他们吹喇叭、抬轿子,企图建立一个以蒋孝武为中心的政治体系,以便自己以"从龙之士"的地位飞腾达。

蒋经国为了进一步澄清人们的疑虑,并防止蒋孝武被人利用,乃于1986年2月,突然任命蒋孝武为驻新加坡商务副代表。蒋孝武于2月18日赴新加坡就行,行前辞去在台湾担任的一切官方职务。至此,传子的风波彻底止息。

江南命案后,蒋经国迫于形势,不得不改变"传子"初衷,转而安排"集体接班"事宜。

3.推动"革新之轮",为蒋家王朝抹上最后一片亮色

蒋经国曾经以"计利当计天下利,求名应求万世名"自勉。当传子部署受阻后,他不能不重新考虑接班的问题。在已知自己来日无多的情形下,蒋经国决心不惜"个人的生死毁誉",在有生之年进行"政治革新",以削除国民党政权败居台湾以来长达三十余年的各种政治积弊,以谋求身后政权的稳定,"长治久安",并"向历史交代"。

1984年、1985年可以说是蒋家王朝覆亡前最混乱、最黑暗的年头。除了"江南命案"对台湾政坛产生巨大的负面影响外,接踵而至的"十信弊

案"更是对国民党在台湾的统治造成极大的冲击波。这个台湾有史以来最大的金融舞弊案，肇端于"官商勾结"，肇端于"上面因循敷衍，下面勾串舞弊"。国民党中央秘书长蒋彦士，以及"行政院经济部长"徐立德、"财政部长"陆润康等要员均因涉嫌而黯然下台。"悲观暗淡的1984年""萧瑟的1985年之夏"等判词，成为观察家们评论时政的标题，邱垂亮形容道："这一段日子，台湾上上下下，真的弥漫了一片浓密的愁云惨雾，阴沉肃杀的郁气充塞了人们的心胸，虽然还不是世界末日前的凝重和沉闷，但是已有很多人感觉到'王朝覆灭'的不祥预兆和不安气氛。"

在诡谲云诡的政治大动荡中，业已风烛残年的蒋经国利用他生命的最后一段时光，开始大刀阔斧地进行改革，谨慎而又坚定不移地推动"革新之轮"运转，为蒋家王朝涂抹上了最后一片亮色。

1986年3月29日至31日，国民党在台北举行十二届三中全会。会议根据蒋经国的意图，通过了《承先启后，开拓国家光明前途》案。该案除重弹国民党的那套反共滥调外，又提出"以党的革新带动全面的革新"，并"要以今年为党务再革新的出发点"。

为了推动政治革新的开展，蒋经国首先从组织上进行精心安排和调整，他提拔李焕、吴伯雄、施启扬、陈履安四人进入国民党中常会，使决策机构年轻化。蒋经国还从31名中常委中选出12人，即严家淦、谢东闵、李登辉、谷正纲、黄少谷、俞国华、倪文亚、袁守谦、沈昌焕、李焕、吴伯雄、邱创焕组成"革新小组"，以严家淦、后为李登辉为召集人，专门研究"政治革新"问题。

在蒋经国督责下，"革新小组"对台湾国民党政治中四项最敏感的问题：结束戒严问题、解除党禁问题、充实"中央民意机构"问题、地方自治法治化问题进行研讨，最后确定了当前六大政治议题：

(一)"中央民意代表机构"问题；

(二)地方自治问题；

蒋经国和夫人蒋方良与子女的家庭照

（三）"国家"安全法令问题；

（四）民间社会组织制度问题；

（五）强化社会治安问题；

（六）加强党务工作问题。

这六大问题，过去一向是国民党避之唯恐不及，而且忌讳别人探讨的言论禁区，而今由国民党主动提出来推动解决，充分显示出蒋经国欲借"政治革新"清除积弊以谋"长治久安"的决心和魄力。

更为重要的是，由12名国民党中常委所组成的"革新小组"，以研究六大政治议题为契机，成为制度化的决策系统。蒋经国在世时，这一决策系统仍带有"强人"幕僚机构的性质，但在蒋经国死后，这一决策系统很可能顺势演变为一种集体领导的模式。

事实上，蒋经国在"传子"部署受阻后，已开始从未来台湾政局多元发展的趋势着眼，筹划集体接班事宜，并精心布置了防范在他身后出现"军政府"的措施。

首先，他打出蒋纬国这张牌，让这位闲置多年的"弟弟"在政权交接的关键时刻出任"国安会议"秘书长，担负起"护国大将军"的重任。蒋纬国有"民主将军"之名，与军队中的主流派——"黄埔系"无缘，又已多年未亲自带兵，他本人"不能也不会"出头搞"军政府"统治，这是人所共认的。但是，以蒋纬国的身世背景再加上他在军中的潜势力——很多高级将领曾是他的部下或学生，让他来发挥一种震慑和制衡作用，使"敢冒天下之大不韪"者有所顾忌，则是蒋纬国不难做到的。"国安会议"被称为"太上内阁"，根据台湾国民党现行体制，它可以成为最高决策机构。但该机构成立后，蒋介石、蒋经国父子对其一直是"备而不用"，重要决定仍通过党的中常会或"行政院"院会作出，而蒋纬国之出任"国安会议"秘书长，也可说是一种"备而不用"的安排。平常时期，蒋纬国既非国民党中常委，又不是"政务委员"，不能参加重大决策，所以他的新职并不意味蒋经国要搞"家天下"，但若突然发生重大变动，蒋纬国便可以"国安会议"秘书长的身份名正言顺地发挥他的作用。

与此同时，蒋经国任命文人汪道渊接替军方人士宋长志出任"国防部长"，力图将军方纳入制度化的轨道，并以"文人节制军人"来防范在他身后出现"军政府"统治的可能。

其次，蒋经国打出李焕这"最后一张王牌"，让他接任国民党中央秘书长的要职，以确保"政治革新"的"强力推进"。李焕是蒋经国的心腹爱将，在国民党内素以开明派著称，力主"本土化""年轻化""民主化"政策，曾负责为蒋经国选拔"青年才俊"，培养干部，一度身兼国民党中央组织工作会主任、"中国青年反共救国团"主任、"革命实践研究院"主任三大要职。1977年因"中砺事件"而受到国民党内保守派的攻讦，蒋经国被迫"挥泪斩马谡"，让李焕去职。此次蒋经国重新启用李焕，就是要借重于李焕的资历、威望、才识克服国民党内保守派的阻力，"强力推进""政治革新"，并把他作为集体接班的主要班底人物。

至此，一个以蒋经国钦定的"法统"继承人李登辉为首脑，蒋纬国、李焕为主要辅弼的集体接班的政治格局已基本形成。为了却身后事，蒋经国决意向"政治禁区"突进。

1986年10月10日，蒋经国在台湾社会各界庆祝"双十节"大会上致词，讲到末尾时，突然激动起来，提高声调说："我们要不屈不挠，奋勇前进，我们有这个信心，也有这个决心，一定可以获致我们最后的成功，这样我们才能对历史、对国家、对十亿同胞、对全体华侨都有个交代，我们确信必定会有一个交代。"

五天之后，即10月15日，蒋经国做出了他的"交代"。当天国民党中央常委会开会，在蒋经国主持下，一致通过12人"革新小组"提出的两项革新议案，原则决定解除台湾地区戒严令，另在"宪政"体制下，制定"动员戡乱时期国家安全法"，以保障台湾的安全及社会安定。同时，将取消党禁，修正《非常时期人民团体组织法》和《选举罢免法》，以规范政治团体和各类民众团体的活动，并使取得合法地位的政治团体候选人，得在不同政治立场上，以平等地位从事公平的政治竞赛。

蒋经国在两项革新议案通过后，发表即席讲话，他说："时代在变、环境在变、潮流也在变，因应这些变迁，执政党必须以新的观念、新的做法，在民主宪政体制的基础上，推动革新措施，惟有

晚年的宋美龄

如此，才能与时代潮流相结合，才能与民众永远在一起。"

10月25日，去美十多年的宋美龄返回台湾。官方公布的消息说宋美龄回台主要是为参加蒋介石百年诞辰纪念活动，民间报刊的分析则认为宋美龄回台有两大目的：

（一）蒋经国的身体已到了随时会"发生不测"的地步，作为蒋氏家族的大家长，宋美龄必须回台以备应付变局；

（二）对蒋经国在其生命最后旅程中所进行的"返宪革新"，受到欧风美雨熏陶的宋美龄乐观其成，并深知这是为蒋氏家族增光添彩的最后机会，她愿助"经儿"一臂之力，回台劝说党内元老支持革新。

在一切准备工作就绪之后，蒋经国开足马力，在1986年至1987年连闯三关：解除戒严、开放党禁以及开放大陆探亲。这三大举措是国民党在台湾40年统治史上最具历史意义的政治变革，是向民主和统一方面迈出的实质性步伐，在台湾岛内外引起极大的震动，获得普遍的赞誉。

4.蒋经国临终前的两岸密谈

世界潮流浩浩荡荡,顺之者昌,逆之者亡。在蒋经国的"历史交代"中,台岛和大陆的关系不能不是一个最重要的课题。

自从1949年从大陆败逃到孤岛后,"复国"一直是蒋氏父子梦寐以求并且努力实行的目标。然而,出于种种政治意念,在"反攻大陆"的口号下,蒋氏父子并没有拒绝两岸和谈的可能。

早在20世纪50年代中期,台湾的社会政治局势逐步稳定,岛内人民期望和平;自1953年韩战交战各方达成停战协议后,1954年日内瓦会议召开,又签订了越南停火协议,使一度紧张的国际形势有所缓和;与此同时,中国也开始致力于大陆的社会改造和经济建设。在此情况下,中共的台湾政策发生了重大变化,由过去的单纯靠武力解决的方针改变为立足武力伺机彻底解决和力争和平解放相结合的方针,中共政策的变化,对国共对峙的政治格局产生了深刻的影响,一些参加过国共谈判的人士都认为,新一轮的国共两党谈判一定会到来。

1956年春,在周恩来的具体安排下,1949年参加过北平和谈的南京政府代表团代表章士钊带着中共给蒋介石的信,身负重任来到香港,会见了国民党驻香港负责文宣工作、主持《香港时报》的许孝炎先生。许孝炎曾亲自从香港飞往台北,亲手将中共的信交蒋介石,并将他与章士钊的会谈情况向蒋作了详尽报告。蒋介石听后,再展开中共的信件,反复看了几遍,长时间沉默无语,没有作任何表示。经过一年的考虑,蒋介石于1957年初突然召许孝炎回台北,在"总统府"与他进行了长时间的密谈。最后,蒋介石反复权衡后,选中了国民党高级将领宋希濂的胞兄宋宜山。

1957年4月,宋宜山以探亲的名义从香港入境抵北京。周恩来在北京有名的东兴楼饭店会见了宋宜山,与他进行了亲切的谈话。随后,中共中央统战部部长李维汉出面与宋宜山商谈,就第三次国共合作、祖国统一的

一些具体问题进行协商。李维汉提出中共关于合作的四条具体条件:

(一)两党可以通过对等谈判,实现和平统一。

(二)台湾可以作为中央政府统辖下的自治区,享有高度自治。

(三)台湾地区的政权仍归蒋介石领导,中共不派人参与,而国民党可派人到北京参加中央政权的领导。

(四)美国军事力量撤离台湾海峡。

宋宜山回到香港后,蒋介石并没让他回台湾当面汇报,而是让他先写一书面报告。宋宜山即写了一篇1.5万字的报告,交许孝炎转蒋介石。由于宋宜山的报告对共产党和大陆的成就赞扬过多,蒋介石看后大为不悦,认为宋宜山被赤化了;再加上大陆此时已开始了反右斗争,使蒋介石认为国共谈判的时机并不成熟,从而中止了国共间进一步的接触。

1956年7月,当章士钊受中共委托,从北京到香港为国共和谈穿针引线的时候,另一个神秘人物也风尘仆仆地负着同样使命从香港来到北京。

这个神秘人物就是曹聚仁。

曹聚仁是蒋经国在赣南时的亲信,1948年蒋经国在上海"打虎"时,他是其手下大将之一。

曹聚仁回到大陆,即受到中共方面的热情接待。7月16日下午,周恩来在颐和园宴请曹聚仁,陈毅、邵力子、张治中出席作陪。三个月后,即10月3日,毛泽东在中南海接见了曹聚仁。

毛泽东一见曹聚仁便说:"你这次回来,可以多看看,到处走走,看我们这里还存在什么问题,不要有顾虑,给我们指出来。"在谈到国共合作,谈到蒋介石的时候,毛泽东肯定了蒋介石在某些历史时期的作用,并表示了他准备再次与蒋介石握手的想法。

与毛泽东的谈话,使曹聚仁对国共和谈的前景充满了希望。回到香港后,他立即将他在大陆和中共领导人接触的详细情况转告了台湾方面,并静等台湾的消息。

不久,台湾传来指令,让曹聚仁再去大陆一趟,主要任务是到浙江奉化,看看蒋氏祖坟是否完好。1957年5月,曹聚仁第二次返回大陆。在奉化溪口,他住进了当年蒋介石回溪口时常住的妙高台,游览了武岭、雪窦寺,并在蒋介石寓居过的丰镐房和蒋经国住过的文昌阁仔细看了很久;同时,还代表蒋氏父子到蒋母的墓园扫墓,进香烧纸,行民族传统的孝仪。所到之处,曹聚仁都一一拍摄了照片。

回到香港后,曹聚仁立即向蒋经国和台湾方面通报了他大陆之行的情况,并寄去了他在溪口拍摄的照片。

在另一封信中,他还谈了自己对国共两党重开谈判、再次合作的看法。

但是,台湾方面对国共再次谈判采取了一种既不让曹聚仁撒手,又不具体表态的态度,这样一拖就是几年。

1965年夏,当国民党二号人物李宗仁回到大陆受到北京方面热烈欢迎的时候,蒋介石父子也展开了行动。

经常来往于香港和台北负责联络工作的王君通知曹聚仁,蒋经国在近期将亲临香港,接他到台湾商量要事。

曹聚仁听到消息喜出望外,急忙飞往北京,与中国领导人商讨了谈判的大纲要目,然后匆匆返回香港,等候蒋经国的到来。

一天,曹聚仁正在寓所午睡,突然听到门铃急响。他急忙开门,只见王君气喘吁吁的进来说:"经国来了,不方便上岸,在海上等你。"曹聚仁急忙随王君出来,一辆小车将他们送到码头,然后登上小快艇,一直驶到一艘大轮船边。

蒋经国和曹聚仁寒暄叙旧后,便斥退左右随从,关起舱门密谈。蒋经国告诉曹聚仁,台湾想和北京方面谈判,但不知北京的具体意向,希望曹聚仁多介绍些北京的情况。曹聚仁详细谈了中共关于谈判的条件,蒋经国仔细听后,也谈了蒋介石关于国共谈判的一些想法。他希望曹聚仁将双方情况吃透,以便曹与蒋介石见面谈话时做到时间短,效率高,也可使曹聚仁秘密赴台不走露消息,被外界察觉。随后,轮船驶回台湾,秘密停泊在一个偏僻小港。曹聚仁和蒋经国立即上岸登机,飞往台中蒋介石官邸。

第三天,蒋介石在自己的官邸,由蒋经国陪同,接见了曹聚仁,并在极秘密的状态下开始了谈话。整个谈话自始至终只有他们三个人。开始由曹聚仁介绍中共方面的条件,然后逐条讨论、商谈,蒋氏父子也不断提出自己的意见,经过几次讨论,很快达成六项条件,其主要内容为:

(一)蒋介石携旧部回到大陆,可以定居在浙江省以外的任何一个省区,仍任国民党总裁。

建议北京拨出江西庐山地区为蒋介石居住与办公的沐邑。

(二)蒋经国任台湾省长。台湾除交出外交与军事外,北京只坚持农业方面必须耕者有其田,其他政务,完全由台湾省政府全权处理,以20年为期,期满再行洽商。

(三)台湾不接受美国任何军事与经济援助。财政上有困难,由北京按美国支援数额照拨补助。

(四)台湾海空军并入北京控制。陆军缩编为4个师,其中一个师驻厦门和金门地区,三个师驻台湾。

(五)厦门和金门合并为一个自由市,作为北京与台北之间的缓冲与联络地区。该市市长由驻军师长兼任。此师长由台北征求北京同意后任命,其资格应为陆军中将,政治上为北京所接受。

(六)台湾现任文武百官官阶和待遇照旧不变。人民生活保证只可提高,不准降低。

曹聚仁与蒋氏父子在日月潭谈妥了这六项条件后,立即返回香港,将谈判情况及六项条件报告给了中共。然而,当此事正在进行之际,1966年,大陆发生了"文化大革命",这一运动的风浪也波及到台湾,蒋介石对国共重开谈判产生了疑虑,从而改变了主意。这样,国共两党重开谈判之事又一次搁了浅。

20世纪70年代初,大陆取代台湾代表中国恢复了在联合国的席位,中美上海"联合公报"的发表,中日关系的改善,这些重大的事件使台湾的处境急转直下,形势对中共十分有利。因此,毛泽东和周恩来又把和平解决台湾的问题提到了议事日程上。

这时曹聚仁已于1972年7月2日因癌症病逝,90岁高龄的章士钊再度请缨赴港,担当居中调解的和平专使。经过周密的安排,1973年5月25日,章士钊从北京乘专机启程赴港,周恩来亲自到机场为他送行。章士钊到香港后不到一个月,因频繁的活动,过度的兴奋及对香港气候的不适,加之年事已高,到6月下旬便一病不起,结果,于7月1日与世长辞。

由于中共多次发出和谈建议和邀请,也出于对台湾的前途的考虑,蒋介石经过一年多的思考,又动了与中共重开谈判的念头。

1975年春节期间,蒋介石将这一使命交给了抗战前曾主持过国共两党秘密谈判的国民党元老陈立夫。陈立夫接受任务后,即以"总统府资政"的名义通过秘密渠道向中共中央发出邀请毛泽东到台湾访问的信息。也许是蒋介石知道自己来日不多,也许是陈立夫心情迫切,在中国还没有回音的情况下,陈立夫便写了《假如我是毛泽东》一文,在香港报纸上公开发表。他在文章中殷切欢迎毛泽东或周恩来到台湾访问,与蒋介石重开谈判之路,以造福国家和人民。他特别希望毛泽东能"以大事小",不计前嫌,效仿北伐和抗日时期国共合作的先例,握手一笑,开创再次合作的新局面。

然而,国共两党的主要领导人都没有能够看到国共重开和谈和再次合作局面的出现。蒋介石在此之后不久,于1975年4月5日去世。第二年的9月9日,毛泽东也与世长辞。

20世纪80年代蒋经国主政后,台湾当局在表面上高呼"反共"、坚持"三不"政策的背后,但是出于另外一种政治意念,蒋经国又开始回应大陆中共方面的秘密和谈。

1981年9月30日,正值中华人民共和国32周年国庆及辛亥革命70周年纪念日来临之际,中华人民共和国全国人民代表大会常务委员会委员长叶剑英向新华社记者发表台湾问题讲话。叶剑英提出"为了尽早结束中华民族陷于分裂的不幸局面，我们建议举行中国共产党和中国国民党两党对等谈判，实行第三次合作，共同完成祖国统一大业。"

中共中央总书记胡耀邦在中华人民共和国成立32周年招待会上也说，希望国民党当局以民族大义为重，同中国共产党携起手来，实行第三次合作，完成统一祖国的大业。

面对大陆方面的新一轮和平"攻势"，蒋经国举棋难定。他觉得，马上公开接受中共的条件，似乎面子上过不去而心有不甘，拒绝谈判则也不是办法，难于对历史与国人交代，特别是他对其父临终前与中共和谈的意向是十分清楚的，只不过这个弯子，不能转得太急太突然罢了。

这时，蒋经国的前机要秘书也是他的心腹之一的沈诚，应邀赴北京参加"纪念辛亥革命70周年大会"，沈在行前特别前来向蒋请示。蒋经国对沈诚欲赴北京之行"既不鼓励也不禁止"，但他却托沈顺便去溪口老家看看，"最好能拍一些现场照片"，实际上是批准了他的大陆之行。

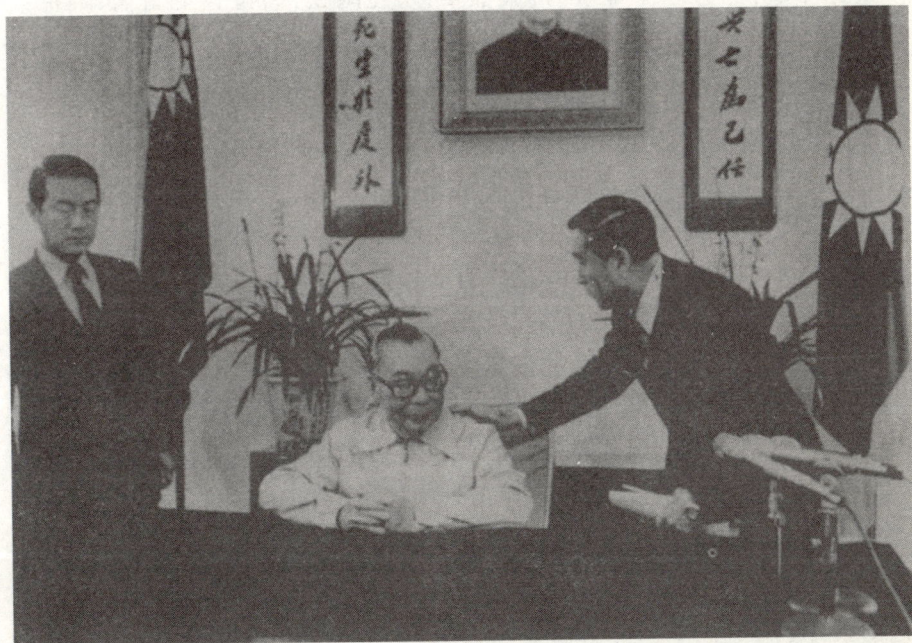

1982年1月，蒋经国于农历年前夕发表谈话

沈诚抵京后,受到了叶剑英委员长的接见,叶剑英同他探讨了国共和谈的可能性,要他向蒋经国转达中共的和谈诚意。

10月6日,邓颖超在北京接见沈诚,探讨国共和谈问题。

沈诚回台后,一一向蒋经国做了汇报。

1982年7月24日,廖承志作为中国人大常委会副委员长,在《人民日报》发表了《廖承志致蒋经国的信》。孙中山早年革命时,廖仲恺、蒋介石是他的左右臂膀,一理财政,一掌军事,关系非同寻常。廖蒋两家的第二代便是廖承志与蒋经国了,两人从小交友,亲似兄弟,后来又同赴苏联留学,同学情谊更增一层。廖承志的信中晓以民族大义,动以手足深情,陈述利弊,指出台湾方面对大陆执行"三不"政策,坚持"三民主义统一中国"之悖谬。

廖承志在信中语重心长劝慰蒋经国:

"吾弟尝以'计利当计天下利,求名应求万世名'自勉,倘能于吾弟手中成此伟业,必为举国尊敬,世人推崇,功在国家,名留青史";而"局促东隅,终非久计"。"如迁延不决,或委之异日,不仅徒生困扰,吾弟亦将难辞其咎"。"千秋功罪,系于一念之间","岁月不居,来日苦短,夜长梦多,时不我与","依时顺势,负起历史责任,毅然和谈,达成国家统一,则两党长期共存,互相监督,共图振兴中华之大业"。

廖承志意在提醒蒋经国,蒋氏父子两代历史该有个完满的结局,如是,于国于党于个人都是功德。

廖承志的信在海内外激起反响。

但是,台湾方面对廖承志的来信则在公开场合表示了反对态度。

8月17日,"蒋太夫人"宋美龄在台北发表《给廖承志的公开信》,称第三次国共合作是"梦呓",蒋经国坚持"三不"政策表达"中国国民党的浩然正气",要廖承志"敝帚自珍,幡然来归"。宋给廖的信在海内外受到舆论的批评。

但是,自1981年蒋经国暗许其亲信沈诚赴大陆一行之后,他对中共最高领导层的和平真意有了比较明确的了解。随着自己身体状况每况愈下，蒋经国不由得步了蒋介石的后尘，想急于在他还活着的时候解决祖国统一问题，为此，他又开始寻找与中共和解的渠道，真正做到"向历史作出交代"。

1986年至1987年，沈诚受中共领导人和蒋经国的委托，不断穿梭于大陆台湾之间。

1987年3月，中共中央以全国政协名义邀请沈诚到北京晤谈。

赴京前，沈诚去台北密见蒋经国并"力主突破'三不政策'"。蒋经国表示"目前阶段暂时还只能采取'官民有别'政策，对纯粹民间之接触、交流，政府新的'三不政策'是'不鼓励''不支持''不压制'。"蒋经国这一决定实际上改变了原来的"三不政策"，对两岸关系发展有积极意义。

3月14日，中华人民共和国主席杨尚昆接见了沈诚，并提出中共中央关于两岸谈判的基本原则：

"第一，双方谈判主体：中国共产党对中国国民党。因为今天以两个政府来谈，诸多不便，可能产生不对等的现象，你们可能有困难。而党对党谈起来就灵活多了。所以我们还特别说明，党对党中还加以强调：(一)中央层次；(二)对等地位。这两点，以示对你党的尊重。"

"第二，谈判主题：先谈合作，后谈统一。"

当晚，沈诚通过香港将他与杨尚昆谈话的主要内容报告给蒋经国。两天后台北传来消息：蒋经国同意"两党对等谈判、中央层次"模式，"但在技术上还希望正式有个具体表达"。

3月25日，中共中央领导人经研究决定，以杨尚昆名义致函蒋经国并由沈诚秘密转至台湾，邀请国民党派代表到北京举行和平谈判。

随后，沈诚携杨尚昆亲笔信前往台北。4月4日，蒋经国约见沈诚，说："我对于他们的来函，已仔细看过，大致上他们还是有诚意的，至于在时机上，他们好像操之过急"；"真正要谈判，也要在我们自己党内求得共识，因为党内一部分人还持着反对态度，他们的理由是党对党谈台湾人民会不赞成";"在党对党谈判原则下,一定要保密,在双方没有取得一定的协议前,尽量不要赴会";"以视形势发展,为了配合两岸关系,我们一定会在政府部门成立一个协调党政工作的机构来运作"。

中共中央致蒋经国的密函在促进两岸关系互动方面产生了催化作用,于7月14日,蒋经国宣布废除在台湾实施长达38年的"戒严体制",接着又开放两岸民间人员往来,陆续对大陆做了适度的"开放"。

9月,沈诚赴台北探视已病魔缠身的蒋经国。蒋经国对沈诚说:"我正研究他们(中共)来的那封信的处理问题。信已给老夫人(指宋美龄)看过了,她表示好好研究一下再做出决策""他们(中共)的诚意,我有同感,不过像这样大事,多少要设想得周延一些才行。"蒋经国表示要考虑下一步赴大陆与中共谈判的人选问题。

蒋经国开始迈出"向历史作出的交代"的步伐,蒋经国的历史也将由此而重新改写。惜乎天不假命,蒋经国未及将这最后一章写完就撒手人寰。

5.蒋经国的去世,标志着一个时代的结束

1987年11月,蒋经国在身体状况急剧恶化的情况下,接受了台湾《天下》《远见》杂志的访问。这是他首次接受台湾本地杂志的专访,也是他一生中最后一次。在这次采访中,他就"如何改善行动效率""如何建立全民共识""大陆政策的目标""变局中的领导人才"以及"个人健康"问题作出回答,这是他最后的施政演说。采访报道如下:

问:请问"总统"就任几年多来,在国家政策推行方面,您比较满意的是什么?比较遗憾的是什么?

答:我最感到满意的是政府推行的各项政策和许多措施,都

能获得绝大多数民众的支持。比较遗憾的是,政府的有些作为,还不能做到尽如人意、十分完美的境地。

问:几年来"总统"已采取一连串革新措施,今后还要推动哪些重要改革?

答:执政党在去年三中全会后积极推动六项政治革新,到今天已完成解除戒严,开放组党也将在"人民团体组织法"修正案通过后实施。其他几项,譬如充实"中央民意代表"机构、加强地方自治,改良社会风气与治安等议题也在积极研订中。今后我们将继续循着政治民主化、经济自由化的既定方针,针对各个阶段的进度与需要,衡酌轻重缓急,为所当为。我想说明最重要的一点,改革的步伐一定要不断前进,但为了确保改革的成果,也一定要走稳。

问:这一年来"总统"推动革新的决心和远见,无论是宣布解严、迈向更开放民主政策、或更自由的经济政策,都受到国内外的普遍推崇,但是,在这些开明的政策宣布后,社会上却有许多说法和脱序现象,一般批评是行政效率及执行措施未能配合政策。请问"总统"的看法如何?应如何改善?

答:最近我曾说过:"在一连串改革之中,不免会有若干变动,也会产生一些新的现象。"你所说的"说法"和"脱序",也许就是其中一部分的负面现象。不过,我也曾说过:"我们要有革新,会有变动,但绝不能盲目乱动,更不能轻举妄动,也就是一定要做到在安定中求进步。"这是我们必须守住的原则,我想政府的各个部门必将依循这个原则,依据有关法令去贯彻,去执行,否则一切改革都难以落实。

问:全国人民应如何建立共识,使国家在平稳中推进民主宪政?

答:在多变的时代和多元的社会中,要求全国人民建立共

433

识,本非易事。虽然如此,以"中华民国"现阶段的处境,在推进民主宪政一事上,我认为至少有两点我们的国民应有共同的认识:第一,我们现行的宪政体制不可变,因为"中华民国宪法"是由"国民大会"受全体国民的付托所制定,遵守宪法所定的现行宪政体制,是政府与全体国民不可辞卸的一项庄严责任。第二,推进民主宪政与维护国家安全必须受到同等的重视,两者相辅相成,并且皆以厉行法治为基础。惟有尊重制度和法律,民主宪政才能历久不渝,这也是政府制定"国家安全法"的精神所在。

问:政府已宣布开放民众赴大陆探亲,请问"总统",除了基本人道的因素外,还有无其他考虑?

答:政府同意国人前往大陆探亲,完全基于伦理亲情的人道立场,并无其他考虑。当然,访亲的国人因此能够亲自体验海峡两岸同胞生活的悬殊,也可以比较两种不同制度的孰优孰劣,从而判断中国的未来究应采行何种制度方能符合国家利益与人民福祉。

问:未来我们的"大陆政策"是什么?希望达到什么目标?

答:政府一贯的政策,是坚持反共立场,不与中共接触、谈判,决不妥协。因为我们要为复兴基地的安全负责,要对中国前途负责,要对历史负责,这个立场不会改变,未来也是如此。有些人士认为我们这个立场过于"僵化",不足以应变,其实是因为他们不了解中共阴谋本质所致。中共的企图是想运用谈判策略来获得无法以军事达到侵吞台澎金马的目的,我们不与接触谈判,使其计无可逞。如果我们踏出错误的一步,就给敌人制造可乘之机。事实上,正因我们坚持这样的不变立场,才逼使中共不断改变其表态。所以与其说我们"以不变应万变",倒不如说中共以"万变"应我们的不变,其间的主动与被动的态度应该非常明显。

我们光复大陆的决心与信心,从未动摇。我们希望达到的目标就是：以我们三十多年来积极建设的成果，争取大陆民心，击败共产极权，使全体中国同胞都能在三民主义的制度下共享自由、民主、幸福的生活。

问：您认为未来中国应以何种方式统一？应如何才能一步步达到统一的目标？

答：中国必须统一，也必将统一，但决不是统一在马列主义的共产极权制度之下，而必须统一于自由的三民主义制度之下。这是全体中国人的强烈愿望，并且已经汇成巨大的力量，正在推动中国历史的脚步朝此方向前进。我们深具信心，只要我们复兴基地在以往建设成功的基础上，继续加强政治、经济、社会、文教各方面的努力，大陆共产制度必为全体中国人民所唾弃，未来中国必有光明的前途。如果中共能为中国人民及中国未来着想，就应该放弃其"四个坚持"，回归三民主义，才能达到统一的目标。

问：中共从未放弃以武力侵台，如果用武力封锁台湾海峡，"我国"自卫能力如何？从美国方面可能得到什么帮助？

答：中共从未放弃以武力侵台的企图，因此"国军"多年来一向保持全天候戒备，不论中共用何种方式进犯，"国家"都有信心，有能力予以痛击。我们的"国防"一向以自立自强为最高指导原则，我们一直凭着坚强的反共意识与旺盛的战斗精神及实力，以维护自身的安全，从未存有依赖外力的心理。

问："总统"曾昭告国人："世事在变，潮流也在变。"请问"总统"希望培植出什么样的领导人来因应变局？你遴选人才时主要考虑哪些条件？

答：变局中领导人才最重要的条件就是有所为，有所不为；知所变，知所不变。我在遴选人才时最主要考虑的是品德与才能。

问："全国"同胞都关心"总统"的健康，能否请"总统"谈谈您的健康情形？

答：谢谢大家的关心，我经常做健康检查，据医院的报告，目前我的健康状况良好，除了腿部因受糖尿病的影响行动不便外，一般均很正常，我照常处理公务。

在这次采访中，蒋经国回答了人们所关心的问题，对于两岸关系，仍与其行为不一致地高唱反对"大陆共产制度"老调，但是坚持"中国必须统一，也必将统一"，将自己国共和谈的打算隐讳地告之世人。

蒋经国晚年一身多病，台湾朝野人人皆知。台北荣民总医院留下的蒋经国病历厚得可以堆到腰际那么高。从1972年当行政院长开始，蒋经国就经常光顾荣民总医院，荦荦其大者，就有三次眼科手术和一次前列腺手术，这些均是公开的秘密。蒋经国健康的主要矛盾，是糖尿病日渐恶化，行动维艰，从1987年起，不得不以轮椅代步。虽然荣民总医院的医生们早已告诫过蒋经国节制工作，以免引起其他并发症。无奈蒋经国是台湾的头号强人，长期事无巨细，大权独揽，党、政、军、特要务集于一身，欲罢而不能。1987年12月25日"行宪纪念日"时，蒋经国身体极弱，仍抱病主持大会。会上，民进党代表突然发难，要求全面改选"中央民意代表"，蒋经国深受刺激，病情急转直下。

1988年1月13日夜晚，时针指着8点45分，围坐在家中的台北市民们正沉浸在电视连续剧《在水一方》的高潮之中。突然画面中断了，眼前一片令人窒息和茫然的空白，数秒钟之后，荧屏上出现了僵直、肃穆的字幕：

蒋"总统"经国先生，今天下午15时55分不幸与世长辞，举国哀悼。

原来，在13日上午7时30分，蒋经国起床时突然感到身体不适，并有轻度恶心呕吐现象。经医生检查，血压为110/70毫米汞柱，脉搏每分钟70次，体温36度。由于未进早餐,随即以静脉点滴注射补充营养。不料于下午13时55分,突发大量吐血,迅即引发休克及心脏呼吸衰竭,随经医疗小组以人工心肺复苏术挽救,结果无效,延至15时55分蒋经国的心脏停止跳动,溘然逝世。

晚上19时30分,"台湾行政院长"俞国华在国民党总部宣布了这一消息,三家电视台都播发了这一消息。俞国华在宣布蒋经国逝世的消息时,台湾当局的高级领导人都排列在俞的两侧,各广播电台中断正常节目,改播哀乐。随即台湾当局宣布哀悼期为30天,在此期间不得举行聚餐、集会、游行及请愿活动。台湾国防部军事发言人宣布,从1月13日晚上20时开始,台湾三军部队全部取消假日和休假,以加强戒备。

晚上20时8分,台湾"副总统"李登辉宣誓就任"中华民国总统"。宣誓典礼由"司法院"长林洋港监誓。

蒋经国逝世后,台湾当局发布了蒋经国于1月5日立下的遗嘱,全文如下:

经国受全国国民之付托,相与努力于以三民主义统一中国大业,为共同奋斗之目标。万一余为天年所限,务望我政府与民众坚守反共复国决策,并望始终一贯积极推行民主宪政建设。"全国"军民,在国父三民主义与先"总统"遗训指引之下,务须团结一致,奋斗到底,加速光复大陆,完成以三民主义统一中国之大业,是所切嘱。

"中华民国"七十七年元月5日王家骅敬谨记述　李登辉、俞国华、倪文亚、林洋港、孔德成、黄尊秋、蒋孝勇

蒋经国的去世,使极有希望的实际上已着手进行的两岸和谈忽告中止。1月14日,中共中央总书记赵紫阳在北京发表谈话,对中国国民党主席蒋经国的不幸逝世表示悼念,并重申和平统一祖国的方针不变。谈话全

文如下：

　　中国国民党主席蒋经国先生不幸逝世，我们深表哀悼。蒋经国先生坚持一个中国，反对"台湾独立"，主张国家统一，表示要向历史作出交代，并为两岸的缓和做了一定的努力。

　　当此国民党领导人更替之际，我们重申，我党和平统一祖国的方针和政策是不会改变的。我们希望新的国民党领导人，从中华民族根本利益出发，审时度势，顺应民心，把海峡两岸关系上开始出现的良好势头推向前进，为早日结束我们国家分裂局面，实现和平统一作出积极贡献。

　　台湾人民有着爱国的光荣传统，盼望统一，反对分裂，近年来同港澳同胞、海外侨胞一起，为推动和平统一，促进国共两党和谈作出了努力。我们愿与台湾各界人士共商国是，完成统一祖国、振兴中华的大业。我们由衷地期望台湾局势稳定、社会安宁、经济继续发展、人民安居乐业。

同日，中国共产党中央委员会致电中国国民党中央委员会，吊唁蒋经国逝世。电文如下：

台北

中国国民党中央委员会：

　　惊悉中国国民党主席蒋经国先生不幸逝世，深表哀悼，并向蒋经国先生的亲属表示诚挚的慰问。

中国共产党中央委员会
1988年1月14日

蒋介石死后，其灵柩一直仍置于慈湖一间中国式的建筑内，并未下葬。保存其遗体的原因,是希望台湾有朝一日"光复"大陆时,能够将之葬于故乡,完成蒋介石的遗愿。蒋经国的遗体也采用"奉厝"的方式,显示其长期目标也是希望能够移灵家乡安葬。

1月30日上午,在台北圆山忠烈祠,举行了蒋经国丧礼仪式。由李登辉主祭,17位治丧委员陪祭,台湾各级官员、民意代表、侨胞代表及各政党代表等2950人与祭。蒋经国的继母宋美龄没有参加。

上午8时,首先举行追思礼拜,由一位牧师宣读祭文,然后唱蒋经国生前自己写的一首歌:

> 如果人们怀疑你,
> 让他们怀疑去吧,
> 你要相信自己!
> ………

这个按照基督教仪式举行的追思礼拜历时40分钟。

追思礼拜结束后,即举行中国传统的大殓仪式。在哀乐声中,李登辉率全体与祭人员向蒋经国献花、行礼、致敬。蒋经国的次子蒋孝武代表家属向蒋经国的遗体三叩头。

低回的哀乐声后,读祭文,接着举行大殓,蒋经国的夫人蒋方良率领家属亲视灵柩,蒋经国生前的二位侍从人员恭谨地揭起蒋经国灵柩上的玻璃罩。灵柩里,蒋经国身着长袍马褂,胸前佩戴彩玉大勋章。

8时48分,灵柩棺盖轻轻地落下,李登辉和其他高级官员身穿蓝色或黑色长袍,把国民党党旗和"国旗"覆盖在蒋经国的灵柩上。

9时整,鸣放礼炮21响,各地警报器同时施放一分钟,教堂、寺庙的钟也敲响一分钟。

礼炮毕,蒋经国生前的12个侍从人员将灵柩举起,随着哀乐声,将灵柩移上灵车。灵车前面是蒋经国的巨幅画像和用大黑体字写的他的遗嘱。

灵车在三军乐队和仪仗队的引导下，以每小时八公里的速度缓缓开出忠烈祠，向大溪镇方向驰去。沿途，很多人按传统习惯在人行道上磕头。很多头发剃得光光的和尚身着黄色或黑色袈裟在马路两旁念经。沿途约有100万人观看送葬队伍。灵车经过上百个祭坛，于下午13时抵达大溪陵寝。

陵寝用黑色大理石筑成，蒋经国静静地躺在那里。离他不远的地方，是他父亲蒋介石的"奉厝"地。

蒋经国的逝世，标志着一个时代的结束。他和他父亲所书写的蒋家王朝的历史到此画上一个句号。